国家社科基金
GUOJIA SHEKE JIJIN HUQI ZIZHU XIANGMU
后期资助项目

魏晋南北朝
汉语介词研究

崔云忠 著

山东人民出版社

国家一级出版社 全国百佳图书出版单位

图书在版编目（CIP）数据

魏晋南北朝汉语介词研究/崔云忠著．—济南：
山东人民出版社，2022.5
ISBN 978-7-209-13862-8

Ⅰ．①魏… Ⅱ．①崔… Ⅲ．①古汉语－介词－
研究－魏晋南北朝时代 Ⅳ．①H141

中国版本图书馆CIP数据核字(2022)第076822号

魏晋南北朝汉语介词研究
WEIJIN NANBEICHAO HANYU JIECI YANJIU

崔云忠　著

主管单位　山东出版传媒股份有限公司
出版发行　山东人民出版社
出 版 人　胡长青
社　　址　济南市市中区舜耕路517号
邮　　编　250003
电　　话　总编室（0531）82098914
　　　　　市场部（0531）82098027
网　　址　http://www.sd-book.com.cn
印　　装　济南万方盛景印刷有限公司
经　　销　新华书店

规　　格　16开(165mm×238mm)
印　　张　28.25
字　　数　437千字
版　　次　2023年4月第1版
印　　次　2023年4月第1次
ISBN 978-7-209-13862-8
定　　价　85.00元
　　　　　　如有印装质量问题，请与出版社总编室联系调换。

国家社科基金后期资助项目
出版说明

后期资助项目是国家社科基金设立的一类重要项目，旨在鼓励广大社科研究者潜心治学，支持基础研究多出优秀成果。它是经过严格评审，从接近完成的科研成果中遴选立项的。为扩大后期资助项目的影响，更好地推动学术发展，促进成果转化，全国哲学社会科学工作办公室按照"统一设计、统一标识、统一版式、形成系列"的总体要求，组织出版国家社科基金后期资助项目成果。

全国哲学社会科学工作办公室

前　言

本部分介绍魏晋南北朝历史概况、语言特点；魏晋南北朝介词系统概况；国内外介词研究的历史、现状；研究对象及范围；研究视角、理论背景和研究方法；语料范围及版本信息。

一、魏晋南北朝历史概况及语言特点

魏晋南北朝包括三国（魏、蜀、吴）、两晋（西晋、东晋）、南北朝（南朝：宋、齐、梁、陈；北朝：北魏、东魏、西魏、北齐和北周），是中国历史上政权更迭最频繁的时期，也是中国文学发展的转折期，是上古汉语到近代汉语的过渡期。

（一）魏晋南北朝历史沿革

魏晋南北朝时期，社会动荡，战争频仍，民族融合加剧，语言本身也发生巨大的变化。言文分离现象日趋明显，新词新义层出不穷，尤其是复音词大量产生，成为中古汉语词汇发展的重要特点。新的词法、句法结构不断涌现，凸显了中古语法不同于上古语法的独特之处。（董志翘，2011）

三国（220~280年）时期主要有曹魏、蜀汉及孙吴三个政权。汉末三国战争不断，使得中国人口急剧下降，经济严重受到损害，因此三国皆重视经济发展，加上战争带来的需求，各种技术都有许多进步。

晋朝（265~420年）上承三国，下启南北朝，属于六朝之一。分为西晋（265~316年）与东晋（317~420年）。司马氏在三国时期为曹魏世族，高平陵事变后掌握魏国政权。265年，司马炎逼迫魏元帝曹奂禅位，国号晋，即晋武帝。280年，西晋灭孙吴而统一天下，但是和平稳定的局面只维持了短短的十几年。晋惠帝继位后朝廷渐乱，领有军权的诸王纷纷争权，史称八王之乱。晋朝元气大伤后，内迁的诸民族乘机举兵，造成五胡乱华的局面，大量百姓与世族开始南渡。316年，西晋灭亡，北方从此进入五胡十六国时期。

南北朝（420~589 年）由 420 年刘裕篡东晋建立南朝宋开始，至 589 年隋灭南朝陈为止，上承东晋、五胡十六国，下接隋朝。因为南北两势长时间对立，所以称南北朝。南朝（420~589 年）包含宋、齐、梁、陈等四朝；北朝（439~581 年）包含北魏、东魏、西魏、北齐和北周等五朝。

（二）魏晋南北朝语言特点

魏晋南北朝语言有上古汉语到近代汉语过渡的特点。（王力，1980/2015：107）同先秦两汉相比，魏晋南北朝时期的汉语呈现新旧语法形式交替的特征。在旧有语法形式继续沿用的情况下，又出现了一些新的语法形式。具有鲜明的时代特色。（柳士镇，1993：11–12）

汉语语法是具有很大稳固性的。汉语语法靠着几千年维持下来的某些语法特点以自别于其他语言。就魏晋南北朝语法而言，语序仍为主语在谓语前，修饰语在被修饰语前。动词的位置在宾语前面，即语序仍与上古汉语相似。

就语言本身来说，魏晋南北朝时期呈现出以下特点：

1. 过渡性特点。魏晋南北朝是古代汉语向近代汉语过渡的重要阶段，在汉语史上有重要的研究价值。

2. 口语化作品的大量出现。魏晋南北朝时期，以《世说新语》《搜神记》《颜氏家训》等为代表的口语化作品大量出现，对研究当时的语言具有极为重要的参考价值。

3. 语言的交融和经典翻译。魏晋南北朝时期政权交替频繁，中原文化与少数民族文化交融，受当时国家政策和经济趋势的影响，各民族之间的语言交流也达到空前的状态。此外，自东汉末期兴起的佛经典籍的翻译也多少影响了语言的发展。

对魏晋南北朝汉语进行研究考察，可以丰富汉语史的研究，同时也可以为揭示汉语的发展特点和趋势添砖加瓦。

就介词结构而言，介词宾语结构前置占优势。魏晋南北朝相比上古汉语，介词结构更加丰富：1）介词数量增加。2）介词介引范围得到大幅扩展。继承介词中，介引范围扩大，如"循"，产生于先秦，成熟于两汉，魏晋南北朝时期被继承，表义范围除"水"类（先秦）、"路径"类（两汉），魏晋南北朝时期出现"痕迹""线索""走势"类介引范围。此外，出现"排除""包括"类语义范围。3）次生介词（Derived Prepositions）增多，如"至于、因缘、自从、在于、由于"等。4）介词结构增多，如"自／从／起／逮……至……、除……外，自……起"等。5）介词语序有前置化倾向，如处所类介词、工具类介词有前置化倾向（张赪，2002、吴波，2004、贾君芳、何洪峰，2020）。

本书主要以魏晋南北朝汉语介词系统为研究对象，主要是因为：

1. 介词是语言词汇系统中相对封闭的类，绝对数量有限，对其进行穷尽性研究具有可操作性。

2. 介词是汉语中重要的语法表达手段，对其进行研究有实际的必要性。

3. 魏晋南北朝时期介词的发展具有一定的特色，对其进行考察有具体的实用性，具有重要的实际价值。

4. 介词的发展是验证语法化理论的一个重要标本，对其进行梳理具有重要的理论意义。

5. 魏晋南北朝时期，汉语语料丰富且涉及领域广泛，如《三国志》《南齐书》《世说新语》《搜神记》等；也有受外来文化影响而产生的汉译佛典，既有以往研究所关注的正统文献，又有较少触及的医书、出土简帛等新型文献。

二、介词研究历史

我国的语法研究是从虚词研究开始的，元代卢以纬《语助词》是我国第一部专门研究汉语虚词的专著。（王云路，2010）《马氏文通》始对汉语介词进行系统研究。目前学界对介词的研究可分为：传统训诂学研究和介词系统研究两个阶段。训诂学研究阶段主要是"随文释义"和专著集注。介词系统研究始于《马氏文通》，又可以分为萌芽、正名、发展和繁荣四个阶段。

（一）训诂考证

《马氏文通》之前，汉语介词研究主要是以随文释义、专著集释的方式进行。

1. 随文释义

汉唐以来，传统"小学"家多侧重于实词考释或义理疏证，偶尔涉及语法现象，因此，可见的有关介词的诠释，但都随文释义，散见于文献训释材料中。如：与益予众黍稻鲜食。［索引］"与"谓"同与"之"与"。（史记·卷第二，页79）。萧统《文选》："以销锋镝为钟鐻

人十二”。李善【注】：“‘以销’当作‘销以’，‘锋镝’二字衍”。（卷第五十一，《过秦论》）

2.专著集注

语词之释，肇于《尔雅》。（王引之，1982：2）如：粤、于、爰，曰也。爰、粤，于也。爰、粤、于、那、都、繇，于也。《尔雅·释诂》：“迄、到，至也。”“徂，往也。”“率，循也。”“爰、于、粤、那、都、繇，于也。”“会，合也。”“安、按，止也。”“逮、及、暨，与也。”《尔雅·释言》“逮，沓也”“逮，及也”。

杨雄《方言》“逝，秦晋语也；徂，齐语也；适，宋鲁语也；往，凡语也”（戴震，《方言疏证》，页16）。

元代卢以纬《语助辞》始对虚词进行集中训释，涉及了部分介词，如“以、将”。

明代陶承学《并音连声字学集要》：“夹，傍也”（卷四，页351）。

清代刘淇《助字辨略》对包含介词在内的虚词进行逐条训释，除对经传所涉虚词采录外，还旁涉近代史书杂说诗词等材料，如“‘随’：下官家故可有两婆千万，随公所取。（《世说新语·雅量》）此‘随’字任从之辞也”。

王引之《经传释词》收录虚词160余，其中介词30见，运用“古注推衍、互文同训、异文互证、同文比例、据文意以揣摩”的方式研究虚词，开创了虚词研究的先河。

张相（1953：57）《诗词曲语辞汇释》在解释“诗词曲语”中实词的同时，也涉及部分介词，如“似”，犹“与”也；向也。“今朝别有承恩处，鹦鹉飞来说似人”，“说似人”意为“向人说”。

专著集注式解释，广搜群集，旁征博引，对研究介词的创新体系有很大的借鉴价值。

（二）介词系统研究

介词系统的研究从《马氏文通》开始，经历了萌芽、正名、发展和繁荣阶段。萌芽阶段以《马氏文通》为代表，提出介词概念，并以大量事实描写了“于”“於”“之”“曰”等介词。此阶段介词研究的特点是：探索与描写并重，模仿与立论同行。

正名阶段主要是针对“介词”立、否问题展开讨论。这一阶段，秉

魏晋南北朝汉语介词研究

承前一阶段的研究成果，在思考汉语和拉丁诸语言之间的关系的同时，主动思考汉语本身的特点。学界多倾向于汉语语法研究应独立于西方语法体系。于介词而言，学界有介词说、动词说、连接词说。黎锦熙等赞同为介词立类，承认介词在汉语中的语法地位。王力、吕叔湘等认为汉语中介词是其他词类的附类，如吕叔湘等把"介词"归入动词次类；王力等把"介词"并入"连词"类，合称"连接词"。该阶段的介词研究，不管是在探索介词与动词之间的关系，还是在研究介词与连词之间的联系，学界对介词的研究都过于绝对，界定过于宽泛。如结构助词"之"和介词"于"，二者的句法功能、句法语义都差异明显，把二者归为一类，有失偏颇。

正名阶段之后，学界逐渐对介词有了统一的认识，同时承认介词是汉语语法体系中不可缺少的一员。20世纪50年代后期《暂拟语法教学系统》之后，介词的研究便进入了蓬勃发展阶段。该阶段介词研究主要表现在：正视国外理论、思考理论适用性的同时，积极探索汉语介词自身的特点。这一阶段，涌现了大量的介词考证式的研究，如《汉语介词新体系》，同时也出现了如《暂拟汉语教学语法体系》的系统性研究。

繁荣阶段是指在20世纪80年代后期，语法化思想引进之后，汉语介词研究开始了理论与描写并重、共时与历时共举、共性与个性同存的研究阶段。该阶段研究的特点是前后呼应，全面开花。该阶段介词考证式研究继续推行，如对"于""於"关系的考证，对"曰、越、戉、爰"的介词用法的考证，对"和、合"的考证，对"往、望"的考证等；梳理同类介词的语法化，如"协同类"动词的语法化，"工具类"介词的语法化等；专书介词研究，如《史记》介词研究，《南齐书》介词研究等；介词系统研究，如《上古汉语介词研究》（赵大明，2006）、《先秦汉语介词研究》（魏金光，2013）、《先秦至魏晋南北朝时期方所介词研究》（史冬青，2009）、《两汉介词研究》（张文颖，2017）《近代汉语介词研究》（马贝加，2002）《晚清以来汉语介词研究》（李金凤，2018）等。

1. 萌芽阶段（1898~1922年）

从《马氏文通》到《新著国语文法》之前是汉语介词研究的萌芽时期。这时期在马建忠的"介字"基础上提出了"介词"并进行立类。

马建忠（2007：246）《马氏文通》首次提出"介字"说："凡虚字以连实字相关之义，曰'介字'，介字云者，犹为实字之介绍耳"。

章士钊（1911：224）《中等国文典》首先使用"介词"这一术语，并区分了"前置介词"和"后置介词"。

陈承泽（1982：47–49）《国文法草创》继承《马氏文通》"介字"之说，同时也继承了章氏"前置""后置"之说，并详细地区分了前置介词和后置介词的意义分布。但陈氏过度强调介词和动词之间的关系，认为"文中之介字常有其保持独立性之势，语中之介字则常有渐趋于他动化之倾向"。"将来语法中或可废止介字，留作语源上之参考，而径认为一种之动字，转为便利亦未可知也。"

2. 正名阶段（1924~1956 年）

黎锦熙（2000：20）《新著国语文法》首次对汉语口语语法进行研究，该书把介词和连词合称为"关系词"，把现代汉语介词按照功能分为四大类：时地介词、因缘介词、方法介词和领摄介词，且从语义上把105 个介词（包括框架介词）划分为 14 小类。

杨树达（1928）《词诠》沿用"介词"之说，第一次详细地考察了古代汉语 41 个介词；《高等国文法》（1930：335–389）以语义为纲将82 个介词划分为 22 类，其贡献是：开创了介词分语义描写的先河。但该著作也有一些不足，用现代的视角来看，当时对一些介词的界定似过于宽泛，如"所、之、者"等皆列入介词的范围，值得商榷。

受西方结构主义语言学的影响，1938 年到 1956 年处于中国文法革新问题的争论期。就介词而言，该时期主要是以介词之名的"立废"为讨论对象。吕叔湘（1942：28）、王力（1943：185）等主张取消"介词"；赵元任（2018：331–332）注意到介词的"过渡"性质，虽冠以"介词"之名，但仍以"副动词"（coverb）对待。而以张志公（1991：15）为代表的一些学者则主张立类。

主张取消介词的学者倾向于把"介词"与连词、助词等归为一类，如：

吕叔湘（1942：19）《中国文法要略》把"之、的、所、者、于、以、为、把、被、和、因、而、故"等统称为"关系词"。王力（1943：185）把介词、连词和结构助词统称为"联结词"。

也有些学者主张介词应该看作为动词的次类，如：

赵元任（2018：331）也称介词为"副动词"（coverb），并首次描写了其形态特征和功能。吕叔湘，朱德熙（2002：9）《语法修辞讲话》把介词归入了动词下位，名之为"副动词"，因为这两类词的"界限很不容易划清"，不如"归在动词这个大类的底下"。[①]高名凯（1948：318）称之为"受导词"或"半动词"，[②]认为介词和其宾语有"引导关系"，并区分了汉语中的11类"引导关系"。

主张为介词立类的学者认为介词是话语词类系统中不可缺少的部分，其与助词、连词、动词都有着明显的区别。该类学者中以张志公为代表。

张志公（1991：15、381）《汉语语法常识》列举了26个介词，认为介词的功能在于它可以把一个实词连缀在动词或形容词上，表现出某种修饰或补充关系。

1936~1956年间，汉语介词的性质得到了进一步的认识。这一时期对词类问题的集中讨论、对汉语介词研究起了推动作用，而且都取得了可喜成果。由于前辈学者的共同努力，使得介词的性质得以进一步揭示，为解决介词的归属提供了依据。同时，逐渐认识到介词与其他词类的差异及其特点，对某些认识也开始趋向一致，如"的""地""得"多数人都不再看作介词了。[③]

3. 发展阶段（1956~1986年）

经过近20年的讨论，学界最终统一了对介词的看法，即介词是汉语词类中的一个重要分类。介词说统一后，学界开始致力于对介词及介词系统的描写和考证，如《暂拟汉语教学语法系统》统一了对汉语介词的认识。《暂拟》分介词为11类，指出了介词与动词的联系和本质区别。

黎锦熙、刘世儒（1957）的《汉语介词的新体系》一文，对汉语介词的来源和命名、不同争论、介词的定义和分类等问题作了深入讨论，第一次比较全面地、系统地研究了汉语介词。

20世纪80年代，汉语介词的研究最具代表性的当属对"被"字句和"把"字句的研究。（程克江，1992）李临定《"被"字句研究》（1980）细致地分析了"被"字在句子语义结构中的地位和作用，列举了"被"字句式，并得出"'被'的语法功能是，构成被动句，使名词受位于句首"

---

①《语法修辞讲话》按照做谓语能力把介词"把""被"归入副动词，而"在""往""向""到"在做谓语里主要成分的时候是动词，做次要成分的时候是副动词。至于一般动词临时用在次要成分的情况就不必要归入副动词。吕先生和朱先生此时已经有介词系统的"层次性"和"过渡性"的意识。

②见高名凯《汉语语法论》（北京：商务印书馆，1986:318）。高先生把介词作了分类：表示空间关系；表示时间关系；表示对人关系；表示对意见或观念的关系；表示根据；表示排除；表示代替关系；表示工具关系；表示因果关系；表示所谓"被动"。

③详见自郭熙《汉语介词研究述评》，载《徐州师范学院学报（哲学社会科学版）》，1986（1）:136-143.

的结论。在《现代汉语句型》（1986：223）一书中，李先生又指出："在现代汉语里，'被'字句型表示中性以至于褒义，有扩大之势，但还是以表示贬义最为常见"。

20世纪50年代，吕叔湘先生发表《"把"字用法的研究》，对现代汉语把字句的用法进行了详细的梳理和总结。后来，傅雨贤（1981）、宋玉柱（1981）、詹开第（1986）等对把字句也进行了较为深入的研究。

此外，朱德熙先生《语法讲义》（1982）对介词特别是"把""被"等也提出了较为精到的看法。他认为，"跟'把'字句关系最密切的不是'主动宾'句式，而是受事主语句。"这一结论对后来"把"字句的研究，特别是特殊类型的"把"字句的研究有很大的影响。

4. 繁荣阶段（20世纪90年代至今）

20世纪90年代开始，汉语介词研究进入全面繁荣时期。现代语法理论视野下的汉语介词研究全面展开，新理论和新方法不断涌现，专书、断代和系统性的研究成果丰硕，共时描写和历时梳理个案研究几乎涵盖所有的介词。

（1）"三个平面"理论框架下的介词研究

范晓（1996）提出"三个平面"语法理论后，在学界引起极大反响。"三个平面"即句法平面、语义平面和语用平面。句法平面是指对句子进行句法分析。句中词语与词语之间有一定的关系，这种关系是属于句法的（structural）。语义平面是指对句子进行语义分析。句中词语和客观事物之间也有一定的关系，这种关系是属于语义的（semantical）。语用平面是指对句子进行语用分析。句中词语与使用者之间也有一定的关系，这种关系是属于语用的（pragmatic）。三者之中，句法是基础，因为语义和语用都要通过句法结构才能表现，而要了解语义或语用也要通过句法结构来观察。

"三个平面"理论框架下介词研究以鲁川、金昌吉和陈昌来等为代表，对介词的功能和分类研究比较深入。

鲁川（1987）从语言信息处理的角度，根据语义功能，把介词分为六类：主体介词、客体介词、邻体介词、工具介词、根由介词、环境介词。

金昌吉（1996）根据"介词与其附着的名词在格框架中承担的格语义功能"来确立格体系，分为六类格系统：主体格、客体格、邻体格、时地格、关涉格、根由格，总结了介词的五项核心功能，还对介词格进行了层级分类。

张谊生（2000）认为，介词主要有"介引功能、转化功能和标记功能"。陈昌来（2002）认为，介词是标记语义成分和动词之间语义关系的，如工具、时间、处所、原因等，他总结了介词的句法功能、语义功能和语用功能。

介词研究必然涉及介词与动词、连词的纠葛问题。如饶长溶（1987，1991，1995）认为处理动介关系要坚持形式和意义结合的原则，指出：介词不能单独成句；不能带"着、了、过"；不能重叠；可带助动词。石毓智（1995）认为，动介纠葛问题实质上是它们用作次要动词使用频率的差异，他从时间一维性上划分核心动词、次要动词和介词，论述了动介关系。

介词和连词的区分，主要集中在"协同"类介词和"连和"类连词之间的区分。沈锡伦（1987）、储诚志（1991，1992）等人提出用"替代法，互换法、分解法、插入法"等来区分介词和连词。张谊生（1996）提出了六种介连区分标记：分离标记、空位标记、统括标记、协同标记、相互标记、复指标记。

（2）类型学视野下的介词研究

类型学视野下介词研究以刘丹青和张赪为代表，主要关注汉语的介词类型和语序发展演变。

刘丹青（2003）《语序类型学与介词理论》用类型学和语法化理论对汉语的介词进行统照，认为汉语介词系统由前置介词、后置介词（方位词）和框式介词构成，并指出了偏指性"介词"（即不包括方位词）理论的缺陷，把方位词纳入介词研究框架，认为方位名词向后置词语法化，是为填补中介位置联系项空缺。该书进而指出汉语介词的三个来源（动源前置词、名源后置词和副源后置词），还把汉语介词分为三级：纯联系项介词（一级）、基本关系介词（二级）和具体关系介词（三级）。最后，该书总结了制约介词类型和介词短语语序的四条原则：联系项居中原则、语序和谐性原则、时间顺序相似性原则和信息结构原则。

关于汉语介词语序演变研究，张赪（2002）《汉语介词词组词序的历时演变》一书梳理了先秦到元明处所介词词组和工具介词词组的语序变化，认为：汉语介词词组语序的变化是汉语内容为适应语法的发展而进行调整的结果，影响介词词组语序变化的因素早就存在，只不过是后来有所加强而已，与汉语 SOV 的变化没有关系。

高再兰（2016）从类型学的视角调查了介、连的词长特征与联系项轻重原则在汉语中的适用性。

吴福祥（2017）讨论了汉语方言里四种逆语法化演变，即"并列连词＞伴随介词""处所介词＞处所动词""与格介词＞给予动词"和"比较介词＞比拟动词"。认为这些逆语法化的发生与汉语的类型特征密不可分。

（3）语法化理论视野下的介词研究

20世纪八九十年代起，在语法化理论和认知语言学理论影响下，介词演变历程和产生机制等成为重要的研究课题。

如对先秦介词"于"的考察和争论，深化了对汉语介词形成和演变特征的个性认识。洪波（1988）和郭锡良（1997）认为介词"于"由"往"义的动词"于"虚化而来的。此后，不断有学者参与探讨，像梅祖麟（2004）认为古汉语中的动词"于"源于共同汉藏语"往""行"义的动词；赵仲邑（1964）认为"于"来源于上古的泛声，而时兵（2003）认为来源于远古的格助词；何乐士（2006）和蒲立本（2006）认为"于""於""乎"三者不同，孟蓬生（2001）、王海根（2006）和冯其庸（2006）都认为"于""於"音韵上互通；董秀芳（2006）认为"于""於"同一语言形式的不同写法；张玉金（2009）对以往观点作了总结，认为"于""於"音韵上互通，"应是同一个词的不同书写形式"。

关于介词的形成机制研究，金昌吉（1995，1996）、赵大明（2000）、陈昌来（2002）、齐春红（2003）、张旺熹（2004）、王鸿滨（2004）、吴波（2004）、吴金花（2005）、吴福祥（2005）等学者从不同角度审视、探讨并升华为理论，推动了介词的研究。

汉语介词"再语法化"一直是"语法化"研究关注的热点。介词或走向副词、连词，或成为构词词缀，或停止不前，或回归动词，或消失。这些现象学界都有涉及，但成果不是很多。如张谊生（2010、2016）对介词"于"作"附缀"继而脱落现象进行研究认为，"于"错配为附缀而后脱落，经历了由语用变异到语法功能的演化过程，双音节韵律制约是"于"脱落的动因，语义羡余性和零形式表达的经济性也驱动了零形化。

何洪峰（2011）对动词"去"的语法化的"终止与回归"的研究认为，"一个动词能否介词化首先取决于其语义特征，源语义特征决定着语法化的走向"。"去"虚化为介词处在"实义词＞语法词"阶段，回归到动词不是"逆语法化现象"，也不是"去语法化"，只是停止语法化。

张谊生（2016）分专题研究了汉语介词演变、转化及其句式。

何洪峰（2012、2013）分别考察了汉语史中存在的限域性介词和近代汉语的流星介词。何洪峰、崔云忠（2014）考察了汉语史中的次生介词；何洪峰、崔云忠（2015）在语法化理论背景下描写了"沿顺"义介词的内部层次性，包括历史层次和语法化斜坡；何洪峰、张文颖（2016）考察了汉语史中的"动介词"。何洪峰、贾君芳（2018）讨论了汉语中时间介词系统，详细描写了时间介词系统的更新情况。

姜淑珍、池昌海（2018）在语法化背景下，考察了吴语"园"的多功能模式和语法化，认为"园"语义演变和语法化路径为"藏（物）>存放 > 置放 > 存在 > 处所介词 > 时间介词"。由"藏（物）"到"存在"的演变，是其语义特征要素逐渐脱落而语义泛化的过程。这种微观层面的语义参数的量变最终导致其宏观层面的句法地位的改变。"园"语法化的机制为双动词结构的重新分析，其直接诱因是语义羡余。在"园"的语法化过程中，语义、句法、语音、词汇系统存在互动和制约关系。

张成进（2018）考察了介—连兼类词"鉴于"的词汇化与语法化，认为介词"鉴于"来源于先秦时期的动介跨层结构"鉴 + 于"，该形式是典型的句法—语音的错配现象，至元明时期词汇化为表原因义的介词。介词"鉴于"词汇化的动因有：动词"鉴"的非范畴化及其范畴转移、介词"于"的非范畴化及其附缀化、汉语双音化韵律的促动。连词"鉴于"是介词"鉴于"进一步语法化的结果。

吴福祥、金小栋（2018）描述了介词"跟"的语法化及其语法化模式，概括出了汉语方言（或跨语言）中"跟随/伴随"义语素几种反复出现的语义演变模式，如"跟随/伴随>方所""跟随/伴随>根据""跟随/伴随>平比/差比""伴随>对待""伴随>关联"和"伴随>人物方向>受益者>处置"。

刘云（2018）描述了介词"给"的语义演变路径总结为：给予 > 可控容让 > 不可控容让 > 长被动，并引入［自主］、［变化］、［可控］等参数刻画施动向受动转化的渐变过程。受同类标记"让"的压制，长被动用法相对弱势。该文还探讨了介词"给"悬空的问题。

王永娜（2018）对汉语介词的句法位置、韵律特征和语体属性进行了考察，发现汉语介词在 VP 层、vP 层、TP 层、CP 层均有分布。其中 V 补足语位置的介词，因正俗不同，介词自身的轻重不同。VP（do）附加语介词均为单音介词，语体属性均为口语体，宾语可单可双，有少量介词宾语不宜过长。跨 vP、TP、CP 层介词，有自由跨层和有条件跨层之分，与此相应，其正俗有别，单双不同，其对单音宾语限制不同，独立承担短语调上也有自由和有条件之别。此外，跨层介词位于CP层时其正式度要高于位于vP、TP层。CP介词均为双音或变体双音，均为正式体，其宾语趋于多音，可承担独立的短语调。该文认为，汉语介词因正俗不同，句法不同，韵律有轻重之别，承担短语调的能力不同，这些因素相互之间一一对应。

（4）词汇化理论视角下的介词研究

随着语法化理论的深入研究，国内对介词特别是复音介词的研究也取得了较为丰硕的成果。

如介词"以"的悬空及其词汇化。张月明（1997）、汪维辉（2002）、田范芬（2004）、徐丹（2007）等都谈及介词"以"词汇化的问题，何洪峰（2008）对"以"的词汇化问题作了总结，指出了"以"字悬空的篇章功能和词汇化后的产品。

刘丹青（2001）从语法化的角度对更新、强化与叠加的动因和作用进行研究。

彭睿（2007）通过对汉语"非结构性排列 > 双音节虚词"这一历时演变过程的考察来探讨构式语法化问题。认为，构式语法化为一种重新分析的过程，可能诱发其内部成员（包括核心动词）之间的融合、合并和语法化等。

张谊生（2012）从语言的演化（change）与变异（variation）相结合的角度，在共时平面上对汉语叠加、强化的方式与类别、动因与类型、作用与后果，进行调查与分析。

张谊生（2013）从共时平面考察介词的叠加现象。认为"自从""自打""打从"等双音介词是由于叠加形成的；同时，考察了现代汉语中一些不常见的介词重叠形式，如"遵按照"等，具有一定的启发性。

刘红妮（2013）总结了介词省缩导致的词汇化规律，认为结构省缩与一部分词汇化的生发有着密切的关系，本身可以说是一种推动或导致有些语言演变的动因和机制。

程文文（2017）对先秦两汉出土医书中的介词进行了较为全面的梳理，概括了出土医书中介词系统的特点，对魏晋南北朝时期汉语介词的研究具有很重要的参考价值。

方清明（2018）考察了现代汉语中"介 + 抽象名词"的组合形式。通过考察"介 + 抽象名词"的组合形式，文章对"介词框架（框式介词）"进行了重新审视，对"介词框架"重新定义：介词与方位词、连词、助词、介词等虚词性成分一起构成种种固定格式的称之为"介词框架",如"在……上";而介词与名词、名词性成分、动词、动词性成分的搭配称之为介词性短语搭配。

柴淼(2019)从论元角度,分析了动词介词化的动因。文章认为,在考察动词介词化时,除关注动词本身的特征,还应关注与动词相关句法成分的性质。文章以动词所关涉论元为研究对象,将其放置在不同类别的句法结构中,分析了论元成分对动词介词化产生影响的具体过程。

彭建国,陈汉钦(2019)运用构式化理论对"着prep"的过程进行了梳理。文章认为:"着prep"的构式变化和构式化是"着"从动词演化为助词整个语法化环节中较早的一个阶段;"着prep"的构式化是语法性的构式化,伴随着图式性增强、能产性增加和组合性的降低;"着"介词性用法的产生除了构式以外,还与"着"自身的词义隐喻密切相关,是"着"的词义隐喻与构式共同作用的结果。

钱坤、赵春利(2020)以语义语法为理论指导,考察了介词"凭借"的宾语语义类型、主句谓语的语义类型、介宾状语和主句谓语间的语义关联;以先分后合的方法,逐层提取并验证了介词"凭借"的"因优获利"义。

贾君芳、何洪峰(2020)从类型学角度考察了后置介词的类型共性特征。文章认为,汉语后置的介词结构语序演变的内在动因主要是介词更新、句法结构的复杂化以及时间顺序相似性。

(5)关于介词系统层次性的思考

赵元任(2018:331–332):有若干及物动词常常用在连动式的第一个动词位置上,可以成为副动词。其中有几个只出现在这个位置上,在别的位置上不出现,那是地道的介词。赵先生的观察已经反映出"动词 > 副动词 > 介词"的语法化过程,只是对于动词和介词的中间过渡成分赋以"副动词"之名。其次,赵先生也注意到介词的历史层次性特征——介词无论在分类上或是在历史上都有一种过渡的性质。

此后,吕叔湘、朱德熙《语法修辞讲话》(2018: 9):"把""被""从""对于"等,不能做谓语里的主要成分,我们就叫它"副动词"。"在""往""向""到"等,能做谓语里的主要成分,但是经常做次要成分;当他这样用的时候,我们也管它叫"副动词"。至于一般动词临时用作次要成分的时候,就不必归入副动词。吕先生和朱先生同样也注意到了动词和介词(副动词)之间的过渡特征。

13

Lehmann（2003）、Hopper（2002）、Henie&Kuteva（2003）、Bybee（2018）等在其语法化思想中明确提出了语法化的层次性特征。如"比较老的语法语素，即经历更多发展过程的语法语素，与具有同样相关性的比较新的语法语素相比，会更接近词干、更融合，更短或在音段上更减损"（转引自龙海平译《语法化：概念框架》，216页）。

何洪峰（2013）、何洪峰、崔云忠（2014、2015）、何洪峰、张文颖（2017）注意到介词系统内部有其层次性，如介词化程度的差异：动词＞动/介词＞介词。介词介引能力的差异，如广域介词/限域介词。何洪峰，贾君芳（2018）明确提出了汉语时间介词结构中时间词的层次性问题。

（6）关于介词来源的思考

关于介词来源的问题学界多有关注。介词来源于动词似已经成为学界的共识，但近年有不少学者开始思考其他来源，如马贝加（2002）提出了"复音介词"的6个来源，其中有2条与动词无关；何洪峰、崔云忠（2014）对马贝加的6来源说进行了修正，并明确提出"道"名词→"道"动词→"道"介词的发展路径。至此汉语中"名源介词"也成为一种介词来源。

此外，动源介词也好、名源介词也好，汉语中哪些语义的动词、名词容易发展为介词学界还缺乏相关研究。但对介词内部语义的发展路径学界已不乏真知灼见，如马贝加，王倩（2013）观察到介词语义从"所为"到"处置"的演变；马贝加，朱福妹（2018）汉语介词从"施事"到"原因"的语义发展等。

以上研究成果为魏晋南北朝时期介词研究提供了很好的借鉴，同时也为魏晋南北朝时期介词系统的描写打下了很好的理论基础。

（三）魏晋南北朝介词研究现状

魏晋南北朝介词研究，可以从三个方面来进行总结：专书介词的研究；介词系统的研究；辞典式介词注释。

1. 专书介词研究

近年对魏晋南北朝时期汉语介词进行专书和断代性研究成果仍相对薄弱，目前只见：

何乐士（1992）对《世说新语》20个介词和敦煌变文中43个介词进行了比较研究，描绘了魏晋南北朝至唐五代时期介词系统的发展状况，为全面考察介词系统的更替发展作出了贡献。

吴庆峰（2006）《〈史记〉虚词通释》搜集整理了《史记》中的52

个介词,并与《汉书》进行了比较,较好地勾勒出古代汉语后期的语言现状。

周生亚(2007)系统考察《搜神记》中 26 个介词对介词系统、词义类型和词义发展作了细致、全面的描写。首次对《搜神记》介词进行了比较全面的研究。

邱峰(2009)以《南齐书》为基准,参照《世说新语》和《颜氏家训》对魏晋南北朝时期介词系统进行了较为丰富的考察,梳理了各类介词用法。通过与先秦介词系统的比较,总结了一些中古汉语介词系统的特征,揭示了魏晋南北朝时期介词系统的一些性质。

2. 介词系统研究

先秦至魏晋南北朝介词系统的研究可以从三个方面进行考察。

1)宏观方面:介词系统的全面描写

杨伯峻、何乐士(1992)《古汉语语法及其发展》分七类考察了 144 个介词。对每个介词的功能、意义都分类描述,并梳理了介词的继承发展情况。

马贝加(2002)的《近代汉语介词》考察分析了 160 个介词的来源和发展脉络,还探讨了介词的判定、实词向介词虚化的原因等相关理论问题,提出"运用义素分析、语义结构分析和次类比较"三种方法来区分动词和介词。

吴波(2004)对中古汉语的介词进行了断代研究,描写了中古汉语介词与上古、近代以及现代汉语介词之间的传承关系,探讨了动词虚化为介词的诱因。

2)中观方面:介词子系统的深入研究

吴金花(2006)专题研究了中古汉语时间介词,描写了其概貌、产生及演变过程,总结了产生和消失的原因。

史冬青(2008)专题研究了先秦至魏晋南北朝时期方所介词,整理出了这一时期方所介词的形成及演变脉络。

3)微观方面:介词的产生及发展

张赪(2002)梳理了先秦到元明处所介词词组和工具介词词组的语序变化,认为:汉语介词词组语序的变化是汉语内容为适应语法的发展而进行调整的结果,影响介词词组语序变化的因素早就存在。

蒋绍愚(1992)梳理了介词"于"的产生及发展过程。

何洪峰(2006、2011、2013、2014、2015、2016)较为详细地梳理过先秦至现代方式介词、依凭介词、时间介词等的产生、发展及消失过程。

石微、王浩垒（2014）考察了现代汉语介词"论"的形成历史，认为现代汉语介词"论"来源于先秦动词"论"。动词"论"在先秦时期用在连动结构中，两汉时期"论"所在的连动结构主次动词分化明显，唐代"论"由动词引申出介词用法，宋代以后"论"的介词用法进一步扩展。连动结构是引发动词"论"语法化的句法环境，连动结构的句法环境加之连动结构中连词使用频率的递减趋势为动词"论"的语法化提供了条件。"论"由表示"议论、评论"的实词义到表示"以某种单位为准"的语法义的语法化过程中间经历了"衡量、评定"义的语义演变阶段。频率中"临界频率"的增加也是推动"论"语法化的一个重要因素。"论"的句法功能变化的机制是重新分析，而"论"发生语义演变致使语法意义产生的机制是语用推理。

何洪峰（2014）从句法结构角度探讨了介词语法化的句法语义机制，认为汉语动词介词化的主要机制是结构扩展和去语义化。动宾结构扩展成"V1·N·V2"式连动结构，构成了动词介词化的句法结构基础。连动结构中的三个结构成分 V1、N、V2 构成三层句法语义关系：V1 与 N、N 与 V2、"V1·N"与 V2。这些结构成分及句法语义关系之间互相影响、制约，决定 V1 的语义是否被"漂白"及其"漂白"的程度，从而决定 V1 是否虚化及其虚化程度，即决定 V1 是动词、半介词还是介词。这些介词化的句法语义机制及语法化过程，导致汉语介词呈现出一系列语法化特征。

王舒（2015）在搜集众多非佛经语料和佛经语料的基础上，考察介词"当"的方所用法和时间用法，并运用语法化和认知语言学的相关理论，对其所表示的方所范畴和时间范畴之间的关系进行分析，探求其虚化和演变的机制。

崔云忠（2017）考察了魏晋南北朝时期介词语法化的特点及原因，认为魏晋南北朝汉语介词的语法化呈现出单向性趋势，并呈现出成员更新、语义强化等特征。其单向性趋势表现为介词原项消失而语法化项发展、原项与语法化项并存、原项发展而语法化项消失、原项与语法化项均消失等四种途径，前两种途径实现了介词系统的创新和新的语义范畴的出现，后两种途径则完成了介词系统的更新。介词语法化之后，其语义得到一定程度的强化，其强化过程呈现出多样性特征。而句法结构的约束性、语义发展的规律性、表义手段的多样性以及当时语言的过渡性特点，都决定了该时期介词语法化特征的生成。

此外，对于单个介词的考辨也是魏晋南北朝介词研究的重要环节。如徐宇红（2009）认为，魏晋南北朝时期介词"捉"还没有完全虚化为介词，而是处于动词向介词过渡的阶段。

吴金花（2006）认为，"吾以去五月三日来达襄阳，触目悲感，略无欢情，痛恻之事，故非书言之所能具也。"中"去"为时间介词，产生于魏晋时期，《全晋文》中已见用例。何洪峰（2012）认为该类语境中的"去"为表时间的助词，不宜做介词理解。本文赞同何洪峰（2012）的观点，把该类语境中的"去"处理为时间助词。

3. 辞典研究

20世纪80年代以后，汉语虚词特别是介词研究成果丰硕，其中一些虚词词典或专书词典的出现把虚词研究向前推进了一大步。

何乐士等（1985）《古代汉语虚词通释》：收录介词77个。该书把介词分为7大类，并一一列出其成员，描写精当，考察广泛。

王政白等（1985）《古汉语虚词词典》收录单音介词56个。

陈霞村（1992）《古代汉语虚词类解》梳理了先秦至两汉时期的88个介词，其中对中古介词也偶有涉猎。

中国社会科学院语言研究所古代汉语研究室主编的（1999）《古代汉语虚词词典》收录介词113个，其中单音介词98个，复音介词15个。考察全面、描写细致，在梳理古代汉语介词特别是先秦至魏晋南北朝时期介词方面具有很高的参考价值。

李科第（2001）《汉语虚词词典》收录129个介词，梳理了整个汉语介词系统。

张万起（1993）《世说新语词典》对《世说新语》中出现的词语进行解释，其中不乏对介词的诠释，这为后人阅读理解《世说新语》提供了很好的参考，同时也为本文文献梳理和词语性质的判定提供了很好的材料。

此外，何洪峰（2012、2013、2014、2015、2016）、张谊生（2013）等对介词的性质也作了一些探讨。如何洪峰、张文颖（2016）研究了汉语中的动介词现象，对汉语介词的发展作出了翔实的讨论。张谊生（2013）对"自打、自从、打从、自打从"等成分的介词的来源进行了考察，同时对其语法化的机制作了探索，认为这种现象是语法化中的强化现象。

魏晋南北朝语言的研究特别是词汇的相关研究已取得非常丰硕的研究成果，语法的研究也取得了重要的突破。对于魏晋南北朝介词的研究，各类词典中多有所涉及。即使近代汉语、现代汉语介词的研究也对其有所追溯。以上成果不管在研究方法、研究成果还是在研究态度上都值得学习借鉴。

综观以上成果，学界对魏晋南北朝介词的研究主要集中在：对个别介词性质、功能的考释，这类成果最多，涉及面最广。专书介词研究。对魏晋南北朝专书介词的研究主要集中在《南齐书》《世说新语》《搜神记》等，近年来一些硕士论文涉及《水经注》《搜神记》《洛阳伽蓝记》《颜氏家训》及部分魏晋南北朝汉译佛经，如《贤愚径》《大楼炭经》等。也有一些从历时角度的专书对比研究，如《史记》与《世说新语》的比较研究等。历时系统的研究中，涉及魏晋南北朝阶段的介词研究。如张赪《汉语介词词组的历时演变》涉及魏晋南北朝处所介词、工具介词的语序问题；何乐士《古汉语虚词研究》对魏晋南北朝介词也有相对系统的研究；马贝加《近代汉语介词》向上追溯介词来源时，对魏晋南北朝介词也多有提及；吴金花《中古汉语时间介词》对东汉至隋期间的时间介词作了详细梳理，其中涉及魏晋南北朝时间介词部分；史冬青《先秦至魏晋时期方所介词的历时考察》对魏晋南北朝时期的方所介词有较为深入的考究，并对比了先秦时期的变化特点；吴波《中古汉语介词研究》涉及魏晋南北朝时期介词系统的研究，是目前见到的较为系统地对魏晋南北朝介词进行研究的成果。词典考释。《汉语大词典》《汉语大字典》《古汉语虚词词典》《古代汉语虚词词典》《虚词词典》等都考察到了魏晋南北朝时期的部分介词，有些词典（字典）明确表明魏晋南北朝始见，或引用魏晋南北朝用例。

以上成果为本书的研究提供了非常好的参考。对个别介词的研究成果促进我们以更加广阔的视角和更加谨慎的态度来定义魏晋南北朝汉语介词，为划定本书的研究范围起到很好的借鉴作用。专书介词的研究为我们的研究提供了很好的框架借鉴；历时系统的研究让本书以更加审慎的态度，对比、选摘用例。词典考释的成果，为本书提供了很好的参考，同时也为本书的研究提供了很好的研究视角和材料支撑。

就现有成果而言，上古汉语介词、近代汉语介词系统已经有较为成熟的描写。魏晋南北朝汉语作为中古汉语的主要组成部分，其介词系统在汉语语法史的研究中具有重要的意义，对探讨上古汉语介词的发展、近代汉语介词的来源都有重要的衔接意义。魏晋南北朝介词系应该得到应有的重视。

本书拟从魏晋南北朝介词的来源（继承先秦、继承两汉、新生）、魏晋南北朝介词系统的概貌（语义分布）、魏晋南北朝新生介词的语义来源及功能发展、魏晋南北朝介词的语义激活扩散路径四个大方面多视角地审视魏晋南北朝介词系统的概况及特点。在描述其介词系统概貌的同时，考溯其语义来源，以源义为基点考察该时期的新生介词，通过对比前后的来源及发展情况，总结其语法化的动因。在总结其语义分布概况的同时，注重多功能介词的语义引申路径，即构建介词语义激活扩散模型。

（四）本书的研究视角

本书在前贤研究的基础上加以整理，以图呈现魏晋南北朝介词系统的概貌；在语法化视角下对魏晋南北朝汉语新生介词进行梳理，总结语法化理论在汉语介词语法化中的适用程度；总结汉语介词语法化的个性特点。在梳理魏晋南北朝介词系统的同时，总结介词语义系统的层次性，即核心语义和非核心语义之间的关系。如空间语义、时间语义、对象语义都可以发展出范围语义的特点，故空间、时间、对象语义可以看作介词的上层语义，范围语义、原因语义等非核心语义可以看作下层语义。如：

1）a 从去年到今天我都没去上班。

b 从新加坡到美国都有我们走过的足迹。

2）因为你，我不想去上班。

例（1）a 中"去年""今天"都是表达时间概念；b 中"新加坡""美国"都是空间概念，但是在"从""到"的管辖下，表达了范围概念，即时间范围和空间范围。例（2）中，"你"表达对象概念，在"因为"的管辖下表示原因概念。鉴于此，我们认为非核心语义和核心语义存在衍生关系，具有一定的层次性。

总体来看，语言学界关于介词与动词及连词的区分、断代专书介词及个案介词研究、介词的虚化机制和动因的探索等方面，都取得了巨大的成就。但是就魏晋南北朝介词研究方面，还存在不足，有进一步研究的空间，即：

（1）魏晋南北朝介词的断代研究需要进行系统性考察。a. 在断代介词研究中，多为专书介词研究，未见有系统统计描写魏晋南北朝汉语介词的研究。b. 魏晋南北朝汉语介词数量不清，收词范围不定。如，在共时层面的个体介词研究中，以"以""于"等常用介词为主，少有对魏晋南北朝时期新生萌芽介词的研究。在历时层面的介词研究中，多着眼于单个介词产生的时间，部分成果涉及介词子系统的演变，就介词成员的更替和语义系统的更新缺乏相应的研究成果。c.就汉语史断代的横切面来看，整个魏晋南北朝时期介词系统呈现何种面貌，成员有哪些，哪些成员是由前代沿用而来，哪些成员是魏晋南北朝时期新生萌芽的，还有待进一步整理。

（2）魏晋南北朝介词系统内部的发展变化值得进一步描写。目前的魏晋南北朝汉语介词研究主要倾向于探讨个体介词共时的语义及用法，对其历时虚化的过程和状态，描写不详。先秦及两汉的沿用介词在魏晋南北朝时期语义功能的发展变化、魏晋南北朝时期新生介词的语义、新产生的语义范畴等值得更进一步考察描写。

（3）介词相关的理论值得进一步思考。现有介词演变规律的探索都是立足于西方语法化等理论基础，宏观地解释介词史演变，鲜有立足于断代汉语介词演变，映照介词演变规律的研究。魏晋南北朝汉语介词较前代介词经历了哪些演变，遵照哪些语法化规律，也需考察验证。

三、理论背景及方法

（一）理论背景

本书主要涉及的理论有语法化理论、词汇化理论和层次网络模型及激活扩散理论。

1.语法化理论

（1）语法化定义

Hopper&Traugott（2001：17）认为，语法化是词汇项和结构进入某种语境以表示语法功能的发展过程，一旦这些词汇项和结构发生了语法化，他们继续会发展出新的语法功能。

JerzyKuryłowicz（1965［1975］：52）、Bemd Heine、Ulrike Claudi and Friederike Hünnemeyer（1991：123–163）认为，语法化是词汇概念到语法概念或从较少语法性质的概念到较多语法性质的概念的发展过程。

Givón（1979）提出了经典语法化路径：话语 > 句法 > 形态 > 形态语音形式 > 零；自由语素 > 附着语素 > 词缀。

Hopper&Traugott（1993：7）描述语法化进程呈现出"斜坡"（cline

of grammaticalization）：

实义词＞语法词＞附着词＞屈折词缀

本书主要在语法化理论的背景下梳理魏晋南北朝介词系统，以魏晋南北朝新生介词为基础，考察其语法化走向。

（2）语法化的特点

语法化理论认为，语法化单向性（Unidirectionality）、语法化更新和创新以及语义强化是语法化的重要特点。（Bybee，2002、Heine Claudi&Hünnemeyer、1991：31、Heine&Kuteva，2002：4、Lehman，2002：20）

1）单向性假设

Heine Claudi&Hünnemeyer（1991：31）认为语法化是从具体意义向抽象意义发展或较抽象意义向更为抽象意义发展的过程，而非相反。因此，语法化是一个单向的发展过程。（Heine&Kuteva，2002：4）

在语法化斜坡上，发生语法化的元素只可能沿着该斜坡往下发展而非相反。（何洪峰，2011）

2）更新和创新

Lehman（2002：20）认为，"更新"（rennovation）和"创新"（innovation）是语法化的重要特点。

更新是一些旧形式的某些功能被新的形式所替代。（Lehman，2002：18）即：

X 语法化为 Y：X＞Y＝Y 被 X 更新

魏晋南北朝介词成员系统中，新生介词替代了继承介词的某些功能完成介词系统的更新。

"创新"（innovation）是指新范畴的产生，包括既有成员发展出新的功能和新义域的出现。

魏晋南北朝继承介词中于该时期发展出新的功能，如"从"表"依凭"功能的产生，这属于内部更新；魏晋南北朝介词语义中，发展出表示"排除范围、连带范围"等用法，这属于介词系统的创新。

3）语法化强化

强化（reforcement）是语法化过程中的重要特点。（Hopper，1991:22、Lehman，2002:20）语法化强化（reinforcement）是指，语法化过程中语法成分不断虚化而功能衰退以至消失，为补偿这一虚化过程而

在原有虚词成分上加上同义或近义的成分，使原来的虚词语义得到加强。（Lehmann，2002:20）

强化有简单强化和复杂强化两种形式。简单强化是在去语义化的成分（bleaching element）上增加特指性成分（specifying element），如"除→除了、顺→顺着、至→投至于／投至到／投至得"等；复杂强化是在某一结构的不同位置上引进特指性成分（Lehmann，2002:21）。如"除"等经历了语义强化，形成"除……外／之外"结构；"自"经历语义强化，形成"自……到……、自……开始，自……起"；"到"经历语义强化之后，形成"到……之后"等结构。

（3）语法化机制

何洪峰（2014a）认为，语义漂白（semantic bleaching）和语境扩展（context generalization）是语法化发生的重要机制。

1）语义漂白

"语义漂白"，是汉语动词介词化的重要语义机制，是指词汇项不断丧失实词意义的过程。动词虚化为介词就是丧失了动词义、虚化为介引义。

2）语境扩展

Haspalmath（2003）、何洪峰（2014a）等认为，"语境扩展"是语法化发生的主要机制之一。语境扩展是指语法化词用于新的句法结构。在新的句法结构中，语法化源项的语义不断适应非相关元素的语义，从而实现语境扩展。

汉语中介词大多由动词语法化而来。（黎锦熙，1924、刘坚等，1994）连动结构是动词介词化的句法基础。（Hagège，2010、何洪峰，2014）在动词向介词语法化过程中，随着介词性质增强，动词的语义逐渐漂白，适用语境不断扩展。随着语法化的不断发展，有些介词失去其介引作用，发展为附着语素，如"于"；有些介词起联接作用，发展为连词，如"共""和"等。

在语法化理论的背景下，本书意在梳理魏晋南北朝介词的产生及发展情况；以语义为纲，描写魏晋南北朝介词语义系统；以历时描写为目的，追踪魏晋南北朝时期汉语介词的来源及发展，以期全面描写魏晋南北朝时期新生介词的走向及发展趋势。

2. 词汇化与回归

在介词发展过程中，有些介词成分用法消失，如"去、蕈、夹、取"等，动词用法占优势。目前学界有些人认为类似这种现象是为词汇化（Janda，1993、董秀芳，2009）。本书接受何洪峰（2012）的观点，认为这属于语法化的终止及回归。

（1）词汇化

Kuryłowicz（1963:52f）认为，词汇化是由派生形式语法化为曲折形式，然后又由曲折形式词汇化为派生形式的过程。

Van der Auwera and Plaungian（1998:106）发现经历语法化的情态动词具有非情态范畴的意义，在与实体名词或定语补足语联合使用时会呈现动词功能。在这些后情态（post-modality）形式中，还有俄语源于"可能"义的 moč，其完成式"s-mǒc"意为"成功做某事"。同时，Sun（1996：160）分析了汉语中的情态动词"得"由"获得"义发展为情态动词，又回到动词的用法。Diewald（1996:316）分析了德语中的情态动词 mögen 回归动词的用法。Jeffers&Zwicky（1980）发现 Proto-Indo-European 中，有附着词（clitic）发展为相关的独立的不受限制的疑问词的用法。Yo Matsumoto（1988）列举了日语中从组合语法标记到自由话语标记的演变过程。Nevis（1985）梳理 Saame（Happish）语的发展过程时发现，词缀 -taga- 经历重新分析从词缀发展成为附着语素，在 Enonketiö 语中又有从词缀发展为后置介词的用法。同样，Janda（1993）发现，新墨西哥西班牙语中词缀 -mos- 有发展为主体附着词的趋势。又如 Illkano 语中，将来时附着语素可以作为动词的一部分。（Janda，1993）

以上各观点都认为由较多语法成分发展为较少语法成分的过程为词汇化，即词汇化是由非词汇成分（句法结构、词语组合）发展为词汇成分的过程。

语法化程度理论认为，经历过更多发展过程的语法语素，与具有同样相关性的比较新的语法语素，会更接近词干，更融合，更短或在音段上更减损。(Bybee, Pagliuca&Perkins, 2003)Henie etl. 在"grammaticalization: A concept Framework"（龙海平译，2018：216-217）一书中提出"语义语法化的相对程度"的"发现程序"：

a. 如果一个语法范畴词源上派生于另一个语法范畴，则我们可以说前一个语法范畴比后一个语法范畴的语法化程度要高。

b. 如果两个格功能的区别仅在于一个有空间功能而另一个没有，那么后者的语法化程度更高。

c. 如果两个语法范畴之间的区别仅在于一个通常隐含人类参与项，

而另一个隐含无生命参与项，那么后者的语法化程度更高。

d. 一个范畴指称有三个潜在物理维度的概念，另一个指称只有一个可能维度的概念，前者的语法化程度比后者低，后者又比指称物不显示任何物理维度的范畴低。

e. 如果两个范畴之间的区别仅在于一个表达时间关系而另一个表达某种逻辑关系，那么后者的语法化程度更高。

f. 如果两个范畴之间的区别仅在于其中一个范围更广，即在一定的语境下可以包含另一个，那么范围更广范畴的语法化程度更高。

g. 如果一个既定语素既支配名词短语也支配小句，那么后者的语法化程度比前者高。

语法化是单向的，即只能沿着非语法项向语法项发展，较少语法性质的成分向更多语法性质的成分发展。依 Janda（1993）等的观点，新墨西哥西班牙语中"-mos-""从词缀发展为主体附着词"。首先，值得注意的是，"-mos-"是否由其源义或其词汇义的引申义或其他语法意义引申或扩散而来？其次，"-mos-"词缀功能和"主体附着词"功能是否同时共存？

（2）语法化的中止及回归

语法化的中止及回归首先由何洪峰（2011）提出，他认为在语法化过程中，并不是所有发生语法化的元素都会沿着语法化斜坡走到最后，而是有可能中间停止语法化而回归到实词用法，如"去"。

语法化过程中，词汇词并不会立即消失，而是与语法词共存。（Hopper，2002：3）某词汇项经历语法化时，呈现出一定的内部层次性（何洪峰，崔云忠 2015）。语法化过程中，原项与语法化项、较少语法化项和较多语法化项之间存在一定的竞争，若语法化项或较多语法化项在竞争中处于劣势，继而停止继续语法化，那么词汇项或较少语法化项会占优势，从而成为显赫功能（刘丹青，2003）。语法化项或较多语法化项会退出原语义范畴。停止语法化的元素会回归其源义或优势语义（崔云忠，2017）。这种情况应视作"语法化中止"。在不同功能范畴中，某一功能范畴被淘汰，上位功能占优势的情况应视作语义或功能的回归。如"去""蓦"等（何洪峰，2012；崔云忠，2013b）。

语法化和词汇化并不是完全分开的，经历语法化的成分有可能最后附着在某一实词后实现词汇化，如"V 于"；经历词汇化的元素有可能再发生语法化，发展为语法词，如"就便"。"就便"由介词结构词汇

化为副词，然后再语法化为连词。（崔云忠，2019）

3.层次网络模型和激活扩散理论

层次网络模型（Hierarchical Network Model）是 Quillian（1968）等提出的一个语义记忆模型。他认为，语义记忆的基本单位是概念，每个概念具有一定的特征。有关概念按照逻辑上下级关系组织起来，构成一个有层次的网络系统。这个层次网络模型对概念的特征相应地实行分级贮存。在每一级概念的水平上，只贮存该概念独有的特征，而每一级的各概念所具有的共同特征则贮存于上一级概念的水平上。在这个模型中，由于概念按上下级关系组成网络，因此每一个概念和特征都在网络中处于特定的位置，一个概念的意义或内涵要由该概念与其他概念特征的关系来决定。

激活扩散理论认为，当一个概念被加工或受到刺激，该概念节点就被激活，然后激活沿该节点的各个连线，同时向四周扩散，先扩散到与之直接相连的节点，再扩散到其他节点。

介词语义分层次贮存于人类记忆中。如介词结构中，当 N 为处所名词时，首先联想到的是"处所"，然后根据 V 和 N 之间的关系判断该介词表示"处所所在""处所起始"等性质。介词结构中，当 N 具有相同或相似的特点时，同一个介词可以激活其他义域。如"从"字结构中，当 N 为抽象处所时，便有可能激活"对象"域或"依凭"域。

在层次网络模型和激活扩散理论的指导下，我们考察魏晋南北朝新生介词语义之间的激活扩散情况。在描述语义扩散的同时验证"语义漂白"和"语境扩展"在介词语法化过程中的作用。根据语义扩散路径，可以直观地观察语法化语义扩展路径和介词化的内部层次性[①]。

（二）研究程序及方法

本书本着尽量还原语言史实的态度进行研究，梳理介词成员、语义系统；比较介词系统的历史更替及延续；追踪新生介词的发展走向；总结魏晋南北朝介词系统的特点；探求介词语法化的动因和机制。为了达到以上要求，我们拟采用：

1.介词语法化分析程序。①确定介词的性质、功能及分类标准。确

---

① 所谓介词化的内部层次性即为，在同一语义域内，各介词的语法化程度不尽相同，呈现出一定的层次性特征。如表示沿顺义的介词"沿""顺""就""寻""循"等便呈现出层次性特征。

定功能并对功能作出合理的分类，如"对象"类介词，可以分为"施事对象、受事对象、与事对象"。"与事对象"又可分出"关涉对象、求索对象、言谈对象、协同对象"等。②标注介词结构中的N、V。结合既有研究成果，梳理选定语料，建立介词用例（含类似）电子文档。个别甄别，净化电子文档，建立介词语料库，并对介词结构中N、V的语义进行标注。分析语料，链接语义分类。③分类描写和解释预测。描写魏晋南北朝介词成员概貌（关注先秦至魏晋南北朝介词语义变化及N性质）、语义系统（关注同义介词的分布异同及V性质）。描写同源介词的语法化路径。对魏晋南北朝介词从历时发展和共时分布角度作全面整理，建立介词语义激活扩散模型，并对介词语法化的机制和路径作出解释预测。

2. 描写和解释相结合。首先基于观察到的材料和事实，进行准确的描写和分析，在此基础上运用相关理论和方法进行合理解释。

3. 共性和个性相结合。普方古结合力求做到历时与共时的结合、共性与个性的结合，但不同平面各有侧重。

四、本书主要研究内容及语料范围

（一）研究内容

魏晋南北朝介词研究已经取得不少成果，但是仍有不少值得研究的课题。如魏晋南北朝时期介词系统的构成：成员来源、语义分布；新生介词的发展路径需要进一步细化描写，介词的走向需要全程追踪考察；介词语法化的机制和动因也还值得进一步深化。基于此，本书拟从以下几方面对魏晋南北朝介词进行研究：

1. 介词来源。魏晋南北朝介词来源可以分为自前代继承下来的介词，如"从、自、在、按"等；该时期新产生的介词，如"寻、往、就"等。

2. 介词系统。该部分为本书重点，主要对魏晋南北朝时期介词系统进行断代描写，以语义为纲，分为"空间类""时间类""对象类"和"概念说明类"。总结魏晋南北朝介词系统的特点。同时，对比同义介词出现的频次，对比同义介词在不同语体中的分布情况：口语语体（《抱朴子》《世说新语》《齐民要术》《搜神记》《颜氏家训》《搜神后记》）书面语语体（《三国志》《后汉书》《南齐书》）和翻译语体（《六度集经》《贤愚经》《百喻经》）。

3. 新生介词的语法化。该部分为本书次重点。主要对魏晋南北朝新产生的介词进行梳理。以源义为标准，把魏晋南北朝时新产生的介词分为"行顺类"（往、顺、就、沿、寻、经、望、起）、"持拿类"［将、取、持、捉、夹、仗、着（著）］、"协同类"（共、和、连、除、同）和"依凭类"（凭、据）。汇总新生介词的语义交叉，绘制语义图模型，总结语法化特点。

4. 介词层次模型。我们认为介词系统内部个成员之间也存在一定的层次性，一是历史层次性，这是外部层次性，即存活的久暂；二是语法化层次性，这是子系统内部层次性，即同类介词中有些介词的介引能力强，范围广，介词性强。相反，有些介词介引能力有限，只限于某一类成分，如"沿"只能介引"条形"类空间范畴，但"顺"可以介引"空间"和"时间"，那么"顺"的介词性程度比"沿"的介词性程度高；三是介词系统内部语义层次性，即核心意义和非核心意义。其中核心意义包括时空类语境意义和关涉类对象意义，概念说明类范围意义便可划分为至语境意义和对象意义的词类，排除或连带意义便可划分至范围意义下次类，以此类推。

5. 介词系统的特点。介词系统的特点包括共时语义分布特点、历时发展特点和语法化特点。

（二）语料范围

1. 魏晋南北朝语料

魏晋南北朝从 220 年曹丕称帝到 589 年陈国灭亡，凡 369 年。本书选取该时期传世文献和佛经为范本，考察魏晋南北朝介词系统概貌，同时辅以先秦和近代文献考察魏晋南北朝时期新生介词的来源及走向。

所选取魏晋南北朝语料侧重其时间的连续性，具体为：

《三国志》，［晋］陈寿（233~297）著，［南朝·宋］裴松之注，中华书局，1982 年版。

《六度集经》，［吴］康僧会（252~280）译，蒲正信注，巴蜀书社，2001 年版。

《搜神记》，［东晋］干宝（？~336）著，汪绍楹校注，中华书局，1979 年版。

《抱朴子》，［东晋］葛洪（284~364）著，（内篇）王明校释，中华书局，1980 年版／（外篇）杨明照校释，中华书局，1991 年版。

《搜神后记》，［南朝·宋］陶潜（365~427）著，中华书局，2009 年版。

《齐民要术》，［北魏］贾思勰（386~543）著，石声汉校释，中华书局，2009 年版。

《世说新语》，［南朝·宋］刘义庆（403~444）著，刘孝标注，中华书局，1984 年版。

《贤愚经》，［北魏］觉慧等（445）译，中华书局，2009 年版。

《南齐书》，［梁］萧子显（487~537）著，中华书局，1979 年版。

《百喻经》［南齐］求那毗地（492）译，中华书局，2011 年版。

《颜氏家训》［北齐］颜之推（531~595）著，檀作文译注，中华书局，2011 年版。

此外，魏晋南北朝时期参考语料还参考中华电子佛典协会（CBETA）编辑《大正新修大藏经》（东汉、魏晋南北朝部分）中的介词用例。收集范围内的佛经语料有《杂宝藏经》（元魏·吉迦夜共昙曜译）、《坐禅三昧经》（姚秦·鸠摩罗什译）、《佛说观佛三昧海经》（东晋·佛陀跋陀罗译）、《摩诃僧祇律》（东晋·佛陀跋陀罗共法显译）、《善见律毗婆沙》（萧齐·僧伽跋陀罗译）、《圣善住意天子所问经》（元魏·毗目智仙共般若流支译）、《四分律》（姚秦·佛陀耶舍共竺佛念等译）、《善见律毗婆沙》（萧齐·僧伽跋陀罗译）、《佛说除恐灾患经》（伏秦·圣坚译）、《十住经》（姚秦·鸠摩罗什译）、《四分律》（姚秦·佛陀耶舍共竺佛念等译）、《中论》（龙树菩萨［著］姚秦·鸠摩罗什译）、《弥勒菩萨所问经论》（后魏·菩提流支译）、《中阿含经》（东晋·瞿昙僧伽提婆译）、《佛说立世阿毗昙论卷》（陈·真谛译）、《佛说立世阿毗昙论》（陈·真谛译）、《出曜经》（姚秦·竺佛念译）、《佛说立世阿毗昙论》（陈·真谛译）、《弥勒菩萨所问经论》（后魏·菩提流支译）、《法句譬喻经》（西晋·法炬共法立译）、《鼻奈耶》（姚秦·竺佛念译）；《阿育王传》（梁·僧伽婆罗译）、《经律异相》（梁·宝唱等译）、《正法念处经》（元魏·瞿昙般若流支译）。（按《大正新修大藏经》中出现先后顺序进行排列）

2. 先秦两汉语料

（1）先秦语料及版本

《尚书诠译》，金兆梓著，中华书局，2016 版。

《春秋左传注》，杨伯俊著，中华书局，2016 版。

《老子译注》，辛占军著，中华书局，2008 版。

《庄子今注今译》，陈鼓应著，中华书局，1983 版。

《论语译注》，杨伯俊著，中华书局，2017版。

《仪礼注疏》，〔汉〕郑玄注，〔唐〕贾公彦疏，王辉整理，上海古籍出版社，2008版。

《礼记》，〔汉〕郑玄注，中华书局，2015版。

《孟子译注》，杨伯峻注，中华书局，2010版。

《晏子春秋译注》，卢守助撰，上海古籍出版社，2012版。

《春秋谷梁传注疏》，〔晋〕范宁注，〔唐〕杨世勋疏，上海古籍出版社，2017版。

《春秋公羊传注疏》，〔汉〕何休注，〔唐〕徐彦疏，刁小龙整理，上海古籍出版社，2014版。

《荀子集解》，〔清〕王先谦著，中华书局，2013版。

《吕氏春秋》，〔汉〕高诱注，〔清〕毕沅校，徐小蛮标点，中华书局，2011版。

《庄子集释》，〔清〕郭庆藩撰，王孝鱼点校，中华书局，2012版。

《韩非子集解》，〔清〕王先慎著，钟哲校注，中华书局，2013版。

《战国策注释》，何建章，中华书局，1990版。

（2）两汉语料及版本

《史记》，中华书局，1959版。

《淮南子》，《新编诸子集成·淮南子集释》，何宁撰，中华书局，1998版。

《春秋繁露》，《新编诸子集成·春秋繁露义证》，苏与撰，钟哲点校，中华书局，1992版。

《盐铁论》，《新编诸子集成·盐铁论校注》，王利器校注，中华书局，1992版。

《说苑》，《说苑校证》，向宗鲁校证，中华书局，1987版。

《汉书》，中华书局，1962版。

《论衡》，《新编诸子集成·论衡校释》，黄晖撰，中华书局，1990版。

《潜夫论》，《新编诸子集成·潜夫论笺校正》，汪继培笺，彭铎校正，中华书局，1985版。

《太平经合校》，中华书局，1960版。

《居延汉简》，《居延汉简甲乙编》，中国社会科学院考古研究所编，中华书局，1980版。

《敦煌汉简》，《敦煌汉简释文》，甘肃省文物考古研究所编，甘肃人民出版社，1991 版。

3. 近代汉语参考语料

隋唐五代 20 部：《全唐诗》《全唐文》《祖堂集》《明皇杂录》《北梦琐言》《近代汉语语法资料汇编（唐五代卷）》《敦煌变文》《六祖坛经》《大唐西域记》《入唐求法巡礼行记》《全唐文拾遗》《贞观政要》《太平广记》《王梵志诗校注》《寒山诗》《唐律疏议》《朝野金载》《隋唐嘉话》《大唐新语》

宋代 13 部：《近代汉语语法资料汇编（宋代卷）》《全宋词》《朱子语类》《五灯会元》《曾巩集》《欧阳修集》《王安石集》《西厢记诸宫调》《朱子语类辑略》《碾玉观音》《资治通鉴》《宋史》《金史》

元明 16 部：《元曲选》《全元散曲》《新校元刊杂剧三十种》《型世言》《近代汉语语法资料汇编（元明卷）》《老乞大》《朴通事》《元典章·刑部》《三国演义》《水浒传》《西游记》《金瓶梅词话》《醒世恒言》《警世通言》《喻世明言》《崔待诏生死冤家》

清代 8 部：《红楼梦》《老残游记》《儿女英雄传》《醒世姻缘传》《李渔集》《聊斋志异》《聊斋俚曲集》《儒林外史》

近代汉语相关语料皆来自华中师范大学朱氏语料库，未再校对。

目 录

魏晋南北朝汉语介词研究

第一章　介词界定及分类

本章主要讨论介词的性质和功能、介词的判定标准和介词系统的分类标准。

一、介词的性质和功能

广义的"介词"，可以理解为"语言中出现于体词性成分前后表示各种格关系的附着性标记成分"（张谊生，2016：1）除了体词性成分外，有些介词也可附着在表指称的谓词性成分前后。汉语中，大部分介词是前置的，也有部分后置介词和框式介词。

介词是用来标记句子的两个构成部分的关系的语法工具，（Claude Hagège，2010：1-6）是一种句法功能范畴的成员，是介词短语的中心；介词也可以看做是介于名词和动词之间的语义连接成分，是一种概念关系（Patrick Saint-Dizier，2006：2）。

介词虽不能单独使用，但由其构成的介词结构，不但使用频率很高，而且用法多样，个性突出。

介词的句法功能：介词结构通常通过附着于介宾结构构成的介词短语而充当状语、定语、补语及句首修饰语等成分，偶尔也可充当主语。

介词的表达功能：主要用来引介与特定的动作、事件相关的成分，表示空间、时间、凭借、依据、工具、材料、比较、方式、原因、目的、处置、被动等语义及句法关系成分。

《马氏文通》（2007：246）认为："凡虚字以连实字相关之义，曰'介字'，介字云者，犹为实字之介绍耳。"

张志公（1991：381）认为，介词是用在词或短语的开头，合起来表示起止、方向、处所、时间、对象、目的等的虚词。

介词是表示句中动作关涉的环境、对象或概念关系的功能词，其典型句法语境是"P·NP·VP"或"VP·P·NP"，作用在于说明 NP 和

1

VP 之间关系。如：

1）人天五道资用之具皆从中出。（《百喻经·毗舍阇鬼喻》，页 121）

2）有一五色幡，飞翔在云中，半日乃不见，众皆惊怪。（《南齐书·卷十九》，页 383）

例 1）中，"中"为 NP，"出"为 VP，其中"中"为"出"的处所或来源，"从"的作用在于说明 VP"出"施行的处所"中"，为处所介词。例 2）中，"飞翔"为 VP，"云中"为 NP，其中 NP"云中"是 VP"飞翔"的处所，"在"为介词，说明动作 VP 施行的处所。

作为语法学术语，汉语"介词"这一概念最早由《马氏文通》提出。马建忠认为："凡虚字用以连实字相关之意者，曰'介字'。介字云者，尤为实字之介绍耳。"此后，黎锦熙《新著国语文法》在《马氏文通》及陈承泽《国文法草创》等研究成果的基础上，为现代汉语介词语法地位的确立奠定了基础。不过，在不同的时期，不同的研究者对于汉语介词以及介词短语的性质也有过不同的看法，甚至对汉语介词存在与否也有过不同的意见。如吕叔湘《中国文法要略》、王力《中国语法理论》《中国现代语法》、赵元任《北京口语语法》、洪诚《语法理论》，都曾根据不同的标准或依据把介词归入"关系词""连接词""关系外动词""副动词"等。即使赞成介词立项的学者，也对介词的名称、性质或范围等存在一系列不同的看法，如"次动词""前置词""引介词"等。不同的名称，大致反映了研究者对于汉语介词及其短语的不同认识。

魏晋南北朝时期汉语介词，大致与现代汉语介词有相似的性质及功能。本书在前贤研究的基础上沿用"介词"名称，是出现在体词性成分前或后，表示"时空、对象、工具—方式、原因—目的"等抽象概念的一类词。

二、介词判定标准

语言在其初始阶段是集中的；虚化的语言现象可以从集中的语言现象中找到来源。（John Horne Tooke，1857）语言中，只有名词、动词是必需的核心词，其他如副词、介词、连词等都来自核心词。（Joseph&Janda，2003：576）[1]汉语介词大多源于动词（黎锦熙，1924：

---

① 详见 Brian D. Joseph and Richard D. Janda. 2003 *The Handbook of Historical Linguistics*，Blackwell Publishing Ltd，P576.

27），并且长期存在一些动、介兼类的情况；此外，汉语介词的典型句法语境为"P·NP·VP"，有时 NP 也可能是表示"时间/事件"的动词短语，这时便和部分副词、连词出现的句法环境有所交叉。故区分介词与动词、副词、连词是研究介词的基础。

（一）介词与动词的区分

Hagège（2010：155–156）从音位、形态、句法和语义等角度总结了可证明介词身份的 7 个特征：①语音减损（phonological reduction），即语音元素的磨损或丢失；②形态减损（morphological reduction），如时、体、态语素的消失，但并不是所有的语言都如此，如汉语介词还有"因了""为了"等；③形式溶合（formal fusion），原来的动词和补足语（complement）之间不能插入任何东西；④语序固定（sequential fixation）；⑤句法语义进一步特化（increased syntactic specialization）；⑥频率增加（increased frequency）；⑦语义消减（semantic bleaching）。

Hagège（2010：156–158）提出了 4 点动介区分措施：①结合限制（combinatory constraints），如连动结构中的动词失去"性、数、格"等变化；②话题化操作（topicalized）；③语义演变（semantic evolution），如汉语的"把"动词义"拿"演变为了受事标记；④历时上的相悖性（diachronic paradoxes），即一个语法语素（morpheme）和它的语法化的词素（lexeme）同时依次出现在同一个句子中，而且不相混。

《暂拟汉语语法教学系统》（1950：23）提出 7 条区分动词、介词的标准：①动词可以做谓语或谓语中心，介词不能；②动词可以单独成句或单独回答问题，介词不能；③动词可以没有宾语，或者宾语可以提前，介词必须有宾语，宾语不能提前；④动词一般可以附着"着、了、过"表示动态；⑤动词可以重叠，介词不能；⑥动词可以用肯定否定形式提问，介词不能；⑦动词词义实在，介词词义虚灵。

在语法化视野下，对于汉语的动介甄别，我们着重从"句法环境""语义变化""功能转化"这三方面来考察。

1. 句法环境

Hagège（2010:152）、刘坚等（1994）指出"连动结构"是产生前置介词的最佳句法环境。连动结构中的 V1 或 V2 是否具有句法独立性是区分动介的句法标准。

甄别动、介词时，首先要看是否出现于连动结构中；其次看连动结构中的"V1±N1"或"V2±N2"是否可单说，是否具有句法独立性。如果"V1±N1"、"V2±N2"可以单说，则V1可以分析为动词；如"V1+N1"和"V2±N2"都不可单用，且"V1+N1"降级为"V2±N2"的修饰性成分，则V1有分析为介词的可能性。

2. 语义漂白

语义漂白也叫去语义化（desemanticization）是指在语言发展过程中，某一成分的意义丧失其核心特征。（Heine and Kuteva, 2002:24）语义漂白不能就某个元素自身观察得到，需要在其呈现的语境中进行判断。如：

3）a 昔者楚人与越人舟战于江，楚人顺流而进，迎流而退。（《墨子·鲁问》）

b 龙骧将军王濬顺流东下，所至辄克。（《三国志·卷五十八》，页1357）

上例中，"顺：循也。"（《释名》）沿着同一个方向（a）。b中，"下"为运行动词，路径为"流"的方向，"顺"的运行义被漂白；同时运行处所被共享，分不出时间顺序，故"顺"为介词。

3. 去范畴化

去范畴化（decategorializaition）是指，在语言发展过程中某一成分的句法语素特征（morphosyntactic properties characteristic）或者某种语法特征逐渐消失。语法化程度高的介词，没有动词范畴特征，如不能带动态助词"着、了"，如"自、把"等；动介词由于动词语义没有完全"漂白"，有一定的动词性，因此有的还保留有某些动词范畴特征，如可以带"着"或"了"。（何洪峰，2016）如：

4）a 于西方东向，东方西向。（郭沫若《殷契粹编》第1252片）

b 不向卫国而坐。（《左士·襄公二十七年》）

c 君南向于北牖下。（《礼记·郊特牲》）

5）骞因与其属亡向月氏，西走数十日（《史记·大宛列传》）

例（4）中，"向"带有动词性特征，受副词修饰（a、b）、带补语（c）；例（5）中，"向"出现于N+V1±N1±V2±N2结构，且附于动词后，为介词。

句法环境是甄别介词的基础，语义环境是甄别介词的主要依据。V1

或 V2 的语义是否"漂白"是区分介动的语义标准。V 失去其句法功能特征，实现去范畴化是其功能标准。

进入框架"N+V1 ± N1 ± V2 ± N2"中的 V1 或 V2，是否发生"语义漂白"？何时发生语义变化？是区分动词和介词的主要标准。马贝加（2002:5—9）提出的"义素分析法""语义结构分析法"和"次类比较法"可作为参考。我们认为要区分动词和介词必须注意以下问题：

A 整理词义系统，找到语法化的意义源头，解析其语义特征；

B 比较其在单动结构和连动结构中的语义特征变化或语义范畴的变化；

C 看 V1 或 V2 的宾语 N1 或 N2 的语义范畴是否发生泛化；

D 再看 N1 或 N2 的语义变化是否引起 V1 或 V2 的多元解释（歧解），V1 或 V2 是否由具体到抽象逐步变化。

E "X+NP+VP"结构中，"X+NP"与 VP 能否拆分？

F "X+NP+VP"结构中，NP 与 VP 之间是否有介词语义范畴关系。

动词的介词化过程不是若干离散的阶段，有时难以划分出明显的界限。Quirk，Mulholland［2010（1994）：309］提出了"准介词"（quasi-preposition）、"半介词"（half-preposition）等概念和"介词—半介词—非介词"的层级系列，但仍难以确定动介发展程度。[①] 何洪峰（2016）根据语法化程度分出了"动词>准介词>介词"的介词化链。至于如何确定两个语法范畴的语法化程度，Heine Bernd 等（1991:156-163）从句法语义角度提出了 7 个"发现程序"[②]，然后把各种语义范畴

---

① 对于介词语法化程度的描述，MarkDurieReviewed（1988:9）曾指出，南岛语系（Oceaniclanguages）的 Jabem 语和 Nakanai 语的"伴随格"（Comitative）比"工具格"（instrumental）更具有动词性，因为""伴随格"在连动结构中常表达主要动词和行为者（Actor）参与者（包括施事者和受事者）的论元结构关系。

② Heine Bernd，Ulrike Claudi，and Friederike Hunnemeyer（1991:156-163）提出的 7 个程序：a. 历时看，具有语源关系的两个语法范畴，后出现的比先出现的语法化程度高；b. 对于两个不同的格范畴，如果一个有空间表达功能，而另一个没有，那么另一个的语法化程度就高；c. 对于两个不同的格范畴，如果一个包含人的参与者（有生参与者），而另一个含有无生参与者（inanimateparticipant），那么后一个语法化程度高；d. 一个语法范畴的概念若含有三维的物理空间特征，那么它的语法程度低于含有一维的空间概念特征的语法范畴，而一维的又低于没有物理维度的；e. 如果两个不同的语法范畴，一个可表达"时间关系"，而另一个表达"逻辑关系"，那么后者的语法化程度更高；f. 对于两个不同语法范畴来讲，如果一个在一定的上下文中能够包含另一个语义内容，那么包容性越强，其语法化程度越高，如更具有包容性"方式"范畴要比"工具"范畴语法化程度高；g. 对于一个句法语素（morpheme）来说，如果它既可管界名词短语，又可管界句子，那么，它管界句子时，其语法化程度要高。

划分一个递增的语法化等级[1]，这个等级序列也揭示了语义演变的可能性路径，对探讨介词的形成和演变具有一定的启发性，但对研究汉语介词系统语义演变的理论效力还有待深入研究。

出现在"N·X·N1·V·N2"结构中，若X发生语义漂白，失去源动词支配性，那么X可以判定为介词。

本书借鉴现代汉语介词的功能标准，从句法结构、语法功能与语义功能三个角度确定魏晋南北朝汉语介词的性质。句法结构上，介词用于"X·N·V"结构中，若"X·N"与V不能形成连动结构，即"X·N"与V不能拆分或拆分后意义发生变化时，X可分析为介词；语法功能上，X失去谓词性质，作为附属成分，与其连接成分构成对V的修饰关系式，X有分析为介词的可能；语义功能上，N与V有介词语义关联时，X分析为介词。满足以上三个条件，X分析为纯介词。

（一）介词和连词的区分

对于现代汉语的介连词区分，学界多有总结，如张谊生（1996：330-338、2000：96-102）指出了6种区分标记："分离标记、空位标记、统括标记、协同标记、相互标记、复指标记"。

关于古代汉语的介连区分，何乐士（2004）和赵大明（2007）以《左传》中的"以"为例提出了一些判断方法。何乐士依据"以"前的成分来断定介词和连词，介词前的成分是主语、副词、助动词、连词、动词"请、使"，连词前的成分是动词、形容词、名词、介宾结构。赵大明（2007：294-306）作了补充说明：a.看"以"两侧词语的性质；b.看"以"前是否有副词、助动词或其他连词；c.看"以"出现的位置；d.看隐含的内容；e.看"以"两侧成分之间的（语义）关系。

江蓝生（2012）描述了连—介词语法化的动因和路径。文章认为，伴随介词和并列连词产生的句法语义环境完全相同，在没有形式标记的情况下，NP1和NP2有无主从、先后、轻重等语义区别是判定其词类的唯一标准。对相关的语言现象进行了具体的考证和解释。

本书对介词和连词的区分多遵从前贤的观点：

（1）根据判断项两侧词语的性质，如具有协同性和平等性则判断为连词，否则处理为介词。如：

魏晋南北朝汉语介词研究

---

① Heine 的语法化等级可以描述为：ablative>agent>purpose>time>condition>mannerAlative comitative instrument cause /Locative benefactive dative path possessive.

6）a 朱老大和众多乡亲要出去找马了。

b 我和同学们对起答案来，他们答得都不如我好。

例（6）a 中，朱老大和众乡亲具有平等性，即朱老大要出去找马，众多乡亲也要出去找马，该句中，"和"（判断项）为连词。b 中，我和同学们不具有平等性，即"*我对起答案来，他们都不如我答得好、*同学们对起答案来，他们都答得不如我好"不成立，则"和"为介词。再如：

7）a（僧）和心相随。欢喜入山。（《六度集经·卷第二》，页6）

b 那抓笊篱的哥哥吃打了，又不敢和他争。［《近代汉语语法资料汇编》（宋代卷），页 156］

c 引水忽惊冰满涧，向田空间石和云。（卢纶：《早春归周至旧居》）

（7）a 中，"和"为介词，"僧"与"心"不具备平等性，即"心"不能等分，"僧"也不能等分；比较 b 中，"那抓笊篱的哥哥"在句中占据主动性，"他"为被动，二者不能等同，"和"为介词；c 中"见"的对象可以是"石"也可以是"云"，二者具备平等性，故"和"为连词。

8）a 丽句与深采并流，偶意共逸韵俱发。（《文心雕龙·丽辞》）

b 落花与芝盖同飞，杨柳共春旗一色。（庾信：《三月三日华林园马射赋》）

于江（1996）认为以上两例中，"共"连接的是两个并列成分，变换位置后句子的基本语义不会改变。张谊生（1996）用分解法区分"跟1"和"跟2"，认为在"N1 跟 N2V"结构中，如果将 N1 和 N2 分解开来，在分别同后面的述谓成分组合，凡是重新组合而基本语义不变的，其中的"跟"就是跟1（连词）；否则其中的"跟"就是跟2（介词）。例（8）中，"共"也可以用该标准判断"共"的性质，如：

a' 丽句并流 + 深采并流，偶意俱发 + 逸韵俱发。

b' ？落花同飞 + 芝盖同飞，？杨柳一色 + 春旗一色。

a 中，"N1""N2"能形成述谓结构而相叠加，意义基本不变，按照这一标准，我们暂且定义 a 中"共"为连词，记为共 a。b 中则明显不能成立，故 b 中的"共"仍为介词，记为共 b。

（2）根据判断项前后是否有（或可加入）其他成分相连。可加入小句且句意不受影响的，可视为介词；可加入范围副词或协同副词，或插入其他成分后句意发生变化的为连词。如：

9）a 我和你走吧，（不和他走）。

b 我和你都是大学生。

例（9）a 中，可插入"不和他走"，且动作的主动施行者不变，"和"为介词；b 中可插入范围副词"都"，不能插入其他成分，或插入其他成分句意发生变化（如"我和你都是大学生，小王和小李不是"），"和"为连词。

（三）介词和副词的区分

介词和副词的纠葛主要表现在时间副词和标引时间的介词用法相混淆，如"会""值""比""竟""先"等。

杨树达（1954：126-127）、杨伯峻等（1982：294）、何乐士（1992：169）认为，"会"有表示"正值……时间""正在……时间"的介词用法；"先"有表示"在……之前"的介词用法。

杨伯峻（1981：9-10）、马贝加（2002：129-130）等认为"比"具有"时间介词"的用法。

《古汉语虚词词典》（2001：313、845）等认为"值""竟"为时间介词，意为"正在……时候""在……结束的时候"。

副词限制动词、形容词性词语，表示程度、范围、时间等意义。（张谊生，2000：51-63），在句中常做状语，强调动作的状态；介词把不同的语义成分"引介"给"述谓"（predicate），表示与动作有关的伴随信息，是动作进行的背景。（Claude Hagège，2010：148-159）如：

10）辣辣在三十岁那年成了寡妇。（池莉：《你是一条河》）

"在"标引"辣辣成了寡妇"的时间，语义焦点在后者，前者是伴随出现的时间背景，去掉"在"，句子不受影响。

11）就是三十岁那年，辣辣成了寡妇。

"就是"强调"辣辣成了寡妇"的时间，"三十岁那年"是语义焦点；"就是"修饰成分和谓语之间有先后关系，去掉"就是"，句子焦点得不到凸显。

因为时隔久远，魏晋南北朝时期有些用法不能从语感上直观判断，容易产生判断误差，如"会""先""值""比""竟"等。

1.会。副词"会"表示动作发生的时间状态时容易和时间介词混淆。

《说文》：会，合也。杨树达（1954：126-127）、杨伯峻等（1982：294）、何乐士（1992：169）认为，"会"有表示"正在……时间"的介词用法。常以动词性成分作宾语。如：

12）齐初围急，阴与三国通谋，约未定。会闻路中大夫从汉来，喜。

（《史记·卷五十二》，页 2006）

13）与汉大将军接战一日，会暮，大风起，汉兵纵左右翼围单于。(《汉书·卷九十四》，页 3769）

14）高帝自将兵往击之。会冬大寒雨雪，卒之堕指者十二三。（《史记·卷一百一十》，页 2894）

《古代汉语虚词词典》（2001：248）：会，副词，用于短语或小句前面表示正好遇见某一时间、机会或事情。意为"恰好""恰巧""正好遇上"。例（12）中，"闻路中大夫从汉来"不能理解为"喜"所发生的时间，而是先"闻路中大夫从汉来"才"喜"。例（13）中，"会暮"意为"赶上日暮的时候"。例（14）同。

例（12）中，"会"若为介词，其宾语为"闻路中大夫从汉来"。介词短语的作用在于标明动作、性状有关的时间等，"会"修饰"闻"，和"喜"没有直接关系。又如：

15）会世祖崩，宏闻关中危急，乃称闻丧退师。（《南齐书·卷五十七》，页 993）

16）会明，见大军兵马盛，乃引还。（《三国志·卷二十八》，页 765）

17）会日暮，太祖乃得引去。（《三国志·卷十八》，页 544）

马贝加（2002：120）等认为以上引例中，"会"为介词，表示"正当"某一时间。我们认为"会"为副词：

语义上：例（15）"会"修饰"主谓短语"，表示"正好""正赶上"；例（16）中"明"为动词，意为"天亮"，"会明"意为"等到天快亮的时候"；例（17）中，"会日暮"意为"直到日暮时候"。

时间关系上：例（15）的谓语为"退师"，发生在"世祖崩"之后，有继承关系；例（16）中前小句描述"夜"里发生的事，后小句描述"明"后发生的事情，"钦""明"之后才明白"夜"的事情，"乃""引还""会明"是顺承"夜"的时间，"会"应理解为副词；例（17）后一小句表示"动作经久之后才得以实现"，可见前一小句必有表示迟缓的副词性成分与之相呼应，仍具有时间的相继性。

句法形式上：例（15~17）中，有副词"乃"与"会"相对应。"会"为副词，意为"直到……时候"。

2. 先。杨树达（1965：329）、何乐士（1985：763-765），"先"常和其宾语一起表示动作的时间。相当于"在……之前"。如：

18）a 先战，梦河神谓己曰："畀余，余赐汝孟诸之糜"。（《左传·僖公二十八年》，页467）

b 郑先魏亡，逼而无法。（《左传·昭公四年》，页1225）

c 然臣不敏，平阴之役，先二子鸣。（《左传·襄公二十一年》，页1063）

19）a 王太后亦恐嘉等先事发，乃置酒，介汉使者权，谋诛嘉等。（《史记·卷一一三》，页2972）

b 先是十余岁，河决，灌梁、楚地，固已数困，而缘河之郡堤塞河，辄坏决，费不可胜计。（《汉书·卷二十四》，页1161）

介词宾语和动词在语义上直接关联。以时间介词为例，其宾语表示与动作有关的时间。如：在早上吃饭。"早上"是吃饭进行的时间。但是，例（18）中，a"先战"是表示"梦"发生之前的时间；"战"与"梦"，没有介引关系，很难理解为"战"是"梦"发生的时间，"，故"先"不能作介词讲；b中"魏"更不是"亡"的时间，"先魏"才是"亡"的时间，"先"直接关联的是"亡"，可见"先"应为副词。c中，"先二子"是说明"鸣"的时间，"先"指向"鸣"，是为副词。例（19）同。杨树达（1954：328）认为以上用例中"先"为介词，值得商榷。

现代汉语中，"先"仍存有类似用法。现代汉语词典（第5版：1472）：先，副词，表示某一行为或时间发生在前。如："我先你到校"表示"我在你之前到校"。魏晋南北朝时期，我们也发现一些"先"类似介词的用例。如：

20）a 先饭吾等，却杀人畜，其骨肉为陛升天。（《六度集经·卷第八》，页295）

b 先种二十日时，以溲种；如麦饭状。（《齐民要术·种谷第三》，页57）

c 尹赏执金吾，梁虔大长秋，皆先蜀亡没。（《三国志·卷四十四》，页1069）

d 充先冬至一日，出家西猎。（《世说新语·方正第五》，页168）

21）刘休范父子先昨皆已即戮！（《南齐书·卷一》，页21）

蔡镜浩（1989：54）认为，考察同一成分在不同环境中的意义表现是归纳词义的有效方式之一。例（20）a、b中，"先"出现的句法环境为"先+V+N+V"；c-d中为"先+N+V"。a中，有转折连词"却"，"先"不可能为介词；b中，"以溲种"是在"先种二十日"

发生的；c中，"先"修饰"亡没"，为副词；d中，"先冬至一日"是"出家西猎"的时间，"先"的这类用法也最似介词，类似英语中的介词"before"。d中，"先冬至一日"应为"冬至之前一日"，"先"类似"前"亦为副词。例（20）同。

3. 比。杨树达（1965：7）、何乐士等（1985：22-23）认为是介词，表示"动作到达的时间"，如：

22）a 晏子使于鲁，比其返也，景公使国人起大台之役。（《晏子春秋·内篇谏下》，页111）

b 陈人使妇人饮之酒，而以犀革裹之。比及宋，手足皆见。（《左传·庄公十二年》，页192）

c 背而走，比至其家，失气而死，岂不哀哉！（《荀子·解蔽》，页212）

马贝加（2002：129-130）注意到"比"做时间介词时宾语为主谓结构，如"其返"；动宾结构，如"及宋""至其家"，意为"等到……的时候"。杨伯峻（1981：9-10、24）认为以上用例中的"比"为副词"等到"的意思。"比"修饰动词短语。从功能上讲，"比"与小句动词发生关系，和主句谓语没有直接关系；从语义上讲，VP1发生之后，才发觉VP2发生；介词标识的成分是动作进行的必要条件，如："在早上吃饭"。"早上"是"吃饭"进行的必要条件。例（22）中，若省略"比"，强调时间的特性有所减弱，故"比"是为了强调动作的时间性而存在，而不是把时间引介到动作上，或者标识动作发生的时间。所以，上例中"比"应为副词。又如：

23）a 比盛暑，陇尽而根深，能风与旱。（《齐民要术·种谷第三》，页75）

b 布有别屯在濮阳西四五十里，太祖夜袭，比明破之。（《三国志·卷一八》，页25）

c 比竟，日高则露解，常食燥草，无复膏润。（《齐民要术·养羊第五十七》，页558）

马贝加（2002：129-130）、何乐士（1985：22-23）等认为，例（23）中"比"为介词，表示"到达的时间"。但a中，说话时，"盛暑"并不是"陇尽而根深"的伴随时间，而是时间状态，即"等到盛暑的时候"，"比"应为副词；b中，"明"意为"天明、天亮"，"明"是"破"的时间，但是"比"的作用不在于标识"破"的时间，而是说明"明"的状态，是为副词；c中，"竟"为动词，"结束"的意思，"比竟"意为"等到结束"或"到最后的时候"，"竟"显然不是"露高则日解"的时机，而是说明"竟"的时间状态，故"比"为副词。

4.值。值，作介词引进动作、行为发生的时间或时机，相当于"在""当"。（《古代汉语虚词词典》，2001：845）如：

24）a 值废立之际，忠义奋发，单骑出奔。（《后汉书·卷七十四上》，页2373）

b 值（李）暠在厕，因杀其妾并及小儿，留书而去。（《后汉书·卷三十一》，页1108）

c（王）祥尝在别床眠，母自往暗斫之；值祥私起，空斫得被。（《世说新语·德行第一》，页9）

《古代汉语虚词词典》（1999：845）认为，例（24）中"值"为介词，表示动作、行为发生的时间或时机。上例中"值"应为副词，"正赶上"的意思。a中，"值废立之际"不宜看作是"忠义奋发，单骑出奔"发生的时间，而是恰巧发生在这个时候。b中，"李暠在厕"不能看作是"杀其妾并及小儿"的时间；"因"表示顺承，意为"就"前一小句应该具有独立性。若"值"为介词，介词短语不能独立运用，〔胡裕树，1995（1962）：296〕不能由连词承接。c中，对比前后句会发现"祥私起"非"空斫得被"的时间或时机；前小句和后小句具有前后顺承关系："祥私起"发生之后，才有可能后者发生。叶宝奎（2000：285）认为，介词短语和中心动词是伴随发生的；石毓智（1995：1—10）认为，介词已失去时间的特性。因此，"值"便不可能为介词，应该是表示状态的副词。又如：

25）a 值中原乱，招合流旧三千余家。（《世说新语·方正第五》，页178）

b 便值本朝沦没，流离如此，数十年间，绝于还望。（《颜氏家训·终制第二十》，页598）

c 值天大风，诸船绠缆断绝，漂没着岸。（《三国志·卷五十七》，页1339）

上例中"值"修饰主谓短语，意为"正赶上"。

张谊生（2000：1—14）认为，汉语副词的一个主要来源是动词。魏晋南北朝时期，当"值"后为时间名词时，应理解为动词"赶上"，语义上呈现出过渡状态。如：

26）a 值汉桓之末，阉竖用事，外戚豪横。（《世说新语·德行第一》，页1）

b 若值丰年，可以饭牛、马、猪、羊。（《齐民要术·种谷第三》，页70）

c 常宿于他舍，值雷风，频梦虎啮其足。（《搜神记·卷十一》，页138）

d 偶值伏腊分至之节，及月小晦后，忌之外，所经此日，犹应感慕。（《颜氏家训·风操第六》，页110）

"值"为动词，意为"赶上"。例（25）到（26）表现出"值"由动词向副词的过渡。

5. 竟。《古代汉语虚词词典》（1999：313）"竟"与其宾语一起介绍出动作行为或事情最后终止的时间。可译为"至""一直到""直到……（的时候）"等。如：

27）a 婴自上初起楠，常为太仆，竟高祖崩，以太仆事孝惠。（《史记·卷九十五》，页2666）

b 吴、楚已破，竟景帝不言兵，天下富实。（《史记·卷一二二》，页3141）

c 匈奴素闻部都节，举边为引兵去，竟都死不近雁门。（《汉书·到都传》）

d 师徒大款，竟夕而还。（李公佐：《南柯太守传》）

例（27）a 中，前小句已交代"常为太仆"，后小句"以太仆事孝惠"是以强调时间之长，"竟"意为"直到"，意在强调时间之长；b 中，"吴、楚已破"至"景帝不言兵"已时隔多年，"天下富实"是"吴、楚已破"至"景帝不言兵"之间持续的状态，"竟"的作用在于强调时间之长；c 中，"竟都死不近雁门"意为"直到都死不近雁门"，"竟"为副词；d 中"竟"强调"大款"持续的时间。又如：

28）a 竟项公卒，百姓附，诸侯不犯。（《史记·卷三十二》，页1498）

b 大流星出自河鼓，西南行，竟夜，有小星百数从之。（《魏书·卷一百五十四》，页2438）

例（28）中，"竟"出现的句法环境为："竟+N+V（+N）"。"项公卒""夜"虽是"百姓附，诸侯不犯""有小星百数从之"所开始的时间或状态持续的时间，但结构上"竟项公卒""竟夜"皆可以与VP

分离而不影响语义，故不能作为介词认定。该处"竟"应作副词理解。

此外，一些复音介词的性质也值得探讨，如"比及、比至、及至、逮至"：

29）a 比及三年，民安其业，然后齐之以法，则无所不至矣。（《三国志·卷十二》，页380）

b 比至日中，大雨总至，溪涧盈溢。（《搜神记·卷一》，页10）

c 及至黄昏，内白："女郎妆严已毕。"（《搜神记·卷十六》，页204）

d 逮至汉初，萧、曹之俦并以元勋代作心膂，此皆明王圣主任臣于上，贤相良辅股肱于下也。（《三国志·卷二十四》，页685）

我们认为"比及NP"等应为状中结构。余同。

辨别魏晋南北朝时期容易和介词混淆的几个副词可以从句法结构、句法功能、语义指向和时间一维性几个方面着手。

结构形式上：介词出现的环境为"P+Ne+VP"；副词出现的环境为"Adv+VP，S"。

30）a 盖闻在昔衰周之世，僵尸流血，以为不然，岂意今日身当其冲！（《三国志·卷八》，页247）

b 与张敬儿周旋，许结姻好，自敬儿死后，悁难忿慨。（《南齐书·卷一七》，页11）

31）a 会亮卒，其军退还。（《三国志·卷三》，页103）

b 会连雨十日，辽水大涨，诏俭引军还。（《三国志·卷三》，页109）

例（30）中，介词"在""自"出现在"在/自+N+VP"中，即使句中有停顿，VP和介词短语之间是不能分开的，表达的是伴随关系。例（31）中，"亮卒""连雨十日"和"其军退还""诏俭引军还"彼此独立，各自成句。

介词结构和谓语是一体的，而副词短语和谓语可以各自独立成句。

句法功能上：介词短语不能做独立小句；副词短语可以做独立小句。

32）a 自汉铸五铢钱，至宋文帝，历五百馀年。（《南齐书·卷三十七》，页652）

b 自丁荼毒以来，妓妾已多分张，所馀丑猥数人，皆不似事。（《南齐书·卷三十八》，页663）

33）a 比至洛，宜善精其理也。（《三国志·卷二十九》，页819）

b 比明友兵至，匈奴已引去。（《三国志·卷三十》，页833）

c 比贼觉知，慈行已过。（《三国志·卷四十九》，页1187）

副词和介词最大的区别，就是其引导（修饰）成分与谓语之间的关系，介词短语不能独立成句，必须依附于谓语中心，表示谓语与其标引成分之间的伴随关系；副词短语可以独立成句，因此其与谓语之间的关系是继承关系，表现在句法结构上副词短语之后可以跟小句，介词短语不能。

语义指向上：介词后名词性成分是动词发生的伴随状态，指示时间信息，即 Ne 与 VP 具有直接的时空关系；副词直接修饰 VP，描述动作行为等呈现的状态。如：

34）a 近在齐时，有姜仲谓岳。（《颜氏家训·勉学第八》，页206）

b 盖闻在昔衰周之世，僵尸流血，以为不然，岂意今日身当其冲！（《三国志·卷八》，页247）

35）a 比去年春，来守天台郡，得故参知政事谢公家藏旧蜀本。（《颜氏家训·跋》）

b 比盛暑，陇尽而根深，能风与旱。（《齐民要术·种谷第三》，页75）

c 又岁稍晚，比至寒时，毛长不足，令羊瘦损。（《齐民要术·养羊第五十七》，页556）

例（34）中，介词短语标识谓语的时间关系；例（35）中，谓语是在副词短语所表示的时间里呈现的状态。在语义指向上都是指向句外，但是介词侧重关系具有同时性，副词指向情态，不必然具备同时性。

时间一维性上：标引成分与谓语伴随发生，没有时间上的继承性；副词（短语）与（主句）谓语具有时间上的继承性。如：

36）a 冀群寇毕涤，中兴在今。（《抱朴子外篇·勖学》，页137）

b 又有中植李，在麦后谷前而熟者。（《齐民要术·种李第三十五》，页348）

37）a 会太祖西迎天子，所将千人，皆无粮。（《齐民要术·种桑柘第四十五》，页401）

b 竟夏饮之，不能穷尽，所谓神异矣。（《齐民要术·法酒第六十七》，页717）

c 会日夕，因留宿，至中夜，语义博曰："吾以此得之。"（《三国志·卷二十九》，页813）

15

例（36）中"在今""在麦后谷前"和谓语不存在时间上的继承关系，是同时出；例（37）中，"所将千人，皆无粮"在"太祖西迎天子"之前就存在，具有时间的继承性。

语义焦点：介词短语在句中为背景；副词中心在句中为焦点。如：

38）自孝建已来，入勋者众，其中操干戈卫社稷者，三分殆无一焉。（《南齐书·卷三十四》，页609）

39）会明，贼谓公为遁也，悉军来追。（《三国志·卷一》，页45）

例（38）中，语义焦点为"入勋者众"，"孝建已来"是时间背景；"自"为介词。例（39）中，"明"为焦点，强调"就在某时"；"会"为副词。

通过与动词、连词、副词的比较，我们认为"X·N·V"结构中X满足以下条件可理解为介词：

（1）X与N的语义特征不匹配；

（2）N与V有介词范域关系；

（3）"X·N"与V不可分割或分割后语义与原意不符；

（4）X与"N·V"无修饰关系；

（5）X与句中其他成分没有连接关系。

三、介词系统的语义分类

（一）传统分类标准

Patrick Saint-Dizier（2006：14-17）以英语、法语介词为例划分了介词语义系统的层级体系：

（1）处所/时间：来源、终点（目的地）、经由/信道、固定位置。其中，目的地又可以分解为到达或未到达的目的地。

（2）频率：数量或与数量有关的语义、频率、比例或比率。

（3）方式：方式和态度、手段（工具或抽象凭借）、模仿或类推。如："他像一个机器人一样行走。""他遵照法律办事。"

（4）伴随：添加、同现、包括、排除。如：阳台的平面（flat with terrace）、带有法式炸薯条的牛排（steak with French Fries）。

（5）选择和交换：交换、选择、替代。替代：sign for your child. 选择：among all my friends, he is the funniest one.

（6）因果：原因、目标或结果、目的。原因：the rock fell under the action of frost.

（7）反对、顺序：优先、从属、层次、等级、程度。等级： at school, she is ahead of me.

（8）关涉、让步、对比。

Patrick Saint-Dizier 把（1）-（7）归为宏观语义，把（8）看为微观语义。

汉语介词语义涵盖"处所""时间""频率""方式""伴随""交换""因果""关涉""对比"。其中，"对比"与"关涉"所指相近归为一个语义域。

Hagège（2010：260-264）列举了 51 种介词的语义功能，并划归为 3 大"语义域"（Semantic domains）：

（1）核心意义域（Core Meanings）

核心意义也叫作"角色意义"（acutance meaning），它们关涉了主语、宾语、间接宾语和修饰性成分，特别是施事格（agentive）、受事格（patientive）、归属格（attributive）和所有格（possessive）等所标记。（Hagège，2010：273、283）它们都是动作行为的核心参与角色（core participant），这一语义域内很少用介词标记。在核心域，格缀标记要多用介词标记；没有格缀的语言，用语序来标记，如英语、汉语、罗马语系等。介词标记核心域的功能，被认为是其较高的功能层级。

（2）时—空域（Spatio-Temporal）

"时—空域"，即时空语义关系，可再分为"空间域"和"时间域"。"空间域"包括"静态空间"和"动态空间"。"静态空间"表达空间定位关系，如"定位格"（inessive, location at a place）；"动态空间"表达空间位移路径，如"趋向格"（illative, motion to a place）和"离格"（ablative, motion from a place）。标记空间域的介词最丰富，所有语言至少有一个。（Hagège，2010： 285-294）

"时间域"多是通过空间隐喻来表达，如"先时/过去"（preessive）、"将来/后时"（postessive）和"持续"（perlative）等。

（3）关系概念域（Ralational Concepts）

如"工具格（instrumentive）、凭借（mediative）、比较格（comparative）、协同格（comitative）"等所标记的语义关系均为"关系概念域"。

对这 3 类"语义域"，可以用"X"与"non-X"的二元逻辑来归类，归为"核心域"与"非核心域"，后者包含"时—空域"和"非时—空域"

（即"关系概念域"）。这种划分强调区别特征的二元对立性。

对于一个具体的语义域内的若干介词成员来说，具有竞争关系。该语义域内介词成员的介引能力也各有差异。有些介词语义范围广，介引对象宽，介引能力强，这类介词可以看作核心介词，如"时—空"类介词中"自"可引介空间，也可引介时间。引介空间时，可表示"起始处所""经由处所""所在处所""所到处所"等；引介时间时，可表示"起始时间""所在时间"等，这类介词在魏晋南北朝介词系统中，占有重要的位置，为核心介词。有些介词具有一定的动词性特征，但在一定的语义环境中又呈现出"纯介词"的性质，且其语义范围和介引对象都有一定的限制性。如"沿"，表示"沿着某地做某事"，其介引对象为"河流""山川""痕迹"等"有迹可循"的物体；介词结构中主要动词仍具有［＋运行］特征。虽然这类介词已经具备"纯介词"的主要特征，但是同时也受到其动词语义的限制，介引范围有限，可看作"次核心介词"。魏晋南北朝时期，还有一类介词偶尔具有介词的功能，在既定范围内很难梳理其完整的"语法化路径"，只有零星用例，如"涉""横""道""逐"等，它们符合介词的语义、功能标准，但用例不多，且受到较多限制，在同时期其动词用法更为灵活，对于该类介词我们可定义为"非核心介词"。

从功能范围看，"核心介词""次核心介词"的介引能力强，"非核心介词"的介引能力受到较大限制；从语义看，"核心介词""次核心介词"的语义范围广，可看作"广域性介词"；"非核心介词"只在某个窄功能域内起到介引作用，其语义范围也受到一定的限制，可看作"限域性介词"。

从语义概念角度看，"标记"功能是在具有上位概念性质的"语义域"内实现的。而"引介"能力，是在具有下位概念性质的"微观层"的具体语义关系成分间实现的，把不同的语义成分"引介"给"述谓"（predicate）。

介词语义界定有三个层次：一是语义家族的特征，大致相当于论元角色的特征："处所、方式、性质、伴随"等；二是涉及语义家族不同层次的比例："来源、终点、经由"等；三是次范畴的伴随情态。方式和态度次范畴被分解为三种情态："方式、相比之下的方式和与某种参照点相关的方式。"（Patrick Saint-Dizier, 2006：10-11）

何洪峰（2012b、2013c）等认为介词的语义性质要根据其标引对象和介词结构中谓语动词的语义特征进行判断。如：

40）从阳丹水县山下得古鼎一枚。（《南齐书·卷十八》，页366）

41）常从五百猕猴游。（《六度集经·卷第六》，页32）

例（40）中，"从"为介词，其标引对象为处所类名词，根据 N 的性质可以确定介词的语义域，即标引"处所"；V 为［－运行］类动词，故 N 为 V 实施的处所，即"处所所在"，根据 V 的性质可以确定介词的语义次类。例（41）中，N"五百猕猴"是具有［＋生命］［＋施动］特征的名词，可考虑"从"表对象；V"游"具有［＋交互性］［＋协同性］特征，可确定"从"标引对象域，同时 V 的［＋协同性］特征可以确定 N"五百猕猴"是 V"游"的执行者，故"从"表"伴随对象"。

（二）介词语义分类标准

介词是表示"P·N1·V·N2"结构中 V 和 N1 之间关系的功能词。句法环境、语义变化和功能转化是确定介词的主要标准。在借鉴前人研究成果，根据介词结构中 N 和 V 的性质，结合介词语义的共性特征，把魏晋南北朝介词分为三大类，即：时空类、对象类和概念说明类。

时空类介词以为 V 发生的时空环境，包括空间义和时间义。空间义意为动作发生的处所，有：处所起始、处所经由、处所所在、处所终到。处所起始意为 N 是动作 V 发生的起始处所，V 皆具有［＋起始性（运行）］特征，N 具有［＋出发点（延伸）］特征；处所经由义介词结构中，V 具有［＋经过（运行）］特征，N 具有［＋附着（－延伸）］特征；处所所在义介词结构中，V 具有［附着（－运行）］特征，N 具有［范围内（－延伸）］特征；处所终到义介词结构中，V 具有［终到（＋运行）］特征，N 具有［目标（－延伸）］特征。

表示时间的介词又可以划分出时间起始、时间临近和时间所在及时间终到。

对象类介词意为 N（人、物）是动作行为 V 所涉及的对象，包括施事动作的人、物，接受动作影响的人、物，或双方进行某动作行为。包括施事对象、受事对象和与事对象。其中实施对象是实施动作 V 的人、物 N；受事对象是接受动作 V 影响的人、物 N；与事对象是与动作行为 V 有关的人物，包括伴随对象、比较对象等。

概念说明类介词意为动作发生的条件、依据或情况说明。包括依据凭借义、工具说明义、原因目的义、范围义等。依据凭借义为 N 是 V 赖以发生的凭证或依据，属于与行为有关的语义域，原因目的义是针对 V 发生的情势进行说明，包括动作发生的原因、目的。

判断某成分是否为介词或者判定其介词化程度，首先观察其句法环境，即出现在"X·N1·V·N2"环境中，这是判断介词的句法标准；其次在该句法环境中观察其语义变化。该结构中，X 的语义变化需要对句中 N1 或 V 的特征进行观察，根据 Leech（1976:254）语义溢出原则，当 X 的搭配 NP 超出其支配范围，V 和 X 的语义成分有所重合的情况下，X 开始发生语法化；再次，观察 X 的句法功能是否发生转化，即在结构上是否发生降级：连动结构→偏正结构→联合结构；功能上是否转化，即支配→连接。

根据 V 和 N1 之间的关系，介词的语义可分为四类 17 个语义，即：空间类、时间类、对象类和概念说明类。

总体来说，本书的语义分类可以描述为：

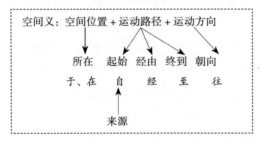

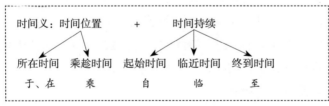

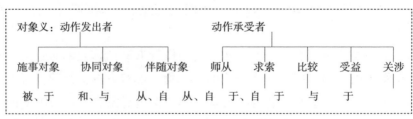

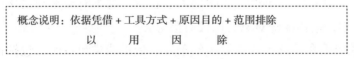

其中，每个语义域之间并不是孤立的存在，而是存在一定的层次关

系。如"空间"介词也可以表达时间概念,对象也可能会是空间的抽象位置,时间、空间、对象都可能成为说明或依凭对象。如:

42)a 因为小李,我们没有赶上去北京的航班。

b 从小李到小王,大家都没有赶上去北京的航班。

c 去北京的事情就要落实在小李身上。

d 我让小李帮我买一张去北京的机票。

e 我把小李骂了一顿。

上例中,"小李"分别是"原因""范围"和"对象"。e中,"小李"是典型的受事成分,d中是施事成分,c中是与事成分,b中表示范围起点,a中表示原因。同样的成分因为不同的语境(句中NP和VP之间的语义关系)表现出不同的语义特征。如根据NP和VP之间的语义关系判断介词的语义特征,从语义系统角度看,介词系统的语义便呈现一定的层次性特征。

从历时发展角度,魏晋南北朝介词有继承前代介词和魏晋南北朝汉语新生介词;从句法结构角度有前置介词和后置介词;从共时分布角度,本书区分时空类、对象类和概念说明类。其中时空类介词包括空间类、时间类介词,又分为起始处所、所在处所、终到处所、经由处所、朝向处所;起始时间、所在时间、经历时间、终到时间、承趁时间;表对象又分为施事对象、受事对象、与事对象;表概念说明包括依据凭借、工具方式、原因目的、范围排除等。

第二章　魏晋南北朝介词概貌

魏晋南北朝介词主要由继承先秦、两汉介词和魏晋南北朝时期新产生介词构成。魏晋南北朝共有介词71个，继承先秦介词22个：从、当、及、向、至、自、逮、在、比、乎、爰、以、诸、与、至于、为、用、由、于（於）、因、道、自从。继承两汉介词22个：案（按）、旁（傍）、被、并、乘、到、抵、对、即、赖、临、临当、迄（讫）、涉、随、投、依、缘、逮至、迟、去、逐。新生介词27个：夹、经、就、起、顺、往、望、循、着（著）、沿、寻、在于、由于、共、将、同、据、凭、持、取、仗（杖）、除、连、坐、因缘、横、论。

本章梳理先秦至魏晋南北朝介词的发展，分两个维度进行描写：（1）先秦至魏晋南北朝介词成员的更新：继承成员介词＞新生成员介词；（2）继承的前代介词新产生的语义功能。

一、魏晋南北朝继承介词

（一）继承先秦的介词

魏晋南北朝继承先秦的介词有：从、当、及、向、至、自、逮、在、比、乎、爰、以、诸、与、至于、为、用、由、于（於）、因、道、自从。

1. 从

"从，相听也。从二人。"（《说文》）又载："從，随行也。从辵从亦声。""从者，今之从字，从行而从废矣。"（段玉裁《说文解字注》）"从、從古今字，后加义符辵，随行义遂为从字所专。"（徐灏《说文解字注笺》）故"从""從"看作同一字。引申为"行经、经由"义。

春秋时期，介词"从"表示"对象、空间、时间、概念说明"等。如：

1）a 郑叛晋，子驷从楚子盟于武城。（《左传·成公十六年》，页879）

b 丁卯，宋向戌如陈，从子木成言于楚。（《左传·襄公二十七年》，

魏晋南北朝汉语介词研究

页 1130）

2）a 丙戌，单子从阪道，刘子从尹道伐尹。（《左传·昭公二十三年》，页 1444）

b 三月，吴伐我，子泄率，故道险，从武城（伐）。（《左传·哀公八年》，页 648）

3）恃险与马，不可以为固也，从古以然。（《左传·昭公四年》，页 1247）

4）夫从少正长，从贱治贵，而不得操其利害之柄以制之。（《韩非子·内储说上》，页 225）

（1）表空间

"从"表空间关系，引介起始处所。如：

5）a 而良人未之知也，施施从外来，骄其妻妾。（《孟子·离娄下》，页 203）

b 故从山上望牛者若羊，而求羊者不下牵也。（《荀子·解蔽》，页 439）

c 一奏之，有玄云从西北方起。（《韩非子·十过》，页 172）

（2）表时间

"从"表作介词时间，引介起始时间。如：

6）此从生民以来，万乘之地未尝有也。（《战国策·秦策四》，页 242）

（3）表对象

"从"作介词表对象，引介协同对象。如：

7）a 海上之人有好蜻者，每居海上，从蜻游。（《吕氏春秋·审应览》，页 1167）

b 齐景公之晋，从平公饮，师旷侍坐。（《韩非子·外储说右上》，页 715）

（4）表概念说明

"从"表概念说明，引介"凭借"（例8）、"范围"（例9）。如：

8）a 疑则从义断事，从义断事则谋不亏。（《吕氏春秋·恃君览》，页 1362）

b 从此观之，楚国，援也。（《战国策·秦策四》，页 248）

9）a 从士以上皆差利而不与民争业，乐分施而耻积藏。（《荀子·

大略》，页 553）

　　b 从郑至梁，不过百里；从陈至梁，二百余里。（《战国策·魏策一》，页 792）

　　表"范围"时，"从"可用于"从……以上/以下"结构，表示范围起点，如（例 9a）；用于"从……至（之）……"结构，表示范围的起止点。如（例 9b）。

　　两汉时期，介词"从"表示空间、时间、对象、概念说明。

　　（1）表空间

　　两汉时期，"从"作介词表空间，引介"起始处所"（例 10）、"所在处所"（例 11）、"经由处所"（例 12）。如：

　　10）a 通路除道，从境始，至国而后已。（《淮南子·卷五》，页 420）

　　b 二月，沛公从砀北攻昌邑。（《汉书·卷一》，页 18）

　　11）a 始皇帝幸梁山宫，从山上见丞相车骑众。（《史记·卷六》，页 257）

　　b 从地听之，度其声鸣于地。（《论衡·卷八》，页 385）

　　12）a 少见之人，如从管中窥天也。（《史记·卷五十八》，页 2092）

　　b 使《五经》从孔门出，到今常令人不缺灭。（《论衡·卷二十八》，页 1158）

　　（例 11）中，"从"引介"起始处所"；（例 12）引介"所在处所"；（例 13）引介"经由处所"。

　　（2）表时间

　　两汉时期，"从"作介词表时间，引介"起始时间"。如：

　　13）a 此从生民已来，万乘之地未尝有也。（《史记·卷七十八》，页 2388）

　　b 天从今以往，且使人亦考之。（《太平经·卷九十一》，页 357）

　　（3）表对象

　　两汉时期，"从"作介词表对象，引介"关涉对象""协同对象"。如：

　　14）a 故从母言之，是为贤母；从妻言之，是必不免为妒妻。（《史记·卷七十六》，页 2373）

　　b 从民得善书，必为好写与之。（《汉书·卷五十三》，页 2409）

15）a 吴王欲从民饮酒，伍子胥谏曰："不可。"（《说苑·卷九》，页237）

b 副使季都别将医养视狂王，狂王从十余骑送之。（《汉书·卷九十六》，页3906）

（例14a）中，"从"表示动作涉及的对象，"从母言之"意为"就母亲来说"或"就母亲的标准来说"；b中"民"是"善书"原持有者，为"得"所关涉的对象。（例15）中，"从"表示"协同对象"，a例中，"民"是"饮酒"的共同执行者，"吴王"是动作的邀请者，"民"是"被邀请者"，"从"连接"邀请者"和"被邀请者"，其中"邀请者"主动发出动作，"被邀请者"既是"主动者的影响者"也是动作的发出者，"从"为表示"协同对象"的介词，b例同。

（4）表概念说明

两汉时期，"从"作介词表概念说明，引介"凭借"（例16）、"范围"（例17）。如：

16）a 使人主执正持平，如从绳准高下。（《淮南子·卷九》，页642）

b 福从善来，祸由德痛，吉凶之应，与行相须。（《潜夫论·卷十》，页478）

17）a 从管、晏视伯夷，则戆矣，从伯夷视管、晏则贪矣。（《淮南子·卷十一》，页818）

b 居延与金关为出入六寸符券齿百从第一至千左（《居延汉简·274.10》）

魏晋南北朝时期，"从"作介词表空间、时间、对象和概念说明。

（1）表空间

魏晋南北朝，"从"作介词表空间，引介起始处所（例18）、所在处所（例19）、经由处所（例20）、来源（例21）。如：

18）a 有使者乘龙持节，从云中下。（《抱朴子内篇·论仙》，页18）

b 初诞还云，从昆仑来，诸亲故竞共问之。（《抱朴子内篇·祛惑》，页319）

c 有人从长安来，元帝问洛下消息，潸然流涕。（《世说新语·夙惠第十二》，页590）

d 使者郑容从关东来，将入函关，西至华阴。（《搜神记·卷四》，

页30）

19）a长史从门外下车，步入尚书，着公服。（《世说新语·容止第十四》，页624）

b从生门上采之，於六甲阴乾之匕。（《抱朴子内篇·仙药》，页180）

c有若蛇者，从疮中出。（《搜神记·卷三》，页26）

d遇德操采桑，士元从车中谓曰……（《世说新语·言语第二》，页66）

20）a九虫悉下，恶血从鼻去。（《抱朴子内篇·仙药》，页186）

b王恭从会稽还。（《世说新语·德行第一》，页48）

c从山阴道上行，山川自相映发，使人应接不暇。（《世说新语·言语第二》，页145）

d凡人受胎，皆从南斗过北斗；所有祈求，皆向北斗。（《搜神记·卷第三》，页21）

21）a十一月，京都地震，从东南来，隐隐有声，摇动屋瓦。（《三国志·卷三》，页104）

b问之从何得食？（《抱朴子内篇·对俗》，页42）

c君病肠臃，欬之所吐，非从肺来也。（《三国志·卷二十九》，页803）

d纵有会此者，不必从根本中来。（《南齐书·卷五十二》，页898）

（2）表时间

魏晋南北朝，"从"作介词表时间，引介起始时间（例22~23）、所在时间（例24）。如：

22）a从夜半始，从九九至八八七七六六五五而止。（《抱朴子内篇·杂应》，页243）

b从此却去二十年，待天下清，乃与同岁中始举者等耳。（《三国志·卷一》，页32）

c从延康元年始撰集，数岁成，藏于秘府。（《三国志·卷二十三》，页664）

d从建武以来，更相吞灭，于今有二十道。（《三国志·卷三十》，页859）

23）a从朝至暮，但作求死之事。（《抱朴子内篇·金丹》，页67）

b 一日一夜有十二时，其从半夜以至日中六时为生炁，从日中至夜半六时为死炁，死炁之时，行炁无益也。（《抱朴子内篇·释滞》，页136）

c 从初平之元，至建安之末，天下分崩，人怀苟且。（《三国志·卷十三》，页420）

d 帝与语，从暮至旦，甚器之。（《三国志·卷十九》，页577）

24）又有幸姬常从昼寝，枕之卧，告之曰："须臾觉我。"（《三国志·卷一》，页54）

魏晋南北朝时期，"从"表示"时间"也用于"从……始/以来"结构中，表示时间的起始点，如（例22a、d）；用于"从……至……"结构中，表示时间的起止点，如（例23）。

（3）表对象

魏晋南北朝，"从"作介词表对象，引介"协同对象"（例25）、求索对象（例26）、师从对象（例27）、言谈对象（例28）。如：

25）a 年十八，从宋忠读太玄，而更为之解。（《三国志·卷十三》，页414）

b 从四世同居，并共衣食。（《南齐书·卷五十五》，页961）

c 阮与王安丰常从妇饮酒，阮醉，便眠其妇侧。（《世说新语·任诞第二十三》，页731）

d 布从郝萌反后，更疏顺。（《三国志·卷七》，页228）

26）a 从公乞一弟以养老母。（《世说新语·德行第一》，页48）

b 刘伶病酒，渴甚，从妇求酒。（《世说新语·任诞第二十三》，页729）

c 武昌有大蛇，常居故神祠空树中，每出头从人受食。（《搜神记·卷七》，页66）

d 从绍请兵马，求欲救超。（《三国志·卷七》，页233）

e 宋氏诸帝尝在太庙，从我求食。（《南齐书·卷九》，页133）

27）a 从广成子受自然之经。（《抱朴子内篇·地真》，页296）

b 陈国张汉直到南阳从京兆尹延叔坚学左氏传。（《搜神记·卷十七》，页129）

c 从辂学易，推论天文。（《三国志·卷二十九》，页814）

28）a 庚从温言诣陶。（《世说新语·假谲第二十七》，页856）

b 太祖奉天子以号令天下……未得从嘉谋。（《三国志·卷

十四》，页 433）

　　c 颙常岁再三私入洛阳，从绍计议。（《三国志·卷十》，页 322）

　　（4）表概念说明

　　魏晋南北朝，"从"表概念关系，主要引介范围（例 29、30）、原因（例 31）、依据（例 32）、方式（例 33）。如：

　　29）a 治平未久，必将有乱。若为乱阶，请从我家始。（《世说新语·规箴第十》，页 567）

　　b 臣弘农人，从此已东，有三十六滩。（《三国志·卷六》，页 186）

　　30）a 端从凉州牧征为太仆，康代为凉州刺史，时人荣之。（《三国志·卷十》，页 313）

　　b 思与薛悌、郄嘉俱从微起，官位略等。（《三国志·卷十五》，页 471）

　　c 自茂修行，从少至长，冬则被裘，夏则裋褐。（《三国志·卷二十三》，页 661）

　　31）a 帝如言以验之，果得其情，从此疏焉。（《三国志·卷十四》，页 499）

　　b 言既尽矣，请从此退。（《南齐书·卷五十四》，页 929）

　　32）勃、渤音相类，故字从声变耳。（《水经注·卷二十二》，页 524）

　　33）a 上令从门间识面。（《水经注·卷十六》，页 396）

　　b 仰视天门，如从穴中视天矣。（《水经注·卷二十四》，页 580）

　　c 江南岸有山孤秀，从江中仰望，壁立峻绝。（《水经注·卷三十四》，页 794）

　　综上，介词"从"从先秦到魏晋南北朝功能得以扩展，其发展趋势如下：

表 2-1　先秦到魏晋介词"从"的语义发展

	空间（处所）				时间		对象				概念说明			
	起始	所在	经由	来源	起始	所在	协同	求索	师从	言谈	范围	原因	依据	方式
先秦	+		+		+		+				+		+	
两汉	+	+	+		+		+			+	+		+	
魏晋	+	+	+	+	+	+	+	+	+	+	+	+	+	+

魏晋南北朝汉语介词研究

28

此外，由介词"从"组成的介词性结构也有一定发展：

（1）"从……以来"先秦时期表示"从某人以后的时间"，以某人活跃的时间为参照点，如（例6）；两汉时期，除"从……以来"表示时间起始点外，还出现在"从……以往"表示起始时间的用法。其中，"从……来"以某人所在时间为参照点；"从……以往"以具体时间为参照点，如"从今以往"；魏晋南北朝时期，"从……以来"结构中以"某人活跃的时间""某事开始出现的时间"等为时间参照点，如"从建武以来"。此外，表示时间起点的介词结构还有"从……始"，表示"从某时间开始某动作，并持续"，如（例22c）。

（2）表示时间段的介词结构"从……至……"表示范围的起始点和终止点。先秦时期，"从……至……"表示处所起止，如"从郑至梁，不过百里"，意为：郑国到梁国之间的距离；两汉时期，"从……至……"结构表示时间起始点，如：

34）从周到今，七百余岁，逾二百岁矣。（《论衡·卷十》，页459）

两汉时期，表示时间起止的还有"从……到于……"。如：

35）从上古中古到于下古，人君弃道德，兴用金气兵法。（《太平经·卷六十九》，页268）

魏晋南北朝时期，"从……至……"结构表示时间起止，如（例23）。

2. 当

"当，田相值也。"（《说文·田部》）"值者，持也。田与田相持也。引申之，凡相持相抵皆曰当。"（段玉裁《说文解字注》）"当"本义应为"相持、相抵"，据此引申出"相当""相对、面对"义。"相向面对"时产生与空间、时间存在相关联，继而引申出一种状态"在、当……的时候"义。（张文颖，2016）

"当"于先秦时期作介词，表示空间、时间。

（1）表空间

"当"作介词表示空间，引介所在处所。如：

1）当阶北面揖。（《仪礼·乡射礼第五》，页164）

（2）表时间

"当"作介词表时间，引介所在时间。如：

2）a 当郏娄颜之时，郏娄女有为鲁夫人者，则未知其为武公与？（《公羊传·昭公三十一年》，页1823）

b 当是时也，民结绳而用之……（《庄子·胠箧》，页289）

c 当秦之隆，黄金万溢为用，转毂连骑，炫熿于道。（《战国策·卷三》，页88）

两汉时，"当"作介词表示时间，引介时间所在。如：

3）a 当幽王三年，王之后宫见而爱之。（《史记·卷四》，页147）

b 当荆轲之逐秦王，秦王环柱而走。（《论衡·卷二十七》，页1109）

两汉时，"当"形成大量固定搭配。如"当是时""当此时""当是之时""当此之时"，佛经中还出现"当尔之时"。代词"是""此""尔"指代承上内容，如：

4）a 当是时，诏捕诸时在旁者，皆杀之。（《史记·卷六》，页257）

b 当此时，百姓元元，莫必其命。（《盐铁论·卷八》，页501）

c 当是之时，先帝之德未衰，而安土乐俗之民众。（《汉书·卷六十四》，页2805）

d 当此之时臣窃乐之歃至四五斗若耐男（《敦煌汉简·1788》，页188）

e 当尔之时。我便当化现佛身。（《佛说成具光明定意经·卷十五》，页456）

魏晋南北朝，"当"作介词表空间、表时间、表概念说明。

（1）表空间

魏晋南北朝时期，介词"当"表空间，引介所在空间。如：

5）a 当武帝前，先脱𢂷，次脱余衣，裸身而立。（《世说新语·言语第二》，页64）

b （有一老夫）当军门立，军不得出。（《世说新语·方正第四》，页156）

（2）表时间

魏晋南北朝时期，介词"当"表时间，引介所在时间：在某一时间点（例6、例7）、某一时间段（例8、例9）、在某事发生的时候（例10）。

6）a 当及未坚时饮之。（《抱朴子内篇·仙药》，页180）

b 江州当人强盛时，能抗同异，此非常人所行。（《世说新语·识鉴第七》，页398）

c 当出户时，忽掩其衣裾户间，擘绝而去。（《搜神记·卷二》，

页 15）

7）a 当时殊忏旨。（《世说新语·言语第二》，页 158）

b 当时闷绝，久之乃苏。（《搜神记·卷十五》，页 113）

8）a 当二袁炎沸侵侮之际，陛下与臣寒心同忧。（《三国志·卷一》，页 42）

b 当此之际，唯恐溺入于难，以羞先帝之圣德。（《三国志·卷一》，页 48）

c 当斯之时，尺土非复汉有，一夫岂复朕民？（《三国志·卷二》，页 67）

9）a 当不雨时。一切诸树、百谷、药木皆悉枯槁。（《中阿含经·卷第二》，页 428）

b 当去之时。其声高大。（《中阿含经·卷第十四》，页 517）

c 彼当斗时。或死。或怖。（《中阿含经·卷二十五》，页 535）

d 当汝去时。闻此音声。便从定寤。（《中阿含经·卷三十三》，页 634）

10）a 当至静处。汝各独往。（《中阿含经·卷三十四》，页 643）

b 当问此义。便往诣佛。稽首作礼。（《中阿含经·卷四十七》，页 720）

3. 表概念说明

魏晋南北朝时期，"当"作介词表概念说明，引介方式。如：

11）其人以刀当腰斫断之。（《搜神记·卷五》，页 37）

介词"当"从先秦到魏晋南北朝的发展状况为：

表 2-2　先秦到魏晋介词"当"的语义发展

	空间（处所）				时间		概念（说明）			
	起始	所在	经由	来源	起始	所在	范围	原因	依据	方式
先秦		+				+				
两汉						+				
魏晋		+				+				+

先秦到魏晋南北朝，介词"当"功能有所扩展，先秦表空间和时间，两汉时期的文献中未见空间用法；魏晋南北朝发展出"概念说明"功能。就次语义而言，先秦时期，表空间时，其空间处所为具体、可附着的场所；

魏晋南北朝时期，语义范围扩大到抽象的处所或方位（例5a）。表时间时，先秦为抽象时间或相对时间，即某一动作发生的同时，另一动作也在进行；两汉时期，扩展到具体时间；魏晋南北朝时期，除具体时间、相对时间外，假设时间也出现在该介词结构中，如（例10b）。

3. 及

"及，逮也，从又从人。"（《说文·又部》）殷商时代常作动词，"赶上、追及"义。"及"作介词在先秦时期就已可见，表示时间、对象。

（1）表时间

先秦时期，"及"作介词表时间，引介所到时间。如：

1）a 及筮日，主人冠端玄，即位于门外，西面。（《仪礼·特牲馈食礼》，页642）

b 及辅氏之役，颗见老人结草以亢杜回。（《左传·宣公十五年》，页764）

c 及享，发气焉，盈容。（《仪礼·聘礼》，页598）

d 及其老也，血气既衰，戒之在得。（《论语·季氏》，页176）

e 国人追之，国夏奔莒，遂及高张、晏、弦来奔。（《左传·哀公六年》，页2161）

2）a 及陷于罪，然后从而刑之，是罔民也。（《孟子·滕文公上》，页118）

b 及其衰也，建谋不及义，兴事伤民。（《晏子春秋·第十二》，页208）

c 及禹之时，天先见草木秋冬不杀，（《吕氏春秋·有始览》，页677）

d 及公子返晋邦，举兵伐郑，大破之，取八城焉。（《韩非子·喻老》，页399）

（2）表对象

先秦时期，介词"及"表对象，引介协同对象（例3）、受益对象（例4）、关涉对象（例5）。如：

3）a 九月辛卯，公及莒人盟于浮来。（《左传·隐公八年》，页57）

b 公会齐侯于泺，遂及文姜如齐。（《左传·桓公十八年》，页152）

c 祝反降，及执事执馔。（《仪礼·士丧礼》，页624）

d 周公及召公取风焉，以为周南、召南。（《吕氏春秋·卷六》，页140）

4）a 君馈寡君，施及使臣，御在君侧，恐惧不知所以对。（《晏子春秋》，页203）

b 楚人及吴战于长岸，进楚子，故日战。（《谷梁传·昭公十七年》，页1969）

c 三月，乃名于祢，以名遍告及社稷宗庙山川。（《礼记·曾子问》，页746）

5）a 公载以出，曰："谋及妇人，宜其死也。"（《左传·桓公十五年》，页1758）

b 养及亲者，身忧其难。（《吕氏春秋·卷十二》，页263）

（3）表空间

先秦时期，"及"表空间，引介处所所到。如：

6）a 当阶北面揖，及阶揖。（《仪礼·大射》，页575）

b 还及宋，闻乱。（《左传·宣公四年》，页684）

两汉时期，介词"及"表时间、对象、概念说明。

（1）表时间

两汉时，"及"表时间，介引所到时间。如：

7）a 及孝景初立，广为陇西都尉，徙为骑郎将。（《史记·卷一〇九》，页2867）

b 及孝武时，国用饶给，而民不益赋，其次也。（《汉书·卷二十四》，页1186）

c 及有小过，则受罪。顺事父及后母与弟，日以笃谨，匪有解。（《史记·卷一》，页32）

两汉时，"及"与同义介词"至"组合为次生介词"及至"，表所到时间。如：

8）及至秦王，续六世之余烈，振长策而御宇内。（《史记·卷六》，页280）

（2）表对象

两汉时，介词"及"表对象，介引协同对象（例9）、关涉对象（例10）。如：

9）a 卫人侵成，郑入成，及齐师围成，三被大兵，终灭。（《春秋繁露·卷五》，页135）

b 何罗与通及小弟安成矫制夜出，共杀使者，发兵。（《汉书·卷六十八》，页2961）

c 十七年，城阳君入朝，及东周君来朝。（《史记·卷五》，页213）

10）高恐二世怒，诛及其身，乃谢病不朝见。（《史记·卷六》，页273）

（3）表概念说明

两汉时，介词"及"表概念说明，介引动作涉及的范围。如：

11）a 是以二君身被放杀，而祸及忠臣。（《盐铁论·卷五》，页51）

b 矜贤圣之文，厥辜深重，嗣之及孙。（《论衡·卷二十》，页866）

c 有声之声，不过百里，无声之声，延及四海。（《说苑·卷七》，页145）

d 泽及小微，万物扰扰，不失气乎？（《太平经·卷五十》，页185）

魏晋南北朝，介词"及"表空间、时间、对象、概念说明。

（1）表空间

魏晋南北朝，"及"表空间，引介所到处所。如：

12）休善之，是日进及布塞亭。（《三国志·卷四十八》，页1155）

（2）表时间

魏晋南北朝时期，"及"表时间，引介所到时间（例13~15）、所在时间（例16）。如：

13）a 及胜死，又赐胜家钱二百万，为胜素服一百日。（《抱朴子内篇·勤求》，页212）

b 及魏之初兴也，张掖之柳谷，有开石焉。（《搜神记·卷七》，页93）

14）a 及秋冬当风寒，已试有验，秘法也。（《抱朴子内篇·登涉》，页281）

b 三月上旬，及清明节桃始花，为中时。（《齐民要术·种谷第三》，页45）

15）及至将分妻子而不可均，乃致争讼。（《搜神记·卷六》，页

16）及六国时，更嬴谓魏王曰："臣能为虚发而下鸟。"（《搜神记·卷十一》，页97）

（3）表对象

魏晋南北朝时期，介词"及"表对象，引介关涉对象。如：

17）a 老子篇中记及龟文经。（《抱朴子内篇·杂应》，页251）

b 每与之言，言及玄远，而未尝评论时事。（《世说新语·德行第一》，页17）

c 与客对食，言及变化之事。（《搜神记·卷一》，页12）

18）a 瞻与之言良久，及鬼神之事，反复甚苦。（《搜神记·卷十六》，页189）

b 夫六畜之物，及龟、蛇、鱼、鳖、草、木之属，久者神皆凭依，能为妖怪。（《搜神记·卷十九》，页234）

"及"引介关涉对象，用于动词后，表示言谈、记述的对象；用于动词前表示谈论的话题。

（4）表概念

魏晋南北朝时期，介词"及"表概念，引介凭借、依据、范围。如：

19）及陂塘之利，至今为用。（《三国志·卷十五》，页464）

20）及臣所见，南海黄盖为日南太守，下车以供设不丰。（《三国志·卷五十三》，页1252）

21）a 然犹恨其色不纯，当余小毒，止及六畜辈耳。（《搜神记·卷三》，页41）

b 言及流涕，祀以太牢。（《三国志·卷五十六》，页1311）

c 自殡及葬，皆以终制从事。（《三国志·卷二》，页86）

魏晋南北朝时期，"及"引介范围，除用于动词后，表示动作涉及的对象范围（例21a）、动作行为施行的程度（例21b）外，还可与表示起点的介词"自"连用，组成"自……及……"介词结构，表示动作涉及的范围（例21c）。

介词"及"起源于先秦，表示"空间""时间""对象""概念说明"。先秦时期，"及"表"对象"为核心用法，其次为表"时间"。"及"表"对象"，其宾语多具有［＋人］特征，为"协同"对象，即"一起做某事"。两汉时期，"及"表对象范围扩大，其宾语具有［＋人］［＋物］［＋事］特征，可以是"协同对象"，也可以是"说明对象"，即所谈内容。

魏晋南北朝时期，"及"介词语义范围继续扩大，表"对象"的用法具有［＋人］［＋物］［＋事］［＋起止］［＋扩展／运动］特征，语义范畴扩展至"范围"义中。同时，"及"的宾语还可以具有［＋人］［＋物］［＋事］［＋起止］［＋扩展／运动］［＋固定］特征，即某一范围中某一固定的位置。其发展图式可以描述为：顺序扫描＞整体扫描；移动视点＞固定视点。即"及"表示时间时，必有前提［＋终点］［＊起点①］，扫描顺序是从开始进行扫描，即：

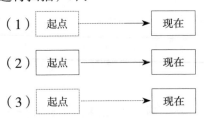

引介范围时，用于动词后，表示开放性范围，即从极致范围到限定范围，如（例21a）；也可与起点介词连用，表示封闭范围的终点，即从起点范围到终点范围，如（例21b）。其图示可描述为：

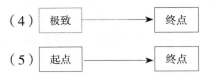

介词"及"从先秦到魏晋南北朝的发展趋势为：

表2-3　先秦至魏晋介词"及"的语义发展

	空间	时间	对象		概念说明		
	所到处所	所到时间	协同对象	关涉对象	凭借	依据	范围
先秦	＋	＋	＋	＋			
两汉	＋	＋					＋
魏晋	＋	＋			＋	＋	＋

4. 向

"向，北出牖也。从宀从口"。（《说文宀部》）"向"介词义源于"面对、朝向及趋近"义。（魏金光，何洪峰2013）

---

①［＊］中，＊表示并不具备明显的特征，但是其隐含的特征必不可少。如"及庄公即位……"中，"庄公即位"是动作的终点，"起点特征"并不明显，但是"起点"特征又必不可少，否则便无所谓"终点"或"结束"。

"向"作介词先秦始见①，表空间，引介朝向处所。如：

1）a 托于木门，不乡卫国而坐。（《左传·襄公二十七年》，页1128）

b 秦伯素服郊次，乡师而哭。（《左传·僖公三十三年》，页1833）

两汉时期，"向"作介词表空间，引介朝向处所。如：

2）a 其妻痛之，向城而哭。（《论衡·卷五》，页237）

b 从军死不在城中，妻向城哭，非其处也。（《论衡·卷十五》，页660）

3）a 人疾行汗出，对炉汗出，向日汗亦出。（《论衡·卷二十三》，页954）

b 隆冬之月，向日而坐。（《论衡·卷十五》，页656）

魏晋南北朝，"向"作介词表空间、时间、对象。

（1）表空间

"向"作介词表空间，引介朝向处所、终到处所。如：

4）a 师子张口仰头向树。其人怖急失所捉刀。（《百喻经·五百欢喜丸喻》，页192）

b 帝走向爱姬徐氏房，拔剑自刺不中。（《南齐书·卷四》，页74）

c 白马向城啼，欲得城边草。（《南齐书·卷二十九》，页381）

d 伯玉梦中自谓是咒师，向上唾咒之。（《南齐书·卷三十一》，页573）

5）（高伟）向幽州淀中捕鱼。（《颜氏家训·归心十六》，页405）

（2）表时间

"向"作介词表时间，引介临近时间。如：

6）夜半渍，向晨速投之，令与白露俱下。（《齐民要术·大小麦第十》，页146）

（3）表对象

"向"作介词表对象，引介关涉对象。如：

7）妾向王泣曰。妾虽微贱犹是王妻。（《六度集经·卷第四》，页17）

---

① 先秦时期，"向"有"乡（鄉）""�向"等异体字。

介词"向"从先秦到魏晋南北朝的发展趋势为：

表2-4　先秦到魏晋介词"向"的语义发展

	空间	时间	对象	
	朝向处所	终到处所	临近时间	关涉对象
先秦	+			
两汉	+			
魏晋	+	+	+	+

5. 至

至，鸟飞从高下至地也。（《说文·至部》）本义即有"位移至终点"义，隐含语义特征［＋位移］［＋方向］［＋终点］。

先秦时期，介词"至"表示为空间、时间。如：

（1）表空间

先秦时期，介词"至"表空间，引介所到处所。如：

1）a 行至武安，散不能三千金。（《战国策·秦策三》，页204）

b 归至家，妻不下纴，嫂不为炊，父母不与言。（《战国策·秦策一》，页85）

c 燕兵独追北入至临淄，尽取齐宝，烧其宫室宗庙。（《战国策·燕策一》，页1065）

2）a 公子连因与卒俱来，至雍围夫人，夫人自杀。（《吕氏春秋·不苟论》，页308）

b 今燕尽齐之北地，距沙丘，而至钜鹿之界三百里。（《战国策·赵策一》，页680）

（2）表时间

先秦时期，"至"表时间，引介所到时间。如：

3）子重归，既饮至三日，吴人伐楚，取驾。（《左传·襄公三年》，页1930）

4）a 朴鄙之心至今未去。（《庄子·渔父》，页898）

b 至来年而王独不取于秦，王之所以事秦者，必在韩、魏之后也。（《战国策·赵策三》，页695）

c 桓公食之而饱，至旦不觉。（《战国策·魏策二》，页847）

先秦时期"至于""及至"等已有介词化倾向。如：

5）a 由汤至于武丁，贤圣之君六七作。（《孟子·公孙丑上》，页

543）

b 由尧舜至于汤，五百有余岁。（《孟子·尽心下》，页 3244）

c 今三世以前，至于赵之为赵，赵主之子孙侯者，其继有在者乎？《战国策·赵策四》，页 769）

6）a 及至葬，四方来观之，颜色之戚，哭泣之哀，吊者大悦。（《孟子·滕文公上》，页 1028）

b 及至三王，观时而制法，因事而制礼，法度制令，各顺其宜。（《战国策·赵策二》，页 722）

7）a 至于心，独无所同然乎？（《孟子·告子上》，页 2398）

b 至于平原君之属，皆令妻妾补缝于行伍之间。（《战国策·中山昭王》，页 1189）

c 至于厉王，王心戾虐，万民弗忍，居王于彘。（《左传·昭公二十六年》，页 1053）

8）a 事无大小，上及太后，下至大臣，愿先生悉以教寡人。（《战国策·秦策三》，页 208）

b 荆轲奉樊于期头函，而秦武阳奉地图匣，以次进至陛下。（《战国策·中山昭王》，页 1139）

两汉时，介词"至"表示空间、时间、概念说明。

（1）表空间

两汉时期，介词"至"表空间，引介所到处所。如：

9）a 五年，王游至北河。（《史记·卷五》，页 207）

b 行至蕲大泽乡，会天大雨，道不通，度已失期。（《汉书·卷三十一》，页 1786）

（2）表时间

两汉时期，介词"至"表时间，引介所到时间。如：

10）a 至九月，赵卒不得食四十六日，皆内阴相杀食。（《史记·卷七十三》，页 2335）

b □之言都毋狗至今□未来不知内状。（《敦煌汉简·2303》，页 251）

（3）表概念说明

"至"作介词表概念说明，引介范围。如：

11）a 居延与金关为出入六寸符券齿百从第一至千左。（《居延汉简》，

页 274.10）

　　b 户口增息者，赏赐金帛，爵至封侯。（《潜夫论·卷四》，页 207）

　　魏晋南北朝时期，"至"作介词表空间、时间、概念说明。

　　（1）表空间

　　魏晋南北朝时期，介词"至"表空间，引介所到处所。如：

　　12）三年春正月丁亥，太尉宣王还至河内。（《三国志·卷三》，页 114）

　　（2）表时间

　　魏晋南北朝时期，介词"至"表时间，引介所到时间。如：

　　13）a 春秋之世，与于盟会，逮至战国，为楚所灭。（《三国志·卷一》，页 1）

　　b 至永始元年春，北海出大鱼，长六丈，高一丈。（《搜神记·卷六》，页 79）

　　（3）表概念说明

　　魏晋南北朝，介词"至"表概念说明，引介范围。如：

　　14）a 自正经、诸史、百家之言，下至短杂文章，近万卷。（《抱朴子外篇·自叙》，页 655）

　　b 度可作瓢，以手摩其实，从蒂至底，去其毛。（《齐民要术·种瓠十五》，页 199）

　　c 稍仕至尚书仪曹郎，末为晋安王侍读。（《颜氏家训·慕贤第七》，页 133）

　　表概念说明时，"至"表示范围终止点，常和表示范围起始点的"自""从"等连用。先秦至魏晋南北朝，介词"至"的发展趋势为：

表 2-5　先秦到魏晋介词"至"的语义发展

	空间	时间	概念说明	
	终到处所	所到时间	范围	关涉对象
先秦	+	+		
两汉	+	+	+	
魏晋	+	+	+	+

　　6. 自

　　"自，鼻也。象鼻形。"（《说文·自部》）引申为"自己、自身"义。由"自身"再引申出"起始、缘自"义，继而向介词语义虚化。

先秦时期，介词"自"表示空间、时间、对象、概念说明。

（1）表空间

先秦时期，介词"自"表空间引介起始处所（例1~3）、所在处所（例4）。如：

1）a 自东西北逐杳麋，亡灾？（《合》，28789）

b 有蛇自泉宫出，入于国，如先君之数。（《左传·文公十六年》，页616）

c 自席前适阼阶上，北面坐卒爵。（《仪礼·乡饮酒礼》，页534）

d 楚人有涉江者，其剑自舟中坠于水。（《吕氏春秋·慎大览》，页353）

2）a 秋七月，公至自伐郑，以饮至之礼也。（《左传·桓公十六年》，页145）

b 降自西阶，适东壁，北面见于母。（《仪礼·士冠礼》，页519）

c 冬，公至自唐。（《春秋经·桓公二年》，页84）

3）a 六月，卫侯郑自楚复归于卫。（《春秋经·僖公二十八年》，页450）

b 公子自曹入楚，自楚入秦。（《韩非子·十过》，页200）

c 苏代自齐献书于燕王。（《战国策·燕策二》，页1095）

4）a 余其宅兹中国，自之乂民。（《何尊》）

b 秦自四境之内，执法以下至于长挽者，故毕曰……（《战国策·魏策四》，页920）

c 围人荦自墙外与之戏。（《左传·庄公三十二年》，页253）

d 帝颛顼生自若水，实处空桑，乃登为帝。（《吕氏春秋·仲夏纪》，页44）

e 遂禽推移、大牺，登自鸣条，乃入巢门，遂有夏。（《吕氏春秋·仲秋纪》，页175）

（2）表时间

先秦时期，介词"自"表时间，引介起始时间（例5~8）、所到时间（例9）。如：

5）a 自今五日不雨。（《合》，12314）

b 庚子卜：方至自今五日？（《合》，20481）

c 太公望曰："鲁自此削矣。"（《吕氏春秋·仲冬纪》，页238）

6）a 自古王若兹监，罔攸辟！（《周书·梓材》，页 175）

b 自朝至于日中昃，不遑暇食，用咸和万民。（《周书·无逸》，页 184）

c 自古及今，未有不亡之国也。（《吕氏春秋·孟冬纪》，页 215）

7）a 自诸侯出，盖十世希不失矣。（《论语·季氏篇》，页 174）

b 自古皆有死，民无信不立。（《论语·颜渊》，页 126）

8）a 自生民以来，未有盛于孔子也。（《孟子·公孙丑上》，页 73）

b 自孔子之死也，有子张之儒，有子思之儒，有颜氏之儒……（《韩非子·显学》，页 1080）

c 今以往，鲁人不赎人矣。（《吕氏春秋·先识览》，页 395）

9）自今单唇干肺，费神伤魂。（《吕氏春秋·孟秋纪》，页 154）

先秦时期，"自"引介起始时间。"自"介词结构中，名词可为表时间点的名词，如（例5）；也可为表时间段的成分，如（例7）、（例8）。"自"介词结构可表示时间范围的起始点，和表时间范围终止点的"至"连用，如（例6b）；和表示时间段之起始点的成分连用，表示从过去某个时间点一直到说话时的时间，常和"以来""以降"等连用，如（例8a）。

"自"表示起始时间既可以表示从时点以后的时间起点（例5~8），也表示从时点以前的时间，如（例9）。

（3）表对象

先秦时期，"自"作介词表对象，引介关涉对象。如：

10）a 政自之出久矣，隐民多取食焉，为之徒者众矣。（《左传·昭公二十五年》，页 1463）

b 自我言齐，父母之于子，虽为邻国夫人，犹曰"吾姜氏"。（《公羊传·桓公三年》，页 1675）

c 侈则侈矣，自有道者观之，则失乐之情。（《吕氏春秋·仲夏纪》，页 266）

4. 表概念说明

先秦时期，介词"自"表概念说明引介动作涉及的范围（例11~16）、原因（例17）、依据（例18）。如：

11）a 乙酉卜，行贞：王宾岁自祖乙至于父乙，无尤？（《合》，22899）

b 乙亥卜，侑自大乙至中丁六示牛？（《合》，14872）

12）a 癸卯卜，行贞：王步自雇于嘉，亡灾？（《合》，24347）

b 癸酉贞，射豕以羌用自上甲于甲申。（《合》，32023 ）

13）自今辛至于来辛有大雨。（《合》，30048）

14）a 人鬲自驭至于庶人，六百又五十又九夫。（《大盂鼎》）

b 自豕鼎降十，又簋八。（《函皇父鼎》）

15）a 自郢及我九百里，焉能害我？（《左传·僖公十二年》，页 340）

b 周公及武公娶于薛，孝、惠娶于商，自桓以下娶于齐，此礼也则有。（《左传·哀公二十四年》，页 1723）

c 主人取俎还授弟子，弟子受俎，降自西阶以东。（《仪礼·乡射礼》，页 555）

16）a 今自聊摄以东，姑尤以西者，此其人民众矣。（《晏子春秋·第十二》，页 3）

b 或曰自鹿门至于争门者是也，或曰自争门至于吏门者是也。（《公羊传·闵公二年》，页 247）

c 故自天子通于庶人，事无大小多少，由是推之。（《荀子·富国》，页 200）

17）a 何言乎公有疾不视朔？自是公无疾，不视朔也。（《公羊传·文公十六年》，页 1749）

b 言将自是弑君也。（《公羊传·昭公元年》，页 1805）

c 此以上者亡国不可胜数，是故大墓无不抇也。（《吕氏春秋·孟冬纪》，页 217）

18）自此观之，尊贵富大不足以来士矣，必自知之然后可。（《吕氏春秋·季冬纪》，页 259）

两汉时期，介词"自"表示空间、时间、对象、概念说明。

（1）表空间

两汉时期，介词"自"表空间，引介词起始处所（例 19）、所在处所（例 20）、经由处所（例 21）。如：

19）a 求既去，明年，孔子自陈迁于蔡。（《史记·卷四十七》，页 1928）

b 自成皋入关，收兵欲复东。（《汉书·卷一》，页 41）

20）a 自车中起为仲父，则其遇齐桓公也。（《说苑·卷十七》，页 423）

b 然也,孙膑修能于楚,庞涓自魏变色,诱以刖之。(《潜夫论·卷一》,页 44)

21)a 入自北门,遇女鸠、女房,作女鸠女房。(《史记·卷三》,页 94)

b 天子自帷中望见焉。(《汉书·卷二十五》,页 1219)

(2)表时间

两汉时期,介词"自"表时间,引介起始时间。如:

22)a 天下明德皆自虞帝始。(《史记·卷一》,页 43)

b 自周衰,官失而百职乱,战国并争,各变异。(《汉书·卷十九》,页 722)

(3)表概念说明

两汉时期,介词"自"表概念说明,引介范围。如:

23)a 是故自其异者视之,肝胆胡越。(《淮南子·卷二》,页 116)

b 自天有地,自日有月,自阴有阳,自春有秋,自夏有冬。(《太平经·卷一五四》,页 728)

24)a 其外西自同师以东,北至楪榆,名为嶲、昆明。(《史记·卷一一六》,页 2991)

b 自乌孙以西至安息,近匈奴。(《汉书·卷九十六》,页 3896)

25)a 自先帝以来,传不为置王。(《史记·卷一一六》,页 3209)

b 自幽、平之后,日以陵夷,至虖陋区河洛之间。(《汉书·卷十四》,页 391)

26)a 自大主将相以下,皆置酒其家,献遗之。(《史记·卷十二》,页 463)

b 自孟子以下至刘子政,鸿儒博生,闻见多矣。(《论衡·卷三》,页 141)

27)a 其项类皋陶,其肩类子产,然自要以下不及禹三寸。(《史记·卷四十七》,页 1921)

b 自公卿以下,至于小司,辄非天官也?(《潜夫论·卷三》,页 108)

魏晋南北朝,"自"作介词表空间、时间、对象。

(1)表空间

魏晋南北朝,"自"作介词表空间,引介起始处所(例28~31)、经由处所(例32)、所在处所(例33)、来源(例34)。如:

28）a 太祖自荆州还。（《三国志·卷十一》，页337）

b 王恭随父在会稽，王大自都来拜墓。（《世说新语·识鉴第七》，页407）

c 陶公自上流来，赴苏峻之难，令诛庾公。（《世说新语·假谲第二十七》，页856）

d 京兆长安有张氏，独处一室，有鸠自外入。（《搜神记·卷九》，页70）

29）a 王修载乐托之性，出自门风。（《世说新语·赏誉第八》，页484）

b 出自厮下，不愿名器。（《世说新语·任诞第二十三》，页745）

c 始自宫中，天下翕然化之也。（《搜神记·卷七》，页59）

30）a 自中国来，至江东。（《搜神记·卷七》，页65）

b 张济自关中走南阳。（《三国志·卷一》，页14）

c 公自潼关北渡，未济，超赴船急战。（《三国志·卷一》，页34）

d 王自长安出斜谷，军遮要以临汉中。（《三国志·卷一》，页54）

31）a 本自同根生，相煎何太急？（《世说新语·文学第四》，页244）

b 秋七月，自涡入淮，出肥水，军合肥。（《三国志·卷一》，页32）

32）a 有人自云龙门入殿前，北面再拜。（《搜神记·卷七》，页61）

b 军自武都山行千里，升降险阻，军人劳苦。（《三国志·卷一》，页45）

33）a 有清泉自石间出，足以周事。（《搜神记·卷十三》，页97）

b 丹阳郡吏濮阳演马生驹，两头，自项前别。（《搜神记·卷七》，页65）

c 汉之郊祀，飨帝甘泉，天子自竹宫望拜。（《南齐书·志第一》，页126）

d 袁谭自青州遣迎之。（《三国志·卷一》，页18）

34）至于撰列仙传，自删秦大夫阮仓书中出之。（《抱朴子内篇·论仙卷二》，页24）

（2）表时间

魏晋南北朝，介词"自"表时间，引介起始时间。如：

35）a 自建安之后，魏之武、文，送终之制，务在俭薄。（《抱朴子内篇·省烦》，页83）

b 自是以来，莫有能知者也。（《抱朴子内篇·遐览》，页 308）

c 但使自今已后，日亡日去耳！（《世说新语·规箴第十》，页 561）

d 自嵇生夭、阮公亡以来，便为时所羁绁。（《世说新语·伤逝第十七》，页 637）

36）a 自古至今，有高才明达，而不信有仙者。（《抱朴子内篇·辨问》，页 205）

b 自二月至六月，乃止。（《搜神记·卷六》，页 48）

c 自高祖建业，至于平帝之末，二百一十年。（《搜神记·卷六》，页 51）

d 自光武中兴至黄巾之起，未盈二百一十年，而天下大乱。（《搜神记·卷六》，页 51）

37）a 监、令各给车自此始。（《世说新语·方正第五》，页 294）

b 是时王莽为大司马，害上之萌，自此始矣。（《搜神记·卷六》，页 48）

（3）表对象

魏晋南北朝时期，介词"自"表对象，引介关涉对象。如：

38）a 后二年秋，有卫太子事，自赵人江充起。（《搜神记·卷六》，页 75）

b 自公卿以下，莫不云集其门。（《抱朴子内篇·道意》，页 174）

c 其后赵后自微贱登至尊。（《搜神记·卷六》，页 47）

d 天子富于春秋，万机自诸侯出。（《世说新语·方正第五》，页 319）

39）其肩似子产，自腰以下不及禹三寸。（《抱朴子内篇·祛惑》，页 319）

综上，"自"作介词先秦始见，表空间，引介起始处所、所在处所；表时间，引介起始时间；表对象，引介关涉对象；表概念说明，引介范围、原因。两汉时期，"自"介词功能有所发展，表空间，引介起始处所、所在处所、经由处所；表时间，引介起始时间；表概念说明，引介范围。魏晋南北朝时期，"自"作介词较前代有较大调整：表示空间，引介起始处所、所在处所、经由处所，增加类似来源出处义的处所义；表时间引介起始时间，增加"自……至/及……"等类功能；表对象，引介关涉对象；出现"自……以上/以下"类表对象的用法，

魏晋南北朝汉语介词研究

亦可看作范围功能。

表 6　先秦至魏晋介词"自"的语义发展

| | 空间（处所） | | | | 时间 | 对象 | 概念说明 | | 介词结构 |
	所在	起始	经由	来源	起始	关涉	原因	范围	
先秦	＋	＋			＋		＋	＋	
两汉	＋	＋	＋		＋			＋	
魏晋	＋	＋	＋	＋	＋	＋	＋	＋	＋

7. 逮

《说文·辵部》"唐逮，及也。从辵隶声。"《说文·又部》"及，逮也。"段注："隶部曰：'隶，及也。'此形声包会意，徒耐切，古音在十五部。"杨树达（1954：46）认为"逮"，时间介词，与"迨"同，表时间①。如：

1）a 昔逮我献公及穆公相好，戮力同心，申之以盟誓，重之以昏姻。（《左传·成公十三年》，页 861）

b 逮夜，至于齐，国人知之。（《左传·哀公六年》，页 1637）

c 逮吴之未定，君其取分焉。（《左传·定公四年》，页 1548）

两汉时，"逮"作介词，表空间、时间、对象。

（1）表空间。两汉时期，"逮"表空间，引介"终到处所"。如：

2）验王后及问王勃，请逮勃所与奸诸证左，王又匿之。（《史记·卷五十九》，页 2103）

（2）表时间。介词"逮"表示时间，引介所在时间、所到时间。如：

3）a 逮出兵乎平原广牧，鼓鸣矢流。（《盐铁论·卷九》，页 113）

b 故逮文、景四五世间，流民既归，户口亦息。（《汉书·卷十六》，页 528）

4）a 愿君逮楚、赵之兵未至于梁，亟以少割收魏。（《史记·卷七十二》，页 2326）

b 逮桓灵之闲，主荒政缪，国命委于阉寺，士子羞与为伍，故匹夫抗愤，处士横议。（《后汉书·卷六十七》，页 770）

---

① 何乐士（1985:88）："逮"常和它的宾语一起表示与动作行为相关联的时间。相当于"到……""等到……时候"或"趁……时候"。杨树达（1954:46）："逮"，时间介词，意为"及至""趁"。

两汉时期，介词"逮"与"至"结合，组成次生介词"逮至"，表示时间，引介所在时间。如：

5）a 逮至当今之时，天子在上位，持以道德，辅以仁义。（《淮南子·览冥训》，页710）

b 逮至高皇帝，存亡继绝，举天下之大义，身自奋袂执锐，以为百姓请命于皇天。（《淮南子·氾论训》，页1381）

c 逮至圣文，随风乘流，方垂意于至宁，躬服节俭，绨衣不敝，革鞜不穿。（《汉书·卷八十七》，页1745）

d 逮至元康、神爵之间，大化神明，鸿恩溥洽。（《汉书·卷九十四下》，页1861）

两汉时期，"逮至"表示所在时间，只引介时间点，即"到……的时候"。

（3）表对象。两汉时期，介词"逮"表对象，引介关涉对象。如：

6）a 自王公逮庶人，圣贤及下愚，凡有首目之类，含血之属，莫不有命。（《论衡·卷一》，页4）

b 《大雅》言王公大人而德逮黎庶。（《史记·卷一一七》，页3703）

两汉时，"逮"表对象，用于"自……逮……"介词结构，表示对象范围的终止点。

魏晋南北朝时期，"逮"作介词，表空间、时间、对象。

（1）表空间。"逮"表空间，引介所到处所。如：

7）a 其箭射逮十拘卢奢所安置处。（《佛本行集经·卷十二》，页711）

b 爰自河雒，降逮淮海。（《南齐书·卷三九》，页681）

（2）表时间。"逮"表时间，引介所在时间（例8、9）、所到时间（例10~12）。如：

8）a 时访逮民闲，及政职所宜，辄密以闻。（《三国志·卷五十二》，页1226）

b 中以亲老供养，襄裳徒步，脱尔逮今，二代一纪。（《南齐书·卷三十九》，页678）

9）逮周侯被害，丞相后知周侯救己。（《世说新语·尤悔第三十三》，页900）

10）a 爰逮桓文，车服异数。（《南齐书·卷一》，页17）

b 汉魏因循，弗敢失坠，爰逮晋氏，亦遵前仪。（《南齐书·卷一》，

页 21）

c 爰暨三皇，实秉道真，降逮五帝，继以懿纯。（《三国志·卷二》，页 86）

11）a 逮百数十年间，贤才未有及荀令君者也。（《三国志·卷十》，页 318）

b 逮建安初，关中始开。（《三国志·卷二十三》，页 674）

c 逮大和中，诸葛亮出陇右。（《三国志·卷三十五》，页 914）

12）a 逮文帝之世，初被圣明鉴赏；及孝武之朝，复蒙英主顾眄。（《南齐书·卷二十五》，页 469）

b 从大皇帝逮孤四世矣，太平之主，非孤复谁？（《三国志·卷四十八》，页 1174）

（3）表对象。"逮"作介词，表对象引介比较对象（例 13）、关涉对象（例 14）、协同对象（例 15~16）、受事对象（例 17）。如：

13）a 尽力从后追，不能及逮我。（《佛五百弟子自说本起经》，页 199）

b 不能及逮悉达太子万分之一。（《佛本行集经·卷十二》，页 709）

c 今守贫贱。不及逮人。（《佛说除恐灾患经》，页 556）

14）a 渐课民畜牸牛、草马，下逮鸡豚犬豕，皆有章程。（《三国志·卷十六》，页 396）

b 重敕后妃下逮贱妾。（《六度集经·卷二》，页 11）

c 凡言道者，上自二仪，下逮万物，莫不由之。（《抱朴子内篇·明本》，页 185）

15）a 仁逮众生禽兽附恃。（《六度集经·卷二》，页 13）

b 常好济贫惠逮众生。（《六度集经·卷二》，页 13）

c 吾闻彼王仁逮群生润如帝释。（《六度集经·卷二》，页 6）

16）a 王逮臣民。相率受戒。（《六度集经·卷一》，页 3）

b 后妃逮妾靡不嫉焉。（《六度集经·卷二》，页 14）

c 王逮群臣恚逐我耳。（《六度集经·卷二》，页 8）

17）a 闻法自励逮六神通得阿罗汉。（《法句譬喻经·卷第一》，页 576）

b 今逮影报。财富无限。（《佛说除恐灾患经》，页 555）

c 住惟逮波罗蜜精进耳。（《光赞经·卷五》，页 182）

d 逮家宝捐之于世已当独逝。（《六度集经·卷一》，页 3）

《说文》段注："《广韵》'迨、眔，行相及也。'《方言》：'迨、眔，及也'；东齐曰迨，关之东西曰眔，或曰及。公羊传'祖之所逮闻也'，汉石经作'眔闻'。"概"迨"与"逮"同。如：

18）a 迨天之未阴雨，彻彼桑土，绸缪牖户。（《诗经·豳风·鸱鸮》，页 113）

b 请迨其未毕济而击之！（《公羊传·僖公二十二年》）

魏晋南北朝继续沿用，表示时间，引介所在时间、所到时间。如：

19）a 逮元康中，遂至放荡越礼。（《世说新语·任诞第二十三》，页 394）

b 血出，逮夜即得安寝。（《搜神记·卷十一》，页 135）

20）权常游猎，逮暮乃归。（《三国志·卷五十二》，页 1225）

"逮"作介词，在今方言中仍有存留，如山东临沂话、浙江温州话（潘悟云，2003a）中仍保存表对象的用法。

就先秦到魏晋南北朝的发展看，"逮"作介词，其功能不断扩展。先秦时期，"逮"作介词表时间，引介终到时间；两汉时期，"逮"作介词表时间，引介所在时间；魏晋南北朝除表时间功能外，增加表空间和对象功能。具体为：

表 2-7　先秦至魏晋介词"逮"的语义发展

	空间		时间		对象			
	所在处所	终到处所	所在时间	终到时间	关涉对象	协同对象	比较对象	受事对象
先秦				+				
两汉			+	+	+			
魏晋	+	+	+	+	+	+	+	+

8. 在

"在，存也。从土，才声。"（《说文·土部》）。黄伟嘉（1987：66-75）、张玉金（2004：36）、潘玉坤（2005：84-95）和武振玉（2007：304-310）列举了金文介词"在"的引介空间的用法。先秦时期，"在"作介词，表示空间、时间、对象。

（1）表空间。先秦时期，"在"作介词表空间，引介所在处所。如：

1）a 唯成王大祷在宗周。（《献侯簋》）

b 语说，命乞言，皆大乐正授数，大司成论说在东序。（《礼记·

文王世子》，页 757）

　　c 百年之木，破为牺尊，青黄而文之，其断在沟中。（《庄子·天地》，页 453）

　　d 衣服附在吾身，我知而慎之。（《左传·襄公三十一年》，页 1193）

　　2）a 戊辰，王在新邑烝，祭岁。（《周书·洛诰》，页 181）

　　b 乃寡兄勖，肆汝小子封，在兹东土。（《周书·康诰》，页 166）

　　c 楚王死，太子在齐质。（《战国策·齐策三》，页 365）

　　d 子在川上曰："逝者如斯夫！不舍昼夜。"（《论语·卷九》，页 2491）

　　（2）表时间。先秦时期，"在"作介词表时间，引介所在时间。如：

　　3）a 才（在）四月丙戌，王诰宗小子于京室。（《何尊》）

　　b 在晋先君悼公九年，我寡君于是即位。（《左传·襄公二十二年》，页 684）

　　c 在昔殷先哲王，迪畏天，显小民，经德秉哲。（《周书·酒诰》，页 173）

　　4）其惟王位在德元，小民乃惟刑。（《周书·召诰》，页 178）

　　（3）表对象。先秦时，"在"作介词引介实施对象、受事对象、关涉对象。如：

　　5）a 在他人则诛之，在弟则封之？（《孟子·万章上》，页 34）

　　b 其在君子以为人道也，其在百姓以为鬼事也。（《荀子·礼论》，页 402）

　　c 韩之在我，心腹之疾。（《战国策·赵策一》，页 615）

　　6）a 兹亦惟天若元德，永不忘在王家。（《周书·酒诰》，页 172）

　　b 夏迪简在王庭。（《周书·多士》，页 183）

　　7）a 德裕乃身，不废在王命。（《周书·康诰》，页 166）

　　b 为文王卿士，勋在王室，藏于盟府。（《左传·僖公五年》，页 1795）

　　c 用于天下，越王显。（《周书·召诰》，页 178）

　　两汉时，"在"作介词表空间、时间、对象、概念说明。如：

　　（1）表空间。两汉时期，"在"作介词表空间，引介所在处所。如：

　　8）a 状报江卿即问府叩记趣官转亭在坞上亡持去以来使人急持来亭当曲急。（《居延汉简》）

b 能复胜彼隐在山谷间、郭于疾风者乎？（《论衡·卷七》，页337）

（2）表时间。两汉时期，"在"作介词表时间，引介所在时间。如：

9）a 夫将军在即墨之时，坐则织蒉，立则杖为士卒倡曰。（《说苑·卷十五》，页371）

b 在母身时，遭受此性，丹朱、商均之类是也。（《汉书·卷二》，页54）

（3）表对象。两汉时期，"在"作介词表对象，引介实施对象、受事对象。如：

10）a 为社稷计，在两君掌握耳。（《史记·卷九十七》，页2700）

b 衰微之学，兴废在人。（《汉书·卷二十二》，页1072）

11）故万物不生者，失在太阳。（《太平经·卷一百三十七》，页704）

（4）表概念说明。两汉时期，"在"作介词表概念说明，引介范围。如：

12）辰赢贱，班在九人下，其子何震之有！（《史记·卷三十七》，页1671）

魏晋南北朝时期，"在"作介词，表示空间、时间、对象、概念说明。

（1）表空间。"在"作介词表空间，引介所在处所。如：

13）a 见摩诃萨埵死在虎前。（《贤愚经·摩诃萨埵以身施虎品第二》，页353）

b 若且欲留在世间者，但服半剂而录其半。（《抱朴子内篇·对俗》，页46）

c 此女渐长大，出在其侧。（《抱朴子内篇·仙药》，页187）

d 丧在陌上，常苦饥寒。（《搜神记·卷十七》，页129）

14）a 放在公座，将收之，却入壁中，霍然不见。（《搜神记·卷一》，页6）

b 金五百斤，盛以青瓷，覆以铜柈，埋在堂屋东头。（《搜神记·卷三》，页25）

c 伯比父早亡，随母归在舅姑之家。（《搜神记·卷十》，页102）

d 濡须口有大船，船覆在水中。（《搜神记·卷十六》，页121）

e 取汝钗，遂不以行，留在户楣上，可往取之。（《搜神记·卷

十七》，页 130）

　　15）熙出在幽州，后留侍姑。（《三国志·卷五》，页 160）

　　16）早失二亲，丧乱流离，没在铜鞮侯家。（《三国志·卷五》，页 164）

　　17）a 向者有一书生在此读书。（《搜神记·卷十八》，页 145）

　　b 简文在暗室中坐，召宣武。（《世说新语·言语第二》，页 120）

　　c 桓玄诣殷荆州，殷在妾房昼眠，左右辞不之通。（《世说新语·言语第二》，页 157）

　　d 旋复在市中乞。（《搜神记·卷一》，页 5）

　　（2）表时间。"在"作介词表时间，引介所在时间。如：

　　18）a 刘焉在汉灵帝时已经宗正太常。（《三国志·卷三十九》，页 981）

　　b 在昔无南威西施之美。（《抱朴子内篇·论仙》，页 15）

　　c 魏初有孟达、黄权，在晋有孙秀、孙楷。（《三国志·卷四》，页 141）

　　19）a 不幸疾笃，死在旦夕，遭卿，以性命相托。（《搜神记·卷五》，页 38）

　　b 赟、奕等分兵夹山东西，围落贼表，破在旦夕。（《三国志·卷三》，页 113）

　　（3）表对象。"在"作介词表对象，引介受事对象、关涉对象。如：

　　20）安陆王……去有余迹，遗爱在民。（《南齐书·卷四五》，页 796）

　　21）a 寿命在我者也，而莫知其修短之能至焉。（《抱朴子内篇·论仙》，页 13）

　　b 在男为觋，在女为巫，当须自然，非可学而得。（《抱朴子内篇·论仙》，页 19）

　　以上两例中，"在"相当于"于"。例（20）中，"民"是"爱"的对象，例（21）中，"在我""在男、在女"意为"对……来说"，其中引介对象于动词有关联，即动词所涉及的对象。

　　（4）表概念说明。"在"作介词表概念说明，引介依据、范围。如：

　　22）a 在礼，天子哭同姓于宗庙门之外。（《三国志·卷二》，页 59）

b 在礼典，妇因夫爵。（《三国志·卷五》，页158）

23）a 是天子将欲失位，降在皂隶之谣也。（《搜神记·卷六》，页51）

b 上帝震怒，罪在难救。（《搜神记·卷十》，页75）

c 虽心存贬约，虑在经纶。（《三国志·卷二》，页61）

d 昔伊尹放太甲，霍光废昌邑，著在典籍，佥以为善。（《三国志·卷六》，页175）

综上，介词"在"从先秦到魏晋南北朝时期，功能逐渐强大。先秦时期，介词"在"表空间，引介所在处所；表时间，引介所在时间；表对象引介施事对象、受事对象、关涉对象。两汉时期，介词"在"表空间，引介所在处所；表时间，引介所在时间；表对象，引介施事对象、受事对象；表概念说明，引介范围。魏晋南北朝时期，"在"作介词功能有所扩展，表空间，引介所在处所；表时间，引介所在时间；表对象，引介施事对象、关涉对象；表概念说明，引介依据凭借、话题范围。具体为：

表2-8 先秦至魏晋介词"在"的语义发展

	空间	时间	对象			概念说明	
	所在处所	所在时间	施事对象	受事对象	关涉对象	依据凭借	范围
先秦	+	+	+	+	+		
两汉	+	+	+	+			+
魏晋	+	+	+		+	+	+

9. 比

"比，密也。二人为从，反从为比。"（《说文·比部》）"其本义谓相亲密也。余义俌也、及也、次也、校也、例也、类也、频也、择善而从之也、阿党也，皆其所引申。"（段玉裁《说文解字注》）《汉书》师古注曰："比，频也。"《礼记·王制》郑玄注："比年，每岁也。""比"为形容词，表示"每"。

"比，及也。"（《正字通·比部》）"比"作介词，于先秦始见，表时间，相当于"及"，意为"等到……"。如：

1）a 晏子使于鲁，比其返也，景公使国人起大台之役。（《晏子春秋·内篇谏下》，页111）

b 比葬，又有宠。（《左传·昭公十一年》，页1320）

c 背而走，比至其家，失气而死，岂不哀哉！（《荀子·卷

十五》，页 405）

两汉时，"比"作介词，表时间。其引介成分以谓词性结构隐含的时间点为主，其中"至"构成的动宾结构最常充当引介的时间点。如：

2）a 其来持两端，故迟，比至河，楚兵已去。（《史记·卷四十二》，页 1769）

b 及岁破、直符，辄举家移，比至百年，能不死乎？（《论衡·卷二十四》，页 1015）

魏晋南北朝时期，"比"作介词，表空间、时间、对象。

（1）表空间。"比"作介词表空间，引介沿顺处所。如：

3）苗长不能耘之者，以钩镰比地刈其草矣。（《齐民要术·种谷第三》，页 60）

（2）表时间。"比"作介词表时间，引介终到时间、所在时间。如：

4）a 一夕中作池，比晓便成。（《世说新语·豪爽第十三》，页 599）

b 霸夜追之，比明，行百余里。（《三国志·卷十八》，页 536）

c 太祖夜袭，比明破之。（《三国志·卷十八》，页 544）

d 比七日三祭，倡技昼夜娱乐。（《三国志·卷五十九》，页 1371）

5）a 比汉文、景之时，不过一大郡。（《三国志·卷二十二》，页 636）

b 比此之际，赵国以北皆我之有，亦足与曹公为对矣。（《三国志·卷二十五》，页 696）

c 比选代之间，若有传者，必加大辟。（《三国志·卷四十七》，页 1141）

（3）表对象。"比"作介词表对象，引介比较对象。如：

6）周觊比臣有国士门风。（《世说新语·品藻第九》，页 279）

介词"比"从先秦到魏晋南北朝时期，语义功能呈强化趋势。先秦时期，介词"比"表示"空间""时间""对象"三大语义域，引介"所在处所""所在时间""实施对象""受事对象""关涉对象"；两汉时期，介词引介语义域先秦基本相同，发展出表示"概念说明"的语义功能；引介"关涉对象"语义在两汉时期的语料范围中未见到典型用例；魏晋南北朝时期，除继承先秦、两汉时期的语义外，发展出了表示概念说明的语义功能；同时，引介"受事对象"的功能消失。具体为：

表 2-9　先秦至魏晋介词"比"的语义发展

	空间		时间	对象			概念说明	
	所在处所		所在时间	施事对象	受事对象	关涉对象	依据凭借	话题范围
先秦	+		+	+	+	+		
两汉	+		+	+	+			+
魏晋	+		+	+		+	+	+

10. 乎

刘淇《助字辨略》："'恶乎巨'，'所求乎子'，此乎字，犹云于也。"吕叔湘（1982：200）认为"乎"是"于"的同义词。裴学海《古书虚字集释》（1982：61）："于、乎二字音义同，故古书多通用，亦多互用"。

先秦时期，"乎"作介词表空间、时间、对象、概念说明。

（1）表空间。"乎"作介词表空间，引介所在处所、所到处所、经由处所。如：

1）a 冠者五六人，童子六七人，浴乎沂，风乎舞雩，咏而归。（《论语·先进》，页120）

b 是故知命者不立乎岩墙之下。（《孟子·尽心上》，页301）

c 出，舍乎公宫以待事，礼也。（《礼记·杂记》，页846）

d 卖仆妾售乎闾巷者，良仆妾也；（《战国策·秦策一》，页127）

2）a 越人三世杀其君，王子搜患之，逃乎丹穴。（《吕氏春秋·贵生》，页74）

b 白刃扞乎胸，则目不见流矢；拔戟加乎首，则十指不辞断。（《荀子·强国》，页358）

c 若然者，其神经乎大山而无介，入乎渊泉而不濡，处卑细而不惫。（《庄子·田子方》，页605）

3）a 彼何也？夫雷曷为出乎闺？（《公羊传·宣公六年》，页1735）

b 万物本乎天，人本乎祖，此所以配上帝也。（《礼记·郊特牲》，页799）

c 其义则始乎为士，终乎为圣人。（《荀子·劝学》，页10）

d 我起乎少曲，一日而断太行。（《战国策·燕策二》，页1077）

（2）表时间。先秦时期，"乎"表时间，引介所在时间。如：

4）a 奋乎百世之上。（《孟子·尽心下》，页329）

b 何以终乎哀十四年？（《公羊传·哀公十四年》，页1846）

c 愚而好自用，贱而好自专，生乎今之世，反古之道。（《礼记·中庸》，页906）

d 彼其人者，生乎今之世，而志乎古之道。（《荀子·君道》，页271）

（3）表对象。先秦时期，"乎"表对象，引介实施对象（例5）、受事对象（例6~7）、比较对象（例8）。如：

5）a 诸侯之大夫，以时接见乎天子。（《仪礼·丧服》，页615）

b 王痍者何？伤乎矢也。（《公羊传·成公十六》，页1777）

c 吾大夫之命乎天子者也。（《谷梁传·庄公元年》，页1867）

d 故行之而法者，虽巷伯信乎卿相；行之而非法者，虽大吏诎乎民萌。（《韩非子·难一》，页815）

6）a 其夫属乎父道者，妻皆母道也。（《仪礼·丧服》，页614）

b 吾无隐乎尔。（《论语·述而》，页72）

c 心苟无瑕，何恤乎无家？（《左传·闵公元年》，页259）

7）a 襄公将复仇乎纪。（《公羊传·庄公四年》，页1687）

b 见乎蓍龟，动乎四体。（《礼记·中庸》，页905）

c 公乃辞乎晏子，散师，不果伐宋。（《晏子春秋·第二十二》，页80）

d 上忠乎君，下爱百姓而不倦，是功臣者也。（《荀子·臣道》，页258）

8）a 异乎三子者之撰。（《论语·先进》，页121）

b 故君子莫大乎与人为善。（《孟子·公孙丑上》，页83）

c 贬必于其重者，莫重乎其以丧至也。（《公羊传·僖公元年》，页1709）

d 学之经莫速乎好其人，隆礼次之。（《荀子·劝学》，页15）

（4）表概念说明。先秦时，"乎"作介词表概念说明，引介范围、原因。如：

9）a 予无乐乎为君，唯其言而莫予违也。（《论语·子路》，页138）

b 不有祝鮀之佞而有宋朝之美，难乎免于今之世矣！（《论语·雍也》，

页 60 ）

c 虞，微国也，曷为序乎大国之上？（《公羊传·僖公二年》，页
1710 ）

d 居处佚息，左右惬长，繁乎乐，省乎治，则东郭牙昵侍。（《晏
子春秋·问上六》，页 183 ）

e 寂乎其无位而处，漻乎莫得其所。（《韩非子·主道》，页 67 ）

f 为不善乎幽闲之中者，鬼得而诛之。（《庄子·庚桑楚》，页
662 ）

10 ）a 其先晋，何也？为主乎灭夏阳也。（《谷梁传·僖公二年》，
页 1888 ）

b 乃者，亡乎人之辞也。（《谷梁传·僖公三十一年》，页 1907 ）

两汉时期，"乎"作介词，表示空间、时间、对象和概念说明。

（1）表空间。两汉时，"乎"表空间引介所在处所、起始处所、
经由处所、所到处所。如：

11 ）a 逍遥乎无方之内，彷徉乎尘埃之外。（《说苑·卷三》，页
64 ）

b 营合围会，然后先置乎白杨之南，昆明灵沼之东。（《汉书·卷
八十七》，页 3543 ）

12 ）a 我起乎宜阳而触平阳，二日而莫不尽繇。（《史记·卷
六十九》，页 2272 ）

b 是以尧发于诸侯，舜兴乎深山，非一日而显也。（《汉书·卷
五十六》，页 2517 ）

13 ）a 醴泉涌于清室，通川过乎中庭。（《史记·卷一一七》，页
3026 ）

b 径乎桂林之中，过乎泱莽之野。（《汉书·卷五十七》，页
2548 ）

14 ）a 于是征从齐鲁之儒生博士七十人，至乎泰山下。（《史记·
卷二十八》，页 1366 ）

b 集乎礼神之囿，登乎颂祇之堂。（《汉书·卷八十七》，页
3530 ）

（2）表时间。两汉时，"乎"作介词表时间，引介所在时间、
起始时间、所到时间。如：

15 ）a 贤人君子者，通乎盛衰之时，明乎成败之端。（《说苑·卷

十七》，页410）

b 乡使上世之士处乎今。（《汉书·卷八十七》，页3570）

16）a 始乎叔季，归乎伯孟，必此积也。（《淮南子·缪称训》，页729）

b 始乎《国风》，原情性而明人伦也。（《汉书·卷八十一》，页3340）

17）a 汉兴七十有八载，德茂存乎六世。（《史记·卷一一七》，页3049）

b 虽经乎千载，其遗风余烈尚犹不绝。（《汉书·卷二十二》，页1039）

（3）表对象。两汉时，"乎"作介词表对象，引介实施对象、受事对象、比较对象、关涉对象、受益对象。如：

18）a 今纪季受命乎君，而经书专，无善一名。（《春秋繁露·卷三》，页83）

b 鞮鍪生虮虱，介胄被沾汗，以为万姓请命乎皇天。（《汉书·卷八十七》，页3559）

19）a 二子者明日见乎周公，入门而趋，登堂而跪。（《说苑·卷三》，页60）

b 与陈归新，使得生成，传乎子孙。（《太平经·卷一一二》，页574）

20）a 若彼之所相者，乃有贵乎马者。（《淮南子·道应训》，页862）

b 故养士之大者，莫大乎太学。（《汉书·卷五十六》，页2512）

21）a 孔子适齐，为高昭子家臣，欲以通乎景公。（《史记·卷四十七》，页1910）

b 昔伯姬燔而诸侯惮，奈何乎陛下？（《汉书·卷六十五》，页2856）

22）a 古禹、皋陶久劳于外，其有功乎民，民乃有安。（《史记·卷三》，页97）

b 故一人伏正罪而万家蒙乎福者，圣主行之不疑。（《潜夫论·卷五》，页229）

（4）表概念说明。两汉时，"乎"作介词表概念说明，引介范围、原因。如：

23）a 明乎经变之事，然后知轻重之分，可与适权矣。（《春秋繁露·卷三》，页75）

b 众良相德，而积施乎无极也。（《潜夫论·卷七》，页325）

24）a 景公死乎弗与埋，三军事乎弗与谋。（《史记·卷三十二》，页1505）

b 归咎乎无辜，倚异乎政事，重失天心，不可之大者也。（《汉书·卷八十五》，页3451）

魏晋南北朝时期，"乎"作介词表空间、时间、对象、概念说明。

（1）表空间。"乎"作介词表空间，引介所在处所。如：

25）a 其高则冠盖乎九霄，其旷则笼罩乎八隅。（《抱朴子内篇·畅玄》，页1）

b 暗昧滞乎心神，则不信有周孔于在昔矣。（《抱朴子内篇·论仙》，页13）

c 万物盈乎天地之闲，岂有异乎斯哉？（《抱朴子内篇·塞难》，页124）

26）a 经乎汗漫之门，游乎窈眇之野。（《抱朴子内篇·畅玄》，页2）

b 不能寻其音声乎窈冥之内。（《抱朴子内篇·道意》，页155）

27）a 使皆如郊闲两瞳之正方，邛疏之双耳，出乎头巅。（《抱朴子内篇·论仙》，页14）

b 在乎庭宇之左右，俟乎瞻视之所及。（《抱朴子内篇·对俗》，页41）

c 夫大人者，行动乎天地。（《三国志·卷四》，页142）

28）a 士叹于外，妇怨乎室。（《三国志·卷五十六》，页1304）

b 桴鼓振于王畿，锋镝交乎天邑。（《南齐书·卷一》，页15）

c 烈火焚于王城，飞矢集乎君屋。公又指授六师，义形乎色。（《南齐书·卷一》，页16）

（2）表时间。"乎"作介词表时间，引介所在时间。如：

29）a 若同志之人，必存乎将来，则吾亦未谓之为希矣。（《抱朴子内篇·塞难》，页128）

b 或言生乎汉末，自陕居大阳，无父母兄弟妻子。（《三国志·卷十一》，页364）

30）a 臣生乎乱，长乎军，又数承教于武皇帝。（《三国志·卷

十九》，页 573）

b 有虞建之于上古，汉文、明、章行之乎前代。（《三国志·卷二十》，页 589）

c 余中流之士，或举之于淹滞，或显之乎童齿。（《三国志·卷二十》，页 658）

（3）表对象。"乎"作介词表对象，引介比较对象（例 31~32）、关涉对象（例 33~35）受事对象（例 36~37）、谈论对象（例 38）。如：

31）a 光乎日月，迅乎电驰。（《抱朴子内篇·畅玄》，页 1）

b 啜菽漱泉，而太牢同乎藜藿。（《抱朴子内篇·畅玄》，页 3）

c 天地变通，莫大乎炎凉，悬象着明，莫崇乎日月。（《南齐书·卷一》，14）

32）a 有生最灵，莫过乎人。（《抱朴子内篇·论仙》，页 13）

b 夫所忧者莫过乎死，所重者莫急乎生。（《抱朴子内篇·至理》，页 104）

33）a 权略周乎急务。（《三国志·卷五十八》，页 1357）

b 四海之广不能以回其顾，妙乎与夫三皇之先者同矣。（《三国志·卷十一》，页 365）

c 甘旨不经乎口，玄黄不过乎目，芬芳不历乎鼻，八音不关乎耳。（《抱朴子内篇·论仙》，页 17）

d 系辞焉以尽言，此非言乎系表者也。（《三国志·卷十》，页 320）

34）a 君子于其言，出乎身，加乎民。（《三国志·卷十一》，页 352）

b 吏絜于上，俗移乎下，民到于今称之。（《三国志·卷十二》，页 376）

35）a 情见乎辞，效着乎功。（《三国志·卷十三》，页 408）

b 劳眺乎三辰，而飞思乎八荒耳。（《三国志·卷三十》，页 863）

c 取乎经论，譬诸行事，义高辞丽，甚可嘉羡。（《三国志·卷五十二》，页 1219）

36）a 号哭动乎天地，感恸惊乎鬼神。（《南齐书·卷二十二》，页 416）

b 丞相冲粹表于天真，渊照殆乎机象。（《南齐书·卷二十二》，页 418）

37）a 甘旨不经乎口，玄黄不过乎目，芬芳不历乎鼻，八音不关乎耳。

（《抱朴子内篇·论仙》，页17）

    b出乎无形之外，入乎至道之内。（《抱朴子内篇·塞难》，页127）

38）至乎终身，莫或有自闻见之者也。（《抱朴子内篇·论仙》，页17）

    （4）表概念说明。"乎"作介词表概念说明，引介范围（例39、例40）、原因（例41）。如：

39）a发白齿落，属乎形骸。（《世说新语·贤媛第十九》，页700）

    b情见乎辞，效着乎功。（《三国志·卷十三》，页408）

    c一言而三善兼明，暂谏而义彰百代，可谓达乎大体矣。（《三国志·卷三十七》，页956）

    d食叶之征，着于弱年；当璧之祥，兆乎绮岁。（《南齐书·卷三十八》，页669）

40）a各着根于石上，而垂阴乎千里。（《三国志·卷二十二》，页676）

    b足下之量，虽已定乎胸怀之内。（《三国志·卷二十八》，页795）

    c膏腴流于明世，华曜列乎竹帛。（《三国志·卷二十九》，页828）

    d自古圣帝，爰逮汉、魏，受命而王者，莫不在乎中土。（《三国志·卷三十三》，页901）

    e魏氏之初，亲庙止乎四叶，吴、蜀享祭，失礼已多。（《南齐书·卷九》，页131）

41）然朽草之为萤，由乎腐也；麦之为蝴蝶，由乎湿也。（《搜神记·卷十二》，页90）

    综上，"乎"作介词由先秦至魏晋南北朝的发展状况为：

表2-10　先秦至魏晋介词"乎"的语义发展

	空间				时间				对象					概念说明	
	起始	所在	经由	终到	起始	所在	经历	终到	施事	受事	比较	关涉	谈论	范围	原因
先秦		+	+	+		+			+	+	+				
两汉	+	+	+	+	+	+	+	+	+	+	+	+	+	+	+
魏晋		+				+				+	+	+	+	+	+

    先秦至魏晋南北朝，"乎"作介词呈倒u字形发展。先秦时期，引

介所在处所、经由处所、终到处所、所在时间、施事对象、受事对象、比较对象;两汉时期功能增加,引介起始处所、所在处所、经由处所、终到处所、所在时间、起始时间、终到时间、比较对象、施事对象、受事对象、关涉对象、原因、范围;魏晋南北朝时期,功能有所减少,引介所在处所、所在时间、受事对象、比较对象、关涉对象、言谈对象、范围、原因。

11. 爰

"爰,引也。"(《说文·部》)"此与手部援音义皆同。今按援从手爰声,训引也。释诂'粤、于、爰,曰也。爰、粤,于也。爰、粤、于、那、都、繇,于也。'八字同训,皆引词也。"(段玉裁《说文解字注》)"爰,'与'也,'及'也。……'爰周'皆言'及周'"。([清]吴昌莹《经词衍释》1956:25)

"爰"作介词,表示对象,引介关涉对象,同"于"和"与"。

1)a 盘庚既迁,奠厥攸居,乃正厥位,绥爰有众。(《尚书·盘庚下》,页14)孔传:"安于有众。"

b 太保命仲桓、南宫毛,俾爰吕伋,以二千干戈,虎贲百人,逆子钊于南门之外。(《尚书·周书·顾命》,页36)

两汉时,"爰"作介词表空间、时间、对象。

(1)表空间。"爰"作介词,表示空间,引介所在处所。如:

2)休二岁者为再易下田,三岁更耕之,自爰其处。(《汉书·卷二十四》,页1119)

(2)表时间。"爰"作介词,表时间,引介所在时间。如:

3)a 文王改制,爰周郅隆,大行越成。(《史记·卷一百一十七》,页3064)

b 爰兹发迹,断蛇奋旅。(《汉书·卷一〇〇》,页4236)

(3)表对象。"爰"作介词表对象,引介关涉对象。如:

4)a 百世享祀,爰周陈杞,楚实灭之。(《史记·太史公自序》,页3308)

b 推诚永究,爰何不臧!(《汉书·卷九十七下》,页3978)

魏晋南北朝,"爰"作介词表对象,引介关涉对象。如:

1)今君称丕显德,明保朕躬,奉答天命,导扬弘烈,绥爰九域。(《三国志·卷一》,页38)

12. 以

据郭锡良（1998），"以"本义为"提携、携带"义，引申出"致送、率领"义。在甲骨文中为动词，到西周时期连动结构中"以"后宾语范围进一步扩大，由具体的人，扩大到不能带领的物件，"以"的意义虚化，在连动语境中，动词"以"语法化为介词。到春秋战国时期，"以"用作动词的情况已经很少，基本完成其虚化过程，主要用作介词和连词。

先秦时期，"以"作介词，表空间、时间、对象、概念说明。

（1）表空间。"以"作介词表空间，引介所在处所。如：

1）武王则令周公舍宇以五十颂处。（《兴钟》）

（2）表时间。"以"作介词表时间，引介所在时间。如：

2）以厥庶民暨厥臣达大家，以厥臣达王惟邦君，汝若恒。（《周书·梓材》，页175）

（3）表对象。"以"作介词表对象，引介关涉对象、受事对象。如：

3）a 用自作宝器，万年以厥孙子宝用。（《肆簋》）

b 王易（赐）命鹿，用作宝彝，命其永以厥多友簋匄飤。（《命簋》）

c 予惟以尔庶邦于伐殷遣播臣。（《周书·大诰》，页164）

d 予旦以多子越御事，笃前人成烈，答其师。（《周书·洛诰》，页180）

4）a 使厥友引以告于伯懋父……引以告中史书。（《师旗鼎》）

b 以匡季告东宫……或（又）以匡季告东宫。（《智鼎》）

（4）表概念说明。介词"以"表概念说明，引介工具、凭借、原因。

5）a 卫姒作鬲，以从永征。（《卫姒鬲》）

b 汝以我车宕伐猃狁于高陶。（《不其簋盖》）

6）a 伻来毖殷，乃命宁予；以秬鬯二卣。（《周书·洛诰》，页181）

b 天惟求尔多方，大动以威。（《周书·多方》，页192）

c 折首五百，执讯五十，是以先行。（《虢季子白盘》）

7）a 乃惟成汤克以尔多方，简代夏作民主。（《周书·多方》，页191）

b 其惟王勿以小民淫用非彝，亦敢残戮。（《尚书·召诰》，页178）

两汉时，介词"以"表示空间、时间、对象、概念说明。

（1）表空间。"以"作介词表空间，引介所在处所。如：

8）悬肉以林，则言肉为林。（《论衡·卷七》，页351）

（2）表时间。"以"作介词表时间，引介所在时间。如：

魏晋南北朝汉语介词研究

9）a □□者欲以廿九日为马骑□（《居延汉简·231.14b》）

b 梁孝王武以孝文二年与太原王参、梁王揖同日立。（《汉书·卷四十七》，页2207）

10）出以辰戌，入以丑未，出二旬而入。（《淮南子·卷三》，页193）

（3）表对象。"以"作介词表对象，引介受事对象、施事对象。如：

11）a 是时海人入鱼，公以五十乘赐弦章归。（《说苑·卷一》，页29）

b 单于壮陵，以女妻之。（《汉书·卷五十四》，页2457）

12）a 以贤君讨重罪，其于人心善。（《春秋繁露·卷一》，页3）

b 欲杀之，使一都尉以五百人围守盎军中。（《汉书·卷四十九》，页2274）

（4）表概念说明。"以"作介词表概念说明，引介凭借、原因。如：

13）a 凡此六者，以仁治人，义治我。（《春秋繁露·卷八》，页255）

b 人以刃相刺，中五藏辄死。（《论衡·卷八》，页362）

14）a 民欲以我故战，杀人父子而君之，予不忍为。（《史记·卷四》，页114）

b 齐王以忧死，无后，非诛偃无以塞天下之望。（《汉书·卷三十八》，页2001）

魏晋南北朝"以"作介词表示空间、时间、对象、概念说明。

（1）表空间。魏晋南北朝时期，"以"作介词表空间，引介所在处所。如：

15）太傅欲慰其失官，安南辄引以它端。（《世说新语·雅量第六》，页373）

（2）表时间。"以"作介词表时间，引介所在时间。如：

16）龙衔芝，常以仲春对生。（《抱朴子·仙药》，页201）

（3）表对象。"以"作介词表对象，引介受事对象。如：

17）a 时王便以三十六机置其背上。（《百喻经·为王负机喻》，页234）

b 推龟鹤于别类，以死生为朝暮也。（《抱朴子内篇·论仙》，页12）

c 以神丹告之，令其笑道谤真。（《抱朴子内篇·金丹》，页66）

d 以富贵为不幸，以荣华为秽污，以厚玩为尘壤，以声誉为朝露。（《朴子内篇·论仙卷二》，页14）

e 以叶为鳞，其根则如蟠龙。（《抱朴子内篇·仙药》，页 181）

18）a 告之以神仙之道乎？（《抱朴子内篇·论仙》，页 12）

b 余问诸道士以神丹金液之事。（《抱朴子内篇·金丹》，页 62）

（4）表概念说明。"以"作介词表概念说明，引介凭借（例 19）、原因（例 20、21）、工具（例 22）。如：

19）a 万殊之类，不可以一概断之，正如此也久矣。（《抱朴子内篇·论仙》，页 13）

b 以药物养身，以术数延命。（《抱朴子内篇·论仙》，页 13）

c 以己之心，远忖昔人。（《抱朴子内篇·论仙》，页 15）

d 以吾观之：此三贤者，皆败德之人耳！（《世说新语·识鉴第七》，页 385）

20）a 以分寸之瑕，弃盈尺之夜光，以蚁鼻之缺，捐无价之淳钧。（《抱朴子内篇·论仙》，页 20）

b 庾及朝议以外寇方强，嗣子冲幼，乃立康帝。（《世说新语·方正第五》，页 321）

c 舟人以公貌闲意说，犹去不止。（《世说新语·雅量第六》，页 369）

d 一举数百里，遂以出境免官。（《世说新语·赏誉第八》，页 422）

21）a 君以此试，顷来始乃有称之者。（《世说新语·赏誉第八》，页 448）

b 王师不振，以此负公。（《世说新语·方正第五》，页 315）

c 耕锄不以水旱息功，必获丰年之收。（《齐民要术·杂说》，页 5）

22）a 以铁齿镂榛再遍杷之，漫掷黍穄，劳亦再遍。（《齐民要术·耕田第一》，页 6）

b 以器盛绲之，下此女于冢中。（《抱朴子内篇·对俗》，页 43）

c 以缺盆汁和服之，九十老翁，亦能有子。（《抱朴子内篇·金丹》，页 66）

d 东明走，南至施掩水，以弓击水。（《搜神记·卷十四》，页 102）

e 捐之猪圈中，猪以喙嘘之；徙至马枥中马复以气嘘之。（《搜神记·卷十四》，页 102）

f 以斧破其背，得剑。（《搜神记·卷十一》，页 78）

先秦至魏晋南北朝，介词"以"呈泛化趋势。先秦产生的功能，基本在两汉、魏晋南北朝时期被继承。其语义发展情况可描述为：

表 2-11　先秦至魏晋介词"以"的语义发展

	空间	时间	对象			概念说明		
	所在处所	所在时间	施事对象	受事对象	关涉对象	凭借	原因	工具
先秦	+	+	+	+		+		+
两汉	+	+	+	+		+	+	
魏晋	+	+		+		+	+	+

13. 诸

"诸，辩也。从言，者声。"（《说文·言部》"治者，理也。俗多与辨不别。辨者，判也，意谓治狱也。"（段玉裁《说文解字注》）

先秦时，"诸"作介词，表示空间、对象。

（1）表空间。"诸"作介词表空间，引介所在处所（例1、例2）、经由处所（例3）、终到处所（例4）。如：

1）a 郑子罕伐宋，宋将锄、乐惧败诸沟陂。（《左传·成公十六年》，页879）

b 宋师未陈而薄之，败诸鄑。（《左传·庄公十一年》，页186）

2）a 乃谋弑懿公，纳诸竹中。（《左传·文公十八年》，页630）

b 孔子时其亡也，而往拜之，遇诸涂。（《论语·阳货》，页180）

c 比奠，举席扫室，聚诸窔，布席如初。（《仪礼·既夕礼》，页634）

3）a 或乞醯焉，乞诸其邻而与之。（《论语·公冶长》，页51）

b 用专肤为折俎，取诸脰膉。（《仪礼·士虞礼》，页642）

c 甲戌，津人得诸河上。（《左传·昭公二十四年》，页1452）

4）a 主人尝之，纳诸内。（《仪礼·少牢馈食礼》，页656）

b 尽具其帑与其器用财贿，亲帅扦之，送致诸竟。（《左传·文公六年》，页553）

c 宋人资章甫而适诸越。（《庄子·逍遥游》，页31）

（2）表对象。"诸"作介词表对象，引介关涉对象、比较对象。如：

5）a 季孙欲恶诸晋，使有司以齐鲍国归费之礼为士鞅。（《左传·昭公二十一年》，页1425）

b 摈者谒诸天子。（《仪礼·觐礼》，页606）

c 与之归，言诸文公日……（《左传·僖公三十三年》，页501）

d 君子求诸己，小人求诸人。（《论语·卫灵公》，页166）

6）a 色厉而内荏，譬诸小人，其犹穿窬之盗也与？（《论语·阳货》，页179）

b 譬诸草木，区以别矣。（《论语·子张》，页190）

两汉时，"诸"作介词表示空间、对象和概念说明。

（1）表空间。"诸"作介词表空间，引介所在处所、终到处所、起始处所。如：

7）a 夫子固有惑志，缭也，吾力犹能肆诸市朝。（《史记·卷六十七》，页2214）

b 大者陈诸原野，小者致之市朝，其所繇来者上矣。（《汉书·卷二十三》，页1080）

8）a 齐景公以其子妻阖庐，送诸郊。（《说苑·卷十三》，页334）

b 自岷山投诸江流以吊屈原，名日《反离骚》。（《汉书·卷八十七》，页3515）

9）故士修之乡曲，升诸朝廷，行之幽隐，明足显着。（《盐铁论·卷六》，页410）

（2）表对象。"诸"作介词表对象，引介求索对象。如：

10）故舜不降席而王天下者，求诸己也。（《淮南子·缪称训》，页712）

（3）表概念说明。"诸"作介词表概念说明，引介范围。如：

11）a 季康子问政，曰："举直错诸枉，则枉者直。"（《史记·卷四十七》，页1935）

b 所以亲亲贤贤，襃表功德，关诸盛衰，深根固本。（《汉书·卷十四》，页391）

c 武帝时，以宗室子随二千石论议，冠诸宗室。（《汉书·卷三十六》，页1926）

魏晋南北朝"诸"作介词表示空间、对象。

（1）表空间。"诸"作介词表空间，引介所在处所。如：

12）a 今之君子，进人若将加诸膝，退人若将坠诸渊。（《世说新语·方正第五》，页166）

b 文帝以毒置诸枣蒂中。（《世说新语·尤悔第二十三》，页895）

13）a 谢公时，兵逋亡，多近窜南塘，下诸舫中。（《世说新语·政事第三》，页185）

b 其智深远。行诸国土。教化六万人。（《生经·卷第五》，页102）

c 常得自在，建志经行，游诸树间。（《正法华经·卷第一》，页65）

（2）表对象。"诸"作介词表对象，引介言谈对象、求索对象。如：

14）a（颍）语诸左右，曰：梦为虚耳，亦何足怪。（《搜神记·卷十六》，页193）

b 乃仰噏饮之。以讯诸占梦。（《搜神记·卷十》，页74）

c 我敬视之如如来。佛告诸天子。诚然。（《大明度经·持品第三》，页483）

15）a 虽求诸已，恶识所自来。（《搜神记·卷十二》，页90）

b 易近取诸身，远取诸物，弥天地之道，通万物之情。（《南齐书·卷三十九》，页683）

14. 与

与，党与也。从舁，从与。（《说文·舁部》）引申为"参与"，又由"参与"引申出"偕同、与……在一起"。

先秦时，"与"作介词表对象、概念说明。

（1）表对象。"与"作介词表对象，引介协同对象（例1~例3）、比较对象（例4）、受益对象（例5）、实施对象（例6）。如：

1）a 与朋友交而不信乎？（《论语·学而》，页3）

b 退者与进者相左，相揖，退，释弓矢于次。（《仪礼·大射》，页302）

c 姜入于室，与崔子自侧户出。（《左传·襄公二十五年》，页1097）

2）a 若适淫虐，楚将弃之，吾又谁与争？（《左传·昭公四年》，页1246）

b 下义其罪，上赏其奸；上下相蒙，难与处矣。（《左传·僖公二十四年》，页418）

c 今我逃楚，楚必骄，骄则可与战矣。（《左传·襄公十年》，页982）

3）a 凡与客入者，每门让于客。（《礼记·曲礼上》，页676）

b 邹人与楚人战，则王以为孰胜？（《孟子·梁惠王上》，页16）

c 景公与晏子立曲潢之上，望见齐国，（《晏子春秋·第十五》，页471）

d 倍畔之人，明君不内，朝士大夫遇诸涂不与言。（《荀子·大略》，页 558）

e 吾与之邀乐于天，吾与之邀食于地；（《庄子·徐无鬼》，页 709）

4）a 寡人若朝于薛，不敢与诸任齿。（《左传·隐公十一年》，页 72）

b 冒，缁质，长与手齐。（《仪礼·士丧礼》，页 620）

c 吾子与子路孰贤？（《孟子·公孙丑上》，页 56）

d 公子牙今将尔，辞曷为与亲弑者同？（《公羊传·庄公三十二年》，页 173）

e 故德与周公齐，名与三王并，此不蔽之福也。（《荀子·解蔽》，页 426）

f 且夫韩入贡职，与郡县无异也。（《韩非子·存韩》，页 29）

5）a 辛伯告王，遂与王杀周公黑肩。（《左传·桓公十八年》，页 154）

b 乃介而与之乘，驱之。（《左传·定公十三年》，页 1589）

c 毋投与狗骨。（《礼记·曲礼上》，页 678）

d 吾不与子为昆弟矣。（《韩非子·说林下》，页 463）

6）a 用力甚多，用财甚费，与民为仇。（《晏子春秋·第十四》，页 129）

b（吴王夫差）遂与勾践禽，死于干隧。（《战国策·秦策五》，页 266）

（2）表概念说明。"与"作介词表概念说明，引介凭借（例 7、例 8）、方式（例 9）、范围（例 10）。如：

7）a 逢大夫与其二子乘，谓其二子无顾。（《左传·宣公十二年》，页 742）

b 与其射御，教吴乘车，教之战陈，教之叛楚。（《左传·成公七年》，页 835）

c 驷赤与郈人为之宣言于郈中曰……（《左传·定公十年》，页 1581）

8）a 礼之大伦，以地广狭；礼之薄厚，与年之上下。（《礼记·礼器》，页 769）

b 集于羽鸟与为飞扬，集于走兽与为流行，集于珠玉与为精朗，集

于树木与为茂长，集于圣人与为敻明。（《吕氏春秋·季春纪》，页136）

9）a 与时屈伸，柔从若蒲苇，非慑怯也。（《荀子·不苟》，页34）

b 无訾无訾，一龙一蛇，与时俱化，而无肯专为。（《吕氏春秋·孝行览》，页828）

10）a 其生之与乐也，若冰之于炎日，反以自兵。（《吕氏春秋·仲夏纪》，页266）

b 夫虎之与羊，不格明矣。（《战国策·楚策一》，页504）

两汉时，"与"作介词表对象、概念说明。

（1）表对象。"与"作介词表对象，引介协同对象、关涉对象、比较对象、受益对象、施事对象。如：

11）a 故言道而不言事，则无以与世浮沉。（《淮南子·要略》，页1439）

b 延寿乃大初三年中父以负马田敦煌延寿与父俱来田事已（《居延汉简》，页513）

12）a 是以贱之，而不使得与贤者为礼。（《春秋繁露·卷二》，页47）

b 宣尝与汤有隙，及得此事，穷竟其事，未奏也。（《汉书·卷五十九》，页2643）

13）a 赋田计功，王之获利孰与秦多？（《史记·卷四十三》，页1817）

b 鸟兽与人异形，故其年寿与人殊数。（《论衡·卷一》，页30）

14）a 人主与万民俱蒙晁福。（《汉书·卷八十六》，页3505）

b 丹与董宏更受赏罚，哀哉！（《汉书·卷八十六》，页3510）

15）a 其使君荣之，与使君辱，不同理。（《春秋繁露·卷二》，页60）

b 其有不义背天子擅起兵者，与天下共伐诛之。（《汉书·卷一》，页78）

（2）表概念说明。"与"作介词表概念说明，引介凭借。如：

16）a 故教与俗改，弊与世易。（《盐铁论·卷一》，页57）

b 子言是也，与俗同记。（《太平经·卷六十七》，页241）

魏晋南北朝时期，"与"作介词表对象，引介协同对象[①]（例17~19）、比较对象（例20）。如：

17）a（高道庆……）浮舸与贼水战。（《南齐书·卷一》，页8）

b 与帝接膝共语。（《南齐书·卷八》，页328）

18）a 常无心于众烦，而未始与物杂也。（《抱朴子内篇·畅玄》，页3）

b 谁与二物终始相随而得知之也。（《抱朴子内篇·对俗》，页41）

c 何必常与龟鹤周旋，乃可知乎？（《抱朴子内篇·对俗》，页42）

19）在后宫，复通帝左右杨珉之，与同寝处如伉俪。（《南齐书·列传第一》，页393）

20）a 比至收时，高与人膝等，茎叶皆美。（《齐民要术·种葵第十七》，页214）

b 何独怪仙者之异，不与凡人皆死乎？（《抱朴子内篇·论仙》，页13）

c 夫鲁史不能与天地合德，而仲尼因之以着经。子长不能与日月并明，而扬雄称之为实录。（《抱朴子内篇·论仙》，页15）

d 如此之久而不死，其与凡物不同亦远矣。（《抱朴子内篇·对俗》，页42）

"与"作介词，从先秦到魏晋南北朝呈现出功能专门化的趋势。先秦时期，"与"作介词表对象，引介协同对象、比较对象、受益对象、施事对象；表概念说明，引介依据凭借、工具方式、范围。两汉时期，"与"作介词表对象，引介协同对象、关涉对象、比较对象、受益对象、施事对象；表概念说明，引介依据凭借。魏晋南北朝时期，"与"作介词表对象，引介协同对象、比较对象。具体为：

表2-12　先秦至魏晋介词"与"的语义发展

	对象					概念说明		
	协同对象	比较对象	受益对象	施事对象	关涉对象	依据凭借	工具方式	范围
先秦	+	+	+	+		+	+	+
两汉	+	+	+	+	+	+		
魏晋	+	+						

---

① "与"介引的对象有时可以省略。

魏晋南北朝汉语介词研究

15. 至于（於）

先秦时期，"至于"作介词，表空间、时间、对象、概念说明。

（1）表空间。"至于"作介词表空间，引介终到处所。如：

1）a 王亲令克遹泾东至于京㠯，易克甸车马乘。（《克钟》）

b 四月还至于蔡，乍（作）旅盨。（《驹父盨盖》）

（2）表时间。"至于"作介词表时间，引介终到时间。如：

2）a 故我至于今，克受殷之命。（《周书·酒诰》，页 173）

b 自朝至于日中昃，不遑暇食。（《周书·无逸》，页 184）

（3）表对象。"至于"作介词表对象，引介话题对象。如：

3）a 至于犬马，皆有能养；不敬，何以别乎？（《论语·为政》，页 56）

b 至于王道衰，礼义废，政教失，国异政，家殊俗。（《毛诗·国风》，页 6）

（4）表概念说明。"至于"作介词表概念说明，引介范围。如：

4）a 自棫木卫衡（道）ナ（左）至于井邑，封（封）。（《散氏盘》）

b 今至于尔辟，弗克以尔多方享天之命，呜呼！（《周书·多方》，页 192）

两汉时期，"至于"作介词表空间、时间、对象。

（1）表空间。"至于"作介词表空间，引介终到处所。如：

5）平原君已定从而归，归至于赵。（《史记·卷七十六》，页 2368）

（2）表时间。"至于"作介词表时间，引介终到时间。如：

6）a 至于今，妾殊自失于此。（《史记·卷三十九》，页 1645）

b 孔子卒后至于今五百岁。（《史记·卷一百三十》，页 3296）

（3）表对象。"至于"作介词表对象，引介关涉对象。如：

7）a 至于子婴车裂赵高，未尝不健其决，怜其志。（《史记·卷六》，页 292）

b 至于君臣相敕，维是几安，而股肱不良，万事堕坏，未尝不流涕也。（《史记·卷二十四》，页 1175）

8）a 至于犬乳，置之宅外，此复惑也。（《论衡·卷二十二》，页 974）

b 至于龙，吾不知。（《论衡·卷二十六》，页 1093）

c 至于论，不务全疑。（《论衡·卷二十九》，页1170）

魏晋南北朝，"至于"作介词表对象，引介关涉对象。如：

9）a 至于品裁臧否，特所未闲。（《南齐书·卷二三》，页37）

b 至于崇上抑下，显明分例，其致一也。（《三国志·卷四》，页14）

c 至于撰列仙传，自删秦大夫阮仓书中出之。（《抱朴子·论仙》，页21）

d 仲尼生而知之，非希企所及；至于庄周，是其次者，故慕耳。（《世说新语·言语第二》，页109）

"至于"标引"关涉对象"的用法一直沿用至今。如：

10）a 至于他，我是不敢说的。

b 至于这种事情，我是无论如何都做不出来的。

16. 为

"为"字在甲骨文  前五.三〇.四。"为，母猴也。"（《说文》）罗振玉《增订殷虚书契考释》则认为："从爪从象，绝不见母猴之状，意古者役象以助劳其事……致使《说文》据小篆误释其为母猴。"（《古文字诂林》（第3册，337页）"作，造，为也。"（《尔雅·释言》）"为"本义应为"造、作"，引申出"作为""造成"等。

先秦时期，"为"作介词，表示对象、概念说明。

（1）表对象。"为"作介词表对象，引介受益对象（例1~3）、关涉对象（例4）、施事对象（例5）。如：

1）a 子华使于齐，冉子为其母请粟。（《论语·雍也》，页55）

b 父卒，然后为祖后者服斩。（《仪礼·丧服》，页612）

c 宋皇国父为大宰，为平公筑台，妨于农收。（《左传·襄公十七年》，页1032）

2）a 妾从女君而出，则不为女君之子服。（《礼记·丧服》，页807）

b 子为长者虑，而不及子思，子绝长者乎？（《孟子·公孙丑下》，页106）

c 景公之时饥，晏子请为民发粟，公不许。（《晏子春秋·第六》，页308）

d 官人守天，而自为守道也。（《荀子·天论》，页328）

3）a 三十二年春，城小谷，为管仲也。（《左传·庄公三十二年》，

页 251）

b君子曰："善自为谋。"（《左传·桓公六年》，页113）

c与之盟，为请于伯姬。（《左传·哀公十五年》，页1694）

d臣窃为大王私忧之。（《战国策·东周策》，页3）

4）a子恶将为子不利，甲在门矣。（《左传·昭公二十七年》，页1485）

b子曰："道不同，不相为谋。"（《论语·卫灵公》，页170）

5）a战而不克，为诸侯笑。（《左传·襄公十年》，页982）

b丧事不敢不勉，不为酒困，何有于我哉？（《论语·子罕》，页92）

（2）概念说明。"为"作介词表概念说明，引介动作行为的原因（例6~8）、目的（例9）。如：

6）a诸侯会于澶渊，凡为宋灾故也。（《公羊传·襄公二十年》，页1794）

b其举从者之辞，何也？为天王讳伐郑也。（《谷梁传·桓公五年》，页1856）

c是故制绞衾、设蒌翣，为使人勿恶也。（《礼记·檀弓下》，页711）

d乡为身死而不受，今为所识穷乏者得我而为之，是亦不可以已乎？（《孟子·告子上》，页266）

7）a子曰："何为其然也？"（《论语·雍也》，页63）

b醴曰："子为事故，至于某之室。"（《仪礼·士昏礼》，页528）

c赵宣子，古之良大夫也，为法受恶。（《左传·宣公二年》，页663）

8）a齐侯为楚伐郑之故，请会于诸侯。（《左传·庄公三十二年》，页1783）

b故良农不为水旱不耕，良贾不为折阅不市。（《荀子·卷一》，页27）

c秦为令狐之役故，冬，秦伯伐晋，取羁马。（《左传·文公十二年》，页589）

9）a非富天下也，为匹夫匹妇复仇也。（《孟子·卷六》，页2712）

b轸犹善楚，为求地甚力。（《战国策·楚策三》，页547）

c伯石之汏也，一为礼于晋，犹荷其禄，况以礼终始乎！（《左传·

昭公三年》，页 1239）

两汉时期，"为"作介词表对象、概念说明。

（1）表对象。"为"作介词表对象，引介施事对象、受益对象、关涉对象。如：

10）a 缪公与麾下驰追之，不能得晋君，反为晋军所围。（《史记·卷五》，页 188）

b 以病辞位，归于第家，为贼臣所陷。（《汉书·卷九十九》，页 4073）

11）a 邺吏民大惊恐，从是以后，不敢复言为河伯娶妇。（《史记·卷一二六》，页 3212）

b 遂为君已入大石四石一斗少大。（《敦煌汉简·2165》）

12）a 已，为使者跪而啜三杯。（《淮南子·卷十八》，页 1251）

b 愿沛公且留壁，使人先行，为五万人具食。（《汉书·卷四十》，页 2026）

（2）表概念说明。"为"作介词表概念说明，引介目的、原因。如：

13）a 人臣各死其主，为其国用。（《盐铁论·卷二》，页 114）

b 不为利动，性定质成，不为主顾者乎？（《论衡·卷一》，页 8）

14）a 言神栖昆仑，又言为作井之故，龙登神去，虚也。（《论衡·卷五》，页 253）

b 是故贤人君子，既忧民，亦为身作。（《潜夫论·卷七》，页 230）

魏晋南北朝，"为"作介词表对象、概念说明。

（1）表对象。"为"作介词表对象，引介施事对象（例 15）、受益对象（例 16、17[①]）。如：

15）a 苟非其人，则高位厚货，乃所以为重累耳。（《抱朴子内篇·论仙》，页 16）

b 向使不为人所得，便成仙人矣。（《抱朴子内篇·仙药一》，页 188）

c 上为甘露所沾，下为渊泉所润。（《世说新语·德行第一》，页 10）

d 周处年少时，凶强侠气，为乡里所患。（《世说新语·自新第十五》，页 627）

e 建康小吏曹著，为庐山使所迎，配以女婉。（《搜神记·卷四》，

---

① "为"作介词引介受益对象时，其宾语常可省略。

f 汝若不痴，为他所打，乃致头破，不知逃避。（《百喻经·以梨打头破喻》，页 10）

g 下即为屎尿所迫。上即为寒热所憎。（《六度集经·卷第七》，页 40）

16）a 他书虽不具得，皆疏其名，今将为子说之，后生好书者，可以广索也。（《抱朴子内篇·遐览》，页 303）

b 臣为陛下以百口保之。（《世说新语·言语第二》，页 119）

c 高便为谢道形势，作数百语。（《世说新语·言语第二》，页 140）

d 我今欲为王孝伯作诔。（《世说新语·文学第四》，页 277）

e 然我神人，不为君生子，亦无妒忌之性。（《搜神记·卷一》，页 12）

17）a 后用牛羊，为立帷帐，管弦不绝，如此数年。（《抱朴子内篇·道意》，页 161）

b 冰为起大舍，市奴婢，使门内有百斛酒。（《世说新语·任诞第二十三》，页 745）

c 张乃追至刘家，为设酒，殊不清旨。（《世说新语·任诞第二十三》，页 750）

d 民为立祠于永康，至今蚊蚋不能入。（《搜神记·卷二》，页 13）

e 今可为我造楼如彼。（《百喻经·三重楼喻》，页 32）

（2）表概念说明。"为"作介词表概念说明，引介原因。如：

18）a 何为使乔松凡人受不死之寿。（《抱朴子内篇·塞难》，页 124）

b 幸尚宽，何为不可？（《世说新语·德行第一》，页 14）

c 则彼上药也，何为不能令生者不死乎？（《抱朴子内篇·至理》，页 101）

19）a 为此积久，家中患苦之。（《抱朴子内篇·祛惑》，页 319）

b 渊渊有金石声，四坐为之改容。（《世说新语·言语第二》，页 64）

c 琅邪王伯舆，终当为情死。（《世说新语·任诞第二十三》，页 764）

d 以涂人鼻以入水，水为之开。（《抱朴子内篇·仙药》，页 180）

e 尚书令袁粲在坐，为之失色。（《南齐书·列传第三十四》，页

916）

　　f 孕任欲止，为其牡气有余。（《齐民要术·养牛、马、驴、骡第五十六》，页 495）

　　g 水为之逆流一二丈。（《抱朴子内篇·至理》，页 103）

　　17. 用

　　"用，可施行也。从卜从中。"（《说文·用部》）又："以，用也。"（《小尔雅》）两词意义相通，先秦时期动词"以""用"可对举出现。本义为"使用"。

　　先秦时，"用"作介词表示概念说明，引介凭借、原因。如：

　　1）a 吾闻用夏变夷者，未闻变于夷者也。（《孟子·滕文公上》，页 125）

　　b 用贤治不肖，不以乱治乱也。（《谷梁传·昭公四年》，页 1962）

　　c 用此观之，然则人之性恶明矣，其善者伪也。（《荀子·性恶》，页 478）

　　d 彼求我予，假仇人斧，假之不可，彼将用之以伐我。（《韩非子·扬权》，页 123）

　　2）a 故谋用是作，而兵由此起。（《礼记·礼运》，页 762）

　　b 用贫求富，用饥求饱，虚腹张口，来归我食。（《荀子·议兵》，页 302）

　　c 惠王即位，用齐人反间，疑乐毅，而使骑劫代之将。（《战国策·燕策二》，页 1102）

　　两汉时，"用"作介词表示时间、对象、概念说明。

　　（1）表时间。"用"作介词表时间，引介所在时间。如：

　　3）a 恐牛近行用暑故喘，此时气失节，恐有所伤害。（《汉书·卷七十四》，页 3174）

　　b 且王断刑以秋，天之杀用夏，此王者用刑违天时。（《论衡·卷六》，页 301）

　　（2）表对象。"用"作介词表对象，引介关涉对象。如：

　　4）a 单于既得翁侯，以为自次王，用其姊妻之，与谋汉。（《史记·卷一一○》，页 2908）

　　b 若时大旱，用汝作霖雨。（《潜夫论·卷八》，页 399）

　　（3）表概念说明。"用"作介词表概念说明，引介凭借、原因。如：

魏晋南北朝汉语介词研究

5）a 越俗有火灾，复起屋必以大，用胜服之。（《史记·卷十二》，页482）

b 犹陶者用土为篮廉，冶者用铜为桦杆矣。（《论衡·卷二》，页59）

6）a 平阳公主曰："用无子故废耳。"（《史记·卷四十九》，页980）

b 我不用一饭食衣被故求作佛。（《佛说长者子制经·卷十四》，页526）

魏晋南北朝时期，"用"作介词表空间、概念说明。

（1）表空间。"用"作介词表空间，引介所在处所。如：

7）今可用东三处地最东边以葬我，名为景安陵。（《南齐书·卷三》，页62）

（2）表概念说明。"用"作介词表概念说明，引介工具、原因。如：

8）青稞麦，治打时稍难，唯伏日用碌碡碾。（《齐民要术·大小麦第十》，页150）

9）a 朕用伤悼，肝心若裂。（《三国志·卷三十五》，页927）

b 用是被收，以其所连引者多，故得原，禁锢数岁。（《三国志·卷九》，页290）

18. 由

《说文》无"由"字，古"繇、由"通用一字。"繇，叚借为由。"（《说文通训定声·孚部》）"其象形、会意今不可知。或当从田有路克入也。"（段玉裁《说文解字注》）"由，犹从也。"（《甲骨文虚词词典》（1994：253）"由"本义应为"随从"，引申为"经由、经过"。

先秦时期，"由"作介词表示空间、时间、对象、概念说明。

（1）表空间。"由"作介词表空间，引介所在处所、经由处所。如：

1）a 主人去杖，不哭，由左听命，宾由右致命。（《仪礼·既夕礼》，页632）

b 获者由西方坐取旌倚于侯中，乃退。（《仪礼·乡射礼》，页546）

c 请由此亡。（《左传·僖公二十四年》，页412）

2）a 由楹内适阼阶上，北面受命于主人。（《仪礼·乡饮酒礼》，页545）

b 进由中东，立于中南，北面视算。（《仪礼·乡射礼》，页550）

c 主人自受，由客之左接下承弣。（《礼记·曲礼上》，页679）

d 由平陆之齐，不见储子。（《孟子·告子下》，页282）

e 恬淡平安，莫不知祸福之所由来。（《韩非子·解老》，页384）

（2）表时间。"由"作介词表时间，引介起始时间。如：

3）a 虢公请器，王予之爵。郑伯由是始恶于王。（《左传·庄公二十一年》，页218）

b 庭燎之百，由齐桓公始也。（《礼记·郊特牲》，页777）

c 由汤至于武丁，贤圣之君六七作。（《孟子·公孙丑上》，页56）

d 由九月以下何也？（《荀子·礼论》，页398）

（3）表对象。"由"作介词表对象，引介施事对象。如：

4）a 男女之别，国之大节也，而由夫人乱之，无乃不可乎？（《左传·庄公二十四年》，页230）

b 古昔多由布衣定一世者矣，皆能用非其有也。（《吕氏春秋·离俗览》，页1271）

（4）表概念说明。"由"作介词表概念说明，引介原因（例5、例6）、凭借（例7）、范围（例8）。如：

5）国家之败，由官邪也。（《左传·桓公二年》，页89）

6）a 其谓之明水也，由主人之絜着此水也。（《礼记·郊特牲》，页783）

b 此其所以然者，由主之不上断于法，而信下为之也。（《韩非子·有度》，页87）

7）a 由是观之，则实沈，参神也。（《左传·昭公元年》，页1218）

b 由君子观之，则人之所以求富贵利达者，其妻妾不羞也，而不相泣者，几希矣。（《孟子·离娄下》，页204）

c 故桀纣无天下，汤武不弑君，由此效之也。（《荀子·正论》，页343）

8）a 故由天子至于庶人也，莫不骋其能，得其志。（《荀子·君道》，页242）

b 由命士以上，父子皆异官。（《礼记·内则》，页785）

两汉时期，"由"作介词表示空间、时间、概念说明。

（1）表空间。"由"表空间引介起始处所、经由处所。如：

9）a 阴由东方来西，阳由西方来东。（《春秋繁露·卷十二》，页343）

b 由后视前，忿邑非之，逮身所行，不自镜见。（《汉书·卷

八十五》，页 3477）

10）a 或择地而蹈之，时然后出言，行不由径，非公正不发愤。（《史记·卷六十一》，页 2125）

b 孔子曰：“谁能出之由户？”（《论衡·卷二十五》，页 1038）

（2）表时间。“由”作介词表时间，引介起始时间。如：

11）a 太卜之起，由汉兴而有。（《史记·卷一二七》，页 3215）

b 由孝元后历汉四世为天下母，飨国六十余载。（《汉书·卷九十八》，页 4035）

（3）表对象。“由”作介词表对象，引介施事对象。如：

12）a 故忠臣不显谏，欲其由君出也。（《春秋繁露·卷二》，页 53）

b 哀帝初即位，躬行俭约，省减诸用，政事由己出。（《汉书·卷八十一》，页 3356）

（4）表概念说明。“由”作介词表概念说明，引介凭借、原因、范围。如：

13）a 行由其理，虽不必胜，得筹必多。（《淮南子·诠言训》，页 1028）

b 人才有高下，知物由学。（《论衡·卷二十六》，页 1082）

14）a 君不乡道，不由仁义，而为之强战，虽克必亡。（《盐铁论·卷八》，页 495）

b 人之疾病，希有不由风湿与饮食者。（《论衡·卷二十四》，页 1010）

15）a 事之成败，必由小生，言有渐也。（《淮南子·说山训》，页 1125）

b 巧商而善意，广见而多记，由微见较。（《论衡·卷二十六》，页 1095）

魏晋南北朝，“由”作介词表空间、时间、对象、概念说明。

（1）表空间。“由”作介词表空间，引介所在处所（例 16）、起始处所（例 17）、经由处所（例 18~20）如：

16）a 由彼树下有大釜金。（《贤愚经·檀腻品第四十六》，页 429）

b 冲遣军主桑系祖由渣口攻拔虏建陵、驿马、厚丘三城。（《南齐书·卷四十九》，页 854）

17）a 令得假途由荆州出。（《三国志·卷三十八》，页 965）

b明罚厚恩，皆由上出，义兼长远，莫不肃然。（《南齐书·卷三》，页63）

c正由心出，能重能轻，宿行所得，福自随形。（《中本起经·卷上》，页153）

18）a从阴平由邪径经汉德阳亭趣涪，出剑阁西百里。（《三国志·卷二十八》，页778）

b六年春，扬声由斜谷道取郿，使赵云、邓芝为疑军。（《三国志·卷三十五》，页922）

19）a魏征西将军邓艾伐蜀，自阴平由景谷道旁入。（《三国志·卷三十五》，页932）

b魏尝遣宣帝自宛由西城伐蜀，值霖雨，不果。（《三国志·卷三十五》，页921）

c从万春门由东宫以东至于郊外，数十百里，皆空家尽室。（《南齐书·卷七》，页103）

20）吴郡太守，征还，道由庐山，子女观于祠室。（《搜神记·卷四》，页30）

（2）表时间。"由"作介词表时间，引介起始时间。如：

21）a由此已降，四百余年，颇有似类。（《三国志·卷五十三》，页1251）

b欲行大道当由此始。（《大明度经·行品第一》，页487）

（3）表对象。"由"作介词表对象，引介施事对象、关涉对象。如：

22）a由王教导。咸持十善。（《贤愚经·慈力王血施品第十三》，页360）

b正由汝曹破我冀州，恨不得杀汝也！（《三国志·卷六》，页205）

c譬由子野操曲，安得忽有阐缓失调之声。（《南齐书·卷五十二》，页900）

23）a闻弟为郡守，政教维恩，不由己出。（《三国志·卷七》，页231）

b死堕地狱、畜生、饿鬼，自从行致，不由他生。（《中本起经·卷上》，页153）

c太子后终生兜术天。自天来下由白净王生。（《六度集经·卷第二》，页10）

24）a 其后曹公由庶士起。（《搜神记·卷六》，页55）

b 后嗣万一有由诸侯入奉大统，则当明为人后之义。（《三国志·卷三》，页96）

（4）表概念说明。"由"表概念说明，引介依据凭借（例25~27）、原因（例28~29）、范围（例30）。如：

25）a 由兹论之，大寿之事，果不在天地。（《抱朴子内篇·塞难》，页125）

b 由此观之，儒道之先后，可得定矣。（《抱朴子内篇·明本》，页169）

c 由是言之，天命久矣，非殿下所得而拒之也。（《三国志·卷二》，页66）

26）a 柔由此自托于五官将，如兄弟。（《三国志·卷八》，页247）

b 夫覆载垂化，必由四气运其功。（《南齐书·卷五十七》，页991）

c 由是辨雪，诚遇明即活之效。（《搜神记·卷四》，页30）

27）a 领略麤举，一往参诣。由是知之。（《世说新语·文学第四》，页232）

b 继母朱氏不慈，数谮之，由是失爱于父。（《搜神记·卷十一》，页81）

c 潜少不修细行，由此为父所不礼。（《三国志·卷二十三》，页672）

28）a 宋氏屈起匹夫，兵由义立。（《南齐书·卷二》，页39）

b 道本虚无，非由学至，绝圣弃智，已成有为。（《南齐书·卷五十五》，页947）

29）垣墙重密，门合急峻，何由得尔？（《世说新语·惑溺第三十五》，页921）

30）曲礼曰视天子由袷以下，视诸侯由颐以下。（《三国志·卷四十八》，页1174）

介词"由"从先秦到魏晋南北朝时期语义逐渐丰富。先秦时期，介词"由"表示"空间""时间""对象""概念说明"四大语义域，表示所在处所、经由处所、起始时间、实施对象、凭借、原因、范围等语义；两汉时期，于空间语义域中发展出表示"起始处所"语义；魏晋南北朝时期，对象语义域中发展出"关涉"义功能。如：

表 2-13 先秦至魏晋介词"由"的语义发展

	空间			时间		对象		概念说明	
	起始	所在	经由	起始	施事	关涉	凭借	原因	范围
先秦		+	+	+	+		+	+	+
两汉	+		+	+	+		+	+	+
魏晋	+	+	+	+	+	+		+	+

19. 于(於)

先秦时期,"于(於)"作介词表空间、时间、对象、概念说明。

(1)表空间。"于(於)"作介词表空间,引介所在处所(例1、例2)、终到处所(例3、例4)、经由处所。如:

1)a 甲子卜,其求雨于东方。(《合》,20173)

b 癸亥,王子虎盟诸侯于王庭。(《左传·僖公二八》,页466)

2)宓伯于成周休𣄡小臣金。(《小臣鼎》)

3)a 御父乙,至于商酒?(《合》,2199 正)

b 狁广伐西俞,王命我羞追于西,余来归献禽,余命汝御追于洛。(《不其簋》)

4)a 于是晋国之盗逃奔于秦。(《左传·宣公十六年》,页768)

b 秋,蔡季自陈归于蔡,蔡人嘉之也。(《左传·桓公十七年》,页149)

5)a 丁巳卜,宾贞:王出于𦉩(《合》,7942)

b 其出于田?(《合》,28425)

c 唯戎大出于軝。(《臣谏簋》)

6)十年春王正月,有星出于婺女。(《左传·昭公十年》,页1314)

7)a 鲁庄公及宋人战于乘丘,县贲父御,卜国为右。(《礼记·檀弓上》,页693)

b 天子避叔带之难,出居于郑。(《吕氏春秋·慎大览》,页918)

(2)表时间。"于(於)"作介词表时间,引介所在时间(例8)、终到时间(例9、例10)。如:

8)a 贞:勿于今夕入?(《合》,1506)

b 会于夷仪之岁,齐人城头葛。(《左传·襄公二十五年》,页1109)

9)a 戊午卜:惠庚祷?戊午卜:于辛祷?(《屯》,1111)

b 甲辰贞:其祷禾于丁未?(《合》,3331)

10）a 三年春不雨，夏六月雨。自十月不雨至于五月。（《左传·僖公三年》，页285）

b 自日中以争，至于昏，晋人许之。（《左传·昭公十三年》，页1358）

（3）表对象。"于（於）"作介词表对象，引介关涉对象（例11、例12）、施事对象（例13）、受事对象（例14~16）和比较对象（例17）。

11）a 王勿祝于四父？（《合》，2331）

b 旻天大降丧于殷。（《周书·多士》，页173）

12）迪惟前人光施于我冲子。（《周书·君奭》，页186）

13）a 惟时怙冒，闻于上帝。（《周书·康诰》，页166）

b 时则有若伊尹，格于皇天。（《周书·君奭》，页186）

14）丁巳卜，壳贞：王学众伐于免方，受有佑？（《合》，32）

15）a 甲戌卜，宾贞：其竞父乙日于大庚，告于□宰？（《合》，1487）

b 宏于天，若德裕乃身，不废在王命！（《尚书·康诰》，页166）

16）罚惩非死，人极于病。（《尚书·吕刑》，页212）

17）凡人之所以贵于禽兽者，以有礼也。（《晏子春秋·内篇谏上》，页6）

（4）表概念说明。"于（於）"作介词表概念说明，引介范围（例18、例19）、凭借（例20）。如：

18）a 曰古文王，初戮龢于政。（《史墙盘》）

b 降余多福、繁釐，广启禹身，耀于永命。（《叔向父禹簋》）

c 继自今，嗣王则其无淫于观、于逸、于游、于田。（《周书·無逸》，页184）

19）a 务于刻镂之巧、文章之观而不厌。（《晏子春秋·内篇谏下》，页129）

b 愿君教茶以礼而勿陷于邪。（《晏子春秋·内篇谏上》，页39）

c 臣下百吏至于庶人，莫不修己而後敢安正。（《荀子·君道》，页244）

20）a 思夫人自乱于威仪。（《周书·顾命》，页202）

b 五辞简单孚，正于五刑。（《周书·吕刑》，页211）

两汉时期，"于（於）"作介词，表空间、时间、对象、概念说明。

（1）表空间。"于（於）"作介词表空间，引介所在处所、终到处所、起始处所、经由处所。如：

21）a 帝今日使晋袭于尔门。（《说苑·卷十八》，页 466）

b 董房冯孝卿坐前节年毋恙顷者不相见于宣身上部属亭（《居延汉简》，页 502）

22）a 至于桑野，是谓晏食。（《淮南子·卷三》，页 234）

b 守职之人皆奔走逃亡，入于河海。（《汉书·卷五十六》，页 2509）

23）a 出子二年，庶长改迎灵公之子献公于河西而立之。（《史记·卷五》，页 200）

b 有长星出于东方。（《汉书·卷四》，页 122）

24）a 而达其臭气畅于天，其淳粹无择，与圣人一也。（《春秋繁露·卷十六》，页 422）

b 至厉王末，发而观之，藜流于廷，不可除也。（《汉书·卷二十七》，页 1465）

（2）表时间。"于（於）"作介词表时间，引介终到时间、所在时间、起始时间。如：

25）a 载戢干戈，载櫜弓矢，我求懿德，肆于时夏 。（《盐铁论·卷九》，页 557）

b 如是宾从。至于七日。（《佛说长者子懊恼三处经》，页 525）

26）a 是故冻者假兼衣于春，而暍者望冷风于秋。（《淮南子·俶真训》，页 130）

b 百姓困乏，流离道路，于春尤甚，予甚悼之。（《汉书·卷九十九》，页 4175）

27）a 四选而止，仅于四时而终也。（《春秋繁露·卷七》，页 214）

b 土生于午，壮于戌，死于寅，三辰皆土也。（《淮南子·天文训》，页 269）

（3）表对象。"于（於）"作介词表对象，引介关涉对象、受事对象、受益对象、比较对象。如：

28）a 为人臣者，比地贵信，而悉见其情于主。（《春秋繁露·卷六》，页 165）

b 明渊懿，继天测灵，冠于群伦，经诸范。（《汉书·卷八十七》，页 3582）

29）a 益拜稽首，让于诸臣朱虎、熊罴。（《史记·卷一》，页39）

b 问于子服：余去何之？（《汉书·卷四十八》，页2226）

30）a 三公咸有功于民，故后有立。（《史记·卷二》，页98）

b 温仁恭俭，笃敬爱下，明知深察，惠于鳏寡。（《汉书·卷五十三》，页2411）

31）a 子求行年五十有四，而病伛偻，脊管高于顶。（《淮南子·精神训》，页534）

b 谓天非若蝼蚁于人也。（《论衡·卷四》，页206）

（4）表概念说明。"于（於）"作介词表概念说明，引介范围、原因。如：

32）a 荒淫于乐，沉酗于酒。（《说苑·卷十》，页257）

b 兢兢焉惟德菲薄，不明于礼乐。（《汉书·卷六》，页191）

33）a 维年之久长，惧于不终。（《史记·卷十》，页435）

b 彼人之心，于何不臻？（《潜夫论·卷一》，页46）

魏晋南北朝，"于（於）"作介词表空间、时间、对象、概念说明。

（1）表空间。"于（於）"作介词表空间引介所在处所。如：

34）a 改名族隐于山草。（《六度集经·卷第一》，页5）

b 战於滬渎，败。（《世说新语·德行第一》，页49）

c 盈握之璧，不必采於昆仑之山。（《世说新语·言语第二》，页83）

35）a 魏明帝为外祖母筑馆于甄氏。（《世说新语·言语第二》，页73）

b 大禹生於東夷，文王生於西羌。（《世说新语·言语第二》，页83）

c 吾欲立功於河北，使卿延誉於江南。（《世说新语·言语第二》，页96）

36）a 如来背痛，于双树间北首而卧，故后之图绘者为此象。（《道行般若经》）

b 庾公不知，忽於猎场见齐庄，时年七八岁。（《世说新语·言语第二》，页109）

c 后於寿阳俱败。（《世说新语·言语第二》，页146）

37）a 臣与华歆，服膺先朝，今虽欣圣化，犹义形于色。（《世说新语·方正第五》，页281）

b 王之恐状，转见於色。谢之宽容，愈表於貌。（《世说新语·雅量第六》，页369）

（2）表时间。"于（於）"作介词表时间，引介所在时间。如：

38）a 于往昔始发意时亦皆然也。（《六度集经·卷第七》，页43）

b 吾靳固不与，广陵散於今绝矣！（《世说新语·雅量第六》，页344）

（3）表对象。"于（於）"作介词表对象，引介关涉对象（例39、例40）、受事对象（例41~43）、比较对象（例44、例45）、施事对象（例46、例47）。如：

39）a 老、庄未免于有，恒训其所不足。（《世说新语·文学第四》，页199）

b 冀罪止于身，二儿可得全不？（《世说新语·言语第二》，页58）

40）a 思乃询求于皇甫谧。（《世说新语·文学第四》，页246）

b 文帝问其人於钟会。（《世说新语·赏誉第八》，页419）

c 今乃复闻斯言于君矣！（《世说新语·赏誉第八》，页434）

41）a 龄于此事，故欲太厉。（《世说新语·赏誉第八》，页487）

b 才既不长，于荣利又不淡。（《世说新语·赏誉第八》，页472）

c 殷中军虽思虑通长，然于才性偏精。（《世说新语·文学第四》，页222）

42）a 李元礼严于摄下。（《世说新语·品藻第九》，页499）

b 杜方叔拙於用长。（《世说新语·品藻第九》，页508）

c 乐令善於清言，而不长於手笔。（《世说新语·文学第四》，页253）

43）a 虽时加夜半，日月当子午，正隔于地，犹为暗气所蚀。（《南齐书·卷四》，页207）

b 人之作文，患于不才；至子为文，乃患太多也。（《世说新语·文学第四》，页143）

c 陶公性检厉，勤于事。（《世说新语·政事第三》，页179）

44）a 意色举止，不异于常。（《世说新语·雅量第六》，页374）

b 才情过于所闻。（《世说新语·赏誉第八》，页474）

c 有人问谢安石、王坦之优劣于桓公。（《世说新语·品藻第九》，页529）

45）a 陛下圣思齐于哲王；罔极过于曾、闵。（《世说新语·言语第二》，73）

b 充即庐江人，所闻异于此！（《世说新语·方正第五》，页311）

c 今虽同人主，复那得等于圣治！（《世说新语·方正第五》，页311）

46）a 一言可辟，何假于三？（《世说新语·文学第四》，页206）

b 然君文未重於世，宜以經高名之士。（《是说新闻·文学第四》，页246）

c 遂致於庾公曰："人所應有，其不必有。"（《世说新语·赏誉第八》，页459）

47）或爱孙才早，而无取于许。（《世说新语·品藻第九》，页533）

48）吏絜于上，俗移乎下，民到于今称之。（《三国志·卷二十一》，页376）

（4）表概念说明。"于（於）"作介词表概念说明，引介范围（例49、例50）、原因（例51）。如：

49）a 以此，见圣人于五谷最重麦禾也。（《齐民要术·种谷第三》，页74）

b 向秀於旧注外为解义，妙析奇致，大畅玄风。（《世说新语·文学第四》，页206）

50）a 明公启晨光于积晦，澄百流以一源。（《世说新语·文学第四》，页278）

b 时议者咸谓舍长立少，既于理非伦，且明帝以聪亮英断，益宜为储副。（《世说新语·方正第五》，页304）

c 天子富于春秋，万机自诸侯出。（《世说新语·方正第五》，页319）

51）a 中年伤于哀乐，与亲友别，辄作数日恶。（《世说新语·言语第二》，页121）

b 於此人人竞写，都下纸为之贵。（《世说新语·文学第四》，页258）

介词"于"从先秦到魏晋南北朝时期功能呈专门化趋势。先秦时期，"于"引介处所、时间、对象和概念说明四大语义域。两汉时期，介词"于"的功能较先秦有所增加，主要表现为处所类中发展出表"起始处所"功能；时间类中发展出表"起始时间"功能；"概念说明"类中发展出表"原因"的功能。魏晋南北朝时期，处所类和时间类语义中，只继承了表"所在处所"和"所在时间"的功能，但在对象义和概念说明义域中功能有所扩大。如下表：

表2-14　先秦至魏介词"于"的语义发展

	处所				时间			对象					概念说明		
	所在	终到	经由	起始	所在	起始	终到	关涉	施事	受事	受益	比较	范围	凭借	原因
先秦	+	+	+		+		+	+		+	+	+			
两汉	+	+	+	+	+	+	+	+		+	+	+	+	+	+
魏晋	+				+			+	+	+	+	+	+	+	+

20. 因

"因，就也，从口、大。"（《说文·口部》）"'就'下曰：'就，高也。'为高必因丘陵，为大必就其址。故'因'从口大，就其区域而扩充之也。"（段玉裁《说文解字注》）由此引申出"凭借、依靠"义。

先秦时期，"因"作介词表示概念说明，引介凭借（例1、例2）、原因（例3）。如：

1）a 时子因陈子而以告孟子，陈子以时子之言告孟子。（《孟子·公孙丑下》，页103）

b 遂祔、祫而受之，因少牢以礼之。（《礼记·祭义》，页871）

c 人因已以求与之盟，已迎而执之恶之。（《谷梁传·僖公十九年》，页1900）

2）a 不哀丧而求国，难；因乱以入，殆。（《国语·晋语》，页142）

b 待其来者而正之，因时之所宜而定之。（《国语·越语》，页380）

c 因张仪内之楚王。（《战国策·楚策二》，页528）

3）a 因其喜也而入其道，因其怒也而除其怨，曲得所谓焉。（《荀子·臣道》，页264）

b 故君子因睦以合族。（《礼记·坊记》，页895）

c 其日天王，因其居而王之也。（《谷梁传·昭公二三年》，页1972）

两汉时期，"因"作介词表示时间、概念说明。

（1）表时间。"因"作介词表时间，引介所在时间。如：

4）a 因盛夏吉时定皇子位。（《史记·卷六十》，页2105）

b 此独其将欲版，恐其士卒不从，不如因其怠懈击之。（《汉书·卷一》，页22）

（2）表概念说明。"因"作介词表概念说明，引介凭借、原因。如：

5）a 及至三王，随时制法，因事制礼。（《史记·卷四十三》，页1810）

b 荣与越将军印，因令反梁地。（《汉书·卷一》，页31）

6）a 不既书上得毋齐也谨因叩头言匿衣审时下家当有（《居延汉简·140.4b》）

b 方进既厌为小史，闻蔡父言，心喜，因病归家。（《汉书·卷八十四》，页3411）

7）a 韩、魏恐，必因二人求合于秦，则燕、赵亦宜事秦。（《史记·卷四十》，页1725）

b 然后诸子相责，因长老肉袒固谢罪，改之，乃许。（《汉书·卷四十六》，页2194）

魏晋南北朝时期，"因"作介词表依据、凭借、时间。

8）a 相如因鼓琴以窃文君，不可谓雅乐主于淫佚也。（《抱朴子·论仙》，页20）

b 因口自为鼓声。（《南齐书·卷二五》，页474）

c 依孙、吴之法，而因事设奇，谲敌制胜，变化如神。（《三国志·卷一》，页54）

9）a 因风高飞，出入无闲，能吐气七色。（《抱朴子·遐览》，页337）

b 贼卓因危乱之际，威服百寮，此乃汉家小厄之会。（《三国志·卷六》，页208）

10）子卿因夜逾城亡出，遂与太守收余民围音。（《三国志·卷一》，页51）

先秦至魏晋南北朝时期，介词"因"语义功能基本得以保留。两汉时期，"因"发展出表示"所在时间"的介词功能，魏晋南北朝时期发展为表示"乘趁时间"的功能。如：

表 2-15　先秦至魏晋介词"因"的语义发展

	概念说明			时间	
	凭借	原因	依据	乘趁	所在
先秦	+	+			
两汉	+	+			+
魏晋	+	+	+	+	

21. 道

"道，所行道也。"（《说文·辵部》）本义为道路，道路必有所由，故引申为"由""从""经由"。

先秦时，"道"作介词表空间、概念说明。

（1）表空间。"道"作介词表空间，引介经由处所、起始处所。如：

1）我下枳，道南阳、封、冀，包两周，乘夏水，浮轻舟。（《战国策·卷三十》，页 1079）

2）a 于是樗里疾也道穴听之。（《韩非子·卷十三》，页 320）

b 一奏之，有玄鹤二八，道南方来，集于郎门之堍。（《韩非子·卷三》，页 64）

（2）表概念说明。"道"作介词表概念说明，引介原因。如：

3）若虽知之，奚道知其不为私？（《吕氏春秋·卷二十五》，页 664）

两汉时期，"道"作介词表空间，引介经由处所、起始处所。如：

4）a 从郦山下，道芷阳间行。（《史记·卷七》，页 314）

b 太尉周勃道太原入定代地，至马邑。（《汉书·卷一》，页 69）

5）a 而北道酒泉抵大夏，使者既多。（《史记·卷一二三》，页 3171）

b 光道北至东井，去北极近。（《汉书·卷二十六》，页 1294）

魏晋南北朝时期，"道"作介词表空间，引介经由处所。

6）道西行，至东且弥国、西且弥国、单桓国……（《三国志·卷三十》，页 852）

22. 自从

"自""从"先秦时均是成熟介词，引介空间、时间起始等。"自""从"连用作为介词先秦始见，表空间、时间。如：

1）自从先君文王以至不谷之身，亦有不为爵劝。（《战国策·桓公十一年》，页514）

汉代，"自从"作为介词，表时间，引介起始时间。如：

2）a 自从穷蝉以至帝舜，皆微为庶人。（《史记·卷一》，页31）

b 自从初闻历世逾多，然常刚猛，适在小善之数。（《佛说成具光明定意经》，页630）

魏晋南北朝时期，"自从"作介词表时间，引介起始时间。如：

3）a 自从始初以至于终，实不藏情，有所不尽。（《三国志·卷三十七》，页958）

b 自从初生乃至成佛。（《佛说观佛三昧海经·卷第二》，655）

4）a 自从入岁，常有蒙气，月不舒光，日不宣曜。（《后汉书·卷二十》，页1069）

b 自从登位三年唯事外道。（《善见律毗婆沙序品第一》，页680）

5）a 亦非佛所作自从因缘出诸法法相如实际常住世间。（《大度智论·卷七十七》，页601）

b 三十七品自从心出。（《大度智论·卷九十一》，页707）

（二）继承两汉的介词

在本书语料范围内，检得魏晋南北朝继承两汉介词22个：案（按）、旁（傍）、被、并、乘、到、抵、对、即、赖、临、临当、讫（迄）、涉、随、投、依、缘、逮至、迟、去、逐。

1. 案（按）

"案，段借为按。"（说文通训定声·干部）"案"为"按"的假借字。"按，下也。从手，安声。"（《说文·手部》）"按，据也。"（《字汇·手部》）据马贝加（2002：265），介词"按"义是从其动词"考、察"义发展而来的。

两汉时期，"案（按）"为介词表概念说明，引介凭借。如：

1）a 释之案律盗宗庙服御物者为奏，奏当弃市。（《史记·卷一〇二》，页2755）

b 如自能案方和药，入室求祟，则医不售而巫不进矣。（《论衡·卷十二》，页535）

c 为德君出文，以晓众人，使共常按吾文为行。（《太平经·卷九十二》，页375）

d 随佛语案法行。（《佛说骂意经·卷十七》，页530）

魏晋南北朝时期，"案（按）"作介词，表概念说明，引介依据凭借。如：

2）a 案其文有五马象。（《搜神记·卷七》，页57）

b 案世语所云树置先后，与本传不同。（《三国志·卷十四》，页460）

c 丞相亮南征，先由越巂，而恢案道向建宁。（《三国志·卷四十三》，页1046）

3）按此谓孟尝君田文下坐客，能作鸡鸣以济其厄者也。（《三国志·卷四十二》，页1039）

2. 旁（傍）

杨树达（1954：3）认为"'旁'为方所介词，傍也。按此字《说文》作'彷'"。"旁"，同"傍"。"旁，叚借为傍。"（《说文通训定声·壮部》）"傍，近也。从人，旁声。"（《说文·人部》）徐灏注笺："依傍之义即旁之引申，旁、傍盖本一字耳。"

彷，同"傍"。临近；接近。《集韵·唐韵》："傍，《说文》：'近也。'或从彳。"（《汉语大字典》，页901）

"旁""傍""彷"同义，为依附、临近义。两汉时，"旁"作介词，表空间，引介沿顺处所。如：

1）a 引渭穿渠起长安，旁南山下。（《汉书·卷二十九》，页1679）

b 始皇遂旁海西至平原津而病，到沙丘而崩。（《论衡·卷二十二》，页923）

魏晋南北朝，"傍"作介词，表示空间，引介所在处所，意为"在……旁边"。如：

2）傍门列修竹，内施高鄣，造游墙数百间。（《南齐书·卷二十一》，页401）

3. 被

《说文》："被，寝衣，长一身有半。从衣，皮声。"原义为"被子"，引申为"覆盖、遭受"。"被"作介词，两汉时期始见，表对象，引介施事对象。如：

1）a 故人多被天谪，当死不除也。（《太平经·卷九十七》，页

434）

b 而被大神恩贷，教之乃如是。（《太平经·卷一一一》，页 559）

魏晋南北朝，"被"作介词表对象，引介施事对象。如：

2）a 比干以忠靡其体，被诛者非必忠也。（《淮南子·说山训》，页 544）

b 凡诸王被害，皆以夜遣兵围宅。（《南齐书·卷三十五》，页 628）

3）a 被谷驱之下去不得止。（《抱朴子内篇·明本》，页 190）

b 此女意在于君，被父母凌逼，嫁与刘祥，今已死矣。（《搜神记·卷十五》，页 179）

4.并

两汉时，"并"作介词表空间、时间。"并"作介词表空间，引介所在处所。

1）a 自榆中并河以东，属之阴山，以为（三）十四县。（《史记·卷六》，页 253）

b 金城、河西并南山至盐泽，空无匈奴。（《汉书·卷六十一》，页 2691）

例（1）中"河""南山"可以是"依傍"的方位，"并"是动词；也可以是限定的空间方位修饰后一位移的发生，"并"语义表示"连同""傍着"此方位，作介词。

除空间方位充当宾语外，汉代"并"后也出现时间名词作宾语的例子。如：

2）a 并时异世，年差不明，作十表。（《史记·卷一三〇》，页 3319）

b 周有三圣，文王、武王、周公，并时猥出。（《论衡·卷十九》，页 821）

魏晋南北朝时期，"并"作介词表时间、对象。

（1）表时间。"并"作介词，表时间，引介时间所在。如：

3）万物并生尔时行人下山诣村家家乞食。（《出曜经·卷第三》，页 622）

（2）表对象。"并"作介词，表对象，引介关涉对象。如：

4）a 是时弊魔将十八亿众并魔子萨陀至菩萨所。（《出曜经·卷第

二十四》，页644）

　　b 以此宝衣并大象与汝用自资生活。（《四分律·卷第四》，页591）

　　5. 乘

　　乘，两汉时作介词表概念说明，引介凭借、时机。如：

　　1）a 遂乘胜逐秦军至函谷关，抑秦兵，秦兵不敢出。（《史记·卷七十七》，页2384）

　　b 然羽非有尺寸，乘势拔起陇亩之中。（《汉书·卷三十一》，页1826）

　　2）a 黯务少事，乘上闲，常言与胡和亲，无起兵。（《史记·卷一二〇》，页3108）

　　b 今诚得勇士，乘强汉之威，凌无义之匈奴，制其死命。（《盐铁论·卷九》，页110）

　　魏晋南北朝，"乘"作介词表概念说明，引介时机。如：

　　3）a（匈奴兵）乘其衰弊，遂进击乌丸。（《三国志·卷三十》，页832）

　　b 桓大司马乘雪欲猎，先过王、刘诸人许。（《世说新语·排调第二十五》，页800）

　　c 公孙瓒乘胜来向南，而诸郡应之，（《三国志·卷六》，页191）

　　6. 到

　　《说文》：到，至也。两汉时，产生介词用法，表示空间、时间。

　　（1）表空间。"到"作介词表空间，引介所到处所。如：

　　1）a 豹往到邺，会长老，问之民所疾苦。（《史记·卷一二六》，页3211）

　　b 将率还到左犁汗王咸所居地，见乌桓民多，以问咸。（《汉书·卷九十四》，页3822）

　　2）a 转祸为福之言，到今不实。（《论衡·卷五》，页226）

　　b 到景帝时，濞与七国通谋反汉。（《论衡·卷二十六》，页1070）

　　（2）表时间。"到"作介词表时间，引介所到时间。如：

　　3）a 到正月朔旦，奉皮荐璧玉贺正月，法见。（《史记·卷五十八》，页2090）

　　b 遂散六国之从，使之西面事秦，功施到今。（《史记·卷

八十七》，页2542）

4）a 从周到今七百余岁，逾二百岁矣。（《论衡·卷十》，页459）

b 故自古到今，众圣共为天谈，众贤者同其辞。（《太平经·卷五十》，页169）

魏晋南北朝，"到"作介词表空间、时间。

（1）表空间。"到"作介词表空间，引介终到处所。如：

5）a 遂进到山下安营，攻之。（《三国志·卷十七》，页518）

b 追到岸边。见摩诃萨埵死在虎前。（《贤愚经·摩诃萨埵以身施虎品第二》，页353）

c 来到城下。（《搜神记·卷四》，页31）

6）a 持行埋之往到奴所。（《六度集经·卷第二》，页7）

b 即从楼观，来下到地。（《正法华经·卷第三》，页83）

7）a 东汉时，到洛阳见公卿，数十处，皆持斗酒片脯候之。（《搜神记·卷一》，页4）

b 乃自到汉中引出诸军，令既之武都。（《三国志·卷十五》，页471）

c 明日，此人谓被知顾，到门求通。（《南齐书·卷一》，页12）

8）a 当到何方索作何方便。（《大明度经·普慈阇士品第二十八》，页504）

b 时有巨忆万人共到法来所听经。（《大明度经·法来阇士品第二十九》，页506）

c 往到彼间俱共进行。（《正法华经·卷第九》，页128）

（2）表时间。"到"作介词表时间，引介终到时间。如：

9）a 到中平元年二月，张角兄弟起兵冀州，自号"黄天"。（《搜神记·卷六》，页86）

b 到五月必迁。（《三国志·卷二十九》，页817）

7. 抵

两汉时，"抵"出现连动结构表达，如：

1）a 抵蜀从故道，故道多阪，回远。（《史记·卷二十八》，页1411）

b 又发使十余辈，抵宛西诸国求奇物。（《汉书·卷九十六》，页3895）

"抵"可作两可分析，分析为动词，"抵"与宾语为连动式前一谓语成分，表到达；分析为介词，"抵"与宾语为后一谓语中心的发生，引进至达的空间方所。

"抵"还隐喻为时间上的"抵达"，亦可看作动词或时间介词。

2）草木零落，抵冬降霜。（《汉书·卷二十二》，页1056）

魏晋南北朝，"抵"作介词表空间、引介终到处所。如：

3）a 大道筋，从腋下抵股者是。（《齐民要术·养牛、马、驴、骡第五十六》，页510）

b 自云中、五原以东抵辽水，皆为鲜卑庭。（《三国志·卷三十》，页831）

8.对

据张美霞（2016），介词"对"产生于东汉时期，表示空间和对象。张美霞认为，"对"表空间，意为"在某人面前"，如：

1）遂对汉使伏剑而死，以固勉陵。（《汉书·卷一百》上）[1]

两汉时，"对"作介词表示对象、空间。

（1）表对象。"对"作介词，表空间，表示朝向方向。如：

2）a 其对林木哭，能折草破木乎？（《论衡·卷五》，页238）

b 杀而埋之，归，对其母泣。（《论衡·卷六》，页267）

c 上置酒对众折随何曰：腐儒。（《汉书·卷三十四》，页1886）

例（2）中，"对"引介"朝向方向"，a中"林木"是"哭"所面对的方向处所；b中"母"是"泣"所面对的方向；c中"众"是"上折随何所面对的方向"。

（2）表对象。"对"作介词，表对象，表示受益对象、受事对象。如：

3）素女对黄帝陈五女之法伤，非徒父母之身，乃又贼男女之性。（《论衡·卷二》，页55）

4）虎圈啬夫从旁代尉对上所问禽兽簿甚悉。（《史记·卷一零二》，页2752）

例（3）中"对"有"给"之意，"黄帝"是"陈（五女之法）"的对象，是受益者，"对"引介"受益对象"；例（4）中，"上所问禽兽簿"是"悉"的对象，"对"引介"受事对象"。

魏晋南北朝，"对"作介词，表对象、空间。

---

① 转引自张美霞（2016）。

（1）表对象。魏晋南北朝时期，"对"表对象，引介协同对象（例5）、受事对象（例6、例7）。如：

5）a 孤非徒对诸君说此也，常以语妻妾，皆令深知此意。（《三国志·卷一》，页32）

b 卞后弟秉，当建安时得为别部司马，后常对太祖怨言。（《三国志·卷五》，页158）

c 朗称禽虏，对使者曰："朗以琐才，误窃朝私，受爵不让，以遘罪网。（《三国志·卷十三》，页406）

6）a 及暮，淳归，对其所知叹植之才，谓之"天人"。（《三国志·卷二十一》，页603）

b 泽欲讽喻以明治乱，因对贾谊过秦论最善，权览读焉。（《三国志·卷五十三》，页1249）

7）a 始入户，刁下床对之大泣。（《世说新语·方正第五》，页310）

b 下人谋反，发觉，对之涕泣，辄原不问。（《三国志·卷八》，页250）

（2）表空间。魏晋南北朝时期，介词"对"表空间，引介"所在处所"，即"当着……的面/在……面前"（例8、例9），引介"朝向处所"，即"面对……"（例10、例11）。如：

8）a 母以经典兵马而擅去，对送吏杖经五十，爽闻，不复罪。（《三国志·卷九》，页303）

b 乃对中领军夏侯尚叩头求哀，尚为涕泣而不能救。（《三国志·卷十九》，页561）

c 闲历观诸子之文，对之擦泪，既痛逝者，行自念也。（《三国志·卷二十一》，页607）

9）a 俄而周侯遇害，和尚对其灵坐，作胡祝数千言，音声高畅。（《世说新语·言语第二》，页177）

b 对子骂父，则是无礼。（《世说新语·方正第五》，页153）

10）a 每览古良将战攻之势，辄对书独叹。（《三国志·卷六十四》，页1444）

b 籍因对之长啸。（《世说新语·栖逸第十八》，页648）

11）a 老狐对书屈指，有所计校。（《搜神后记·卷九》，页107）

b侄虽名通男女，并是对姑之称。（《颜氏家训·卷二》，页）

c融对孙权使有讪谤之言，坐弃市。（《世说新语·言语第二》，页5）

两汉到魏晋南北朝，介词"对"功能呈扩散趋势。魏晋南北朝时期，"对"发展出引介"所在处所"的介词功能；表对象功能中，发展出表"协同对象"功能。即：

表2-16　两汉至魏晋介词"对"的语义发展

	对象			空间	
	协同对象	受益对象	受事对象	朝向处所	所在处所
两汉		+	+	+	
魏晋	+	+	+	+	+

9. 即

《说文》："即，即食也。"徐锴系传："即，犹就也，就食也。"由本以引申为"就""接近""靠近"之意。介词"即"始见于两汉时期，表空间、时间。（古代汉语虚词词典：261、吴庆峰，2006：111）魏晋南北朝时期，"即"介词用法得义继承，表时空间、时间、对象。

两汉时，"即"作介词表空间、时间。

（1）表空间。"即"作介词表空间，引介所在处所（例1）、终到处所（例2）。如：

1）a项羽晨朝上将军宋义，即其帐中斩宋义头。（《史记·卷七》，页305）

b即四海之内，皆谨然各自安乐其处。（《史记·卷六》，页284）

c乃益骄溢，即山铸钱，煮海水为盐，诱天下亡人，谋作乱。（《史记·卷一百零六》，页2824）

2）a（张耳）即其卧处①夺其印符，以麾召诸将。（《史记·淮阴侯列传》，页2619）

b高帝大怒，乃使陈平载绛侯代将，而即军中斩哙。（《汉书·卷四十一》，页2073）

c十月即墓上弑齐君舍。（《史记·卷三十二》，页1495）

---

① 师古曰：就其卧处。

（2）表时间。"即"作介词表时间，引介所在时间①（例3）、终到时间（例4）。如：

3）a 天道急，即风雨雷电不移时而至。（《太平经·卷一百二十》）

b 代王即夕入未央宫。（《史记·卷九》，页411）

4）a 今君相楚二十余年，而王无子，即百岁后将更立兄弟。（《史记·卷七十八》，页2396）

b（太后）恐即崩后刘将军为害。（《史记·卷九》，页404）

c 我兄弟多，即君百岁后，秦必留我。（《史记·卷五》，页190）

魏晋南北朝"即"作介词表空间、时间、概念说明。

（1）表空间。"即"表空间，引介终到处所（例5）、所在处所（例6）。如：

5）济即前刺帝，刃出于背。（《三国志·卷四》，页143）

6）a 魅即屋梁上谓彦思曰：汝与妇道吾，吾今当截汝屋梁。（《搜神记·卷十七》，页210）

b 虎子闻行声，谓其母至，皆走出，其人即其所杀之。（《搜神记·卷五》，页36）

c 即裴城西北二十里有邯沟城。（《水经注·卷十》，页132）

（2）表时间。"即"作介词表时间，引介所在时间。如：

7）a 此人即时抱箧捉杖蹑屐而飞。（《百喻经·毘舍阇鬼喻》，页122）

b 即汉成、哀之间，已有经矣。（《世说新语·文学第四》，页116）

c 十月又一转，即十月中种瓜。（《齐民要术·卷二》，页186）

（3）表概念说明。"即"作介词表概念说明，引介工具（例8）、依据（例9、例10）、乘趁（例11）。如：

8）卧即缊綖。盖以宝帐。（《六度集经·卷第二》，页10）

9）a 莫不因方以借巧，即势以会奇。（《文心雕龙·物色》）

b 人即其服色而名之也。（《三国志·卷三十》，页857）

10）随口变化，即山行木徙，人皆见之，然而实不动也。（《抱朴子内篇·黄白》，页273）

11）a 裔出合，深悔不能阳愚，即便就船，倍道兼行。（《三国志·

---

① 何乐士等《古代汉语虚词通释》（1985：255）认为，介词"即"表时间，意为"当""就着"。"于是高帝即日驾，西都关中。"（《史记·留侯世家》）意为"刘邦当天就令人准备车马，到西方去定都关中。"

卷四十一》，页 1011）

b 欲到，即风引船而去，终莫能至。（《世说新语·言语第二》，页 79）

c 即此风云佳，孤觞聊可命。（谢朓：《赋贫民田》）

介词"即"两汉始见，表空间、时间；到魏晋南北朝时期，其功能有所增加，表空间、时间、概念说明。于表时间功能而言，介词"即"呈缩减趋势，魏晋南北朝文献中，未见引介"终到时间"用例。具体可描述为：

表 2-17　两汉至魏晋介词"即"的语义发展

	空间		时间		概念说明		
	所在处所	终到处所	所在时间	终到时间	工具	依据	乘趁
两汉	+	+	+	+			
魏晋	+	+	+		+	+	+

10. 赖

《说文》："赖，赢也。""赢，贾由余利也。"本义为"赢利"，引申为"依赖"义。（汉语大字典，339）《广雅·释诂》："赖，恃也。"何乐士等（1985：340）认为"赖"之介词用法于《战国策》中已见用例[①]，如：

1）周赖大国之义，得君臣父子相保也。（《东周策》）

两汉时，"赖"作介词表概念说明，引介凭借。如：

2）a 张仪曰："赖子得显，方且报德，何故去也？"（《史记·卷七十》，页 2280）

b 赖陛下德泽振救之，得毋转死沟壑。（《汉书·卷六十四》，页 2779）

魏晋南北朝时期，"赖"作介词表概念说明，引介凭借、工具。如：

3）a 年在桑榆，自然至此，正赖丝竹陶写。（《世说新语·言语第二》，页 121）

b 赖我手捉取。（《经律异相·卷第十七》，页 92）

c 铜柱今复在海中，正赖此以识故处也。（《水经注·卷三十六》，页 ）

4）熊母每旦出，觅果食还，辄分此人，赖以延命。（《搜神后记·卷一》，

魏晋南北朝汉语介词研究

---

① 本书认为，该例中，"赖"还不足以当介词讲。

页 6）

5）a 百谷赖兹沾润毕熟也。（《南齐书·卷九》，页 142）

b 我今赖君破坏牢狱断绝系缚。（《菩萨本缘经·卷中》，页 61）

介词"赖"从两汉到魏晋南北朝功能稍有扩大，但未脱离"概念说明"的语义范畴。魏晋南北朝时期，发展出引介"工具"的功能。即：

表 2–18　两汉至魏晋介词"赖"的语义发展

	概念说明	
	凭借	工具
两汉	+	
魏晋	+	+

11. 临

《说文·卧部》："临，监临也。"即"从上监视。"《尔雅·释诂》："临，视也。"本义为"由上视下"，引申为"由此及彼"，再引申为"面对""将要"义。（古代汉语虚词词典，350）"临"介词用法始见于两汉时期[①]。

两汉时，"临"作介词表示空间、时间。

（1）表空间。"临"作介词表空间，表示所在处所。如：

1）a 优㳺临槛疾呼，陛楯得以半更。（《史记·卷一二六》，页 3203）

b 令池在深室之中，则三千人宜临池坐前，俯饮池酒。（《论衡·卷七》，页 349）

（2）表时间。"临"作介词表时间，引介临近时间。如：

2）a 黔首改化，远迩同度，临古绝尤。（《史记·卷六》，页 205）

b 且临死时，皆有声辞，声辞出口，与仰天叹无异。（《论衡·卷五》，页 239）

魏晋南北朝时期，"临"作介词表示空间、时间。

（1）表空间。"临"作介词表空间，引介所在处所，意为"在……附近/旁边"。如：

[①] 中国社会科学院主编《古代汉语虚词词典》（2006：350）认为"临"用作介词"先秦已有用例，后一直沿用至今。"但其引例中最早用例为《史记》中用例。本书认为，典型的介词"临"始见于两汉时期。如"太子早死，临死谓其父昆莫曰：'必以岑娶为太子，无令他人代之。'"（史记·大宛列传）。

3）a 临尸恸哭，宾客莫不垂涕。（《世说新语·伤逝第十七》，页637）

b 临水求渡，船人不许。（《搜神记·卷二》，页13）

c 尚果循西山来，临滏水为营。（《三国志·卷一》，页25）

（2）表时间。"临"作介词表时间，引介所在时间，意为"在……（快要发生）的时候"。如：

4）a 无缘临终举荆州以授备。（《三国志·卷三十二》，页877）

b 亦耻大丈夫临别复杀卿辈！（《三国志·卷三十二》，页878）

12. 迄（讫）

"讫，止也。从言，乞声。"（《说文·言部》）"迄，至也。从辵，气声。"《说文新附》："迄，至也。或作讫。"《集韵·迄韵》"讫""迄"为同源叠韵字。（王力，1982：451）

"讫"作介词，两汉始见。表示"与动作行为有关的时段。"（古代汉语虚词词典，414、何乐士等，1985：413）"表示从以前某一时点直至说话时的时间。"（何乐士等，1985：423）

两汉时，"讫（迄）"作介词表示时间、概念说明。

（1）表时间。"讫（迄）"表时间，引介终到时间。如：

1）a 汉国自儒生之家也，从高祖至今朝几世？历年讫今几载？（《论衡·卷十二》，页125）

b 贤等得金湖水中，郡牧献，讫今不得直。（《论衡·卷十九》，页839）

c 上至隐公，下讫哀公十四年，十二公。（《史记·卷四十七》，页1943）

（2）表概念说明。"讫（迄）"作介词表概念说明，引介（时间）范围。如：

2）a 自共和讫孔子，表见春秋、国语学者所讥盛衰大指着于篇。（《史记·卷十四》，页511）

b 及孝惠讫孝景间五十载，追修高祖时遗功臣，及从代来，吴楚之劳，诸侯子弟若肺腑，外国归义，封者九十有余。（《史记·卷十九》，页977）

魏晋南北朝，"迄"作介词，表空间、时间、概念说明。

（1）表空间。"迄"作介词表空间，引介终到处所。如：

3）永安初，迁上大将军、都护督，自巴丘上迄西陵。（《三国志·

魏晋南北朝汉语介词研究

卷五十六》，页1309）

（2）表时间。"迄"作介词表时间，引介终到时间。如：

4）a汉行夏正，迄今四百二十六岁。（《三国志·卷二》，页64）

b笋六月生，迄九月，味与箭竹笋相似。（《齐民要术·种竹》，页458）

5）a仆少好词赋，迄至于今二十有五年矣。（《三国志·卷十九》，页557）

b魏以来迄于今时，言语应对之可称者，谓之语林。（《世说新语·轻诋第二十六》，页452）

c土人谓之为陷湖，唯姥宅无恙，迄今犹存。（《搜神记·卷二十》，页242）

（3）表概念说明。"迄"作介词表概念说明，引介范围。如：

6）鸾舆幽蔼，龙旗太常，爰迄太庙，钟鼓锽锽，颂德咏功，八佾锵锵。（《三国志·卷二》，页64）

7）a（《海岱志》）起太公迄西晋人物为四十卷。（《南齐书·卷五二》，页902）

b爰自保姆，迄至成童，忿戾昏顽，触途必著。（《南齐书·卷七》，页107）

8）a自白马迄此，则平川夹势，水丰壤沃，利方三蜀矣。（《水经注·卷二十七》，页）

b自富口迄此五十馀里，岸阻江山。（《水经注·卷三十六》，页808）

9）a自往迄今，弥历七代，岁暨三千，而大运来复。（《三国志·卷三》，页101）

b卒于官，家无余财，自魏迄今为河南尹者莫及芝。（《三国志·卷十二》，页387）

c自往迄今，未尝无之，不可不深择而熟思。（《三国志·卷四十六》，页1104）

介词"讫（迄）"从两汉到魏晋南北朝时期有所发展。魏晋南北朝时期，"讫（迄）"表范围与表示起点范围的"自""从""及"等连用，表示范围终点。两汉时期，表示范围，"讫（迄）"只见得引介时间范围的用例，魏晋南北朝时期有所发展：可引介时间范围、处所范围和对象范围。具体发展如下：

表2-19　两汉至魏晋介词"讫（迄）"的发展

	空间	时间	概念说明[1]		
	终到处所	终到时间	时间范围	处所范围	对象范围
两汉		+	+		
魏晋	+	+	+	+	+

13. 涉

"涉，徒行沥水也。从㵒，从步。"（《说文·㵒部》）"涉，历也。"（《广韵·叶韵》）"涉，渡也。"（《广雅·释诂》），本义为徒步过河，引申为时间上的经历。虚词"涉"是由"涉渡"义引申而来（古代汉语虚词词典，498）

"涉"介词用法始见于两汉（古代汉语虚词词典，498、何乐士等，1985：482）两汉时，"涉"作介词表时间，引介所在时间。（何乐士等，1985：482-483）。如：

1）涉正月击之，得计之理。（《汉书·卷六十九》，页2983）

2）于是乎背秋涉冬，天子校猎。（《史记·卷一百一十七》，页3033）

魏晋南北朝时期，"涉"作介词，表空间、时间。

（1）表空间。魏晋南北朝，介词"涉"表空间，引介经由处所。如：

3）a 故涉远来。欲望乞丐。（《贤愚经·卷三十一》，页398）

b 涉江采芙蓉。（《古诗十九首》·涉江采芙蓉）

（2）表时间。介词"涉"表时间，引介所在时间。如：

4）a 臣久婴笃疾，涉夏盛剧，命县呼吸，不任部官。（《三国志·卷十三》，页393）

b 郡领吏二百余人，涉春遣休，常四分遣一。（《三国志·卷十六》，页505）

c 涉春烂败，都督白之，公令舍去。（《世说新语·俭啬第二十九》，页467）

5）朝夕聚议，寒暑烦劳，背春涉冬，竟无予夺。（《颜氏家训·

魏晋南北朝汉语介词研究

---

① 本书在观察介词语义发展变化时有时会呈现上位概念，如"范围""原因"，有时也会呈现下位概念，如"时间范围""处所范围"等。以前者为主，考虑到语义的交叉性，有时会以后者的方式呈现。

省事第十二》，页193）

何乐士等（1985：483）认为，介词"涉"跟"背"组成"背秋涉冬"句式，表示"从秋到冬"或"过了秋天到冬天"的意思，如（例5）。

从两汉到魏晋南北朝时期，介词"涉"的语义功能有所增长，魏晋南北朝时期增加表示空间的介词功能。

14. 随

"随，从也。从辵，隋省声。"《说文·辵部》。本义是"跟随、跟从"，由此发展出介词用法。（古代汉语虚词词典，559）"随"介词功能始见于两汉时期[①]。

两汉时，"随"作介词表处所、对象、概念说明。

（1）表处所。"随"作介词表处所，引介"沿顺处所"。如：

1）a 诸侯随风西面，非不从也；然而皆秦之所以亡也。（《淮南子·卷十三》，页960）

b 平水土，随山刊木，定高下而序九州。（《盐铁论·卷九》，页551）

（2）表对象。"随"作介词表对象，引介协同对象。如：

2）a 于是少女缇萦伤父之言，乃随父西。（《史记·卷一〇五》，页2795）

b 元帝崩，媛为中山太后，随王就国。（《汉书·卷七十九》，页3302）

（3）表概念说明。"随"作介词表概念说明，引介依据。如：

3）a 其治容容随世俗浮沈，而见谓谄巧。（《史记·卷九十六》，页2688）

b 是故气性，随时变化，岂必有常类哉。（《论衡·卷十六》，页733）

c 故吾事为文也，随天为意，随地为理。（《太平经·卷一一五》，页632）

魏晋南北朝时期，"随"作介词表空间、对象、概念说明。

（1）表空间。"随"作介词表空间，引介所在处所，意为"在……旁边／沿着……的走势做某事"。如：

————————

[①]《古代汉语虚词词典》（2006：559）认为"随"之介词用法始见于先秦，如：十一月，克减侯宣多，而随蔡侯以朝于执事。（左传·文公十七年）。何洪峰、崔云忠（2015）考察了"沿顺"义介词的内部层次性，"随"介词用法应成熟于两汉时期。

4）大小相率，奔随道路。（《三国志·卷二十六》，页723）

5）a 随水草放牧，居无常处。（《三国志·卷三十》，页832）

b 随山谷以为居，食涧水。（《三国志·卷三十》，页834）

（2）表对象。"随"作介词表对象，引介"协同对象"。如：

6）a 安有葬父河南，随母还齐！（《三国志·卷十一》，页349）

b 随先主周旋，不避艰险。（《三国志·卷三十六》，页939）

7）a 随波出在海岸边。（《三国志·卷三十》，页847）

b 令子初随世沈浮。（《三国志·卷三十九》，页982）

c 州郡秩俸及杂供给，多随土所出。（《南齐书·卷二十二》，页409）

（3）表概念说明。"随"作介词表概念说明，引介依据、凭借。如：

8）a 高者随才品叙用。（《抱朴子内篇·审举》，页418）

b 随轻重行其罚。（《三国志·卷十五》，页485）

c 各随高下拜为王官。（《三国志·卷二十八》，页779）

9）a 随时贡献，不敢失臣礼也。（《三国志·卷十四》，页447）

b 俭随事解释。（《南齐书·卷十》，页160）

两汉至魏晋南北朝，介词"随"语义范畴基本维持。表"空间"语义域内，发展出引介"所在处所"的用法；表"概念说明"语义域内发展出引介"凭借"的用法。就语义域内部而言，介词"随"介引对象的语义范围有所扩展，如引介"依据"语义中，两汉时期引介对象具有［+方向］［+走势］特征；魏晋南北朝时期皆因对象扩大至时间、事物等具有规律性特征的名词。其发展情况可描述为：

表2-20　两汉至魏晋介词"随"的语义发展

	空间		对象	概念说明	
	所在处所	沿顺处所	协同对象	依据	凭借
两汉		+	+	+	
魏晋	+	+	+	+	+

15. 投

《说文》："投，擿也。"擿同掷，引申为"至"义，由此发展出介词用法。（古代汉语虚词词典，580）"投"介词用法始见于两汉。

两汉时，"投"作介词，表时间，引介终到时间。如：

1）a 投暮，入其里宅，因自匿不见人。（《汉书·卷九十二》，

b 显故投夜还，称诏开门入。（《汉书·卷九十三》，页 3728）

c 投暮往造迦叶。（《中本起经·卷四》，页 196）

魏晋南北朝时期，"投"作介词，表空间、时间、对象。

（1）表空间。"投"作介词表空间，引介终到处所。如：

2）a 送故吏数人投钱唐亭住。（《世说新语·雅量第六》，页 359）

b 因投本土召募，可得三万兵。（《三国志·卷四十六》，页 1103）

c 及其风箨有沦，辄有小鸟翠色，投渊衔出，若会稽之耘鸟也。（《水经注·卷十三》，页 310）

（2）表时间。"投"作介词表时间，引介终到时间（例3）、所在时间（例4）、乘趁时间（例5）。如：

3）a 期于毕命，投死无悔。（《三国志·卷八》，页 260）

b 以夜进兵，投晓攻城。（《三国志·卷四十六》，页 1098）

c 将三骑，投暮诣邺下。（《三国志·卷十五》，页 484）

4）a 挟持经书，投闲习读。（《三国志·卷十三》，页 420）

b 投飧时，先调浆令甜酢适口。（《齐民要术·飧饭第八十六》，页 948）

5）a 怀祖免丧，正可当尚书，投老可得为仆射。（《世说新语·仇隙第三十六》，页 497）

b 又课民无牛者，令畜猪；投贵时卖，以买牛。（《齐民要术·序》，页 7）

（3）表对象。"投"作介词表对象，引介求索对象，意为"向某人请求……"。如：

6）a 庾文康投陶公求救。（《世说新语·容止第十四》，页 616）

b 又兴古太守马氏在官，有亲故人投之求恤焉。（《抱朴子内篇·道意》，页 176）

介词"投"始见于两汉，表时间；魏晋南北朝时期发展出表空间、对象的用法。表示时间的介词结构中，引介对象为具有［＋未来］［＋短暂］特征，如"暮""晓"等；表对象的介词结构中，引介对象多为表人名词。介词结构中，引介对象的变化引起介词语义范畴的延伸，具体表现为：

表 2-21　两汉至魏晋介词"投"的语义发展

	空间	时间		对象
	终到处所	终到时间	所在时间	求索对象
两汉		+		
魏晋	+	+	+	+

16. 依

"依，倚也。"（《说文·人部》）引申为"倚"，"倚仗"义，又引申为"依随、依照"义。东汉后，"依"的语义漂白，引进依据的抽象物，虚化为介词。（何洪峰，张文颖，2015）

两汉时，"依"作介词，表概念说明，引介依据凭借。如：

1）a 执法附党不平，依法刑人。（《春秋繁露·卷十三》，页371）

b 依老子、严周之指着书十余万言。（《汉书·卷七十二》，页3056）

魏晋南北朝时期，"依"作介词表空间、概念说明、对象。

（1）表空间。"依"作介词表空间，引介经由处所，意为"沿着某地、某种趋势做某事"，如（例2）；表所在处所，意为"在某地或某物旁边做某事"（例3）。

2）a 依西山来，东至阳平亭。（《三国志·卷六》，页202）

b 若虏见兵合，退依深山。（《三国志·卷十五》，页474）

c 亮若出武轵，依山东转者，是其勇也。（《水经注·卷十七》，页433）

3）a 蜀大将军姜维率众依曲山筑二城。（《三国志·卷二十二》，页638）

b 行百余里。依空亭宿。（《六度集经·卷第八》，页47）

c 依北岸立水门，门广四丈，立水遏，长十丈。（《水经注·卷十四》，页343）

（2）表概念说明。"依"作介词表概念说明，引介依据凭借（例4、例5），方式（例6）。如：

4）a 依旧折半，以为永志。（《南齐书·卷三》，页52）

b 左右依常时为张公转侧，其友人无人为之。（《殷芸小说·卷七》，页140）

5）a 夫命运否泰，依德升降，三代卜年，着于春秋。（《三国志·卷二》，页67）

b 依食得全其命。（《出曜经·卷十五》，页693）

c 上使依其国俗祀之。（《世说新语·文学第四》，页116）

6）a 郁依范蠡食鱼法作大陂。（《水经注·卷二十八》，页665）

b 还依前布之，经宿即堆聚。（《齐民要术·杂说》，页3）

（3）表对象。介词"依"表对象，引介协同对象，即"跟随某人做某事"。如：

7）a 村人优藉风势，常依隋往还。（《水经注·卷四十》，页941）

b 松色随野深，月露依草白。（鲍照：《遇铜山掘黄精》）

介词"依"两汉始见，魏晋南北朝得以发展。两汉时，表示概念说明，引介动作进行的依据或凭借；魏晋南北朝时期，介词"依"除继承前代用法外，还产生了表示处所、时间和对象的功能。具体可描述为：

表2-22　两汉至魏晋介词"依"的语义发展

	空间		对象	概念说明	
	所在处所	经由处所	协同对象	依据凭借	方式
两汉				+	
魏晋	+	+	+	+	+

17.缘

《说文·纟部》："缘，衣纯也。""缘者，沿其边而饰之也。"（段玉裁《说文解字注》）"缘，循也。"（《广雅·释诂》）引申为沿着、循着。介词用法始见于两汉。

两汉时，"缘"作介词表空间、概念说明。

（1）表空间。"缘"作介词表空间引介沿顺处所。如：

1）a 缘陵流泽，云布雨施。（《史记·卷一一七》，页3033）

b 而缘河之郡堤塞河，辄坏决，费不可胜计。（《汉书·卷二十四》，页1161）

（2）表概念说明。"缘"作介词表概念说明，引介凭借（例2）、原因（例3）。如：

2）a 皆缘五行之气用相感胜之。（《论衡·卷五》，页256）

b 舜以司徒因尧授禅，禹以司空缘功代舜。（《论衡·卷十九》，

页 191）

3）a 舜以司徒因尧授禅，禹以司空缘功代舜。（《论衡·卷十九》，页 826）

b 后世欲光宠外亲者，缘申伯之恩，援此义以为谕也。（《汉书·卷十八》，页 677）

魏晋南北朝时期，"缘"作介词表示空间、概念说明。

（1）表空间。"缘"作介词表空间，引介经由处所，意为"沿着某地做某事"。如：

4）a 缘塘行，半路，忽见一贵人。（《搜神记·卷五》，页 36）

b 今缘山行军，势不得展。（《三国志·卷五十八》，页 1347）

c 合战败绩，缘淮奔退。（《南齐书·卷一》，页 3）

5）a 百姓缘沔水悲泣设祭。（《南齐书·卷四十五》，页 791）

b 自汴口以东，缘河积石为堰，通渠，咸曰金堤。（《水经注·卷五》，页 130）

6）a 使兵缘城攻门。（《三国志·卷二十八》，页 770）

b 缘石头北道入承明门。（《南齐书·卷二十六》，页 448）

7）a 一府人皆眠，何不缘墙入。（《南齐书·卷三十》，页 558）

b 郡守各缘屋出。（《三国志·卷二十八》，页 791）

（2）表概念说明。"缘"作介词表概念说明，引介原因。如：

8）a 凡有变革随时之宜者，政缘恩情有轻重。（《南齐书·卷二十二》，页 415）

b 吾何缘在斯乎。（《六度集经·卷第五》，页 28）

18. 逮至

两汉时，介词"逮"与介词"至"连用作复合介词，一般用于句首，表示时间，引介所在时间。如：

1）a 逮至当今之世，忍詢而轻辱，贪得而寡羞。（《淮南子·卷十三》，页 928）

b 逮至吴王阖闾，违礼厚葬，十有余年，越人发之。（《汉书·卷三十六》，页 1954）

魏晋南北朝时期，"逮至"作介词表时间，引介时间所在。如：

2）a 逮至战国，为楚所灭。（《三国志·卷一》，页 1）

b 逮至宠臣裂冠，则裁以庙略。（《南齐书·卷一》，页 22）

魏晋南北朝汉语介词研究

19. 临当

汉代，介词"临"与"当"复合连用，虚化为复合成次生介词，表示时间，引介临近时间。如：

1）a 狱决罪定，临当论刑，君愀然不乐。（《说苑·卷十四》，页363）

b 临当封，吉疾病，上将使人加绅而封之，及其生存也。（《汉书·卷七十四》，页3144）

魏晋南北朝时期，"临当"作介词表时间，引介临近时间。如：

2）a 临当就国，粲作诗以赠萌。（《三国志·卷六》，页186）

b 临当上船。更作教令。（《生经·卷第一》，页76）

20. 迟

两汉时期，"迟"作介词表"时间"，（何乐士，1985：58）引介终到时间。如：

1）迟明，行二百余里，不得单于。（《史记·卷一百一十一》，页2935）

魏晋南北朝时期，"迟"作介词表时间，引介终到时间。如：

2）a 迟将军到，亮得无已得陈仓乎！（《三国志·卷十七》，页526）

b 有怀恒迟今闻与我。（《贤愚经·善事太子入海品第三十七》，页412）

21. 去

两汉时期，"去"作介词表空间，引介所在处所。如：

1）a 况日去人以万里数乎？（《论衡·说日篇》，页109）

b 察当今天去地甚高，古天与今无异。（《论衡·谈天篇》，页105）

魏晋南北朝时期，"去"作介词表空间，引介"在距离某个处所的地方做某事"。如：

3）a 去虏十余里结屯营。（《三国志·卷二十六》，页727）

b 及徙骸骨，去城一十里埋之。（《三国志·卷二十九》，页814）

22. 逐

"逐，追也。从辵，从豚省。"（《说文·辵部》）商承祚《殷虚文字类编》："此字或从豕，或从犬，或从兔，从鹿，从止，象兽走圹而人追之，故不限何兽。"[《古文字诂林》（第2册）：433]"逐，从也。"（玉篇·辵部）本义为追逐义，引申为随、跟随。

两汉时期，"逐"作介词表空间、概念说明。

（1）表空间。"逐"作介词表空间，引介朝向处所。如：

1）a 史遂逐北至蓝田，再战，秦兵竟败。（《史记·卷五十五》，页2037）

b 逐水草迁徙，无城郭常居耕田之业，然亦各有分地。（《汉书·九十四》，页3743）

（2）表概念说明。"逐"作介词表概念说明，引介凭借。如：

2）a 赵军逐胜追造秦壁，壁坚拒不得入。（《史记·卷七十三》，页2334）

b 吏逐迹至籍少翁，少翁自杀，口绝。（《汉书·卷九十二》，页3704）

魏晋南北朝，"逐"作介词表对象、时间。

（1）表对象。"逐"作介词表对象，引介协同（跟随）对象。如：

3）不苟求活，逐汝去也。（《三国志·卷四》，页127）

（2）表时间。"逐"作介词表时间，引介终到时间。如：

4）使逐明去。如愿者，青洪君婢也。（《搜神记·卷四》，页52）

二、魏晋南北朝新产生介词

通过对框定语料的梳理，检得魏晋南北朝新生介词27个：夹、经、就、起、顺、往、望、循、着（著）、沿、寻、在于、由于、共、将、同、据、凭、持、取、仗（杖）、除、连、坐、因缘、横、论。

1.夹

"夹，持也。"（《说文》）又"持者，握也"（段玉裁注），本义为"从左右相持"。由"握持"义发展出介词用法，魏晋南北朝始见，表示"在……两边"，引介处所，相当于"在……两边"。如：

1）a 于下流潜渡，攻瑾诸军，夹江烧其舟船，水陆并攻。（《三国志·卷九》，页293）

b 尝列胡妓二部夹阁迎奏。（《南齐书·卷四》，页73）

2）a 虏军夹路射之，军主傅法宪见杀，赴沟死者相枕。（《南齐书·卷五十一》，页873）

b 后从权拒曹公于濡须，数进奇计，又劝权夹水口立坞。（《三

魏晋南北朝汉语介词研究

国志·卷五四》，页 1275）

2. 经

"经，织从丝也。"（《说文》），本义为"纺织时的纵线"，引申为"恒常"；又，"经，常也。"（《广雅·释诂》），假借为"径"（《说文通训定声》），即"经过、经由"之义。"经"的引申义常做副词。其假借义常作介词（《古代汉语虚词词典》，1999：309）。介词用法始见于魏晋南北朝时期[1]，表示空间、时间。

（1）表空间。"经"作介词表空间，引介经由处所。如：

3）a 经庭前桃树边过。（《齐民要术·五谷果蓏菜茹非中国物产者》，页 1028）

b 桓温经王敦墓边过。（《世说新语·赏誉第八》，页 256）

（2）表时间。"经"作介词表时间，引介经历时间。如：

4）a 糟糠经夏辄败，不中停故。（《齐民要术·养猪》，页 581）

b 师已便闲读经。经三月通千四百偈。（《众经撰杂譬喻》，页 535）

c 一比丘游王舍城。住经数日。摄衣持钵。（《中阿含经·卷六》，页 457）

3. 就

"就，就高也"（《说文解字》）；成也（《尔雅》）；成也、迎也、即也（广雅·释诂），义为"趋向"。由"趋向"义发展出介词用法，表示空间、对象。

（1）表空间。"就"作介词表空间，引介所在处所。如：

5）a 及渊谋逆，帝不忍市斩，欲就狱杀之。（《三国志·卷二十四》，页 687）

b 悬驼上楼就石磨刀。（《百喻经·就楼磨刀喻》，页 54）

c 破生鸡子，并细切姜、桔，就甄中和之。（《齐民要术·作奥糟苞》，页 915）

d 儿见充喜踊，充就乳母手中呜之。（《世说新语·惑溺第

---

[1] 马贝加（1999）认为，两汉时"经"有引介对象的作用，表示"经手者"。如：经博士受春秋，积十余年，经学明习，徒众日广，诸儒称之。（汉书·翟方进传第五十四，页 1881）
马贝加（1999）举《三国志》中用例为介词（引原文例），似误说误：
（1）a 军行经岁，士众疾疫死者十有八九，权深悔之。（三国志·卷六十，页 1383）
b 庄周之称郊祭牺牛，养饲经年，衣以文绣，宰以鸾刀……（三国志·卷七，页 222）
c 自在内职，与官人黄皓比屋周旋，经三十年。（三国志·卷四十二，页 1034）

三十五》，页490）

（2）表对象。"就"作介词表对象，引介关涉对象。如：

6）a 何为就我求物！（《南齐书·卷七》，页106）

b 诸人莫当就卿谈，可坚城垒。（《世说新语·言语第二》，页76）

c 庐江杜不愆，少就外祖郭璞学易卜，颇有经验。（《搜神后记·卷二》，页25）

上例中，"就"表示与动作行为有关的对象，a表示索求对象，相当于"向"；b表示协同对象，相当于"和"；c表示师从对象，相当于"向""跟"。

4. 起

"起，能立也"（《说文解字》），"站起来"的意思。引申出"出动、发动"的意思，由此发展出介词用法，表示时间，引介起始时间。如：

1）a 今所记三辰七曜之变，起建元讫于隆昌，以续宋史。（《南齐书·卷四》，页205）

b 起建元元年，至中兴二年，二十四年也。（《南齐书·卷十九》，页383）

c 起汉从帝时，御史中丞冯敕讨九江贼。（《南齐书·卷八》，页328）

魏晋南北朝时期，"起"作介词一般与"讫""至"等连用表示时间范围，相当于"从"，如例1）a、b；也可单独带宾语，表示开始的某一时间，如c。

5. 顺

"顺，理也"（《说文解字》）；"从也"（《玉篇》）；"循也，循其理"（《释名·释言语》）。魏晋南北朝时期发展出介词用法，表示空间、概念说明。

（1）表空间。"顺"作介词表空间，引介经由（沿顺）处所。如：

1）a 颖即起，率十数人，将导顺水上，果得一枯杨。（《搜神记·卷十六》，页193）

b 讨元，元军败，顺流下江。（《三国志·卷三二》，页891）

c 其顺道径来越已。（《贤愚经·无恼指鬘品第四十五》，页426）

（2）表概念说明。"顺"作介词表概念说明，引介依据凭借。如：

2）顺时种之，则收常倍。（《齐民要术·种谷第三》，页35）

魏晋南北朝汉语介词研究

6. 往

"往"于魏晋南北朝时期处于向介词语法化过程中,表示空间,引介方向。如:

1) a 此物便自走往马头问,嘘吸其鼻。(《搜神后记·卷二》,页22)

b 恭暂往墓下看之,二人素善,遂十余日方还。(《世说新语·识鉴第七》,页225)

c 余与众贤共送往洞中,昼夜游宴,屡迁其坐。(《世说新语·品藻第九》,页291)

7. 望

"望,出亡在外望其还也"(《说文解字诂林》,1988,页12408)引申为"远视"(《玉篇》),由此虚化为介词,表示空间,引介朝向处所。如:

1) a 望阶趋席,方作洛生咏。(《世说新语·雅量第六》,页206)

b 望襄阳岸乃去。(《南齐书·卷三十》,页563)

c 一唾之末后以一掬水望面洒之。(《七佛八菩萨所说大陀罗尼神咒经·第四卷》,页558)

d 知父在军中。望军而射。(《善见律毗婆沙》,页751)

8. 寻

"寻,理也"(《说文解字诂林》,1988,页3598),"凡治乱必得其绪,引申为'考索、探求'"(汉语大词典2卷,1808页),由此义虚化为介词,表"处所",相当于"沿着",魏晋南北朝始见用例:

1) a 先重楼构,寻垅下姜。(《齐民要术·种姜》,页271)

b 若路无人寻大道戏。(《六度集经·卷第五》,页27)

2) a 倍寻路逆来。(《众经撰杂譬喻》,页576)

b 返其水旋其本土。寻路布施。(《六度集经·卷第一》,页5)

3) a 知之寻声往救。(《众经撰杂譬喻》,页601)

b 彼鹿寻香食彼树叶。(《摩诃僧祇律·第一卷》,页231)

4) a 儿寻其迹追逐求索。(《六度集经·卷五》,页35)

b 闱复寻迹遂至祇洹门下。(《摩诃僧祇律·卷十三》,页331)

5) 寻时往诣舍利弗所。(《生经·第二卷》,页154)

9. 著(着)

着,本义为"附着、依附"(《汉语大字典》,9卷430页)引申出"放置"义，由此虚化出介词用法，表示处所，魏晋南北朝始见：

1）a 盛着笼中，平板石上，迮去水。（《齐民要术·作鱼》，页815）

b 著爪上行动也。（《抱朴子内篇·登涉》，页306）

c 或着铁釜中煮。（《中阿含经·卷十一》，504）

2）a 跳着他方刹土。日无奈罪何。（《六度集经·卷第五》，页31）

b 于彼有人以大重石掷着水中。（《中阿含经·卷三》，页440）

3）便泻着净地。（《中阿含经·卷十六》，页536）

4）令人不系着安隐处。（《中阿含经·卷二十三》，页576）

5）a 不染着世间，行得无漏。（《中阿含经·卷二十九》，页609）

b 藉以白练。安着日中。（《中阿含经·卷第五十七》，页785）

10. 沿

"沿，缘水而下也"（《说文解字诂林》，1988：17672）；"从流而下也"（《玉篇》）。本义为"顺着河水往下走"。由此虚化出介词用法，表示"沿着某一场所"，魏晋南北朝成熟。如：

1）a 槎乃移去，沿流下数里，驻湾中。（《搜神记·卷十一》，页133）

b 虏退，安民沿淮进寿春。（《南齐书·卷二七》，页507）

11. 循

"循，行顺也"，（《说文解字诂林》，1988：2602）"沿着某地行走"的意思。包括三个义素：［＋人］、［＋沿着某地］、［＋行走］，核心义素为［＋行走］。当"循"失去［＋行走］义时，虚化为介词，魏晋南北朝成熟，表示空间、概念说明。

（1）表空间。"循"作介词表空间，引介经由（沿顺）空间。如：

1）a 尚果循西山来，临滏水为营。（《三国志·卷一》，页25）

b 听绳索系两头循索行。（《四分律·卷五十》，页938）

c 将一沙弥令负衣钵循路行。（《大智度论·卷七十八》，页610）

（2）表概念说明。"循"作介词表概念说明，引介依据凭借。如：

2）a 循身观。是身无我无我所故空。（《大智度论·卷十九》，页308）

b 循道理名为得方。（《大智度论·卷四十七》，页399）

魏晋南北朝汉语介词研究

12. 在于（於）

由动词"在"加介词"于（於）"构成动词性词语，魏晋南北朝始见介词用法，表空间，引介所在处所。如：

1）实如瓠，系在于巅，若挂物焉。（《齐民要术·五谷果蓏菜茹非中国物产者》，页1051）

2）受如是形便当弃捐在于冢间。（《出曜经·卷三》，页622）

3）在于众中为师首。（《四分律·卷第三十二》，页791）

4）心在于佛无有余意也。（《四分律·卷第四十》，页856）

5）悉皆飞扬在于虚空。（《佛说灌顶咒官宅神王守镇左右经·卷第五》，页509）

13. 由于（於）

"由于（於）"作介词，魏晋南北朝始见，表概念说明，引介原因。如：

1）非异类而寿独长者，由于得道，非自然也。（《抱朴子内篇·对俗》，页40）

2）好利求荣，迷愚所专，害行毁德，壹由于贪。（《中本起经·卷上》，页148）

14. 共

"共，同也；合会也"（《说文解字诂林》，1988：3251）"皆也"（《广雅·释诂三》），"共同、和……一起"的意思，由此义发展出介词用法，相当于"和"。魏晋南北朝时期，"共"作介词，表对象，引介协同对象。如：

1）a 是诸菩萨共佛住。（《大度智论·卷第十三》，页110）

b 亦共臣民归命佛法。（《大度智论·卷第八》，页115）

2）共翁语时，不得唤言阿翁、阿爷、摩诃罗，应言婆路醯多。（《摩诃僧祇律·卷三十五》，页510）

15. 将

"将，帅也"（《说文解字诂林》，1988：3593），义为"带领"，由此发展出介词用法，表示对象，引介受事对象（例1、例2）、表概念说明，引介工具方式（例3）。如：

1）将无菩萨堕非道中。（《大智度论·卷八十九》，页689）

2）今菩萨分别行是法将无堕颠倒中耶。（《大智度论·卷八十九》，页692）

3）a 将五百乘车载财宝。（《四分律·卷第三十一》，页781）

b 若如是分别将无色性坏法性耶。（《大智度论·卷八十九》，页691）

16. 据

"据，杖持也；依也、持也"（《说文解字诂林》，1988：11759），引申为"凭借、依靠"，由此义发展出介词用法，表示概念说明，引介凭借。如：

1）a 又据五行之说，木生于亥。（《南齐书·卷一》，页142）

b 据体度以动静，每清详而无悔者，重人也。（《抱朴子外篇·行品》，页535）

上例中，"据"表示动作依凭的标准或者凭据，相当于"按照"、"根据"。

17. 凭

"凭，依几也"（《说文解字诂林》，1988：13697），"依也"（《小尔雅·广言》）。本义为"倚着、靠着"。魏晋南北朝时期产生介词用法，表概念说明，引介凭借。如：

1）a 绍凭世资，从容饰智，以收名誉。（《三国志·卷十》，页313）

b 仰圣德以求全，凭贤辅以申节。（《南齐书·卷三四》，页610）

18. 持

"持，握也。"（《说文解字诂林》，1988：11750）由此义发展出介词用法，表示概念说明，引介"依凭（例1）、对象（例2）"。如：

1）a 寿即持刀刺胁下，一创立死。（《搜神记·卷十六》，页194）

b 十日，块既散液，持木斫平之。（《齐民要术·水稻》，页160）

2）持一死虫着佛迹处。示弥勒等。（《贤愚经·波婆离品》，页433）

19. 取

"取，捕取也"（《说文解字诂林》，1988：3480），引申为"拿取"的意思，由此义发展出介词用法，魏晋南北朝时期成熟，表示概念说明，引介工具方式（例1）；表对象，引介受事对象（例2）。如：

1）出馈瓮中，取釜下沸汤浇之，仅没饭便止。（《齐民要术·造神曲并酒》，页641）

2）a 取金三釜持至其家。（《贤愚经·差摩现报品》，页370）

b 岂容蒸尝无阙，横取他子为嗣。（《宋书·卷十五》，页 410）

20. 仗（杖）

仗，本义为"执持、拿着"；杖，持也（《说文解字诂林》，1988：6525）。引申出"凭借、依靠"的意思，由此义虚化为介词，表示概念说明，引介凭借。如：

1）a 汉祖因土崩之势，仗一时之权，专任智力以成功业。（《三国志·卷四》，页 135）

b 仗民望以从众怀，尽冲退以奉主。（《世说新语·规箴第十》，页 308）

2）杖德修文，神武横于七伐，雄略震于九纲。（《南齐书·卷二六》，页 493）

（例 1a）中，"成功业"依靠"一时之权"；b 中，"民望"是"从众怀"所凭借的手段或者条件、资本，"仗"表示"凭借"。（例 2）中，"德"是"修文"的资本，"杖"表示"凭借"。

21. 除

《广雅·释诂》："除，去也。"《说文通训定声》："除，假借为祛。"意为"去除"，魏晋南北朝始见介词用例，表概念说明，引介范围——排除在某一范围之外。如：

1）一切但依此法，除虫灾外，小小旱，不至全损。（《齐民要术·杂说》，页 5）

22. 连

"连，负连也"（《说文解字诂林》，1988：2528）。引申为"连属"义，由此发展出介词用法，表示概念说明，引介范围—在某一范围之内。魏晋南北朝始见。如：

1）尝发所在竹篙，有一官长连根取之。（《世说新语·政事第三》，页 99）

23. 坐

"坐，止也，与'留'同义"（《说文解字诂林》，1988：13217）。"坐"的虚词用法最早是由其"犯罪"义发展而来，表示触犯律令而获罪的缘由。进一步发展为表示动作发生的原因。（古代汉语虚词词典，1999：886）马贝加（2009）认为，"坐"于汉代开始语法化，唐朝确定其介词用法。根据本书考察，"坐"于魏晋南北朝已见其介词用法，表示概念说明，引介原因。如：

1）a（王绥）俄拜荆州核刺史，坐父愉之谋，与弟纳并被诛。（《搜神后记·卷八》，页91）

b诩与射声校尉阴玄智坐畜妓免官。（《南齐书·卷四二》，页744）

c坐此被责，飘飘舟渚，一百许日，卒不得去。（《颜氏家训·风操第六》，页83）

马贝加（2009）认为，"犯罪"义动词"坐"有四个义素：（1）人、家族或集团；（2）有某种罪过或错误；（3）因犯罪错被判刑或受惩罚；（4）不幸或不如意的结果（入狱、处死或免职、降职等）。其中第三条是构成动词词性的主要义素，如果该义素消失，那么"坐"便失去其动词性质。

24. 因缘

"因缘"作介词表示概念说明，引介原因。如：

1）a与吕范、孙河俱就景，因缘召募，得数百人。（《三国志·卷一》，页14）

b后因缘相为垂死，乃得出。（《世说新语·汰侈第三十》，页471）

c法亮忧惧，因缘启出家得为道人。（《南齐书·卷一》，页18）

上例中，"因缘"表示原因。a中"召募"是"得数百人"的原因，也可以理解为"凭借"，此例中"因缘"呈现出一定的过渡性特征；b中"相为垂死"是"乃得出"的原因；c中，邱峰（2009：145）认为是省略了宾语的介词结构。

25. 横

"横"作介词只魏晋南北朝可见，表空间，引介所在处所。如：

1）a横山筑城十余里，攻之不能拔，乃引军还。（《三国志·卷一》，页45）

b鲁遣五官掾降，弟卫横山筑阳平城以拒，王师不得进。（《三国志·卷八》，页264）

26. 论

介词"论"来源于其动词"议论、评议"义，始见于南北朝时期。（马贝加，1992）如：

1）未有论德不先回参，论功不大夷吾。（《后汉书，卷六十四》，页2105）

魏晋南北朝时期，"论"作介词，表概念说明，引介依据凭借。如：

2）a 军还入塞，论功行封，封畴亭侯，邑五百户。（《三国志·卷十一》，页 342）

b 吴将诸葛瑾、张霸等寇襄阳……论功行赏各有差。（《三国志·卷三》，页 92）

三、先秦至魏晋南北朝介词成员的发展特点

先秦到魏晋南北朝介词成员系统从数量到义项都呈现出一定的规律性，主要表现在：成员数量增加的同时，部分介词退出介词系统；一些继承介词的义项发生变化，先秦核心介词语义有增加的趋势，有些介词则表现出专门化趋势。先秦到魏晋南北朝介词成员的发展特点可以总结为以下 7 点：

1. 数量呈上升趋势。根据定量考察，先秦可信介词 37 个，发展至魏晋南北朝时期，成熟的介词有 72 个。

2. 分工细化。先秦时期，介词多呈现一词多能现象，一个介词表示多个语义域，如介词"于（於）"既可表示空间处所、时间，也可表示"对象"和"概念说明"。魏晋南北朝时期，出现了一批新的介词，分化了"于（於）""以"等介词的功能。如：魏晋南北朝时期新产生的对象类介词"持""取"等有分化介词"以"表受事对象的功能。新产生的介词伴随着新产生的语义范畴，使得介词系统表义更加细化，如表示"沿着处所"的"沿""顺"等成熟；表示"包括""排除"的"连""除"等成熟使介词系统内部分工专门化。

3. 系统净化。系统净化主要表现在先秦时期一些非常用介词退出了介词系统。如前代限域性介词、罕见介词"曰""沓""眔""黎""涉""率""达""乒""才""徂""达""母""焉""遹""卒""畀""挚""若""零""戉""戠""庸""作""邶""历""披""居""犁""悉"等退出介词系统[1]。

4. 空间、时间类介词数量在介词系统中占优势。先秦介词中，空间、

---

[1] 在圈定文献中，没有发现以上介词出现的典型句法环境。语法化理论认为，句法环境是语法化发生的初级阶段也是最重要的阶段，语法化完成后，发生语法化的元素所在的句法环境的表层结构不发生变化（Lehman，1994：28）以上各词在前代文献中零星可见类似介词的用法，有些学者倾向于作介词理解，只是因为他们出现在"V1·N1·V2·N2"结构中，且语义与介词相似。何洪峰（2014）认为，尽管有很多成分语义上与介词相似，但是功能上却不起引介作用，还具有实词性质，如"黎""涉""投"等；"眔""遹"等在魏晋南北朝文献中未见用例，故判定为消失介词。

时间类介词占介词成员的50%强，继承介词中语境类介词15个，新生12个，复音介词中2个为语境类介词。发展至魏晋南北朝时期，空间、时间类介词仍然占据介词成员的多数。

5. 新生介词的限域性。新生介词的语义大多比较集中，如"沿""顺""往（望）""仗（杖）""连""除""凭""据"等皆为限域性介词，沿用至今；"寻""循""夹""着（著）""坐"等为流星介词。

6. 介词产生新的功能。相对于先秦，魏晋南北朝时期，一些老牌介词产生一些新的功能，如"用"先秦时期仅表示"工具"，魏晋南北朝产生表示"处所""时间"的用法；"从""在"魏晋南北朝发展出表示"凭借"的功能。

7. 介词表意功能专门化。从先秦到魏晋南北朝时期，一些介词表现出专门化趋势，表意范围减少，如"因"。"因"于先秦时期有表示"对象"和"原因"的功能，魏晋南北朝时期，表"对象"的功能未见明显用例，表示"原因"的用法成为"因"的典型功能。

本章主要描述了魏晋南北朝时期介词成员系统的概貌，主要包括继承介词和新生介词，并总结先秦到魏晋南北朝介词成员系统的发展特点。

介词成员系统中，包括"空间"类、"时间"类、"对象"类和"概念说明"类四大类。以圈定文献为考察标准，梳理介词出现的频次，全面梳理先秦到魏晋南北朝介词成员发展的概貌。具体表现为：

表2-23　先秦至魏晋南北朝介词发展表

来源		介词成员
继承 （44个）	先秦 （22个）	从、当、及、向、至、自、逮、在、比、乎、爰、以、诸、与、至于、为、用、由、于（於）、因、道、自从
	两汉 （22个）	案（按）、旁（傍）、被、并、乘、到、抵、对、即、赖、临、临当、讫（迄）、涉、随、投、依、缘、逮至、迟、去、逯
新生 （27个）		夹、经、就、起、顺、往、望、循、着（著）、沿、寻、在于、由于、共、将、同、据、凭、持、取、仗（杖）、除、连、坐、因缘、横、论

第三章　魏晋南北朝介词语义系统

一、空间类语义系统

魏晋南北朝空间类介词语义系统包括起始处所、经由（沿顺）处所、终到处所、所在处所（在某地、在某侧、在某地边缘）、来源朝向处所（朝向、运行方向）等子语义系统。

（一）起始处所

"起始处所"意为"动作运行开始的处所"。魏晋南北朝时期，引介"起始处所"的介词有4个：从、于（於）、自、乎。

1. 从

用于"从·N处所·V"结构，意为"某人/物从某地开始运行""从某地开始运行或出现某物/某事""某状态从某地开始出现并延续"。如：

1）a 从背入着腹中，弗之。如常炙鱼法，微火炙半熟。（《齐民要术·炙法》，页896）

b 四渎之源，河最高而长，从高注下，水流激峻，故其流急。（《水经注·卷一》，页2）

c 以彼外书，见高处出，谓从天来也。按佛经，此河从无热恼池东面出。（《水经注·卷一》，页7）

2）a 从此西行，有天井，其中多蛟龙。但投身入井，自当出。（《搜神后记·卷一》，页2）

b 臣从河北席卷而南，形势一连，根牙永固。（《三国志·卷六十二》，页1412）

c 从此东北行二十里，到一石窟，菩萨入中，西向结跏趺坐。（《水经注·卷一》，页9）

例（1）中，"从"引介起始处所，意为"从某地开始运行（到达某地）"，如a中"背"是动作"入"开始发生的处所；b中"高（处）"是"注下"开始的处所；c中"天"是"来"的出发点，即"起始处所"。

"从"表示"从某地开始运行（到达某地）"可以有明确的起始点和落脚点，如例（1）a；可以有明确的起始点，落脚点隐含，如例（1）c；可以有明确的出发点，但无需落脚点，如例（1）b。例（2）中，"从"引介起始处所，意为"某人/某物从已知点开始往未知点运行"，a例中"此"为说话人所在地或共知的处所，是"行"开始的处所；b中"河北"是说话人过去所在地，是"南（行）"开始的处所；c中"此"为共知处所，也是"东行"的起始处所。

例（1）中，"从"侧重"从远处到近处""从未知处所开始"；例（2）中，"从"侧重"从近处出发向远处运行""从已知处所到未知处所"。介词"从"引介"起始处所"到VP，其中动词为运行义动词，即"由远到近"的"来""出""入""现""到"等；"由近到远"义的"行""去"等。

此外，"从"常与终到义的"至"构成"从……至……"结构，"从"表示动作的出发点。如：

3）a 从上谷以西至炖煌，西接乌孙为西部，二十余邑。（《三国志·卷三十》，页836）

b 从鄯善傍南山北，波河西行至莎车为南道。（《水经注·卷二》，页35）

c《沙州记》曰：从东洮至西洮一百二十里者也。（《水经注·卷二》，页39）

4）a 遂从谷口入关，未至长安八十里。（《南齐书·卷一》，页3）

b 有鸟从江南飞渡江北，不能达，堕水死者以千数。（《三国志·卷三十三》，页896）

综上所述，介词"从"字短语修饰"运行""出现"义动词。如：

A 运行义：出、入、投、还、行

B 出现义：生、始、起

2. 于（於）

用于"于（於）·NP·VP"或"VP·于（於）·NP"结构，表示"动作从某地开始进行""动作从某处开始产生变化"。如：

5）a 军至南州，申胄军二万人于姑熟奔归。（《南齐书·卷一》，页102）

b 郁林既死，高宗须太后令，孝嗣于袖中出而奏之，高宗大悦。（《南

齐书·卷四十四》，页772)

　　c军人排阁入，于暗中牵出斩首，时年三十二。(《南齐书·卷四十五》，页791)

　　6)少君有不死之方，而家贫无以市其药物，故出于汉，以假涂求其财，道成而去。(《抱朴子内篇·论仙》，页17)

　　例(5)中，"于"表示起始处所用于"于·N~处所~·VP"结构，表示"动作开始运行的处所"。如a中"姑熟"是"奔归"出发的地方，是"运行的起点"；b中"袖中"是"出""运行的起点"；c中"暗中"是"牵出"的处所，离开"暗中"后，动作将发生变化，即"斩首"。a中"姑熟"是出发点，动作从"姑熟"开始并持续；b中"袖中"是"令"原来所在的地方，是"出"的出发点；c中"暗处"是"遥光"躲避的处所，"牵出"后，动作发生变化。例(6)中，"于"表示"起始处所"用于"V·于·N~处所~"结构中，意为"出现或来源的地方"。

　　表"处所起始"时，"于(於)"字结构中，NP为"处所""事物"类名词，如："汉、门、毫末、肤寸、树、口"等。VP为"运行""出现"义动词。如：

　　A运行义：出、入、归、奔、发

　　B出现义：生、始、起、有、兴

　　3.自

　　用于"自·NP·VP"或"VP·自·NP"结构，意为"动作从某处所开始运行""动作以某处所为参照，开始运行""动作在某范围内运行或呈现出某种状态"。如：

　　7)a帝遂以舟师自谯循涡入淮，从陆道幸徐。(《三国志·卷二》，页85)

　　b大司马温自广陵还姑孰，过京都，以皇太后令，废帝为海西公。(《世说新语·排调第二十五》，页433)

　　c案晋中朝元会，设卧骑、倒骑、颠骑，自东华门驰往神虎门，此亦角抵杂戏之流也。(《南齐书·卷九》，页150)

　　8)a广曾孙孟达自东海避难元城，改姓，去"缙"之足以为束氏。(《世说新语·雅量第六》，页211)

　　b温以永和元年自徐州迁荆州刺史，在州宽和，百姓安之。(《世说新语·政事第三》，页101)

9）a 河水自葱岭分源，东迳伽含罗国。（《水经注·卷二》，页36）

b 赵武侯自五原河曲筑长城，东至阴山。（《水经注·卷三》，页75）

10）a 弹棋始自魏宫内，用妆奁戏。（《世说新语·巧艺第二十一》，页384）

b 始自宫中，天下翕然化之也。（《搜神记·卷七》，页96）

c 犀象珠玉，无足而至自万里之外。（《抱朴子外篇·贵贤》，页313）

11）a 若夫杨阿若，少称任侠，长遂蹈义，自西徂东，摧讨逆节，可谓勇而有仁者也。（《三国志·卷十八》，页552）

b 自新林至赤岸，大破之，烧其船舰，死伤甚众。（《南齐书·卷一》，页8）

c 自富口迄此五十馀里，岸阻江山。（《水经注·卷三十六》，页808）

12）a 其肩似子产，自腰以下不及禹三寸。（《抱朴子内篇·祛惑》，页318）

b 会羌虏起，自关以西道断。（《世说新语·政事第三》，页103）

介词"自"引介"起始处所"表示①"从某地出发到达某地"，如例（7）。例（7）中"谯""广陵""东华门"分别是动作"入""迖""驰"出发的处所；a中"淮"是"入"的处所，b中"姑熟"是"还"的处所或者到达的目的地；c中"西华门"是"驰往"的方向或者可能到达的处所。②"从某地出发到某地做某事"，如例（8）。例（8）a中，"东海"是"避难"的出发地，"元城"是"避难"到达的处所，到达"元城"后"避难"得以施行；b中"徐州"是"迁"的起始点，"荆州"是"迁"的目的地。③"从某处开始产生某种变化"，如例（9）。例（9）a中，"葱岭"是"分源"开始产生的处所；b中"五原河"是"筑长城"的起始点。④"某种情况从某处开始发生"或"某动作从某处开始施行"，如例（10）。例（10）a中，"魏宫内"是"弹棋"开始出现的地方；b中，"宫中"是"始"的处所；c中，"万里之外"是"至"开始出发的处所。⑤"某一处所范围的起始点"，如例（11、例12）。例（11）a中，"西"是"摧讨逆节"开始发生的处所，"东"是"摧讨逆节"持续的方向，b同；

c中，"自富口迄此"是封闭的处所范围，"富口"是该范围的起始端，"此"是终止端；例（12）a中，"腰"是"不及禹三寸"状态的起始点；b中"关"是"道断"状态的起始点；"以下""以西"表明处所延伸的方向。

介词"自"引介"起始处所"用于"自·NP·VP"介词结构，如（例7~例9）；也可用于"VP·自·NP"结构，如例（10）；可用于"自……至……""自……以下"，如例（11）~例（12）等介词结构中。该介词结构中，NP表处所，VP主要有下类语义：

A 运行义：走、还、出、入、降等；

B 遭遇义[①]：始、兆、起、有、为；

C 执行义：寻、收、别。

4. 乎

用于"VP·乎·NP"结构，意为"从某处始具备/出现某物"。如：

13）a 芒颖秀于斥卤，夜光起乎泥泞。（《抱朴子外篇·君道》，页213）

b 智出乎身，理无或困；声系于物，才有必穷。（《南齐书·卷三六》，页641）

c 朝余发乎泗洲，夕余宿于留乡者也。（《水经注·卷八》，页218）

其中，NP为处所类名词或表示身体部位的名词；VP具有［+出现］［+存在］特征，如："起、出、生、迈、泽、发"等。

魏晋南北朝时期，介词引介"起始处所"用于"Pro·NP·VP""VP·Pro·NP"结构，其语义有四种类型：

第一，表示动作从某地开始运行，并持续。如"延年父周，自南阳徙茂陵，延年徙杜陵，子孙世居焉。（三国志·卷十六，页394）"其中"南阳"是动作"徙"开始运行处所，该动作将持续至"茂陵"。

第二，表示出发的处所。如"公之自舞阴还也。"（三国志·卷一，页15）其中，"舞阴"是"还"开始运行的处所，也是"还"出发的处所。

第三，表示状态开始出现的处所。如"自山东北至西宁府界千四百余里。（水经注·卷一）""自关以西道断。（世说新语·文学第三，页103）"中"山东北""关"是状态"千四百余里""道断"开始出现的处所。

---

① 该类动词包含"出现""遇见"特征；执行义动词包含"主观""实施"特征。

第四，表示某种行为最早出现的处所。如"弹棋始自魏宫内，用妆奁戏。（世说新语·巧艺第二十一，页384）"中，"魏宫内"是"弹棋"最早出现的处所。

魏晋南北朝时期，介词引介"起始处所"用于"Pro·NP·以N方位""Pro·NP1·至/迄NP2"结构，表示某处所范围的开端。如"自腰以下不及禹三寸。（抱朴子内篇·祛惑，页318）""自富口迄此五十馀里，岸阻江山。（水经注·卷三十六，页808）"中"腰"是"包含腰在内的范围处所的起点"；"富口"是"富口至此"范围的开端。

魏晋南北朝时期，引介"起始处所"的介词结构的语义类型为：

表3-1 魏晋南北朝"起始处所"义介词结构类型

	语义	介词	介词结构	介词结构中VP
起始处所	动作开始运行的处所	从、自、于（於）、乎	Pro·NP·VP/VP·Pro·NP	［＋起点］［＋运行］［＋持续］
	出发的处所	自、从、乎	Pro·NP·VP/VP·Pro·NP	［＋起点］［＋离开］［＋运行］
	状态开始出现处所	自、于（於）	VP·Pro·NP	［＋起点］［＋出现］［＋持续］
	行为最早出现的处所	自、于（於）	VP·Pro·NP	［＋起点］［＋出现］［＋散播］
	处所范围的开端	自、从	Pro·NP·以N方位/Pro·NP1·至·NP2	［＋起点］［＋范围］［＋延伸］

（二）经由处所

"经由处所"意为"经过某个处所运行至某处""经过某处所出入""沿着某处所运行""沿着某处所呈轨迹运行"。魏晋南北朝时期，引介"经由处所"的介词有：由、从、缘、经、于（於）、涉、沿、循、寻、随、顺、自。介词引介"经由处所"用于"Pro·NP·VP"结构或"VP·Pro·NP"结构。

1.由

用于"由·NP·VP"结构，意为"经过某处到达另一处"。如：

14）a 张飞自荆州由垫江入。（《三国志·卷四一》，页1011）

b 人有事于京师者，道当由此州而来。（《水经注·卷三十六》，页823）

c 自是中江不复东，而歙皆由芜湖西出，达于大江。（《水经注·卷三十五》，页 809）

d 恶不复由耳目鼻口入。（《六度集经·卷第七》，页 39）

15）a 芮芮常由河南道而抵益州。（《南齐书·卷五十九》，页 1025）

b 今战必败，败必走，走当由夹石、挂车，此两道皆险厄。（《三国志·卷五十六》，页 1313）

例（14）中，介词"由"引介"经由处所"意为"经过某处进入或出去"，如 a 中，"垫江"是"张飞""入"经过的地方；b 中，"此州"是"有事于京师者""来"所经过的地方；c 中，"芜湖"是"出"所经过的处所；d 中，"耳目鼻"是"恶""入"经过的处所。表示"经过某处进入或出去"时，"由"介词结构所在语境中没有明确表示终点的处所，即"进入""出去"的处所。例（15）中，介词"由"引介"经由处所"意为"（从某处出发）经过某处到达某处"。如 a 例中，"河南道"是"芮芮""抵（达）"所经过的处所；b 例中，"夹石、挂车"是"（败）走"经过的处所。介词"由"引介"经由处所"侧重点在于"通过的处所"，如例（14）；也可以表示"经过的处所"，如例（15）。

介词"由"引介"经由处所"用于"由·NP·VP"结构，如例（14）~例（15）a；也可用于"VP·由·NP"结构，如例（15）b。其中，NP 为具体处所义名词，如例（14）a~c、例（15）；也可以是抽象的处所义名词，如例（14）d。VP 为具有［+运行］［+延续］特征的动词，如"出""入""行""进""败""走"等。

2. 从

用于"从·N·VP"结构中，意为"经过某地做某事"。如：

16）a 豫乃进军……从他道引去。（《三国志·卷二十六》，页 727）

b 以玉水合服之，九虫悉下，恶血从鼻去。（《抱朴子内篇·仙药》，页 205）

c 至流水侧，从孔中引出五脏六腑洗之，讫还内服中。（《搜神后记·卷二》，页 18）

d 布不知反者为谁，直牵妇，科头袒衣，相将从涵上排壁出，诣都督高顺营，直排顺门入。（《三国志·卷七》，页 220）

17）a 便道遣宣王从河内西还，事以施行。（《三国志·卷三》，页 114）

b 久之，见公步从水上来，衣履不沾，而有酒色。（《三国志·卷六十三》，页 ）

18）a 敕镇西司马曹虎从江陵步道会襄阳。（《南齐书·卷四九》，页 850）

b 建武五年，耿弇东击张步，从朝阳桥济渡兵，即是处也。（《水经注·卷八》，页 209）

c 进别征高干，从北道入上党，回出其后。（《三国志·卷十七》，页 521）

19）a 重在家，有人走从门入，出髻中疏示重。（《世说新语·贤媛第十九》，页 372）

b《南越志》曰：暮从脐入，旦从口出。（《水经注·卷三十七》，页 874）

20）a 忽有一客从门过，因乞饮，闻其儿声。（《后汉书·卷二》，页 17）

b 向从阁下过，见令史受杖，上捎云根，下拂地足。（《世说新语·政事第三》，页 101）

"从"引介"经由处所"，①表示"经过某地离开"，如例（16）中"鼻""孔"是"去""引出"经过的处所。②"经过某地到某地"，如例（17）中"河内""水上"是"西还""来"经过的处所，例（18）中"江陵步道""朝阳桥"是"会""渡"经过的处所，例（19）中"门""脐""口"是"入""出"经过的处所。③"经过某地"，如例（20）中"门""阁下"是"过"经过的处所。

例（16）中，侧重"经过某地离开"，VP为"离开"义动词，如"行""去"等；例（17）～例（19）中侧重"经过某地到达某地"，可以有明确的目的地，如例（18）；可以是共知的目的地或说话人所在地，如例（17）；也可以是"动作呈现的目的地"，可不出现具体处所，如例（19）中"入""出"的目的地是"人""入"后所呈现的目的地，可不出现。表示"经过某地到达某地"时，VP为"经过""通过"类动词，如"还""到""归""来"；"进""入""出"；"过""渡""绝"等。介词"从"的标引对象，皆为表示处所的名词或代词，具有［＋可附着］

〔＋可延伸〕特征；介词结构中，VP 都具有〔＋运动〕〔＋过程〕〔＊起点〕的特征。如："过、上、渡、来、去、济、至、逃、到"。

3. 缘

用于"缘·NP·VP"结构，意为"经由某地做某事"或"在某地运行"。如：

21）a 合战败绩，缘淮奔退，宗之等皆陷没。（《南齐书·卷一》，页 3）

b 虏围断海道，缘岸攻城。（《南齐书·卷五十七》，页 987）

c 蔓延，缘木生。（《齐民要术·五谷果蓏菜茹非中国物产者》，页 1063）

NP 为〔＋长条〕特征名词；VP 具有〔＋运行〕特征。如：

A 运行义：奔、退、往、入、游

B 执行义：救、驱、攻、攀、乞

C 出现义：生、长、现、出

4. 经

用于"经·NP·VP"、"V·经·NP·VP"结构，意为"从某地方经过"。如：

22）a 袁术欲经徐州北就袁绍。（《三国志·卷三二》，页 874）

b 桓温行经王敦墓边过，望之云："可儿！可儿！"（《世说新语·赏誉第八》，页 256）

c 经庭前桃树边过。（《齐民要术·五谷果蓏菜茹非中国物产者》，页 1028）

NP 为处所名词；VP 具有〔＋位移〕特征。如："过、行、来、就"等。

5. 于（於）

用于"VP·于（於）·NP"或"于（於）·NP·VP"结构，意为"经过某地去做某事"。如：

23）a 曳履于绝岩上行，琅琅然。（《后汉语·卷一》，页 3）

b 遇桓于岸上过，王在船中，客有识之者。（《世说新语·任诞第二十三》，页 761）

NP 为有〔＋延展性〕特征的名词；VP 有〔＋运行〕特征。如："行、过、渡、经、入"。

6. 涉

用于"涉·N·V"结构，意为"通过／经历某地做某事"。如：

24）a 涉道进前既达本国。（《贤愚经·卷三十一》，页 398）

b 不逆人意。故涉远来。欲有所得。（《贤愚经·卷二十八》，页 389）

c 我今方当涉难入海焉知能得安全还不。（《贤愚经·卷三十九》，页 406）

7. 沿

用于"沿·NP·VP"结构，意为"沿着某处走……"。如：

25）a 沿流下数里，驻湾中。（《搜神记·卷十一》，页 80）

b 虏退，安民沿淮进寿春。（《南齐书·卷二七》，页 507）

8. 寻

用于"寻·NP·VP"结构，意为"沿着某地做某事"。如：

26）a 所牧牛犊散走入山。儿寻其迹追逐求索。（《六度集经·卷第六》，页 35）

b 少有狂疾，寻山采药，远来至此。（《南齐书·卷五十四》，页 941）

c 先重楼構，寻垅下姜。（《齐民要术·种姜第二十七》，页 271）

NP 为具有［＋长条］特征的名词；VP 具有［＋操作性］［＋延续性］［＋运行］特征。如："往、索、布、施、戏、追"等。

9. 循

用于"循·N·VP"结构，意为"沿着某地做某事"。如：

27）a 尚果循西山来，临滏水为营。（《三国志·卷一》，页 25）

b 州遣别驾阎温循水潜出求救，为超所杀。（《三国志·卷十》，页 313）

c 遣长吏督三军循江东下，摧破诸屯。（《三国志·卷二十六》，页 725）

N 为山、水类名词，VP 具有［＋运行］特征。如：来、下、出。

10. 随

用于"V·随·N""随·N·V"结构，意为"顺着某处进行"。如：

28）a（汝南兵民）奔随道路，不可禁止。（《三国志·卷二十六》，页 722）

b 随山谷以为居，食涧水。（《三国志·卷三十》，页 843）

魏晋南北朝汉语介词研究

11. 顺

用于"顺·N·V"结构，意为"按照水的走势运行"。如：

29）a 颖即起，率十数人，将导顺水上，果得一枯杨。（《搜神记·卷十六》，页119）

b 龙骧将军王浚顺流东下，所至辄克，终如抗虑。（《三国志·卷五十八》，页1360）

12. 自

用于"自·NP·VP"结构，意为"经过某地往另一地运行"或"经过某地做某事"。如：

30）豫将精锐自北门出。（《三国志·卷二十六》，页727）

31）索儿自睢陵渡淮，马步万余人，击杀台军主孙耿。（《南齐书·卷一》，页5）

32）a 晋惠公十五年，秦穆公帅师送公子重耳，涉自河曲。（《水经注·卷四》，页107）

b 秦二世三年，汉祖入自武关，攻秦，赵高遣将距于绕关者也。（《水经注·卷十九》，页456）

介词"自"介引"经由处所"，表示①"经过某地运行"，如例（30）。例（30）中，"北门"是"出"所必须经过的处所。②"从某地出发，经过某地，往某地运行"，如例（31）~例（32）。

魏晋南北朝时期，介词引介"经由处所"用于"Pro·NP·VP"结构或"VP·Pro·NP"结构。该结构语义有四类倾向：

第一，表示动作经过某处运行。如"从他道引去"中，"他道"是动作"引去"所必须经过的处所。

第二，表示某物经由某处进出。如"足疾不得同朝列，常乘舆自望贤门入。"（南齐书）其中，"望贤门"是"入"必须经过的处所，同时动作一旦发生，就已进入另一处所。

第三，表示沿着某处做某事。如"巴汉舟师，沿江东下。"（三国志·卷四十八，页1160）其中"江"是"下"的必经之地，且运行时动作执行者附着于该处所——"江"。

第四，表示沿着山水等的运势做某事。如"随山谷以为居，食涧水。（三国志·卷三十，页843）""龙骧将军王浚顺流东下，所至辄克，终如抗虑。（三国志·卷五十八，页1360）"中"山谷"是"为居"的处所，"山谷的趋势走向"是"为居"的方式；"流"是"下"所发生的处所，同时"流"的走势是"东下"的方式。

魏晋南北朝时期，介词引介"经由处所"语义类型为：

表 3-2　魏晋南北朝"经由处所"义介词结构类型

语义		介词	介词结构中 NP	介词结构中 VP
经由处所	动作经过某处运行	由、从、经、自、于（於）、涉、循	［＋可附着］［＋处所］［＋延伸］	［＋运行］［＋经过］［＋延伸］
	某物经由某处进出	由、自、从	［＋可穿越］［＋处所］	［＋运行］［＋经过］
	沿着某处做某事	沿、缘、顺、随、	［＋可附着］［＋延伸］	［＋运行］
	沿山水的运势做某事	缘、顺、寻	［＋趋势］［＋延伸］	［＋运行］［＋存在］

（三）终到处所

介词介引"终到处所"，意为"动作运行到某处停止""运行到某处开始执行某动作"或"某处所范围的终止点"。魏晋南北朝时期，引介"终到处所"的介词有：于（於）、诸、至、到、在、着（著）、逮、抵、迄、投、就、往、在于、乎、及等。

介词介引"终到处所"用于"Pro·NP·VP"结构或"VP·Pro·NP"结构；有些介词和表示"起始处所"的介词构成"自……至/迄……"等介词结构。

1. 于（於）

用于"VP·于（於）·NP"或"于（於）·NP·VP"结构，意为"动作运行到某处停止"或"运行到某地开始进行另一动作"。如：

33）a 六月，甲寅，入于洛阳，见皇太后。（《三国志·卷四》，页156）

b 命终魂灵入于太山地狱。（《六度集经·卷第一》，页1）

c 其弟子往至于中道。（《贤愚经·波婆离品第五十》，页432）

34）a 世祖亲投于天渊池试之，刻为佛像。（《南齐书·卷十八》，页366）

b《金液经》云，投金人八两于东流水中，饮血为誓，乃告口诀。（《抱朴子内篇·金丹》，页83）

c 惇恶之，照镜恚怒，辄扑镜于地。（《三国志·卷九》，页268）

35）a 希兄弟贵盛，桓温忌之，讽免希官，遂奔于暨阳。（《世说

魏晋南北朝汉语介词研究

136

新语·雅量第六》，页 205）

b 及温诛希，弟柔、倩闻希难，逃于海陵。（《世说新语·雅量第六》，页 205）

c 昔越王翳让位，逃于巫山之穴，越人薰而出之，斯非太伯之俦邪？（《三国志·卷五十七》，页 1326）

36）a 密遣人于彭城迎母，欲南奔，事觉，虏执其母为质。（《南齐书·卷二十五》，页 460）

b 值岁饥，三女相率于西湖采菱蒬，更日至市货卖，未尝亏怠。（《南齐书·卷五十五》，页 959）

例（33）、例（34）中，介词"于"引介终到处所，用于"V·于·N 处所"结构中，意为"动作运行到某处停止"。如例（33）中"洛阳""太山地狱""中道"是动作"入"所到达的终点，到达该处所，动作即停止；例（34）意为"某物在某人的作用下到达某处"，如 a 中"天渊池"是"灵石"被"投"到的处所；b 中"东流水中"是"金人"被"投"到的处所；c 中"地"是"刀"被"投"刀的处所；例（35）中"暨阳""海陵""巫山之穴"是动作"逃"到达的处所。例（36）中，"于"用于"于·N 处所·VP"结构，意为"到某地做某事"。"彭城"是"母"所在的处所，"人"需要从另一处出发，到达"彭城"才能"迎"母，"彭城"是"人"运行要"到达"的地方，同时是"迎"发生的处所。

表示"动作运行到某处""到某处做某事"时，"于"字介词结构中 VP 为持续性，可运行动词，如例（33）中"入"、例（35）中"逃"、例（36）中"迎"等；表示"被移动到某处"时，VP 可为非运行类，遭受类动词，如例（34）。

综上，表"终到处所"的"于"介词结构中，NP 为处所或抽象处所类名词；VP 为：

A 运行义：飞、趋、投、还、退

B 放置义：置、着、着、系、埋

2. 诸

用于"V·诸·N"结构，意为"某物到于某处"。如：

37）a 文帝以毒置诸枣蒂中。（《世说新语·尤悔第三十三》，页 895）

b 今我欲出珍宝妙藏置诸城门。（《六度集经·卷三十》，页

388）

N为"处所"名词，V为"运行"义、"放置"义动词，如："往、坠；置、藏"。

3. 至

用于"V·至·N"结构，意为"运行到某处停止"。如：

38）a 驰奔至彼死尸之处。（《贤愚经·摩诃萨埵以身施虎品第二》，页353-1）

b（布）大破之，获其鼓车，追至其营而还。（《三国志·卷一》，页12）

c 郭璞字景纯，行至庐江，劝太守胡孟康急回南渡。（《搜神记·卷三》，页37）

N为处所名词，V为如下义：

A 运行义：下、奔、来、往、还

B 执行义：担、召、持、洗、戏

C 转移义：送、遣、迎、驱

4. 到

用于"到·NP·VP"或"VP·到·NP"[①]结构，意为"（离开某地）到某地做某事"或"动作或状态一直延续到某地"。如：

39）a 东汉时，到洛阳见公卿数十处。（《搜神记·卷一》，页7）

b 从太祖到襄邑募兵，遂常从征战。（《三国志·卷九》，页277）

c 郁林废，朝臣到官门参承高宗，瑰托脚疾不至。（《南齐书·卷二十四》，页454）

40）a 乃到灶下问之曰："新妇从何所来，而相为炊？"（《搜神后记·卷五》，页49）

b 如彼愚人欲到王所作鸳鸯鸣。（《百喻经·贫人能作鸳鸯鸣喻》，页47）

41）a 父执弓箭，往到林间，见一仙人，毛发深长，便欲射之。（《百喻经·为熊所啮喻》，页240）

b 行到山林草木中，左取三口炁闭之。（《抱朴子内篇·登涉》，

---

① 当"到"出现在"到·NP·VP"结构中时，表示"到达某地之后才进行某一动作"，如："郁林废，朝臣到官门参承高宗，瑰托脚疾不至。"（南齐书）当"到"出现在"VP·到·NP"结构中时，表示"动作运行到某处终止"，如：追到岸边。见摩诃萨埵死在虎前。（贤愚经·摩诃萨埵以身施虎品第二，页353-1）

魏晋南北朝汉语介词研究

页 305）

c 以车载绍家及诸衣冠在州内者，身自扞卫，送到斥丘乃还。（《三国志·卷六》，页194）

42）a 天竺道人释那伽仙于广州因附臣舶欲来扶南，海中风漂到林邑。（《南齐书·卷五十八》，页1015）

b 东流到海，何为不溢？（《颜氏家训·归心第十六》，页215）

介词"到"引介"终到处所"，用于"到·NP·VP""VP·到·NP"结构。表示①到某地做某事。如例（39）~例（40）。例（39）中，"洛阳""襄邑""宫门"是"见公卿""募兵""参承高宗"发生的处所，动作施行者，在未进行该动作之前不在现场。例（40）中，"灶下""王所"是"问""作鸳鸯鸣"发生的处所，介词结构可理解为"去某处做某事"。②表示动作或状态延续的处所终点。如例（41）~例（42）。例（41）中，"林间""山林草木中""斥丘"分别是"往""行""送"到达的终点，到达该处所后，"往""行""送"动作结束；例（42）中，"林邑""海"是动作"漂""流"持续的终点。

介词"到"引介"终到处所"用于"到·NP·VP""VP·到·NP"结构。其中，NP为处所类名词；V有［＋运行］［＋状态］［＋延续］[1]特征，如：

A 运行义：往、至、行、追、进

B 执行义：取、召、住、贼、担

C 转移义：送、叫、教、起、逐

5. 在

用于"V·在·NP"结构，表示"NP是V运行的终点"。如：

43）a 波斯匿王来在门外。（《贤愚经·檀弥离品第四十八》，页430）

b 还在交州，奉宣朝恩，流民归附，海隅肃清。（《三国志·卷六一》，页1410）

c 吴朝举贤良，累迁议郎，今归在家。（《世说新语·赏誉第八》，页237）

N为处所名词，V具有［＋位移］特征。如："来、踊、飞、降、归、

---

①所谓动词［＋状态］特征，是指动词概念结构中包含一定的状态性，如"飞"则在［＋运行］的同时，带有［＋快速］特征、"召"带有［＋上下级］特征，这些是动词自身的特征。

出、移"。

6.着（著）

用于"VP·着（著）·NP"结构，意为"把某物以某种方式移止某处"。如：

44）a 殷明日与诸人共江上看，果见一棺……即移著冈上，酹以酒饭。（《搜神后记·卷六》，页64）

b 昔饥荒之世，当有利其数升米者，排著井中，喷喷有声。（《搜神记·卷三》，页35）

c 即便驱至深坑高岸，排著坑底，尽皆杀之。（《百喻经·杀群牛喻》，页37）

45）a 譬如写水着地，正自纵横流漫，略无正方圆者。（《世说新语·文学第四》，页125）

b 拆骨之处，髓流着石，观其脂色，肥腻若新。（《洛阳伽蓝记·卷二》，页309）

c 死人污秽臭处不清洁者。疾风吹着岸上。（佛说横水经·《大藏经·卷三十三》，页817）

介词"着"引介"终到处所"，用于"VP·着·NP"结构，其中NP为具有［＋可附着性］特征的名词，VP为［＋处置性］［＋位移性］特征的动词。如：

A 放置义：放、置、系、负、下

B 运行义：行、步、入、出、进

C 执行义：推、整理、采、戏、索

7.逮

1例。用于"V·逮·NP"结构，意为"运行到某地"。如：

46）周称旧章，汉言故事，爰自河雒，降逮淮海。（《南齐书·卷三九》，页681）

8.抵

2例。用于"从／自……抵……"结构中，意为"处所范围的终点"。如：

47）a "大道筋"，从腋下抵股者是。（《齐民要术·养牛、马、驴、骡第五十六》，页510）

b 自云中、五原以东抵辽水，皆为鲜卑庭。（《三国志·卷

三十》，页 831）

9. 迄

1 例。如：

48）迁上大将军、都护督，自巴丘上迄西陵。（《三国志·卷五六》，页 1308）

10. 投

用于"投·N·V"结构，意为"到……的时候"。如：

49）a 投老可得为仆射。（《世说新语·仇隙第三十六》，页 497）

b 投暮诣邺下。（《三国志·卷十五》，页 485）

11. 就

用于"就·NP·VP""VP·就·NP"结构，意为"去某地做某事""运行至某处"。如：

50）a 逵著械适讫，而太祖果遣家中人就狱视逵。（《三国志·卷十五》，页 481）

b 皓遣使就宛陵斩粲，收惠付狱。（《三国志·卷四十八》，也 1170）

c 于是就蚁封盘马，果倒踏，其俊识天才乃尔。（《世说新语·赏誉第八》，页 234）

51）a 为魏监军石苞及州泰所破，军却退就高。（《三国志·卷六十四》，页 1447）

b 遁为哀帝所迎，游京邑久，心在故山，乃拂衣王都，还就岩穴。（《世说新语·雅量第六》，页 207）

c 诸围皆敛兵聚谷，退就汉、乐二城，使敌不得入平，且重关镇守以捍之。（《三国志·卷四十四》，页 1066）

介词"就"引介"终到处所"①用于"就·NP·VP"结构中，意为"到某处做某事"，如例（49）。例（49）a 中，"逵"在"狱"中，"家中人"须"到达""狱"才可完成"视"的动作，故"狱"是"终到处所"；"就"介词结构意为"到狱中看逵"；b 中"宛陵"是"粲"所在地，"使"须到达"宛陵"后，方可完成"斩"的动作，故"宛陵"是"终到处所"；"就"介词结构意为"到宛陵斩杀粲"；c 同。②用于"VP·就·NP"结构，意为"运行到某个地方"，如例（50）。例（50）中，"高（处）""岩穴""汉、乐二城"分别是"退""还"运行的终点。

介词"就"介引"终到处所"用于"就·NP·VP""VP·就·NP"结构，其中NP为处所类名词；VP具有［＋位移性］［＋处置性］特征，如：运行类动词，行、退、还等；处置类动词：看、杀、斩等；言语类动词：言、语等。

12. 往

用于"往·N·V""V·往·N"结构，意为"到某地做某事"。如：

52）a 许掾甚忿，便往西寺与王论理，共决优劣。（《世说新语·文学第四》，页122）

b 恭暂往墓下看之。（《世说新语·识鉴第七》，页225）

c 余与众贤共送往涧中。（《世说新语·品藻第九》，页291）

13. 在于（於）

用于"V·在于·N"结构，意为"受某动作的影响而停留在某地"，即动作终结的处所，常出现在动词后。如：

53）a 实如瓠，系在于巅，若挂物焉。（《齐民要术·五谷果蓏菜茹非中国物产者》，页1051）

b（牧牛人）睹太子卧在于地。（《六度集经·善事太子入海品第三十七》，页413）

14. 乎

用于"V·乎·N"结构，意为"动作运行到某地"或"动作运行到某地"或"状态延续到某地"。如

54）a 出乎无上，入乎无下，经乎汗漫之门，游乎窈眇之野。（《抱朴子内篇·畅玄》，页2）

b 浥中有碑文曰：自瀑亭至乎曲红。（《水经注·卷三十八》，页889）

c 阁下大鼓，飞上临武，乃之桂阳，追号圣鼓，自阳山达乎桂是之武。（《水经注·卷三十九》，页914）

介词"乎"介引"终到处所"，表示"动作运行或状态延续的处所终点"，如例（54）a中，"无下"是动作"入"所到达的处所，即动作运行的处所终点；b中，"曲红"是"至"的终点处所；c中"桂是之武"是"达"所延续的处所终点。

介词"乎"介引"终到处所"用于"V·乎·N"结构，其中VP为动作运行类动词，如"行""至""到""达"等。

15. 及

用于"V·及·NP"结构，意为"动作运行至某地"。如：

55）明年，军出，行及寻阳，范见风气，因诣船贺崔炳基辛，催兵急行。（三国志·卷六十三，页1422）

魏晋南北朝时期，介词介引"终到处所"用于"Pro·NP·VP"结构或"VP·Pro·NP"结构。该类结构有两种语义倾向：

第一，表示动作运行的终点。如"光武击王莽二公，还到汝水上，于涯，以手饮水，澡颊尘垢。"（水经注·卷二十一，页499）其中，"汝水上"是动作"还"运行结束的处所，即"在某地某运行动作结束"。

第二，表示到某处做某事。如"太和初，到京邑与傅嘏谈。"（三国志·卷十，页312）其中，"京邑"是动作"谈"发生的处所，说话时动作执行主体并未位于动作发生处所，需"到"才可进行该动作。

介词介引"终到处所"还可与引介起始处所的介词构成"自……到……"类介词结构，表示处所范围的终点。

魏晋南北朝时期，介词引介"终到处所"的结构语义可描述为：

表3-3　魏晋南北朝"终到处所"义介词结构类型

语义		介词（结构）	NP	VP
终到处所	表示动作运行的终点	于（於）、诸、至、到、在、着、逮、抵、迄、乎、及、在于	［+可附着］［+处所］	［+运行］［+终点］［+可控］
	表示到某处做某事	至、到、往、就、投	［+可附着］［+处所］	［+运行］［+方向］［+可控］
	处所范围的终点	自/从……到/至/迄……	——	——

（四）所在处所

"所在处所"是指"动作进行时所在的处所""动作得以附着的处所"。魏晋南北朝时，表"所在处所"的介词有19个：从、当、于（於）、即、爰、以、乎、自、在、就、用、着、缘、诸、临、傍、夹、共。去

1. 从

用于"从·N·VP"结构中，意为"在某地做某事"。如：

56）a（腾）常从彰山中斫材木，负贩诣城市，以自供给。（《三国志·卷三六》，页945）

b宣武取笔欲除，都不觉窃从帐中与宣武言。(《世说新语·雅量第六》，

　　c 方将杀之，逐从窖中谓守者曰："此闲无健儿邪，而当使义士死此中乎？（《三国志·卷十五》，页 480）

　　57）a 长史从门外下车，步入尚书，着公服。（《世说新语·容止第十四》，页 624）

　　b 从生门上采之，于六甲阴干之，百日，末服方寸匕，日三，尽一枚，则三千岁也。（《抱朴子内篇·仙药》，页 199）

　　例（56）、例（57）表示"在某地做某事"，如例（56）a 中，"彰山中"是动作"斫材木"所在的处所，动作实施者与动作承受者在同一场所；b 与 a 同；c 中"窖中"是动作实施者"逐"所在处所，受事者"守者"不在"帐中"。例（57）中，"门外"是"下车"进行的处所，是"从另一处到达某处，且在某处静止后进行某一动作"；b 中"门上"是受事"之"所在的处所。

　　例（56）强调动作实施者处于某一处所，对他人、他物进行某一影响，VP 为"传达""致使影响""执行"类动词，如"说"；"砍""斫"；"饮"等。例（57）中，a 例强调动作施事者位移至某处，停止，然后进行某一动作；b 例中强调动作施事者在受事所在地进行某一动作，VP 为"运行""获得"类动词，如"上""下"；"采""得"等。即，N 为处所类名词；VP 都具有［－运行］、［＋依附性］特征。如：

　　A 执行义：采、观、排、瞻、击

　　B 获取义：得、出

　　C 言说义：谓、言

　　D 运行义：下、行

　　2. 当

　　用于"当·N·VP"结构，意为"在某个地方做某事"。如：

　　58）a 建武四年春，当郊治圜丘，宿设已毕，夜虎攫伤人。（《南齐书·卷十九》，页 387）

　　b 欲令别病法：当栏前作渎，深二尺，广四尺。（《齐民要术·养羊第五十七》，页 565）

　　N 为处所名词；VP 分布如下：

　　A 行为义：哭、沽、脱、嚎、叫

　　B 制作义：治、作、立

C 运行义：立、坠、买、沽

3. 于（於）

用于"VP·于（於）·NP"或"于（於）·NP·VP"结构，意为"在某处做某事""在某处出现某种情况"。如：

59）a 韦战於门中，贼不得入。（《三国志·卷十八》，页 544）

b 当于身上斮千铁钉。（《贤愚经·梵天请法六事品》，页 350）

60）a 后林父败赤狄于曲梁，赏桓子、狄臣千室。（《世说新语·方正第五》，页 179）

b 烈火焚于王城，飞矢集乎君屋。（《南齐书·卷一》，页 16）

61）从祀甘泉，至渭桥，有女子浴于渭水，乳长七尺。（《搜神记·卷四》，页 44）

62）a 底有盘石，水深二十余丈，珊瑚生于石上。（《世说新语·汰侈第三十》，页 472）

b 玉脂芝，生于有玉之山，常居悬危之处。（《抱朴子内篇·仙药》，页 198）

63）a 贼将见公，悉于马上拜，秦、胡观者，前后重沓。（《三国志·卷一》，页 36）

b 张湛好于斋前种松柏。（《世说新语·任诞第二十三》，页 406）

64）a 又于茅屋上然火，煮食食之，而茅屋不焦。（《抱朴子内篇·至理》，页 114）

b 用小麦不虫者，于大镬釜中炒之。（《齐民要术·笨麹并酒第六十六》，页 676）

"于"引介"所在处所"，可用于"V·于·N"结构，如例（59）～例（62），意为"在某处做某事"，如例（59）～例（60）；"在某处出现某物"，如例（61）～例（62）。"在某处做某事"可以是"在某处执行某动作"，如例（59）；可以是"某动作在某地持续"，如例（60）。表示"某物在某地出现"可以表示"某处呈现某种情况"，如例（61）；"某地出现某种事物或情况"，如例（62）。

"于"介引"所在处所"，可用于"于·N·VP"结构，如例（63）～例（64），意为"在某处做某事"，如例（63）；"在某处持续某动作"，如例（64）。

综上，"于"介引"所在处所"可表示"在某处做某事""在某处呈现某事物""在某处持续某动作"，可用于"V·于·NP"结构和

"于·N·VP"结构。其中，NP为表示处所的名词；VP有［＋执行］［＋主观］［＋分布］／［＋遭受］特征，如：

A 执行义：种、封，制、作、斲

B 言谈义：诣、议、答、怨、呼

C 持拿义：拿、取、挟、带、持

D 放置义：放、埋、置，获、借

E 遭遇义：遇、逢、袭，生、卒

4. 即

用于"即·N·V"结构，意为"在某处做某事"。如：

65）a 其碎者，割讫，即地中寻手纠之。（《齐民要术·种葵第十七》，页215）

b 时此妇人即床头立。（《大藏经》·卷24·鼻奈耶，页889）

介词"即"用于"即·NP·VP"结构中，NP为处所名词，VP分布如下：

A 言说义：曰、谓、问

B 行为义：侵略、上、煮、施、纠

5. 爰

其用法相当于"于（於）"，用于"V爰N"结构中，意为"在某地做某事"。如：

66）a 导扬弘烈，缓爰九域，莫不率俾，功高于伊、周。（《三国志·卷一》，页39）

b 秦人不纲，罔（网）漏于楚，爰兹发迹，断蛇奋旅。（《汉书·卷一百二十，页1453）

6. 以

用于"以·NP·VP"、"VP·以·NP"结构，意为"处所所在"：

67）a 皆粉之，以金华池浴之。（《抱朴子内篇·登涉》，页307）

b 是日，元嗣以郢城降义师。（南齐书·卷二，页106）

NP为处所名词，VP具有［－位移］特征，如："浴、降、戍、祀"等。

7. 乎

用于"V·乎·N"结构，意为"在某处做某事""某种状况在某处存在或呈现""某种事态在某种情况下存在"。如：

68）a 卢敖翱翔乎玄阙，若士竦身于云清。（《三国志·卷四二》，

页 1038）

　　b 余昔游乎云台之山，而造逸民，遇仕人在焉。（《抱朴子外篇·逸民》，页 64）

　　c 孔子游乎缁帷之林，休坐乎杏坛之上。（《世说新语·文学第四》，页 129）

　　69）a 思眇眇焉若居乎虹霓之端，意飘飘焉若在乎倒景之邻。（《抱朴子内篇·嘉遯》，页 1）

　　b 凤凰巢乎阿阁，麒麟在乎郊薮！（《南齐书·卷十八》，页 355）

　　c 舟师次乎武昌，抚军镇于夏汭。（《颜氏家训·颜之推传》，页 667）

　　70）a 烈火焚于王城，飞矢集乎君屋。（《南齐书·卷一》，页 16）

　　b 膏腴流于明世，华曜列乎竹帛。（《三国志·卷二十九》，页 828）

　　c 寄生因夫高木，女萝托乎茯苓。（《搜神记·卷十二》，页 146）

　　71）a 建高门之嵯峨兮，浮双阙乎太清。（曹植：《铜雀台赋》）

　　b 立中天之华观兮，连飞阁乎西城。（曹植：《铜雀台赋》）

　　c 至元康末，妇人出两裆，加乎交领之上。（《搜神记·卷七》，页 93）

　　72）a 盖谓有金银珠玉，在乎掌握怀抱之中。（《抱朴子内篇·微旨》，页 125）

　　b 中伤之心，不存乎胸也。（《抱朴子内篇·明本》，页 186）

　　c 鼋鳖伏乎其阴，鸥鹚孕乎其口。（《颜氏家训·颜之推集辑佚》，页 722）

　　73）a 贵游子弟，生乎深宫之中，b 长乎妇人之手，忧惧之劳，未常经心。（《抱朴子外篇·崇教》，页 151）

　　c 作威作福者，或发乎瞻视之下；凶家害国者，或构乎萧墙之内。（《抱朴子外篇·用刑》，页 357）

　　74）a 祸福交错乎倚伏之间，b 兴亡缠绵乎盈虚之会。（《抱朴子外篇·任命》，页 476）

　　c 君臣既立，众愿日滋，而欲攘臂乎桎梏之闲，愁劳于涂炭之中。（《抱朴子外篇·诘鲍》，页 509）

介词"乎"介引"所在处所"，表示①在某处运行，如例（68）。②某人/某物停留在某处所中，如例（69）。③某人、某物附着的场所，如例（70）。④某人或某物受外力影响，而出现的处所，如例（71）。⑤某人、某物或某种情况存在或呈现的处所。如例（72）。⑥某人、某物或某种状态出现的地方，如例（73）。⑦某请情势出现在某种环境中，如例（74）。

介词"乎"介引"所在处所"用于"VP·乎·NP"结构中，表示具体的存在或运行环境，如例（68）~（72）；也可以是抽象的环境，如例（73）；也可以是社会环境，如例（74）。其中，NP为表示处所或环境类的名词或名词词组，动词为：

A 运行类动词：游、行、过、起、飞等

B 存在类动词：并、迷、失、存、在等

C 呈现类动词：生、死、集、崩、盈等

D 处置类动词：振、扑、附、托、寄等

E 感官类动词：听、问、闻、观等

8. 自

用于"自·N·V"结构，意为"在某地进行某动作"或"在某处呈现某种状态"。如：

75）a 有人自嵩高山下得竹简一枚，上两行科斗书。（《世说新语·雅量第六》，页197）

b 后顺帝自东城即位。（《南齐书·卷十八》，页353）

c 乃敕城中人使不得见，又自卧舍中不起。（《三国志·卷十八》，页540）

9. 在

用于"在·N·VP"或"VP·在·N"结构，意为"在某处有某物"或"在某处发生某事"。如：

76）a 帝在东宫著论，以为五帝三王虽同气共祖，礼不相袭。（《三国志·卷三》，页108）

b 在父母傍卧，时夏日多蚊虫，而编派不是不摇扇。（《后汉书·卷二》，页12）

c 在车中照镜语丞相曰："汝看我眼光，乃出牛背上。"（《世说新语·雅量第六》，页197）

77）a 孙权在远称臣，此天人之应，异气齐声。（《三国志·卷一》，

b公卿百官奉迎于北芒阪下，故太尉崔烈在前导。(《三国志·卷六》，页 173）

c宽辞以母犹存，在西为贼所执，请得西行。（《南齐书·卷二十七》，页 510）

78）a见李在窗梳头，姿貌端丽，徐徐结发，敛手向主，神色闲正，辞甚凄惋。(《世说新语·贤媛第十九》，页 375）

b太傅时年七、八岁，箸青布絝，在兄膝边坐。(《世说新语·德行第一》，页 20）

c光在松树上拊手指挥嗤笑之，縢问侍从，皆无见者。(《搜神记·卷一》，页 12）

79）a国人乘大船，载铁网，先没在水下，一年便生网目中。（《世说新语·汰侈第三十》，页 472）

b禹之所服，隐在水邦，年齐天地，朝于紫庭者也。（《抱朴子内篇·辨问》，页 229）

c天子六冕，王后六服，著在《周官》。（《南齐书·卷十七》，页 340）

介词"在"引介"所在处所"，表示①呆在某地做某事，如例（76）。例（76）a 中，"东宫"是"著论"进行的处所；b 中，"父母傍"是"卧"的处所；c 中，"车中"是"照镜"的处所。在该类处所中，动作的执行者无需产生位移行为。②在某个方位做某事。如例（77）。例（77）a 中，"远"一相对说话者所在地而言，是"称臣"所在的处所，为相对处所；b 中，"前"是"导"所在的处所，是相对于"导"的对象而言所在的处所，是相对处所；c 中，"西"是"为贼所执"发生的处所，是相对话语所表达的叙事对象所谓未知而言，是相对处所。③在某一事物的相对位置处做某事。例（78）中，"窗"意为"窗前"是"梳头"得以进行的空间处所；b 中"兄膝边"是"坐"附着的空间处所；c 中，"松树上"是"拊手指挥嗤笑"执行者所在的空间处所。④某事件或状态在某处呈现，如例（79）。例（79）a 中，"人间"是"放"动作结束时，动作支配对象所在的处所；b 中，"水邦"是"隐"的发出者所在的空间处所；c 中，《周官》是"著"的内容——"天子六冕，王后六服"所在的位置，同时也是该内容的来源。

介词"在"引介所在处所，用于"在·NP·VP"结构，如例（76）~例（78）；或用再"VP·在·NP"结构，如例（79）。其中，NP可以为表示具体处所的名词，如例（76）a中"东宫"、例（79）b中"水邦"；可以是表方位的名词，如例（72）；可以是相对位置，如例（77）~例（78），也可以是抽象位置，如例（79）。动词有［＋放置］［＋存在］［＋附着］［＋延续］的语义特征，如：

A 执行义：学、授、写、译、送

B 遭遇义：死、生、亡；遇、会

C 放置义：布、列、屯、藏、浮

D 运行义：行、止、还、坠、登

E 形容词：远、近、穷、富、贫

10. 就

用于"就·N·VP"结构中，意为"在某地做某事"。如：

80）a 人遂惊惧，堕马。魅便就地捉之，惊怖暴死。（《搜神记·卷十七》，页211）

b 儿见充喜踊，充就乳母手中呜之。（《世说新语·惑溺第三十五》，页490）

81）a 一人更汲水，于瓮上就筐中淋之。（《齐民要术·作豉法第七十二》，页790）

b 牛乳渐多卒无安处…不如即就牛腹盛之。（《百喻经·愚人集牛乳喻》，页7）

c 以别绢滤白淳汁，和热抒出，更就盆染之，急舒展令匀。（《齐民要术·杂说》，页292）

介词"就"引介"所在处所"用于"就·NP·VP"结构，意为"在某地做某事"。例（80）中"地""乳母手中""郡黉上"是动作"捉""盛""相见"具体执行的处所；例（81）中，"筐中""牛腹""盆"是动作"淋""盛""染"得以实现的处所。该结构中，NP有［＋处所］［＋容纳］特征，VP为：

A 言谈义：说、语、言、访、呜

B 执行义：磨、食、烧，拜、养

11. 用

1例。如：

82）今可用东三处地最东边以葬我。（《南齐书·卷三》，页73）

12.诸

沿用先秦的介词,表示处所所在,用于"V+诸+N"结构中。共见 10 例。如:

83) a 书之玉版,藏诸金匮。(《颜氏家训·教子第二》,页 8)

b 天阶荐阻,嗣命多违,蕃衅孔棘,宏图景历,将坠诸渊。(《南齐书·卷六》,页 74)

c 今之君子,进人若将加诸膝,退人若将坠诸渊。(《世说新语·方正第五》,页 296)

d 乃以膏涂诸疮口,三日而复,云此名钉疽也。(《南齐书·卷二十三》,页 433)

13. 着(著)

用于"VP·着(著)·NP"或"着(著)·NP·VP"结构中,意为"把某物放置在某处""在某处施行某动作"。如:

84) a 魅即往谓典农曰:"汝取官若干百斛穀,藏着某处。"(《搜神记·卷十七》,页 211)

b 烧马蹄羊角成灰,春散着湿地,罗勒乃生。(《齐民要术·种兰香第二十五》,页 264)

c 布恐术为女不至,故不遣兵救也,以绵缠女身,缚著马上,夜自送女出与术。(《三国志·卷七》,页 227)

85) a 自解其绶以系督邮颈,缚之着树,鞭杖百余下,欲杀之。(《三国志·卷三十二》,页 872)

b 以大瓮盛半瓮水,内豆著瓮中。(《齐民要术·作豉法第七十二》,页 789)

c 序受剑,衔须著口中。(《搜神记·卷十六》,页 192)

86) a 又禁水著中庭露之,大寒不冰。(《抱朴子内篇·至理》,页 114)

b 正赤如丹,著爪上行动也。(《抱朴子内篇·登涉》,页 306)

c 火烧马屎及发,令烟出,着马鼻下熏之,使烟入马鼻中。(《齐民要术·养牛、马、驴、骡第五十六》,页 518)

介词"着(著)"引介"所在处所",表示①把某人或某物安置在某处。如例(84)~例(86)。例(84)中,介词"着"用于"V·着·NP"结构中,其中 NP 是 V 得以施行的处所,如 a 中"某处"是"藏"的处所;b 中"湿地"是"散"的处所;c 中"马上"是"缚"的处所。

同时，NP 也是受事受动作影响后所在的处所，如 a 中"某处"是"若干百斛穀"所在的处所；b 中"湿地"是"灰"所在的处所；c 中"马上"是"女"所在的处所。例（85）中，介词"着"用于"V·O·着·NP"结构中，该结构意在强调"NP 是 O 受动作影响后存在的处所"。如 a 中"树"是"之（督邮）"被"缚"后依附的处所；b 中，"瓮中"是"豆"受"内"影响后存在的处所；c 中"口中"是"须"受"衔"影响后存在的处所。②在某处做某事，如例（86）。例（86）a 中，"中庭"是"露之"的处所；b 中"爪上"是"行动"的处所；c 中"马鼻下"是"熏之"的处所。

介词"着"引介"所在处所"用于"VP·着·NP"结构和"着·NP·VP"结构中。前者侧重受事受动作影响后存在的处所；后者强调动作进行的处所。"着"字介词结构中，NP 可以是具体的处所名词，如"中庭"等；可以是某物体所在地，如"树"；可以是表示处所的方位短语，如"马上""口中"等。VP 具有［＋处置性］［＋位移性］的语义特征，如处置类动词：悬、挂、衔、钉、缚等；运行类动词：爬、行、散、掷、投等。

14. 缘

用于"缘·N·V"结构，意为"沿着某地做某事""在山、水之侧做某事"或"沿着山、水等的走势做某事"。如：

87）a 尝从策讨麻保贼，贼于屯里缘楼上行罾。（《三国志·卷四九》，页 1190）

b 一夫不耕，或钟饥馁，缘边戍卒，坐甲千群。（《南齐书·卷四十四》，页 781）

88）a 其母缘岸哀号，行百余里不去。（《世说新语·假谲二十七》，页 461）

b 太祖振旅凯入，百姓缘道聚观。（《南齐书·卷一》，页 9）

89）a 即率所领，晨夜进道，缘山险行，垂二千里。（《三国志·卷六十》，页 1394）

b 丧还，百姓缘沔水悲泣设祭，于岘山为立祠。（《南齐书·卷四十五》，页 795）

"缘"字结构中，NP 为［＋处所］［＋边侧］［＋走向］特征；VP 为［＋运动］［＋行为］类动词。

15. 临

用于"临·N·VP"结构，意为"在某地附近做某事"。如：

90）a 赵昺尝临水求渡，船人不许。（《搜神记·卷二》，页 21）

b 三月三日临水戏，忽见一犊车，乍浮乍没。（《世说新语·方正第五》，页 169）

c（魏文帝）临江观兵，兵有十余万，旌旗弥数百里，有渡江之志。（《三国志·卷四十七》，页 1132）

91）a 贼临高下石，不可得攻。（《三国志·卷六十》，页 1378）

b 临尸恸哭，宾客莫不垂涕。（《世说新语·伤逝第十七》，页 350）

介词"临"引介"所在处所"，表示"在某物旁边做某事或呈现某状态"。如例（90）a 中，"临水求渡"意为"在水边求渡"，"水（边）"是"求渡"的所在处所；b 中，"水边"是"戏"进行的处所，即"在水边戏"；c 中，"江（边）"是"观兵"的处所，即"在水边观兵"。例（91）a 中，"临高下石"意为"在高处下石"，"高（处）"是"下"施行的处所；b 中"尸（边）"是"恸哭"的处所，即"在尸边恸哭"。

介词"临"引介"所在处所"，用于"临·NP·VP"结构，其中 NP 为表示山、水等边缘性比较明显的名词，如"水""江""河"等；或者是抽象的"边缘性"特征名词，如"身""尸"等；VP 为［－位移义］动词，如：看视类动词：看、观、视、见等；处置类动词：戏、洗、斫、濯等。

16. 傍

用于"傍·N·V"结构，意为"在某地旁边做某事"。如：

92）a 虑上官望见，乃傍门列修竹。（《南齐书·卷三十一》，页 401）

b 种冬瓜法：傍墙阴地作区。（《齐民要术·卷二》，页页 37）

17. 夹

用于"夹·NP·VP"结构，意为"在某地两边做某事"。如：

93）a 权夹水口立坞，所以备御甚精。（《三国志·卷五四》，页 1206）

b 太祖乃顿军引管，分两马军夹营外以待之。（《南齐书·卷一》，页 5）

c 在世祖丧，哭泣竟，入后宫，尝列胡妓二部夹阁迎奏。（《南齐书·卷四》，页 73）

NP 为表示"道路""河流"等的名词；VP 具有［－位移］特征，如："立、待、射、烧、奏"。

18. 共

用于"共·NP·VP"结构，意为"在某地做某事"。如：

94）a 令新之官，至年十二，与母共道傍看。(《世说新语·言语第二》，页 41)

b 殷明日与诸人共江上看，果见一棺，逐水流徙，飘飘至殷坐处。(《搜神后记·卷六》，页 64)

魏晋南北朝时期，介词介引"所在处所"用于"Pro·NP·VP"结构或"VP·Pro·NP"结构。"所在处所"类介词介词语义共有七种倾向：

（1）表示"在某地出现/消失某物或呈现/消失某种状态"，如"一县之民，散在州境，西至淮畔，东届海隅。(南齐书·卷十四，页256)"中"散在州境"。"州境"是"一县之民"存在的处所，也是"散"呈现的处所。

（2）表示"在某地进行某动作"，如"太祖引兵入东郡，击白绕于濮阳，破之。(三国志·卷一，页7)"种，"濮阳"是动作"击"进行时施事者和受事者所在的处所，也是"击"动作发生的处所。又如"春初，掘藕根节头，着鱼池泥中种之，当年即有莲花。(齐民要术·养鱼第六十一，页606)""鱼池泥中"是动作"种"发生实现的处所，也是受事（藕根节头）受动作影响后所依附的处所。

（3）表示"在某处旁边做某事或呈现某种状态"。如"夫差悔，与群臣临江设祭，修塘道及坛。(水经注·卷四十，页936)"中"临江设祭"即"在江边设祭"之意。

（4）表示"在某处对面做某事或呈现某种状态"。如"尚对死马坐，须臾，马忽自门外走还，至马尸间，便灭，应时能动，起行。(搜神记·卷二，页28)"中"对死马坐"意为"在死马的对面坐"。

（5）表示"在某个方位做某事"。如"火烧马屎及发，令烟出，着马鼻下熏之，使烟入马鼻中。(齐民要术·养牛、马、驴、骡第五十六，页518)"。

（6）表示"沿着某种轨迹做某事或呈现某种状态"。如"从延津西南缘河至汲、获嘉二县，焚烧保聚三十余屯。(三国志·卷十七，页524)"中"从延津西南缘河至汲、获嘉二县"。

（7）表示"在某处两侧做某事或呈现某种状态"。"（谢奇）又劝权夹水口立坞。(三国志·卷五十四，页1275)"中"夹水口立坞"意为"在水两侧立坞"。

介词引介"所在处所"用于"Pro·NP·VP"结构或"VP·Pro·NP"结构中。"Pro·NP·VP"结构中，NP为具体处所类名词或抽象处所类名词，以具体处所类名词为主。抽象处所主要以"身体""身体部位""具体方位"类名词或名词性成分为主。抽象处所类名词具有［＋相对性］特征，即以某个部位或方向作为参照点，如"鼻下""爪上"等。VP可以是［＋运行］义动词，如行、运、走等。当VP为运行义动词时，NP一定时VP所附着的处所，即"在NP所表示的处所范围内运行"。VP也可以为［－运行］义动词，如"处理类""出现类""呈现类""情感类"等。当VP为非运行义动词时，NP为VP施行时动作施行者所在的位置，该位置为相对位置，如"旁边""两边""边缘""附近""X下／上"等。"VP·Pro·NP"结构中，NP为具体处所类名词，如山川、河流、城池等；VP为运行类或处置类动词，如行、退、败、走等；放、置、排等。NP为动作结束时，动作的发出者或者动作的关涉者所在的处所，如"缚之着树"。

魏晋南北朝，引介"所在处所"介词结构的语义特征为：

表3-4　魏晋南北朝"所在处所"义介词结构类型

介词结构语义		介词	介词结构中NP特征	介词结构中VP特征
所在处所	在某处呈现或消失	于（於）、在、着、就、乎、以、爰、及、以、当	［＋处所］［＋可附着］	［＋状态］［±延续］［＋变化］
	在某处进行某动作	在、于（於）、就、自、共、横、诸、用、及、即、着、以、当	［＋处所］［＋可附着］	［＋运行］［＋状态］［±延续］［＋终端］
	在某处旁边运行或呈现	临、傍	［＋处所］［＋相离］［＋旁边］	［±运行］［±延续］
	在某处对面运行或呈现	对	［＋处所］［＋相离］［＋对面］	［＋言行］［＋延续］［参照］
	在某个方位做某事	着、于（於）	［＋处所］［＋相离］［＋参照］	［＋执行］［＋延续］［参照］
	沿某种轨迹进行或呈现	缘	［＋处所］［＋附着］［＋边缘］	［＋运行］［＋延续］［参照］
	在某处两侧运行或呈现	夹	［＋处所］［＋附着］［＋两边］	［±运行］［＋延续］［参照］

（五）来源朝向

"来源朝向"意为"动作或者事件的起源或来源""动作运行的方向"。魏晋南北朝时期，介词表示"来源朝向"用于"Pro.·NP·VP"结构或"VP·Pro.·NP"结构。该时期表示"来源朝向"的介词有"依""向""即""往""望""去""从""于""对""就"等。

1.依

用于"依·N·V"结构，意为"按照山、海等的走势做某事"或"在山、水之侧做某事"。如：

95）a 倭人在带方东南大海之中，依山岛为国邑。（《三国志·卷三十》，页854）

b 蜀大将军姜维率众依曲山筑二城。（《三国志·卷二十二》，页638）

96）a 若虏见兵合，退依深山。（《三国志·卷十五》，页475）

b 依西山来，东至阳平亭。（《三国志·卷六》，页201）

"依"字结构中，NP为山、水类名词，具有［+走向］［+边沿］特征；VP为建筑类动词，具有［+行为］［+结果］特征，如"建、筑、为"等。

2.向

用于"向·NP·VP"或"VP·向·NP"结构，意为"某处是动作进行的方向"。如：

97）a 又向日看之，暗暗纯黑色起者，不中服。（《抱朴子内篇·仙药》，页203）

b 白马向城啼，欲得城边草。（《南齐书·卷十九》，页381）

NP为处所类名词；VP具有［+运行］［+主观］特征。如：

A执行义： 跪、啼、看、思、祭

B运行义： 飞、引、趣

3.即

意为"朝向某个地方做某事"。如：

98）a 济即前刺髦，刃出于背。（《世说新语·方正第五》，页287）

b（人）即前迎问。作礼恭敬。（《贤愚经·大施抒海品第三十五》，页407）

4.往

用于"往·NP·VP"或"VP·往·NP"结构，意为"面对着某个方向或某处所所在方向做某事"。如：

99）a 丹阳道士谢非，往石城买台釜。（《搜神记·卷十九》，页233）

b 前南谯太守王灵秀奔往石头。（《南齐书·卷五十》，页865）

c 攸之反问初至，太祖往石头与粲谋议，粲称疾不相见。（《南齐书·卷一》，页12）

NP 为表处所的名词，VP 具有［＋执行］［＋主观］特征，如："买、看、送、奔、去、走"。

5. 望

用于"望·NP·VP"结构，意为"对着某个地方施行某行为"。如：

100）a 陈以如意挂颊，望鸡笼山叹。（《世说新语·豪爽第十三》，页330）

b 若其望碑尽礼，我州之旧俗。（《南齐书·卷二十二》，页418）

NP 为处所名词，VP 具有［＋主动执行］特征，如："叹、礼、涕、泣"等。

6. 去

用于"去·NP·VP"结构，意为"在距离……的地方做某事"或"在某种距离内做某事"。如：

101）a 去户外十余丈有石柱，柱上有偃盖石。（《抱朴子内篇·卷十一》，页172）

b 去虏十余里结屯营，多聚牛马粪然之，从他道引去。（《三国志·卷二十六》，页727）

7. 从

用于"从·NP·VP"结构中，意为"某动作或某事件开始／出发的方向"。如：

102）a 又南出龙门口，汾水从东来注之。（《水经注·卷四》，页103）

b 泰元中，有一师从远来，莫知所出。（《世说新语·伤逝第十七》，页353）

c 其母从外得食哺，三子皆出口受之。（《搜神后记·卷二》，页17）

103）a 愍楚友墦窦如同从河州来，得一青鸟，驯养爱翫，举俗呼之为鹘。（《颜氏家训·勉学第八》，页231）

b 汉道士从外国来，将子于山西脚下种，极高大。（《齐民要术·卷十》，

页 1146 ）

　　c 卫玠避乱，从洛投敦，相见欣然，谈话弥日。（《世说新语·赞誉第八》，页 247 ）

　　104 ）a 从孔中引出五脏六腑洗之，讫还内服中。（《搜神后记·卷二》，页 8 ）

　　b 又作重楼飞阁，遍城上下，从地望之，有如云也。（《洛阳伽蓝记·城内瑶光寺》，页 57 ）

　　"从"表示出发、开始的方向时，NP 为表示方位的名词，如"东、南、西、北""里、外""远、近"等，如例（102 ）；或为表示来源的抽象处所，如例（103 ）中"外国"。其次，"来"表方向，还可表示"由某处向说话处位移"，如例（104 ）a；或"从某个方向视角观察某物"，如例（104 ）b。

　　8. 于

　　用于"VP·于·NP"结构，意为"从某处产生某动作或状态""某动作或状态向某地运行或扩展"。如：

　　105 ）a 索儿击破台军主高道庆，走之于石鳖，将西归。（《南齐书·卷一》，也 5 ）

　　b 执太璞于至醇之中，遗末务于流俗之外。（《抱朴子内篇·论仙》，页 15 ）

　　c 七月中，帝为侍中斛斯椿所使，奔于长安。（《洛阳伽蓝记·平等寺》，页 103 ）

　　106 ）a 或莫造志行于无名之表，得精神于陋形之里。（《抱朴子内篇·论仙》，页 15 ）

　　b 符出于老君，皆天文也。（《抱朴子内篇·遐览》，页 335 ）

　　107 ）a 不知文生于情，情生于文，览之凄然，生伉俪之重。（《世说新语·文学第四》，页 138 ）

　　b 夫人生先受精神于天地，后禀气血于父母，然不得明师，告之以度世之道，则无由免死。（《抱朴子内篇·勤求》，页 255 ）

　　c 凡有一言一行，取于人者，皆显称之，不可窃人之美，以为己力。（《颜氏家训·慕贤第七》，页 132 ）

　　介词"于"介引"朝向来源"，表示①"动作运行的方向"，如例（105 ）。②"某物或动作产生的来源"，如例（106 ）。③"某种状态或情况得以

产生或存在的来源"，如例（107）。

介词"于"介引"朝向来源"用于"VP·于·NP"结构中，意为"向某处运行"或"从某处而（得）来"。该结构中，NP 为处所类具有 [＋方向性] 特征的名词；VP 为运行类或获得类动词。

9. 自

用于"VP·自·NP""自·NP·VP"结构，意为"某人/某物/某地方是某动作/某人/某种状态的来源"或"动作运行的方向"。如：

108）a 魏之氏族，出自颛顼，与舜同祖，见于春秋世家。（《三国志·卷二十九》，页 808）

b 建官设职，兴自炎昊，方乎隆周之册，表乎盛汉之书。（《南齐书·卷十六》，页 311）

c 鸿泽之陂，圣王所规，开源东注，出自城池也。（《水经注·卷十六》，页 403）

109）a 沈攸之出自垅亩，寂寥累世，故司空沈公以从父宗荫，爱之若子，羽翼吹嘘，得升官次。（《南齐书·卷二十四》，页 447）

b 至于汉祖，起自布衣，率乌合之士，以成帝者之业。（《三国志·卷四》，页 135）

c 臣出自儒生之末，陛下过听，拔臣群萃之中，立之六军之上。（《三国志·卷十四》，页 449）

110）a 后妃之德，著自风谣，义起闺房，而道化天下。（《南齐书·卷二十》，页 394）

b 法家之教，出自刑理，禁奸止邪，明用赏罚。（《南齐书·卷五十四》，页 947）

c 始自大将军梁冀妻孙寿所为，京都翕然，诸夏效之。（《搜神记·卷六》，页 83）

111）王俭议官品第一，皆加幢络，自渊始也。（《南齐书·卷二十三》，页 431）

112）a 公受遗辅导，帝皆以方任处之，政自己出。（《三国志·卷二》，页 81）

b 天子富于春秋，万机自诸侯出。（《世说新语·方正第五》，页 182）

113）a 马忽自门外走还，至马尸间，便灭，应时能动，起行。（《搜神记·卷二》，28）

b 充自外还，乳母抱儿在中庭，儿见充喜踊。（《世说新语·惑溺第三十五》，页490）

c 流星自下而升，名曰飞星。（《南齐书·卷十三》，页235）

介词"自"引介"朝向来源"用于"VP·自·NP"结构，如例（108）~例（110）；也可用于"自·NP·VP"结构，如例（111）~例（113）。引介"朝向来源"，表示：①某人/某物是某人/物/情况的来源，如例（108）、例（113）。②某人/某物从某种处境或职位开始，发生某种变化，如例（109）。③某种情况或状态从某人或某处出现。如例（110）~例（111）。④从某个方向向另一方向运行，如例（113）。

介词"自"引介"朝向来源"用于"自·NP·VP"、"VP·自·NP"结构，意为"某动作或状态的来源""某动作运行的方向"，其中NP为表人、处所、方向等的名词，VP具有［+运行］［+出现］等特征的动词，如"走""奔""出""入""迁"等。

10. 乎

用于"VP·乎·NP"结构，意为"某人或某物从某处出现""动作向某处运行"。如：

114）a 万物出乎《震》，故亦帝所与焉。（《南齐书·卷二十一》，页400）

b 出乎无形之外，入乎至道之内。（《抱朴子内篇·塞难》，页139）

115）a 盖闻智出乎身，理无或困；声系于物，才有必穷。（《南齐书·卷三十六》，页641）

b 八卦生乎鹰隼之飞，六甲出于灵龟之负。（《抱朴子外篇·文行》，页446）

116）a 锐锋产乎钝石，明火炽乎暗木，贵珠出乎贱蚌，美玉出乎丑璞。（《抱朴子外篇·博喻》，页287）

b 始乎无端，终乎无末。（《南齐书·卷五十四》，页932）

117）a 吴札晋野竭聪，不能寻其音声乎窈冥之内。（《抱朴子内篇·道意》，页170）

b 索鸾凤乎鹳鹊之巢，未为难也。（《抱朴子外篇·交际》，页434）

介词"乎"引介"朝向来源"，表示①某处是某人或某物的出生地或来源地，如例（114）。②某种状况的来源，如例（115）。例（115）a中，"身"

是"智"的来源；b中，"鹰隼之飞"是"八卦""生"的基础或来源；c中，"习坎"是"取法"的来源。③某物或某种状况最先开始或存在的地方，如例（116）。④动作或情态发展的方向。如例（117）。

介词"乎"引介"朝向来源"用于"VP·乎·NP"结构，可以表示具体的来源处所，如例（114）；可以表示抽象的来源，如例（115）；可以表示"事态发展的来源或趋势"，如例（116）~例（117）。其中，NP为具体的或抽象的处所名词，VP为具有［＋出现］［＋运行］［＋方向］特征动词，如"出、来、起"等。

11. 由

用于"由·NP·VP"结构，意为"某种行为或状态从某一处／人／事件开始出现或施行"。如：

118）a 阿里之达克喇城东北三百一里，此处为天下之脊，众山之脉皆由此起。（《水经注·卷一》，页6）

b 汉下帝伐西南夷，路由此出，故曰夷道矣。（《水经注·卷三十四》，页795）

119）a 罢兵之诏，不得由曹氏出。（《三国志·卷八》，页250）

b 明罚厚恩，皆由上出，义兼长远，莫不肃然。（《南齐书·卷三》，页63）

120）a 创传由此始也。（《水经注·卷二十四》，页568）

b 魏尚书何晏首获神效，由是大行于世，服者相寻也。（《世说新语·言语第二》，页40）

例（118）中，介词"由"引介"朝向来源"，表示"山势、道路的开端或来源"。例a中，"此"代指"天下之脊"，是"众山之脉"发源的地方；例b中，"此"代指"夷道"，是"路"开始出现的处所，即"路"的开端。例（119）中，介词"由"引介"朝向来源"意为"命令等的发布者"，即"命令等的来源"。a中，"曹氏"是"出""罢兵之诏"的人，是"罢兵之诏"的来源；b中，"上"是"明罚厚恩"的发布者，是"明罚厚恩"指令的来源。例（120）中，介词"由"引介"朝向来源"，表示"某种趋势或风俗的开端"。a中，"此"是"创传"开始出现并得以延续的开端；b中，"是"是"大行于世"出现并延续的开端。

介词"由"引介"朝向来源"，用于"由·NP·VP"结构中，其中NP可以是处所类名词、人物对象类名词以及表事件的名词性成分；VP

有［＋开端］［＋延续］的语义特征，如：出现义动词：生、始、出、起等；延续义动词：行等。

魏晋南北朝时期，介词（词组）表"朝向来源"有两个方向。第一，以说话时间或地点为参照点，表示①"某动作或状态的起始方向——来源"，如"自""于""从"等。②以说话时间或地点为参照，表示"某人／某物的运行方向"，如"依""向""往""即""望"等都表示"从所在地向另一终点（如'往'）或目标（如'即'）所在方向运行"。③表示"沿着某一走势或者轨迹的方向进行某动作"，如"依""抵"等。④表示"某动作／事件产生或出现的方向"，如"从""就"。⑤表示动作情势发展的趋势，如"乎"等。

12. 对

用于"对·NP·VP"结构，意为"面对着某人某物做某事"。如：

121）a 未常不对纸流涕，岂愿相诮于今哉？（《南齐书·卷二五》，页466）

b 闲历观诸子之文，对之擦泪，既痛逝者，行自念也。（曹丕：《与吴质书》）

c 然性烈，好读兵书及三史，每览古良将战攻之势，辄对书独叹。（《三国志·卷六十四》，页1445）

122）a 尚对死马坐。（《搜神记·卷二》，页28）

b 周侯遇害，和尚对其灵坐，作胡祝数千言，音声高畅。（《世说新语·言语第二》，页55）

介词"对"引介"朝向来源"，用于"对·NP·VP"结构，该结构表示①"面对着某人或某物做某事"。如例（121）a 中，"对纸流涕"意为"面对着纸流涕"，"纸"是"流涕"的相对方向；b 中，"之"代指"诸子之文"，"对之擦泪"意为"面对着诸子之文"擦泪，"诸子之文"是"擦泪"的相对方向；c 中，"书"是"独叹"的相对方向。②朝向某人或某物所在的位置做某事，如例（122）。例（122）a 中，"死马"的对面是"尚""坐"的处所，即"尚朝向司马所在的位置坐"；b 中"（周侯）灵"的对面是"和尚""坐"的位置，即"和尚朝着周侯灵所在的处所坐"。

介词"对"表示"面对着某人或某物做某事"，用于"NP1·对·NP2·VP"结构，其中 NP 为书籍记载类名词。动作的发出者 NP1 由于受到 NP2 中内容的影响，产生 VP 所表示的情状，如例（121）a 中，"对

魏晋南北朝汉语介词研究

纸流涕"是因为"纸"所记载的内容，对 NP1 有所处罚，故 NP1 在"纸"记载内容的影响下"流涕"；b 中，"对之（诸子之文）擦泪"是因为受到"诸子之文"记载内容的影响；c 中，"对书独叹"意为"（因为）书中所记载'古良将战攻之势'让我有所感触，故发出感叹"。故，介词"对"表示"面对着某人或某物做某事"时，也可理解为"由于某人某事的影响使得某人产生某种情况"，其中 NP2 又可以看作是 VP 的来源。

介词"对"引介"朝向来源"用于"对·NP·VP"结构中，其中 NP 为"内容记载"类名词，如"书""信""纸"；"人、物"类名词；处所类名词。VP 为具有［＋情感触发］特征的动词，如"哭、涕、泣、叹"等。

13. 就

用于"就·NP·VP"结构，意为"朝向某个方向做某事"。如：

123）公知不可得，乃令就羊中告之。（《搜神记·卷一》，页 10）

124）释鞍就穴直上，可百余仞。（《水经注·卷十七》，页 426）

魏晋南北朝时期，介词表"朝向来源"，语义有六类趋势：

第一，道路、山水等起源或发端。该类介词结构中，NP 为道路、山水类名词，VP 为延续类动词。介词结构的语义在于说明的道路、山水等的开端、发源的处所。

第二，动作、行为开始出现的处所。该类介词结构中，NP 为处所类名词（包括具体处所和抽象处所），VP 为延续类动词。介词结构的语义在于指明动作行为得以施行的起始处所。

第三，风俗、流行、命令等的来源。该类介词结构中，NP 为表人、表事件的名词性结构，VP 为延续类动词。介词结构的语义在于说明风俗、流行及命令等的发出者或开创者。

第四，动作行为运行的方向。该类介词结构中，NP 为具体处所名词或抽象处所类名词，VP 为运行类动词。介词结构的语义在于说明动作运行的方向。

第五，动作行为所朝对的方向。该类介词结构中，NP 为抽象处所名词——表人＼物名词，VP 为情感类动词。

第六，距离某距离处做某事。该类介词结构中，NP 为以某处为参照的名词短语；VP 为运行或非运行类动词。魏晋南北朝"朝向来源"类介词结构的语义特征为：

表 3-5　魏晋南北朝"朝向来源"类介词结构类型

语义		介词	NP 特征	VP 特征
朝向来源	道路、山水等起源或发端	于（於）、自、由、从	［＋山水］［＋官职］［＋身份］［＋开端］	［＋起始］［＋延续］
	动作、行为开始出现的处所	于（於）、自、由、从	［＋处所］［＋身体］	［＋起始］［＋延续］［＋方向］
	风俗、流行、命令等的来源	于（於）、自、由、从	［＋记载］［＋信息］	［＋起始］［＋延续］［＋范围］
	动作行为运行的方向	于（於）、自、由、从、往、望、向、即、依	［＋处所］	［±延续］［＋方向］
	动作行为所朝对的方向	当、向、对、就	［＋处所］［＋参照］	［－延续］［＋言行］［方向］
	在某距离处做某事	去	［＋处所］［＋参照］	［＋方向］

二、时间类语义系统

"时间类"介词引介动作进行的"时间"关系，根据动作与时间关系，介词"时间"义又分为"起始时间、临近时间、所在时间、终到时间、乘趁时间"语义子系统。

（一）起始时间

介词表示"起始时间"，常出现在"Pro·NP·VP"结构或"VP·Pro·NP"结构中。意为"NP 是 VP 发生的起始时间"或者"N 是 V 开始出现的时间"。该结构中，VP 具有［＋延续］［＋起始］［＋容纳］特点，即允许某一动作在此时发生并持续。魏晋南北朝表"起始时间"的介词有"从""起""以""由""于""自"等。

1. 从

用于"从·N·V"结构，意为"动作从过去某时间开始持续到现在""动作从某一时间点开始发生，并持续下去""在某一时间范围的起始点"。如：

1）a 从建武以来，更相吞灭，于今有二十道。（《三国志·卷三十》，页 859）

b 从子建私开司马门来，吾都不复信诸侯也。（《三国志·卷十九》，页 557）

c 象从延康元年始撰集，数岁成……通合八百余万字。（《三国志·卷二十三》，页663）

2）a 酒一、二升者，或食十二时气，从夜半始。（《抱朴子内篇·杂应》，页267）

b 凡蚕从小与鲁桑者，乃至大入簇。（《齐民要术·卷五》，页409）

3）a 从九月一日后，止可小小供食，不得多作。（《齐民要术·养羊第五十七》，页558）

b 我邂逅迷惑，从今已后将为改过。（《三国志·卷十一》，页355）

c 从是之后，他薪不烧而自燃也。（《水经注·卷一》，页5）

4）a 此一异也，又不可以言者也，从是天下服其巧矣。（《三国志·卷二十九》，页806）

b 爱恩从此别，断绝伤肝脾。（《世说新语·方正第五》，页168）

5）a 从光武至今复十一世，案石苞室谶，宜复还都长安。（《三国志·卷六》，页176）

b 从初平之元，至建安之末，天下分崩，人怀苟且。（《三国志·卷十三》，页419）

6）a 从朝至暮，但作求死之事，了不求生，而天岂能强生之乎！（《抱朴子内篇·卷四》，页76）

b 从处暑至八月白露节，皆得。（《齐民要术·蔓菁第十八·226》）

c 若从十月至正月皆冻树者，早晚黍悉宜也。（《齐民要术·黍穄第四》，页104）

7）a 莫不自近及远，从微至着。（《齐民要术·卷六·养牛、马、驴、骡第五十六·493》）

b 随米多少，皆平分为四分。从初至熟，四炊而已。（《齐民要术·卷七》，页688）

8）a 从大皇帝逮孤四世矣，太平之主，非孤复谁？（《三国志·卷四十八》，页1117）

b 从五月初，尽七月末，每天雨时，即触雨折取春生少枝，长一尺以上者，插着垅中。（《齐民要术·种槐、柳、楸、梓、梧、柞，页446》）

c 从七月熟，人敛获，至冬乃讫。（《齐民要术·五谷果蓏菜茹非中国物产者》，页1016）

"从"引介"起始时间"意为：①"动作从过去某个时间开始发生，

一直持续到说话时的时间"，如例（1）、例（2）。例（1）中"建武""元康元年"是动作"更相吞灭""撰集"开始的时间，且该动作一直延续到说话时所在时间，并有可能会继续下去；例（2）中，"夜半""小（时候）"是动作"（开）始""（给）与鲁桑"开始的时间，且该动作具备重复性，即在某一阶段结束后，还会从"起始时间"开始。②表示"动作从某一时间开始进行，并将持续下去"，如例（3）、例（4）。例（3）中"九月一日""今"是"小小供食""将为改过"开始执行的时间。该动作具有一定的未知性，即只知道起点时间，是否有终点时间，什么时间是终点时间不可知。③表示"在某一已知起点和已知终点的时间段内的起始时间"，如例（5）~例（8）。

例（1）中，"从"与"来（以来、已来）、始、起"等连用，表示动作开始的时间；VP具有［＋持续性］特征。如"撰"等；例（2）中，"从"表示重复动作的起始时间，可与"始"等"开始"义动词连用，构成"从NP始"结构，与例（1）b同；也可以单独表示起始时间，如例（2）b。例（3）中，"从"表"动作从现在（说话时）开始，以后仍将持续或改变"时，与"后（以后、已后）"连用；VP具有［＋持续性］特征；"从"也可以单独表示"从说话时间开始做某事"，如例（4）。例（5）~例（8）表示"已知时间段的起点时间"，通常与表示终点时间的介词"至、尽、逮"等构成"从……至……"如（例5）~例（7）"从……逮……"结构，如例（8）a；"从……尽……"结构，如例（8）b。表"某个时间段的起始时间"时，"从"可介引"具体时间"，如例（6）；"抽象时间"，如例（7）；也可以是"人物所在时间"，如例（8）a。"从……至/尽/逮……"可以凝固出现，如例（5）~例（8）a；也可以分开，如例（8）b；也可以中间插入其他事件，如例（8）c。

表示"起点时间"时，"从"字介词结构中，N为"时间名词（短语）"；V分布如下：

A 运行义：往、来、去、出

B 转移义：起、显、绝、生、失

C 执行义：改、疏、撰、折、懈

2.起

出现在"起……讫/至……""起·NP·VP"结构中，意为"在某一事件范围的起始阶段"（a）或"从某时开始"（b）。如：

9）a 今所记三辰七曜之变，起建元讫于隆昌，以续宋史。（《南齐书·志第四》，页203）

b 起汉从帝时，御史中丞冯赦讨九江贼，督扬、徐二州军事。（《南齐书·志第八》，页328）

3. 自

用于"自·NP·VP"或"VP·自·NP"结构，意为"动作从某时间开始执行""状态从某时间开始出现并持续""状态从某时间开始并将延续下去"。如：

10）a 自天子西迁，朝廷日乱，至是宗庙社稷制度始立。（《三国志·卷一》，页13）

b 自景和昏虐，王纲弛紊，太宗受命，绍开中兴，运属屯难，四郊多垒。（《南齐书·卷一》，页15）

c 自我为汝家妇，少见贫贱，一旦富贵，不祥！（《世说新语·贤媛十九》，页362）

11）a 自今已后，临事所甄，当加宠号者，其便刻印章假授……勿有疑焉。（《三国志·卷一》，页46）

b 自杀袁悦之后，上深为晏驾后计，故先出王恭为北蕃。（《世说新语·德行第一》，页24）

c 自灵帝崩后，京师坏灭，户有兼尸，虫而相食者。（《搜神记·卷六》，页88）

12）a 自是以来四十余年，又荧惑失色不明十有余年。（《三国志·卷二》，页64）

b 自乱离已来，吾见名臣贤士，临难求生，终为不救。（《颜氏家训·养生第十五》，页362）

c 自庾亮以来，荆楚无复如此美政。（《南齐书·卷四十二》，407）

13）a 自今已往，事无巨细，必经太子，然后上闻。（《南齐书·卷五十七》，页984）

b 自宋升明以前，皆听复注。（《南齐书·卷三十四》，页610）

14）a 自去冬十二月至此月不雨。（《三国志·卷四》，页118）

b 自往迄今，弥历七代，岁暨三千，而大运来复。（《三国志·卷三》，页103）

c 太祖使思庄与王抗交赌，自食时至日暮，一局始竟。（《南齐书·

卷四十六》，页811）

15）a 故验刘向、鱼豢之说，佛至自哀、成之世明矣。（《世说新语·文学第四》，页116）

b 上书陈事，起自战国，逮于两汉，风流弥广。（《颜氏家训·省事第十二》，页327）

c 至于丞相，始自秦政。（《三国志·卷四》，页124）

介词"自"引介"起始时间"，表示①从某时间开始出现某种状态，如例（10）~例（12）、例（15）；②从某时间以前具有某种状态，如例（13）；③某时间段的起始点，如例（14）。

介词"自"引介"起始时间"可以是抽象时间，如例（10）中，"天子西迁""景和昏虐""我为汝家妇"分别是"朝廷日乱""王纲弛紊""少见贫贱"的参照时间，其中"天子西迁""景和昏虐""我为汝家妇"皆以某事件或状态出现的时间为参照点；可以是具体的时间点，如例（11）a、例（13）a、例（14）a、例（15）a、b；可以是某人物所代表的时代，如例（12）c、例（15）c。

介词"自"介引"起始时间"用于"自·N·VP"结构中，如例（10）；"自·NP·以后/后"结构，如例（11）；"自·NP·以来/已来/来"结构中，如例（12）；"自·NP·以往/以前"结构，如例（13）；"自·NP1·至·NP2"结构，如例（14）；"VP·自·NP"结构，如例（15）。其中，名词可以是具体时间名词、表示某事件发生的时间短语、以人物所在时间为参照的名词；VP具有［+起始］［+发生］［+延续］的语义特征，如"出现类"动词："出""见""始""起"等；"运行"类动词："至""行"等。即NP是表示某一具体时间的名词（短语）；VP具有［+起始］［+操作］特征。

4. 于

用于"于·N时间·VP"结构或"V·于·N"结构，意为"动作从某时开始施行"或"动作从某时开始出行或运行"。如：

16）于今施行，可谓军容，非国容也。（《三国志·卷一》，页54）

17）中华佛法，虽始于汉明帝，然经偈故是胡音。（《殷芸小说·卷五》，页104）

魏晋南北朝时期，介词"从""于""起""自"等引介"起始时间"，用于"Pro·NP·VP""VP·Pro·NP""Pro·NP·

魏晋南北朝汉语介词研究

以来/来/已来""Pro·NP·以后/已后/后""Pro·NP·以往/以前""Pro·NP1·至/尽/迄·NP2"结构中。表示①从某个具体的时间开始出现某种状态或进行某动作，持续至说话时间；②从说话时间开始进行某动作或出现某种状态，并往后延续；③在某时间点以前具有某种状态，并持续至说话时间；④在某封闭的时间段内的起始时间点。

表3-6 魏晋南北朝"起始时间"义介词结构类型

	语义	介词	NP 性质	VP 性质
起始时间	动作从某时间开始并持续至说话时间	从、自、于、起	[起点][延续][说话点]	[持续][呈现]
	某动作、状态从说话时间开始并延续	从、自、于	[说话点][延续]	[持续][呈现]
	某状态在某时间点以前出现并持续至说话时间	从、自	[起点][延续][说话点]	[持续][呈现]
	在某封闭的时间段内的起始时间点	从、自、起	[起点][终点][参照]	[持续][呈现]

（二）临近时间

"时间临近"意为"快要到达某一时间的时候做某事"或"某事发生的时候已经快到某个时候"。其中，"时间"是动作发生的大致参考点，可为过去时间也可以是将来的时间。魏晋南北朝时期，表示"时间临近"的介词有"向、临、傍、因"4个。

1.向

用于"向·NP·VP"结构，意为"将要到达某一时间时做某事"。如：

18）a 以正月晦日，向暮炊酿；正作馈耳，不为再馏。（《齐民要术·笨曲并酒》，页689）

b 虎既死，其妇故活，向晓能语。（《搜神记·卷五》，页61）

2.临

用于"临·NP·VP"结构，意为"在某事将要发生的时候"。如：

19）a 临刑与妹书曰："舍逆旅，归其家，以为大乐；况得从先君游太清乎！（《南齐书·卷五十七》，页877）

b 先主临薨谓亮曰："马谡言过其实，不可大用，君其察之！"（《三国志·卷三十九》，页938）

c 临死叹曰："我若不为百岁老母，当吐一言。"（《南齐书·卷

二十四》，页824）

3.傍

意为"在/趁着某事发生的时候"。如：

20）二月下旬，三月上旬，傍雨种之。（《齐民要术·种麻子》，页139）

4.因

意为"某事将要发生的时候"。如：

21）贼卓因危乱之际，威服百寮，此乃汉家小厄之会。（《三国志·卷六》，页208）

（三）所在时间

介词引介"所在时间"意为"在某个时间点或某时间段内进行某动作或呈现某种状态"。魏晋南北朝时期，表"所在时间"的介词有8个：当、以、由、于、在、用、乎、即。

1.当

用于"当·NP·VP"结构，意为"在某个时间发生某事"。如：

22）a 当尧之时，洪水为害，四凶在朝。（《三国志·卷四》，页137）

b 当出户时，忽掩其衣裾户间，掣绝而去。（《搜神记·卷二》，页25）

NP 为时间名词或表示时间的短语；VP 具有［＋出现］［＋状态］特征，如：

A 转移义：有、无、为、显

B 感官义：感、觉、喜、乐、快

C 运行义：去、走、出、还、行

2.以

用于"以·N·V"结构，意为"在某时间做某事"。如：

23）a 以此日入山，必为山神所试。（《抱朴子内篇·登涉》，页301）

b 王以闲日由私门出。鹿衣自行。就补履翁。（《六度集经·卷第八》，页52）

c 车驾当以今月中旬到谯，淮、汉众军，亦各还反。（《三国志·卷十三》，页412）

3. 由

魏晋南北朝时期，"由"表"所在时间"用例并不频繁，在所选考察范围内，只《贤愚经》中有类似用例。用于"由·NP·VP"结构，意为"在某个时间做某事"。如：

24）譬如农夫由春广种秋夏丰收。（《贤愚经·月光王头施品第三十》，页388）

4. 于（於）

用于"于（於）·NP·VP"或"VP·于（於）·NP"结构，意为"在某时间出现某种状态"或"在某一时间执行某一动作"。如：

25）a 于一夜得一术阇。（《六度集经·卷第七》，页42）

b 于时冀州民人殷盛，兵粮优足。（《三国志·卷一》，页6）

c 于时微雪，昶于篱间窥之。（《世说新语·企羡十六》，页346）

26）a 丞相未薨，敬豫为四品将军，于今不改。（《世说新语·识鉴第七》，页222）

b 靳固不与，广陵散于今绝矣！（《世说新语·雅量第六》，页195）

c 斯九士者，咸高节而尚义，轻富而贱贵，故书名千载，于今称焉。（《三国志·卷二》，页68）

27）a 苦菜生于寒秋，更冬历春，得夏乃成。（《颜氏家训·书证第十七》，页410）

b 是以由德应录者代兴于前，失道数尽者迭废于后。（《三国志·卷二》，页66）

c 昔太宗克光于汉世，简文代兴于晋氏，前事之不忘，后人之师也。（《南齐书·卷四》，页72）

28）a 履霜于开运之辰，坚冰于嗣业之世，此而可忍，孰不可容！（《南齐书·卷二十五》，页474）

b 若能爱之于微，成之于着，则几乎知道矣。（《抱朴子内篇·极言》，页240）

介词"于"介引"所在时间"意为：①"在某个时间呈现某种状态"，如例（25）、例（26）；②"在某个时间出现或消失"，如例（27）；③"在某个时间做某事"，如例（28）。介词"于"介引的时间可以是不确定的时间，如例（25）；可以是特定的事件，如例（26）、例（27）；

也可以是相对时间，如例（28）。

"于"字介词结构可以表示动作呈现的时间，如例（25）；表示事件延续的时间，如例（26）；表示动作出现的时间，如例（27）；表示动作进行的时间，如例（28）。

"于"字介词结构中，NP为时间名词；VP具有［－延续性］［＋获得］特征。如：

A转移义：得、获、收、示、显

B遭遇义：生、死、灭、禁

C持拿义：持、取、怀

D言谈义：讲、讨

5.在

用于"在·NP·VP"结构，意为"在某一时间内出现某种状态"。如：

29）a 奕等分兵夹山东西，围落贼表，破在旦夕。（三国志·卷一，页6）

b 年老沈疾，死在旦夕。（三国志·卷九，页284）

例（29）中，"旦夕"是"破""死"将要发生的时间，表示"在旦夕之内将要遭受'破''死'的影响"。该类介词结构中，NP为表示某时间点或时间范围的名词；VP具有［＋操作性］［＋存现］［＋自主］特征。如：

A执行义：构、杀、称、穷、迁

B转移义：失、得、起、兴、有

C制作义：制

6.用

用于"用·NP·VP""VP·用·NP"结构，意为"在（趁）某时间做某事"。如：

30）a 春种者，用秋耕地。（《齐民要术·种胡荽》，页253）

b 河南地暖，二月作；河北地寒，三月作。大率用清明节前后耳。（《齐民要术·造神曲并酒》，页652）

c 一亩下种五石，其种还用三月中掘取者；逐犁后如禾麦法下之。（《齐民要术·木》，页485）

d 帝方对我饮，正用此时持事来乎！（《后汉书·卷十一》，页471）

NP为表示时间、时节的名词；VP有［＋行为性］特征，如："浇、

魏晋南北朝汉语介词研究

种、耕、朝、煮"等。

7. 乎

用于"V·乎·NP"结构，意为"在某一时间实行某动作""某状态在某时间点呈现"。如：

31）a 若同志之人，必存乎将来，则吾亦未谓之为希矣。（《抱朴子内篇·塞难》，页140）

b 或言生乎汉末，自陕居大阳，无父母兄弟妻子。（《三国志·卷十一》，页364）

32）a 故揖让之礼，行乎尧舜之朝。（《南齐书·卷三七》，页647）

b 太常荀菘请置《周易》郑玄注博士，行乎前代。（《南齐书·卷三十九》，页684）

33）a 贡轻扇于坚冰之节，炫裘炉乎隆暑之月。（《抱朴子外篇·嘉遯》，页58）

b 弃遗体于万仞之下，邀荣华乎一朝之间。（《抱朴子外篇·逸民》，页88）

介词"乎"引介"所在时间"，表示①在某个时间出现或存在，如例（31）；②某动作或状态在某时间范围内延续，如例（32）；③在某一有利的时间内进行某动作，如例（33）。

介词"乎"引介"所在时间"用于"VP·乎·NP"结构。其中NP为表示时间的名词；V具有［＋存在］特征。如：

A 转移义：存、始、起、出

B 运行义：逮、延、（流）行

8. 即

用于"即·N·VP"结构，意为"在某时间做某事""在某时呈现某种状态"。如：

34）a 即时妇人坏二十亿恶。（《大藏经·卷24·鼻奈耶》，页889）

b 我见佛已。即时醉醒。（《大藏经·卷26·中阿含经》，页480）

魏晋南北朝时期，引介"所在时间"的介词8个。介词结构的语义可以概括为：①在某时间进行某动作，如"当、以、由、于（於）、在、用、乎、即"所在介词结构均有该类语义。②在某时间存在或呈现某种状态，如"于（於）、在、即"。③在某一时间范围内进行某动作，如"于（於）、乎"。

（四）终到时间

介词介引"终到时间"意为"动作或状态持续到某个时间结束""在将来的时间进行某动作"。魏晋南北朝有"到""于（於）""至""逮""迨""投""及""自"等10个介词。

1.到

用于"到·NP·VP"结构，意为"在将来某个时间点做某事或出现某种状态"。如：

35）a 到榆荚时，注雨止，候土白背，复锄。（《齐民要术·大小麦第十》，页147）

b 到延熹二年，诛大将军梁冀，捕治家属，扬兵京师也。（《搜神记·卷六》，页82）

c 到鼓一中，星月皆没，风云并兴，玄气四合，大雨河倾。（《三国志·卷二十九》，页817）

36）a 昔树无复有，后诸沙门取昔树栽种之，展转相承，到今树枝如昔，尚荫石像。（《水经注·卷一》，页16）

b 其国多池沼，时池中出神剑，到今其民像而作之，号大梁氏之剑也。（《水经注·卷二十二》，页531）

c 又以药粉桑以饲蚕，蚕乃到十月不老。（《抱朴子内篇·论仙》，页16）

介词"到"引介"终到时间"，用于"到·NP·VP"结构。该结构表示①动作或状态到将来某个时间点开始发生或出现。如例（35）。例（35）a 中，"榆荚时"相对叙述事件所在时间，是将来的时间，是"注雨止"发生的时间；b 中，"延熹二年"是"诛大将军梁冀，捕治家属，扬兵京师也"发生的时间；c 中，"鼓一中"时间到来时，"星月皆没，风云并兴，玄气四合，大雨河倾"开始出现。②状态延续到某一时间，如例（36）。例（36）a 中，"今"是"树枝"所呈现状态延续到的时间；b 中，"今"是"其民像而作之"开始出现的时间；c 中"十月"是"不老"持续的时间。

介词"到"引介"终到时间"用于"到·NP·VP"结构。其中，NP 可以是表示具体时间点的名词，如"延熹二年""夏""十月"等，也可以是表"事件发生或状态出现"的时间短语，如"榆荚时""鼓一中"

等。VP 为具有［＋延续性］［＋突发性］特征的动词或动词短语，即 NP 为表示时间的名词；VP 具有［＋出现］［＋行为］特征。如：

A 执行义：住、吃、啖、诛

B 运行义：行、还，出、起

2. 于（於）

用于"于（於）·NP·VP"或"VP·于（於）·NP"结构，意为"动作到某时间停止"或"到某时间做某事"。如：

37）a 大魏之兴，于今二十有四年矣。（《三国志·卷二十》，页 594）

b 于旦暮润时，以耧構作垄，以手散子，即劳令平。（《齐民要术·种胡荽第二十四》，页 254）

c 其中有辟支佛靴，于今不烂，非皮非莫能审之。（《洛阳伽蓝记·卷五》，页 189）

38）a 思自陈闻，申展愚情，而明诏抑割，不令稍修章表，是以郁滞，讫于今日。（《三国志·卷十一》，页 357）

b 迄于魏、晋，世任权重，才位稍爽，而信幸唯均。（《南齐书·卷五十六》，页 971）

39）a 自中原酷乱，至于建安，数十年闲，生民殆尽，比至小康，皆百死之余耳。（《三国志·卷十八》，549）

b 吾七岁时，诵灵光殿赋，至于今日，十年一理，犹不遗忘。（《颜氏家训·勉学第八》，页 172）

c 上书陈事，起自战国，逮于两汉，风流弥广。（《颜氏家训·省事第十二》，页 327）

40）a 至于季世，官失佃课之制，私务浮末之业，生谷之道不广。（《抱朴子外篇·诘鲍》，页 563）

b 洎于梁世，兹风复阐，庄、老、周易，总谓三玄。（《颜氏家训·勉学第八》，页 187）

c 事昭然，卿用读书何为邪！于今日卿等门户倒矣！（《三国志·卷九》，页 241）

介词"于"引介"终到时间"，用于"于·NP·VP"结构或"VP·于·NP"结构中，意为：①动作或状态持续的时间终点，如例（37）~例（38）。例（37）中"今"分别是"大魏之兴""更相吞灭""不烂"持续的时间终点；例（38）中"今日""今"是"郁滞""罪悔"持续的时间终点。②在某一时间范围的终点，如例（39）。直到某一时间开始进行某动作或出现某状态，如例（40）。

引介"终到时间"的介词结构中，NP为表示时间的名词（短语）；VP具有［＋路＋线］［＋终点］特征。如：

A 运行义：至、逮

B 转移义：终、止、绝、卒、寄

C 遭遇义：害、分

3. 至

用于"至·NP·VP""VP·至·NP"或"从/自……至……"结构中，意为"动作持续到某一时间点"（a）、"到某时间做某事"（b）或"某一时间范围的终点"（c）。如：

41）a马断走归，从人悉追马，至暮不返。（《搜神记·卷四》，页47）

b战至日中，吴人夺气，还修守备，众心乃安。（《三国志·卷十七》，页519）

c从光武至今复十一世，案石苞室谶，宜复还都长安。（《三国志·卷六》，页177）

NP为表时间的名词；VP具有［＋执行］［＋主观］特征。如：

A 执行义：战、倦，颓、熟、解

B 遭遇义：死、生、薨、没、殁

C 运行义：还、归、出、返、止

D 转移义：得、失、遗、成、卖

4. 逮（迨）

用于"逮（迨）·NP·VP"结构，意为"到某一时间开始做某事"。如：

42）a逮颜延之为祭酒，黜郑置王。（《南齐书·卷三十九》，页684）

b自魏末沈沦间巷，逮晋咸宁中，始登王途。（《世说新语·任诞第二十三》，页735）

43）a权常游猎，迨暮乃归，休上疏谏戒，权大善之，以示于昭。（《三国志·卷五十二》，页1225）

b是时竹林诸贤之风虽高，而礼教尚峻，迨元康中，遂至放荡越礼。

魏晋南北朝汉语介词研究

（《世说新语·任诞第二十三》，页739）

c 母患痈肿……僚自徐徐吮之，血出，迫夜即得安寝。（《搜神记·卷十一》，页135）

N 为时间名词或表示时间的谓词性短语。如："暮、夜、元康中"；"入国朝"等。V 为运行动词、执行动词。如：

A 运行义：归、行

B 执行义：得、安寝、刊、忠

5. 投

用于"投·N·VP"结构，意为"动作到某时发生""到某时做某事"。如：

44）a 及到梁淇……投暮诣邺下。（《三国志·卷十五》，页485）

b 投飨时，先调浆令甜酢适口。（《齐民要术·飧饭》，页948）

c 王怀祖免丧，正可当尚书，投老可得为仆射，更望会稽，便自邈然。（《世说新语·仇隙第三十六》，页497）

N 为时间名词，如"暮""晓"；VP 具［+施动性］［+未然］特征。如："诣、为、攻"。

6. 及

用于"及·NP·VP"或"自……及……"结构，意为"到某一时间进行某一动作""某一动作持续到某一时间点"或者"在某一时间范围内的终到点"。如：

45）a 春以正月十五日，或以晦日，及二月二日收水。（《齐民要术·造神曲并酒》，页647）

b 及将曙，文乃下堂中，如向法呼之。（《搜神记·卷十八》，页135）

c 凡瓜所以早烂者，皆由脚蹑，及摘时不慎翻动其蔓故也。（《齐民要术·种瓜》，页186）

NP 是具有时间特性的名词或者名词短语；VP 具有［+实施］特征。

7. 迟

用于"迟·N·V"结构，意为"到某事发生的时候做某事"。如：

46）a 迟将军到，亮得无已得陈仓乎！（《三国志·卷十七》，页526）

b 有怀悒迟今闻与我。（《贤愚经·善事太子入海品》，页412-9）

8.逐

用于"逐·N·V"结构，意为"到某时做某事"。如：

47）使逐明去。如愿者，青洪君婢也。（搜神记·卷四，页52）

9.自

用于"自今·VP"结构，意为"某动作或状态持续到说话时所在时间"。如：

48）a 自今诸将有重罪三，然后议。（《三国志·卷四十七》，页1134）

b 自今无有代其君任患者，有一于此，将为戮矣。（《水经注·卷八》，页210）

10.乎

用于"VP·乎·NP"结构，意为"到某个时间点出现某情况或进行某动作"。如：

49）a 汉自章、和之后，世多变故，稍以陵迟，洎乎孝灵，不恒其心，虐贤害仁，聚敛无度。（《三国志·卷二》，页75）

b 逮乎西朝之末，潘、陆之徒虽时有质文，而宗归不异也。（《世说新语·文学第四》，页143）

例（49）a 中，介词"乎"用于"自……之后，洎乎……"结构，表示一段时间。"孝灵"是该时间段的终点，意为"在该时间段内一直持续某动作或状态"，"孝灵"之后，该情态结束。b 中，介词"乎"用于"逮乎……"结构中，表示时间范围的终点，意为"从某时间点开始出现某种状态"。

（五）乘趁时间

介词表示"乘趁时间"意为"在某最佳时机做某事""在某动作或状态呈现或消失时做某事"，用于"Pro·NP·VP"结构或"VP·Pro·NP"结构中。魏晋南北朝时期，表"承趁时间"的介词有"乘""以""用""逮""因"。

1.乘

用于"乘·NP·VP"结构，意为"在某一时机做某事"。如：

50）a 先主命黄忠乘高鼓噪攻之，大破渊军。（《三国志·卷三十二》，页884）

b 樊、汉无幸，咫尺殊风，折胶入塞，乘秋犯边，亲属穷于斩杀，

士女困于虔刘。（《南齐书·卷三十》，页563）

2.用

用于"用·N·V""V·用·N"结构，意为"趁某时机做某事"。如：

51）a 用热食。若不即食，重蒸取气出。（《齐民要术·素食》，页958）

b 葵生三叶，然后浇之。浇用晨夕，日中便止。（《齐民要术·种葵》，页213）

c 谓朝日宜用仲春之朔，夕月宜用仲秋之朔。（《南齐书·种瓠》，页141）

3.逮

用于"V·逮·N"结构，意为"趁某一时机做某事"。如：

52）时访逮民闲，及政职所宜，辄密以闻。（《三国志·卷五十二》，页1226）

4.因

用于"因·NP·VP"结构，意为"趁着某一时机而做某事"。如：

53）a 绍因世艰危，遂怀逆谋，上议神器，下干国纪。（《三国志·卷一》，页25）

b 原旧有捕鱼大船，请村落，皆令熟醉，因夜去之。（《世说新语·赏誉第八》，页229）

N 除时间名词（如夜）外，还有部分动词（如乱等）；V具有［＋产生］［＋消极］特征。

三、对象类语义系统

"对象"类介词引介与动作有关的对象，根据动作与对象的关系，"对象"类语义系统中有"施事对象""受事对象"及"与事对象"。"施事对象"表示动作的"执行者"；"受事对象"表示"动作支配或影响的对象"；"与事对象"表示除执行对象、支配对象之外的，与动作相关的对象，如"协同对象""师从对象""求索对象""比较对象""关涉对象""受益对象"等。

（一）施事对象

介引"施事对象"，意为"某人主动执行某动作"或"某动作在某人的支配或影响下完成"，有"于（於）""由""被""为""着"

等介词。

1.于（於）

用于“V·于（於）·NP”或“NP1·见·VP·于（於）·NP2”结构，意为“某人发出某一动作”或“某人/物在另一人/物的作用下产生某种变化”。如：

1）a 君以千里之众，当四战之地，抚剑顾眄，亦足以为人豪，而反制于人，不以鄙乎！（《三国志·卷七》，页221）

b 今幼主微弱，制于奸臣，未有昌邑亡国之衅，而一旦改易，天下其孰安之？（《三国志·卷一》，页8）

c 我大圣之后也，而灭于宋。（《三国志·卷二一》，页603）

2）a 嵩性狼抗，亦不容于世。（《世说新语·识鉴第七》，页219）

b 上在兵中久，见疑于时。（《南齐书·卷二十八》，页528）

c 赏如此之伎俩，亦何理容于天下而得其死哉？（《抱朴子外篇·弹祢》，页488）

3）a 事不接于世，言不累于俗，而记著者止存其姓名，而不能具知其所以得仙者，故阙如也。（《抱朴子内篇·极言》，页241）

b 故忠正者排于谗胜之世，雅人不容乎恶直之俗。（《抱朴子外篇·广譬》，页366）

介词“于”引介“施事对象”意为：①“被某人或某物所影响”，如例（1）~例（2）。例（1）中“人”“奸臣”“宋”是“制”“灭”的施事者，是“施事对象”；例（2）中“世”“时”“天下”是“容”“疑”的执行者，是“施事对象”。②“在某物的影响下进行某一动作”，如例（3），“俗”是“累”的具体影响者；“谗胜之世”是“排”“忠正者”的具体执行者。

“于”引介“施事对象”的介词结构中，NP、NP2为指人指物名词，VP具有［+遭受］特征，如：“灭、害、愤、损”等。

2.由

用于“由·N·VP”结构，意为“某人实施某一动作”。如：

4）a 朗以为天下土崩之势，由秦灭五等之制，而郡国无搜狩习战之备故也。（《三国志·卷十五》，页467）

b 譬由子野操曲，安得忽有阐缓失调之声。（《南齐书·卷五二》，页900）

5）a朝廷制度，百官仪式，所以不亡者，由劭记之。（《三国志·卷二十一》，页601）

b典籍错乱……皆由后人所羼，非本书也。（《颜氏家训·书证》，页484）

例（4）中，"秦"是"灭五等之制"的具体执行者；"子野"是"操曲"的具体执行者。例（5）中，"劭"是"记"的执行者，"记"的受事对象是"朝廷制度，百官仪式"；"后人"是"羼"是执行者，"羼"的对象是"典籍"。

介词"由"引介"施事对象"用于"由·NP·VP"结构，表示"动作的执行者"，可以表示"某人做某事"，如例（4）；也可以表示"某事被某人所做"，如例（5）。表示"某事被某人所做"时，介词结构所表示的事件可以理解为该语境中，其他事件的原因，如例（5）中，"由劭记之"是"所以不亡者"的原因；"由后人所羼"是"典籍错乱"的原因。该结构中，N为指人代词或名词；VP具有［+操作］特征。如："训、操、养、修、鉴"等。

3. 被

用于"被·NP·VP"或"被·NP·所·VP"结构，意为"由于某人／物的作用使某人／物受到某种影响"。如：

6）a墓上人皆笑之，被石酒气冲入鼻中，亦各醉卧三月。（《搜神记·卷十九》，页235）

b如彼愚人被他打头不知避去。（《百喻经·以梨打头破喻》，页10）

VP具有［+遭受］特征，如："冲、笑、杀"等。

4. 为

用于"为·NP·所·VP"结构，意为"NP是VP实施者"。如：

7）a汝若不痴为他所打。乃至头破不知逃避。（《百喻经·以梨打头破喻》，页10）

b太祖还就质固守，为虏所攻围，甚危急。（《南齐书·卷一》，页4）

c公与战，军败，为流矢所中，长子昂、弟子安民遇害。（《三国志·卷一》，页14）

介词"为"引介"施事对象"用于"为·NP·所·VP"结构，意为"某人遭受某人或某物所施加的影响而导致某种结果"。如例（7）a中，"汝"是动作的承受者，"他"为动作的发出者（施事者），"他"发出的动作"打"

影响到受事者"汝"上，且使"汝"受到一定的影响。b例中，"太祖"是受动作"攻围"影响的对象，"攻围"的发出者是"虏"；c中，"公"是受动作"中"影响者，但"流矢"却为"中"的影响者。

介词"为"引介"施事对象"用于"为·NP·所·VP"结构，其中NP为表人名词、表物名词，具有［＋施事性］特征，VP具有［＋实施性］［＋主动性］特征。如：

A言谈义：笑、训、导、奏、诽

B遭受义：惑、啮，遇、触，夺

C情感义：爱、疑、忌、亲、怨

5.着（著）

用于"着·NP·VP"结构，意为"指使某人做某事""被某人/某物施加某种影响"。如：

8）吴主怒，敕缚琰，着甲士引弩射之。（《搜神记·卷一》，页11）

9）a如彼愚人，弃于宝箧，着我见者，亦复如是。（《百喻经·宝箧镜喻》，也104）

b求出世道，方于五欲，耽着嬉戏，虽遭大苦，不以为患。（《百喻经·夫妇食饼共为要喻》，页207）

介词"着"表"施事对象"用于"着·NP·VP"结构，表示①让某人做某事。如例（8）。例（8）中，"甲士"在"吴主"的指使下执行"引弩射之"的动作。②被某人施加某种影响，如例（9）。例（9）a中"我"是"见"的实施者；b中"嬉戏"是"耽"的影响者。

魏晋南北朝时期，介词引介"施事对象"有四类语义倾向。①表示某人施行某动作。如"由"；②表示某人、某事件被某人影响，如"于（於）""被"；③表示指使某人做某事，如"着（著）"；④表示某人、某物遭受某种影响，如"为"。

表3-7　魏晋南北朝"施事对象"义介词结构类型

	语义	介词	介词结构中NP	介词结构中VP
施事对象	某人施行某动作	由	［＋人］［＋物］［＋施动性］	［＋主动］［＋执行］
	某人、某事件被某人影响	于、被	［＋人］［＋物］［＋施动性］	［＋主动］［＋执行］［＋结果］
	致使某人做某事	着（著）	［＋人］［＋物］［＋施动性］	［＋主动］［＋执行］［＋致使］
	某人、某物遭受某种影响	于、为	［＋人］［＋物］［＋事件］［＋施动性］	［＋主动］［＋执行］［＋影响］［＋结果］

（二）受事对象

介词介引"受事对象"用于"Pro·NP·VP"结构，意为"对某人或某物施加影响"或"某动作所支配对象"。魏晋南北朝时期，表示"受事对象"的介词有"取""持""以""将""用""捉""于（於）""乎""在""着（著）"等。

1. 取

用于"取·N1·VP·N2"或"取·N·VP"结构中。意为"对某物进行某个动作从而使其受到某种影响"。如：

10）a 天夜往杀质家儿矣。死家取儿付狱。母子俱系。（《六度集经·卷第一》，页3）

b 治马黑汗方：取燥马屎置瓦上，以人头乱发覆之。（《齐民要术·养牛、马、驴、骡》，页518）

11）a 取落葵子熟蒸，生布绞汁，和粉，日曝令干。（《齐民要术·种红蓝花及栀子》，页467）

b 我如事说。梵志遂怒。即取儿杀。（《贤愚经·微妙比丘尼品第十六》，页367）

12）a 刘备取帐钩铜铸钱以充国用。（《南齐书·卷二十八》，页518）

b 取骨烧灰投海中水葬。（《南齐书·卷五十八》，页1014）

介词"取"引介"受事对象"用于"取·NP·VP（·NP）"结构，意为"某人或某物受到某种影响产生某种变化"。如例（10）中"取·NP·VP"结构意为"对某物施加影响，让其发生位置变化"，a 例中，"儿"受到"死家"某种影响而产生了"付狱"的结果，其位置由"狱外"到"狱内"；b 例中，"马屎"受到外力的影响转移到"瓦上"。例（11）中，"取·NP·VP"结构意为"对某物施加某种影响"，a 例中，"葵子"是"熟蒸"的作用对象；b 例中，"儿"是"杀"的作用对象。例（12）中，"取·NP1·VP·NP2"结构意为"某物在某种动作的影响下变成另一事物的存在状态"，a 例中"帐钩铜"受到动作"铸"的影响变成了"钱"的状态；b 中"骨"受到动作"烧"的影响，变成"灰"的存在状态。

介词"取"引介"受事对象"用于"取·NP·VP（·NP）"结构中，其中 NP 为表人或表物类名词，有［+可控制］的语义特征，VP 为［+执行］［+影响力］［+结果］语义特征，如：

A 执行义：连、投、种、蒸、浇

B 放置义：置、着、布

C 转移义：付、与、赐、送

D 运行义：往、沈（沉）、至

2. 持

用于"持·N·VP"结构中。意为"对某物施加某种使其发生某种变化"。如：

13）a 持一死虫着佛迹处。（《贤愚经·波婆离品第五十》，页433）

b 时有一人持欢喜丸授与小儿。（《百喻经·小儿得欢喜丸喻》，页270）

c 诸祈祷者，持一百钱，一双笔，一丸墨，置石室中。（《搜神记·卷四》，页52）

3. 以

用于"以·N·V"结构中，意为"某人/物受到外力影响而呈现出某种状态"。如：

14）a 稽使君曾以一玉卮与强。（《抱朴子内篇·祛惑》，页348）

b （老母）以一死尸置其家中。（《百喻经·妇诈语称死喻》，页13）

c 丁亥，以卫将军庐陵王子卿为司徒。（《南齐书·卷二》，页79）

4. 将

用于"将·N·V"结构中，意为"对某物进行处置"。如：

15）a 三年春，或将荚叶卖之。（《齐民要术·种榆白杨》，页426）

b 汉道士从外国来，将子于山西脚下种，极高大。（《齐民要术·五谷果蓏菜茹非中国物产者》，页1146）

c 玉夫将首投敬则，敬则驰诣太祖。（《南齐书·卷二六》，页480）

5. 用

用于"用·N·V"结构，意为"使某人/某物成为……"。如：

16）a 又温语贾原，当荐卿作御史，语蒋康，当用卿代贾原，专炫贾国恩，为己形势。（《三国志·卷五十七》，页1330）

b 不审古人何用金银为贵而遗其方也？（《抱朴子内篇·黄白》，页286）

魏晋南北朝汉语介词研究

6. 捉

用于"捉·N·V"结构，意为"让某物/某人受到某种影响"。如：

17）a 扶持百余步，便捉伯颈着地。（《搜神记·卷十六》，页 121）

b 赞叹佛已。捉佛两足敬戴顶上。（《贤愚经·月光王头施品第三十》，页 387）

c 便捉忠头顿筑，拔刀欲斩之。（《三国志·卷二十六》，页 731）

7. 于

用于"V·于·NP""于·N·V"结构中，意为"做某件事""对某一对象施加影响""认为某人/某物怎么样"。如：

18）a 嵇侍中善于丝竹，公可令操之。（《世说新语·方正第五》，页 167）

b 其寺诸尼，帝城名德，善于开导，工谈义理，常入宫与太后说法。（《洛阳伽蓝记·卷一》，页 62）

c 兰陵萧悫，梁室上黄侯之子，工于篇什。（《颜氏家训·文章》，页 296）

d 周弘武巧于用短。（《世说新语·品藻第九》，页 277）

19）a 一学士，聪敏有才，为父所宠，失于教义。（《颜氏家训·教子》，页 13）

b 唯独好画，范以为无用，不宜劳思于此。（《世说新语·巧艺第二十一》，页 386）

20）a 如有逆乱之行，得罪于君亲者，又不足恤焉。（《颜氏家训·省事》，页 338）

b 无心于黄屋，而道随物变。（《南齐书·卷二》，页 39）

c 幸得数载尽力救苍生者，必有功于万物也。（《南齐书·卷三十八》，页 662）

d 然此无益于延年之事也。（《抱朴子内篇·杂应》，页 269）

21）a 觏似我家性，国有道不废，国无道免于刑戮者也。（《三国志·卷十三》，页 395）

b 理不可延，故不免于凋陨哉？（《抱朴子内篇·极言》，页 242）

22）a 才既不长，于荣利又不淡。（《世说新语·赏誉第八》，页 258）

b 文帝于此戏特妙，用手巾角拂之，无不中。（《世说新语·巧艺

第二十一》，页 384）

介词"于"引介"受事对象"可用于"V·于·NP"结构，如例（18）~例（21）；也可用于"于·N·VP"结构，如例（22）。

介词"于"字结构引介"受事对象"意为：①"做某件事"，如例（18）中"丝竹""开导""篇什""用短"是"善""工""巧"的对象；例（19）中"教义""此""朝廷"是"失""劳思""忠"的作用对象；②"对某人/某事产生某种影响"，如例（20）中"君亲""黄屋""万物""延年"是对"得罪""无心""有功""有益"影响的对象；③"使某人/某物遭受某种影响"，如例（21）中"刑戮""凋损"是在某种其他影响下而"免于"的对象；例（22）中"荣利""此戏"是"谈""妙"的对象。

8. 乎

用于"V·乎·NP"结构，意为"某动作直接影响或支配某对象"。如：

23）a 不知明乎天道，辩乎地利，比量逆顺，鉴达兴亡之妙也。（《颜氏家训·勉学第八》，页 162）

b 然俗之所患者，病乎躁于进趋，不务行业耳。（《抱朴子外篇·逸民》，页 77）

24）a 苟区区于攘患，不知言乖乎道理矣。（《三国志·卷七》，页 232）

b 提耳指掌，终于不悟，其来尚矣。（《抱朴子内篇·微旨》，页 123）

介词"乎"引介"受事对象"，表示"动作所涉及或支配的对象"。如例（23）a 中，"地利"是"辨"的支配对象；b 中"躁于进趋"是"病"的对象。例（24）a 中，"道理"是"乖"的直接支配对象，即"乖道理""于道理有乖"之意；b 中，"所希"是"怪"的支配对象，即"以所希为怪"。

介词"乎"引介"受事对象"可以表示客观的支配对象，如例（23）a；也可以是抽象的支配对象，如例（23）b；还可以是主观的支配对象，即"认为某人、某物或某种性质受道某动作的支配"，如例（24）。

介词"乎"引介"受事对象"用于"VP·乎·NP"结构，其中 NP 为表事件的名词或名词性短语，VP 具有[＋主观性]感官类、情感类动词，如"观""闻"；"病""惜""患"等。

魏晋南北朝汉语介词研究

9. 在

用于"VP·在·NP"结构，意为"对某人或某物施加影响"。如：

25）亮善抚御，又戒政严明，且侨军远征，粮运艰涩，利在野战。（《世说新语·方正第五》，页156）

10. 着

用于"着·NP·VP"结构，意为"对某物施加某种影响"。如：

26）其实类枣，着枝叶重曝挠垂；刻镂其皮，藏，味美于诸树。（《齐民要术·五谷果蓏菜茹非中国物产者》，页1166）

27）空离我我所寂静空故。不着耳入不着声入。（《大藏经·卷二七》，页619）

魏晋南北朝时期，介词表示"受事对象"用于"Pro·NP·VP"结构中，表示"某物受某动作支配或影响"，其中NP为动作的支配者或影响者，根据结构中动词与介词之间的关系，可以描述为：①把某物进行某种处理，即"狭义处置"，如例（2）b；②把某物处置到某个地方"，即"处置到"，如例（6）c、例（8）c；③把某物放置在某个地方，即"处置在"，如例（17）；④把某物转交给某人或传达给某人，即"处置给"，如例（4）b、例（5）a等。

其次，介词表示"受事对象"也可用于"VP·Pro·NP"结构中，①表示"动作直接影响或作用于某人、某物"，如例（14）、例（16）。②某人对某物有某种影响或认识，如例（13）。

（三）与事对象

介词表示"与事对象"意为"与动作非直接相关对象，如'协同者''授与者''比较者'等"。魏晋南北朝时期，介词表示"与事对象"有"协同对象""师从对象""求索对象""比较对象""关涉对象"和"受益对象"6类。

1. 协同对象

"协同对象"意为"在动作发出者的某种影响下共同执行某动作的人或物"。魏晋南北朝时期，表示"协同对象"的介词有"与、及、从、于、共、就、逮、将、同"。

（1）与。用于"N₁·与·N₂·VP"结构中，意为"N1和N2共同进行某一动作"（a）或"N₁主动与N₂进行某动作"（b）。如：

28）a 先主少时，与宗中诸小儿于树下戏。（《三国志·卷三二》，

页 871）

b 永嘉四年，南至江夏，与兄别于梁里涧。（《世说新语·言语第二》，页 51）

"N₂" 可以省略；VP 多为"交互"行为，其语义分布如下：

A 遭遇义：会、通、集、别、较

B 言谈义：语、言、谈、论、谋

C 执行义：饮、盛（chéng），善，击，祀

D 运行义：行、进、往、至、去、驱

E 放置义：居、据、守、坐、隐

F 遭遇义：有、得、始、毙、灭

G 形容词：苦、坏、同、异、殊

在上述动词中，执行义、运行义、遭遇义前有副词"共""同""并"；情貌义大多有"相"修饰；与言谈义共见时，可省略介词宾语。

（2）及。用于"N·及·NP·VP"结构，意为"与某人一起坐某事"。如：

29）a 曹真命众将及州郡兵讨破叛胡治元多、卢水、封赏等。（《三国志·卷二》，页 79）

b 王及群臣临水送女。遂为龙妃。生男女二人。（《六度集经·卷第五》，页 29）

NP₁、NP₂ 是指人或指物名词；VP 有［＋实施性］［＋交互性］特征，如："出、入、请"等。

（3）从。用于"从·NP·VP"中，意为"主动和某人一起做某事"。如：

30）a（菩萨）常从五百猕猴游戏。（《六度集经·卷第六》，页 32）

b 阮与王安丰常从妇饮酒，阮醉，便眠其妇侧。（《世说新语·任诞第二十三》，页 393）

c 符坚时，沙门竺僧朗尝从隐士张巨和游。（《水经注·卷八》，页 209）

31）a 后从太子还建业，复拜侍中、中执法，平诸官事、领辞讼如旧。（《三国志·卷六十一》，页 1411）

b 二十，从太祖到襄邑募兵，遂常从征战。（《三国志·卷九》，页 276）

32）曾从吴主别，到浏州，还遇大风，百官船多没，仙公船亦沉沦，吴主甚怅恨。（《三国志·卷六十三》，页 1427）

"从"引介"协同对象"，例（30）表示"某人与另一人/物共同完成某件事"，如 a 中"五百猕猴"是与"菩萨"一起"游戏"的对象；b 中"妇"是与"阮与王安丰"一起"饮酒"的对象；c 中"隐士张巨和"是"沙门竺僧朗"一起"游"的对象。其中，"菩萨""阮与王安丰""沙门竺僧朗"主动"趋近"协同对象（"五百猕猴""妇""隐士张巨和"），并与之一起进行某活动。例（31）表示"施事'跟随'协同对象做某事"，"协同对象"是动作的发起者。如 a 中，"太子"是"还建业"的主动发出者，施事者"仪"是"跟随者"；b 中"太祖"是"募兵"的主动发出者，施事"纯"是"跟随者"。例（32）表示"告别的对象"。

例（31）表示"施事'跟随''协同对象'做某事"，"协同对象"是动作的主导者；例（30）表示"施事与'协同对象'一起做某事"，施事是动作的主导者；例（13）表示"告别的对象"，施事是动作的主导者。例（30）例（31）表示动作趋近；例（32）表示动作趋远。

介词"从"引介"协同对象"用于"从·N·VP"结构，意为"与协同对象做某事"，该结构中，N 具有［＋行动性］的语义特点；VP 具有［＋协同性］的特点，如："游、戏、饮"。

（4）于（於）。用于"VP·于（於）·NP"结构，意为"和某人一起做某事""和某人/某物具有相同的特征"。如：

33）a 衡以交绝于刘表，智穷于黄祖，身死名灭，为天下笑者，谮之者有形也。（《三国志·卷十》，页 311）

b 矫本刘氏子，出嗣舅氏而婚于本族。（《三国志·卷二十二》，页 644）

c 至是不同祐议，欲立建安王宝夤，密谋于遥光。（《南齐书·卷四十二》，页 766）

34）王恭闻其说，言于孝武。（《世说新语·谗险第三十二》，页 476）

35）a 杂彩之服，通于贱人，虽上下等级，各示有差。（《三国志·卷九》，页 298）

b 合于简易随时之义，以色别其贵贱。（《三国志·卷一》，页 54）

介词"于"引介"协同对象"，意为"与某人一起做某事"，如例（33）；"对某人做某事"，如例（34）；"与某人/某物具有相同的特征"，如例（35）。

"于"字介词结构中，NP为指人名词；VP具有[＋交互性]特征。如：

A 言谈义：言、说、对、诉

B 交互义：合、通、结、睦

（5）共。用于"共·NP·VP"结构，意为"和某人共同做某事"。如：

36）a（服虔）既知不能踰己，稍共诸生叙其短长。（《世说新语·文学第四》，页105）

b 汝共诸人量觅，可使人数往南阳舞阴诸要处参觇。（《南齐书·卷四十》，页709）

c 吾尝共人谈书，言及王莽形状，有一俊士，自许史学，名价甚高。（《颜氏家训·勉学》，页207）

37）a 妇无贞性，后于中间共他交往，邪淫心盛，欲逐旁夫，舍离己婿。（《百喻经·妇诈语称死喻》，页14）

b 后经月馀，主簿李音共斐侍婢私通。（《搜神后记·卷九》，页109）

c 君是生人，我鬼也，共君宿契，此会可三宵，不可久居，当有祸矣。（《搜神记·卷十六》，页201）

38）a 过去有人，共多人众坐于屋中，叹一外人德行极好，唯有二过。（《百喻经·说人喜嗔喻》，页42）

b 昔有大长者子，共诸商人入海采宝。（《百喻经·口诵乘船法而不解用喻》，页198）

c 榆生，共草俱长，未须料理。（《齐民要术·种榆白杨》，页426）

介词"共"引介"与事对象"用于"NP1·共·NP1·VP"结构，意为① NP1与NP2谈论（某事），其中NP1是动作的发出者，NP2是动作协同者，如例（36）。② NP1与NP2做某事，NP1和NP2之间没有主次之分，是交互配合动作的完成者，如例（37）。③ NP1跟随/伴随NP2一起施行某动作或呈现某种状态，NP1是动作的发出者，NP2与NP1之间没有互动，如例（38）。

介词"共"引介"协同对象"，意义①中，NP1是动作的发出者，主要执行者；意义②中，NP1与NP2共同完成某动作，二者都是动作的发出者，也是主要执行者；意义③中，NP2是动作的主动发出者，主要执行者，NP1是动作的跟随着或伴随者。

介词"共"引介"协同对象"用于"共·NP·VP"结构。该结构中NP为有动作执行能力的"人""物"类名词或具有状态呈现类的"草木""状态"类名词；VP为具有［＋延续性］［＋分裂性］［＋交互性］特征的动词。如："长、食、分、戏、入、谈、叙"等。

（6）就。用于"就·N·V"结构，意为"和某人一起做某事"。如：

39）a 刘山阳领三千兵受旨之官，就颍胄共袭雍州。（《南齐书·卷三十八》，页 666）

b 诸人莫当就卿谈，可坚城垒。（《世说新语·言语第二》，页 77）

c 汝可来就我饮。（《搜神记·卷十八》，页 215）

（7）将。用于"将·NP·VP"结构，意为"某人与另一人共同做某事"。如：

40）a 支道林在白马寺中将冯太常共语，因及逍遥。（《世说新语·文学第四》，页 120）

b 陛下日将妃后游戏无度，至乃共观倡优，裸袒为乱，不可令皇太后闻。（《三国志·卷四》，页 129）

2.师从对象

介词引介"师从对象"意为"向某人传授或学习某事"，有"从""于（於）""就"。

（1）从。用于"（S）·从·N·VP"结构，意为"S 向 N 学习 VP"。如：

41）a 弟辰尝欲从辂学卜及仰观事。（《三国志·卷二十九》，页 827）

b 奉叔善骑马，帝从其学骑射。（《南齐书·列传第十》，页 546）

c（吴主）从象学蔽形之术。（《三国志·卷六十三》，页 1426）

N 为指人性名词或代词；动词具有［＋传授］特征，如："学、受、授、问"。

（2）于（於）。用于"VP·于（於）·NP"结构，意为"向某人学习"。如：

42）a 况朕寡德，曷能不愿闻道于子大夫哉！（《三国志·卷十一》，页 356）

b 匡俗受道于仙人，而共游其岭，遂托室崖岫，即岩成馆。（《世说新语·规箴第十》，页 314）

c 仲尼亲受业于老子，而不能修其无为。（《抱朴子外篇·逸民》，页 77）

43）a 丹石微物，尚保斯质，况吾托士人之末列，曾受教于君子哉？（《三国志·卷二》，62）

b 王元渊夜梦着衮衣倚槐树而立，以为吉征，问于元慎。（《洛阳伽蓝记·卷二》，页105）

c 京兆许超梦盗羊入狱，问于元慎。（《洛阳伽蓝记·卷二》，页105）

例（42）中，"子大夫""仙人""老子"分别是"朕""匡俗""仲尼""闻道""受道""受业"的对象；例（43）中"君子""元慎"是"吾""广陵王""许超""受教""问"的对象。

介引"协同对象"的"于"子介词结构中，NP为表人名词，VP具有［＋传授］特征，如学、闻道、问道等。

（3）就。用于"就·NP·VP"结构，意为"向某人学习某事"。如：

44）a 就乡里席坦受书，遭人而问，少有宁日。（《世说新语·文学第四》，页136）

b 典少好学，不乐兵事，乃就师读春秋左氏传，博观群书。（《三国志·卷十八》，页553）

c 庐江杜不愆，少就外祖郭璞学易卜，颇有经验。（《搜神后记·卷二》，页25）

介词"就"引介"师从对象"用于"就·NP·VP"结构，其中NP为表人名词，VP为授予类动词，如"学""问""受""读"等。

3. 求索对象

介词表示"求索对象"意为"S向N_1索求N_2"或"S请求N_1做某事（NP_2）"，介词有"从、向、于（於）、与、就"。

（1）从。用于"从·N·VP"结构，意为"向某人求索"。如：

45）a （太祖）从吏求小船，欲独先渡。（《三国志·卷十五》，页486）

b 从公乞一弟以养老母。（《世说新语·德行第一》，页26）

46）a 张炉专利，乃更倍售，从其酤买。（《抱朴子外篇·酒诫》，页585）

b 沈珩守凤粮尽，从姚彪贷盐百斛。（《殷芸小说·卷六》，页126）

N为表人的名词或代词；VP具有［＋请求］特征。如："请、求、索、借、乞、贷"。

（2）向。用于"向·NP·VP"结构，意为"S向N_1索取某物"。如：

47）其兄病，在乌衣人令杀之，向其请乞，终不下手。（《搜神记·卷十五》，页184）

（3）于（於）。用于"VP·于（於）·NP"结构，意为"向某人索取某物"或"向某人请求帮助"。如：

48）a 饿而求粟于河侯，以此知其不能齐死生也。（《抱朴子内篇·勤求》，页254）

b 永安末，庄帝谋煞尔朱荣，恐事不果，请计于徽。（《洛阳伽蓝记·卷四》，页146）

49）a 筑垒自守，告急于刘表，求救于黄祖。（《三国志·卷四六》，页1108）

b 融请救于子良，子良忧惧不敢救。（《南齐书·卷四十七》，页825）

例（48）表示"向某人索取某物"，如a中"河侯"是"粟"的持有者；b中"徽"是"计"的谋划者。例（49）表示"向某人请求帮助"，"黄祖""子良"是"求"的对象。

引介"求索对象"的"于"字介词结构中，NP为表人名词；VP具有[＋请求]特征。如："乞、求、请、索、借、假"等。

（4）与。用于"与·NP·VP"或"VP·与·NP"结构，意为"向某人求索某物"。如：

50）a 朔书与公孙弘借车马。（《齐民要术·五谷果蓏菜茹非中国物产者》，页1153）

b 嘉宾遂一日乞与亲友，周旋略尽。（《世说新语·汰侈第三十》，页467）

（5）就。用于"就·N₁·V·N₂"结构，意为"向某人索要某物"。如：

51）a（臣）唯少枕枕死，特就陛下乞之。（《南齐书·卷二六》，页491）

b（恺）入坐生时西壁大床，就人觅茶饮。（《搜神记·卷十六》，页196）

c 王修龄若饥，自当就谢仁祖索食，不须陶胡奴米。（《世说新语·方正第五》，页187）

N₁指人名词或代词，VP具有[＋求索]特征。如："乞、求、索、觅、买、占"。

4. 比较对象

介词表"比较对象",意为"N₁和N₂相比（不）具有某种性质"或者"N₁和N₂等同",介词有"与、比、乎、于（於）、共"。

（1）与。用于"（N₁）·与·N₂·A/V"结构,意为"某一对象与另一对象具有相同或不同的性质"。如:

52）a 听君向言,多与吾同。（《世说新语·文学第二》,页105）

b 无风教者,其父已孤,呼外祖父母与祖父母同。（《颜氏家训·风操》,页85）

N为指人、指物名词,形容词分布如下:"重、同、异、平、类、殊、高、似、反、乖、别、齐、等、违、长、正、一致、均、相当、相准、一体"。

（2）比。用于"比·N₁·N₂·A"结构,意为"N₂A于N₁"。如:

53）a 阿奴比丞相条达清长。（《世说新语·品藻第九》,页288）

b 比崇高于赘疣,方万物乎蝉翼。（《抱朴子内篇·至理》,页111）

c 谚曰:"顷不比亩善";谓多恶不如少善也。（《齐民要术·种谷》,页49）

（3）乎。用于"A·乎·NP"结构,意为"某物在某方面超过或不如另一物"。如:

54）a 天地变通,莫大乎炎凉;悬象著明,莫崇乎日月。（《南齐书·卷一》,页14）

b 自轩黄以降,坟素所纪,略可言者,莫崇乎尧舜。（《南齐书·卷一》,页20）

c 是以道家之所至秘而重者,莫过乎长生之方也。（《抱朴子内篇·勤求》,页252）

55）a 身死宗灭,以是贬削,不复料摘,异乎春秋褒贬之义矣。（《三国志·卷四十四》,页1068）

b 何异乎贵明珠而贱渊潭,爱和璧而恶荆山?（《抱朴子内篇·塞难》,页138）

c 而附己者不必足进之器也,同乎我,故不能遗焉。（《抱朴子外篇·知止》,页626）

56）a 始徐进而赢形,似不胜乎罗绮。（《世说新语·容止十四》,页337）

b 讽刺之祸,速乎风尘,深宜防虑,以保元吉。（《颜氏家训·文章》,页238）

介词"乎"引介"比较对象"，用于"Adj·乎·NP"结构，该结构表示①某种某人、某物或某种状态是某情况的最高级。如例（54）。②某人、某物或某事件与另一人、另一物或零一事件相同或相异。如例（55）。③表示两物或两个事件在某种性质上的比较，如例（56）。

介词"乎"引介"比较对象"用于"VP/Adj·乎·NP"结构，其中NP是表人、表物或事件类名词；Adj为同异类形容词或性质形容词。即，NP为表示实物类的名词；A分布如下："异、同、贤、良、贵、贱、大、小、富、贵、轻、重"等。

（4）于（於）。用于"A·于·NP"结构，意为"和某物相比具有某种性质"。如：

57）a古度树，叶如栗而大于枇杷。（《齐民要术·五谷果蓏菜茹非中国物产者》，页1160）

b计其白骨高于须弥。（《贤愚经·梵天请法六事品第一》，页350）

58）a昔太山之哭者，以为苛政甚于猛虎。（《三国志·卷一》，页84）

b仲由之言信，重于登坛之盟，赵熹之降城，贤于折冲之将矣。（《颜氏家训·文章》，页304）

c当时论者以世祖优于魏文，减于汉明。（《南齐书·卷三十五》，页629）

59）a臣谓此危，危于累卵。（《三国志·卷二》，页60）

b谈者以为此死，贤于让扬之荆。（《世说新语·尤悔第三十三》，页484）

c农桑不殷于曩日，粟帛轻贱于当年。（《南齐书·卷三》，页54）

60）a孤祖父以至孤身，……过于三世矣。（《三国志·卷一》，页34）

b少康功美过于二宗，其为大雅明矣。（《三国志·卷四》，页133）

c惟公勋业超于先烈，而褒赏阙于旧章。（《南齐书·卷一》，页17）

61）a有大牛重千斤，啖刍豆十倍于常牛，负重致远，曾不若一羸特。（《世说新语·轻诋二十六》，页447）

b昔晋氏初迁，江左草创，绢布所直，十倍于今，赋调多少，因时增减。（《南齐书·卷二十六》，页483）

c大旱浇之，其收至亩百石以上，十倍于后稷。（《齐民要术·种谷》，

页 67）

62）a 山妻韩氏，觉公与二人异于常交。（《世说新语·贤媛第十九》，页 369）

b 今陛下既尊群臣，显以冠冕，被以文绣，载以华舆，所以异于小人。（《三国志·卷三》，页 111）

c 贵极人臣，富兼山海，居止第宅，匹于帝宫。（《洛阳伽蓝记·卷五》，页 137）

63）a 窃以皇齐改物，礼乐惟新，中国之神，莫贵于社，若遂仍前谬，惧亏盛典。（《南齐书·卷九》，页 137）

b 故聋、瞽在乎形器，则不信丰隆之与玄象矣，而况物有微于此者乎？（《抱朴子内篇·论仙》，页 13）

介词"于"引介"比较对象"，意为：①"A 比 B 更具备某种特点或性质"，如例（57）~例（58）；②"某人 / 某事超过某界限"，如例（59）~例（60）；③"A 超过 B 的量度"，如例（61）；④"A 与 B 具有相同或共同具备某一性质"，如例（62）；⑤"某物在某一范围中处于最高比较级"，如例（63）。

例（57）中，"枇杷"是"古度树"比较的对象，与"枇杷"相比，"古度树"更具有"叶大"的特点；b 中，"须弥"是"白骨"的比较对象，与"须弥"相比，"白骨"的高度更高。例（58）中，"猛虎"是"苛政"的比较对象，与猛虎相比，苛政更"甚"；b 中，"登坛之盟""折冲之将"是"仲由之言信""赵熹之降城"的比较对象，即"仲由之言信"比"登坛之盟"的意义更加重大；"赵熹之降城"比"折冲之将"的意义重大；c 中"魏文""汉明"是"世祖"的比较对象，与"魏文"相比，世祖"优"一些；与"汉明"相比，世祖"减"一些。例（59）中，"形容词·于·NP"意为"比某种情况更加……"，a 中"累卵"是"危"的程度，"此危"比"累卵"的程度还有高；b 中，"让杨之荆（的死）"是"此死"的比较对象，即"此死（这个人的死）比让杨之荆的死更让人觉得贤德"；c 中"曩日（的农桑）"是"（现在的）农桑"的比较对象，即"现在的农桑不比曩日的农桑殷实"；"当年（的粟帛）"是"（现在的）粟帛"的比较对象，即"现在的粟帛的价值比当年粟帛的价值轻贱"。例（60）中，"V·于·NP"结构意为"某人\某物具有超过某种界限的特点或性质"，如 a 中"三世"是"过"的界限，即"多于三世"；b 中"二宗"的"功

魏晋南北朝汉语介词研究

美"是"少康"之前的标准，"少康"的"功美"方面已经超过"二宗"（的标准）；c中"先烈"的"功勋"是"公"之前的标准，"公"在"功勋"方面已经超过"先烈"（的标准）。例（61）中，"（NP·）VP·NP1·于·NP2"结构表示"NP比NP2做某事或在某方面的差比"，如a中"常牛"是"大牛"的比较对象，比较的基点是"啖刍豆"（的数量），即"大牛啖刍豆的数量超过常牛啖刍豆数量的十倍"；b中"今（的价值）"是"前（的价值）"的比较对象，即"绢布以前的价值是现在价值的十倍"；c中"后稷（之收）"是"其收"的比较对象，即"这个时候的收成超过后稷的收成的十倍"。例（62）中，介词"于"用于"V·于·NP"结构，表示"某物同另一物具有某种相同的特点或性质"，如a中，"二人之交与常交异"；b中"与小人异"；c中"与帝宫匹配"。例（63）中，介词"于"用于"形容词·于·NP"结构中，其中"形容词"是最高级或者最低级形式，意为"在某个范围中的最高级或最低级"，如a中"莫贵于社"即"社"是最"贵"的；b中"有微于此者乎？"即"有比这个还小的吗？"，表达最高级。

介词"于"用于"形容词/动词·于·NP"结构中，表示差比，如例（57）~例（61），也可表示同比，如例（62），还可表示最高级，如例（63）；可以是不同对象的比较，如例（57）~例（58）；不同情况的比较，如例（59）；同一对象不同阶段的比较，如例（60）。

介词"于"用于"X·于·VP"结构中，引介"比较对象"时，NP多为表人名词；A可为动词、性质形容词，如："多、少、轻、重"等。也有部分状态形容词，如"异、同"等。

（5）共。用于"NP1·共·NP2·等Adj""NP1·adj·NP2等共结构，以为"NP1和NP2相比具有相同的adj特征"。如：

64）a为君共尧舜连衡，为臣与伊皋等迹。（《洛阳伽蓝记·卷二》，页83）

b燃目之绮，裂鼻之馨，既共阳春等茂，复与白雪齐清。（《洛阳伽蓝记·卷二》，页89）

65）如其栽榆与柳，斜植高共人等，然后编之。（《齐民要术·园篱第三十一》，页318）

5. 关涉对象

介词表"关涉对象"意为"动作行为与某人/事有关"或"动作行

为作用于某物"或"S 向 N₁ 主动实施某动作",有"乎、于（於）、以、向、自、由、与、对"。

（1）乎。用于"V·乎·NP"结构，意为"某物/人/事受到某种影响"。如：

66）a 患乎凡夫不能守真，无杜遏之检括。（《抱朴子内篇·道意》，页170）

b 爰及临危舍命……号哭动乎天地，感恸惊乎鬼神。（《南齐书·卷二二》，页416）

NP 为表示事件、事物或人物的名词；VP 具备［＋被动］［＋影响］[1]特征。如：

A 执行义：观、病，患、动、慎

B 运行义：至、通

C 言说义：言、询、问、诣

D 放置义：存、在、立

（2）向。用于"向·NP·VP"结构，意为"面对某人做某一动作"（例23a）或"主动和某人言说"（b）。如：

67）a 向根叩头曰："小儿无状，分当万死。"（《搜神记·卷一》，页7）

b 有犯之者罪与贼同。还向皇后陈其仁泽。（《六度集经·卷第六》，页32）

NP 为指人名词或代词；VP 具有［＋陈述性］特征，多为言谈义。如：言、陈、说、曰、泣；也有行为义，具有［＋主动性］特征，如叩。

（3）以。用于"V·以·N"或"以·N·V"结构，意为"某人/物是动作作用或与动作相关的对象"。如：

68）a 问以坟、索之微言，鬼神之情状，万物之变化。（《抱朴子外篇·疾谬》，页635）

b 问老子以古礼，礼有所不解也。问郯子以鸟官，官有所不识也。（《抱朴子内篇·辨问》，页228）

表关涉对象时，"以"字结构中的 NP 比较丰富，可以是事件、事物也可以是道理类名词。动词相对集中，为表示"询问、咨询""言谈"类动词。如：

魏晋南北朝汉语介词研究

---

[1] 具有承受性特征，受动作影响必定会呈现某种状态。

A 咨询义：问、咨

B 言谈义：说、语、言

（4）于（於）。用于"VP·于（於）·NP"或"于（於）·NP·VP"结构，意为"对某物/人/事产生某种作用或影响"或"在某方面具有某种情态"。如：

69）a 无心于黄屋，而道随物变。（《南齐书·卷一》，页39）

b 不能精于讼者，以浅裁深，安有肯服？（《颜氏家训·省事》，页340）

c 威震耀于殊俗，德泽被于群生。（《三国志·卷八》，页253）

70）a 臣闻舜有宾于四门之勋，乃受禅于陶唐，禹有存国七百之功，乃承禄于有虞。（《三国志·卷二》，页62）

b 天子富于春秋，万机自诸侯出，王公既得录，陶公何为不可放？（《世说新语·方正第五》，页182）

c 萧道成有功于国，今若害之，后谁复为汝着力者？（《南齐书·卷一》，页10）

NP可以为指人、指物或事件名词；VP具有[+施动/状态]① 特征，其语义分布为：

A 执行义：施、击、诤、审、计
B 遭遇义：损、益、得、失、害
C 情感义：悲、喜、爱、厌、恨
D 言谈义：讲、谗、称、直、辞

（5）自。用于"自·N·V"或"V·自·N"结构，意为"动作从某个对象开始"。如：

71）a 自公卿以下，莫不云集其门，后转骄贵，不复得常见。（《抱朴子内篇·道意》，页174）

b 盟誓之文，始自三季，质任之作，起于周微。（《三国志·卷二十四》，页683）

c 夔总统研精，远考诸经，近采故事，教习讲肄，备作乐器，绍复先代古乐，皆自夔始也。（《三国志·卷二十九》，页804）

主句谓语为行为义、存现义或状态形容词。如：

A 行为义：集、由、任、食、作

---

① 动作对他物施加影响，并使之呈现出一定的状态。

B 遭遇义：始、名、起、有

C 形容词：近、达、兴、愚、贤

（6）由。用于"由·N·V"结构，意为"与动作有关的对象"。如：

72）a 由兹以观，则人之无道，体己素病，因风寒暑湿者以发之耳。（《抱朴子内篇·极言》，页244）

b（觊）由中书郎出为南蛮校尉。（《世说新语·德行第一》，页25）

N为代词、指人名词或表示官职的名词；VP具有［＋位移］［＋被动］[1]特征。如：

A 言谈义：言、论、观

B 转移义：移、动、及、出、显

C 执行义：操、转

（7）与。用于"N_1·与·N_2·V"结构，意为"与行为有关的对象"。如：

73）a 会郡与州有隙，曲直未分，以先闻者为善。（《三国志·卷四九》，页1186）

b 至五月，瓜熟，薤可拔卖之，与瓜相避。（《齐民要术·种瓜》，页187）

V 语义分布为：

A 放置义：接、邻、对、竞、避

B 交互义：争（诤）、战、离、敌、约

D 言谈义：谘、谋

当V为存现义时，表示"N_1和N_2之间具有某种关系，且这种关系是N_1单方具备。"当V为交与义时，表示"N_2是动作涉及的对象"。当V为并邻义时，表示"N_1和N_2接近或远离，N1单方面呈现某种性质"。当V为问询义时，表示"N_1向N_2问询某事"。当V为判断动词时，表示"N_1和N_2具有某种关系"。在"关涉对象"类介词中，N_1是动作的主动者，N_2是与N_1有关的某一对象，不具备"协同"性质。

（8）对。用于"对·N·VP"结构，意为"与某人言说某事""向某人施行某动作"。如：

74）a 孤非徒对诸君说此也，常以语妻妾，皆令深知此意。（《三国志·卷一》，页33）

---

[1] 该类动词具有受动性，且受动作影响必定发生位置的变化。

b 性好谈义，兼解佛理，顿法轮寺，对客高谈。（《南齐书·卷五十一》，页876）

c 若对他人称之，皆云族人。（《颜氏家训·风操》，页86）

75）a（丁仪）乃对中领军夏侯尚叩头求哀，尚为涕泣而不能救。（《三国志·卷十九》，页561）

b 融对孙权使有讪谤之言，坐弃市。（《世说新语·言语第二》，页32）

介词"对"引介"关涉对象"用于"对·NP·VP"结构。该结构表示①向某人言说某事，如例（74）。例（74）a中，"诸君"是"孤"言说的对象，是听取"言说内容"的人，即"给诸君说此"；b中，"客"是"谈（论）"内容的听取者，即"向/给客高谈"；c中，"他人"是"称之"的接受者，即"向他人称（传达）"。②向某人做某事，其中NP是VP的接受者，如例（75）。例（75）a中，"丁仪"是"叩头"的施事者，"夏侯尚"是"叩头"的接受者，介词"对"引出动作的接受者；b中，"融"有"讪谤之言"。"孙权使"是"讪谤之言"的承受者，"对"引出动作的承受者。

介词"对"引介"关涉对象"用于"对·NP·VP"结构。该结构中，NP为表人名词；VP具有［＋传达］［＋转移］［＋方向］特征的动词，如：

A 言说义：谓、曰、言、说、叹

B 情感义：流涕、哭、哀号、啸

（9）从。用于"（VP₁·）从·N·VP₂"结构中，意为"N是VP₁（·VP₂）实施时所涉及动作中的一种"。如：

76）a 若为乱阶，请从我家始。（《世说新语·规箴第十》，页311）

b 陛下必欲建诸侯，成五等，宜从亲始，亲莫若齐王。（《世说新语·品藻第九》，页283）

c 亦或当有所教授，宜得本末，先从浅始，以劝进学者，无所希准阶由也。（《抱朴子内篇·遐览》，页332）

77）a 夫周公大圣，以贵下贱，吐哺握发，惧于失人，从白屋之士七十人，布衣之徒亲执贽所师见者十人，所友者十有二人，皆不逼以在朝也。（《抱朴子外篇·逸民》，页71）

b 自茂修行，从少至长，冬则被裘，夏则短褐，行则步涉，食则茨藿，

臣役妻子，室如悬磬。（《三国志·卷二十三》，页 659）

78）a 从此观之，万物之生死也，与其变化也，非通神之思。（《搜神记·卷十二》，页 147）

b 从过去身修诸善法，得此人身，应当保护，进德修业。（《百喻经·贫人烧粗褐衣喻》，页 86）

"从"介引"关涉对象"，表示①"动作开始时所涉及的对象"，如例（76）中"我夹""亲""浅"等皆是动作"乱阶""建诸侯""教授""（开）始"时所涉及的对象。②表示"动作所涉及一系列对象中，最先受影响者"，如例（77）。③表示"与另一事件相关的某个对象"，如例（78）。例（78）a 中，"此"是"观"的对象，同时也是"万物之生死也，与其变化也，非通神之思"的证据或者理据；b 中"过去身"是"修诸善法"的依据。

"从+N+VP"结构中，"从"引介"关涉对象"是，N 可为表人、表物或表"理据"的名词；VP₂ 具有［＋延续性］特征。如："始、至、观、转、征、起、出"。

（10）在。用于"在·N·VP"结构，意为"针对某人/事进行/具有某一动作"。如：

79）a 是以临政务在安民为先，然后稽古之化，格于上下。（《三国志·卷二十五》，页 711）

b 有加先妣，则陷父不孝，在汝安乎？（《颜氏家训·终制》，页 602）

N 多具有［＋受事性］，如指人名词、代词；V 都具有［＋处置性］特征，如：判断动词，页"为、是"、存现义："有、无"、心理状态义："安、爱、弃"等。

（11）逮。用于"V·逮·NP"结构，意为"受某动作或行为所影响的对象"。如：

80）a 身既倾溺，而祸逮君亲，不亦哀哉！（《抱朴子外篇·臣节》，页 272）

b 我王普慈润逮众生。（《六度集经·卷第八》，页 49）

c 慈心于物，恕己及人，仁逮昆虫。（《抱朴子内篇·卷六》，页 114）

例（80）中，介词"逮"引介"与事对象"表示"受动作行为影响的对象"。如 a 例中，"君亲"是动作"祸"所延及的对象；b 例中，"众生"是动作"润"所延及的对象；c 例中，"昆虫"是行为"仁"所涉及的对象。

介词"逮"引介"与事对象"除表示"受动作行为影响的对象"外，

也可理解为"动作行为所延及的范围"。如 a 例中，"君亲"也可以看作是"祸"所延及的范围；b 例中，"众生"也可以理解为"润"所延及的范围；c 例中，"昆虫"也可以理解为"仁"所关涉的范围。

介词"逮"引介"与事对象"用于"VP·逮·NP"结构。该结构中，NP 为表示人物等的名词，动词为具有［＋范围］［＋扩展］特点的动词，如"润、泽、惠、仁、祸、下"等。

（12）及。用于"V·及·NP"结构，意为"动作涉及到某人"。如：

81）爰及农商工贾，厮役奴隶，钓鱼屠肉，饭牛牧羊，皆有先达，可为师表，博学求之，无不利于事也。（《颜氏家训·勉学》，页 162）

NP 是动作涉及的对象，为指人／物名词；V 具有［＋施及］特征，如："泽、恩"等。

（13）至。用于"V·至·NP"或"自……至……"结构，意为"某一对象范围中的后者"。如：

82）a 齐世有席毗者，清干之士，官至行台尚书。（《颜氏家训·文章》，页 266）

b 自佛狸至万民，世增雕饰。（《南齐书·卷五七》，页 986）

NP 多为表示官职的名词或者表人名词，VP 有［＋承受性］特征，如："上、下"等。

（14）至于（於）。用于"至于 NP，VP"结构，意为"NP 是受VP 影响的对象"。如：

83）a 至于稽古之士，谬为恭敬，礼之虽备，不与论国事也。（《三国志·卷十二》，页 371）

b 至于河洛之书，着于洪范，则殷、周效而用之矣。（《三国志·卷二》，页 65）

c 至于庄周，是其次者，故慕耳。（《世说新语·言语第二》，页 109）

84）至于斟酌时宜，笼罩当世，亦多所不及。（《世说新语·品藻第九》，页 285）

例（83）中，介词"至于"引介"与事对象"，意为"某人、某物是谈论的对象，是受某动作影响的对象"。如 a 例中，"稽古之士"是受"谬为恭敬，礼之虽备，不与论国事也"影响的对象；b 例中，"河洛之书"是"着于洪范，则殷、周效而用之矣"中"着"的内容；c 例中，"庄周"

是"其次者"，是谈论的对象。例（84）中，"斟酌时宜"的行为是"笼罩当世"的内容；是谈论对象。

　　介词"至于"引介"与事对象"用于"至于NP，VP"结构中，其中NP可以是表人、表物等的名词，也可以是表示事件或行为的名词；VP为具有描述性的动词谓语句。介词"至于"引介的对象，也可以看作是谈论话题。如例（83）~ 例（84）中，"稽古之士""河洛之书""庄周""斟酌时宜"也可以看作是"谬为恭敬，礼之虽备，不与论国事也""着于洪范，则殷、周效而用之矣""是其次者，故慕耳""笼罩当世，亦多所不及"所描述或谈论的话题范围。

　　"关涉"义对象介词共有14个，核心介词有以""于（於）"、次核心介词"乎"、边缘介词向""自""由""与""对""在""逮""及""至""至于"。

　　6.受益对象

　　介词标引"受益对象"，意为"N1（受益对象）在N2的协助下完成某事"或"N₁帮助N₂完成某事"，介词有："与、为、于"。

　　（1）与。用于"N·与·N₂·VP"结构，意为"（N₁）为N₂做某事"。如：

　　85）a 綝秉国威，将行不轨，欲与将军诛之。（《三国志·卷五五》，页1301）

　　b 殷徐语左右："取手巾与谢郎拭面。"（《世说新语·文学第四》，页118）

　　N₂多为指人代词或名词；VP具有［+施动］［+转移］/［+交互］特征。如："作、用、浣、拭、施、受、罚、让、封、守、赐、诛、取、送、食、布、遗、易"。

　　（2）为。用于"为·NP·VP"结构，意为"协助/代替某人做某事"。如：

　　86）a 吾起义兵，为天下除暴乱。（《三国志·卷一》，页22）

　　b 两道士为王广陈治国。（《六度集经·卷第七》，页44）

　　c 卿家鬼何在？唤来，今为卿骂之。（《搜神后记·卷六》，页77）

　　NP为具有［+受事性］特征的指人、事物类名词，VP具有［+主动］［+利他］特点。如：

A 言谈义：陈、说、演、哭、讲

B 执行义：起、建，守、计，御、启，患、怨

C 转移义：教、受，送、纳，取，求、索、借

（3）于（於）。用于"于（於）·NP·VP"或"VP·于（於）·NP"结构，意为"对某人/事有利（害）"或"某物转移到某人处"。如：

87）a（孙峻）斩吴左将军留赞，献捷于京都。（《三国志·卷四》，页133）

b 仆有愚计，愿进之于将军，可乎？（《三国志·卷二一》，页598）

c 昔尧让天下于许由、子州支甫，舜亦让于善卷、石户之农、北人无择。（《三国志·卷二》，页62）

88）a 厘降二女，以嫔于魏。（《三国志·卷二》，页62）

b 雅荐王珣于帝，帝欲见之。（《世说新语·谗险第三十二》，页447）

c 昔金德既沦，而传祚于我有宋，历数告终，实在兹日，亦以水德而传于齐。（《南齐书·卷一》，页20）

NP为指人名词或代词；VP具有［＋转移］［＋主观］特征，如：进、献、施、泽、润等。

四、概念说明类语义系统

依凭类介词即介词的作用在于介绍动作进行所凭借、依据的工具方式、手段、时机、标准、条件等。

（一）依据凭借

介词表示"依据凭借"意为"按照某种情势或标准进行判断或进行某动作""凭借某种情势或手段进行某动作或达到某种目的"。魏晋南北朝时期，引介"依据凭借"的介词有"乘""以""因""缘""从""寻""随""据""论""于（於）""顺""用""由""仗（杖）""凭""乎""就"等。

1.乘

用于"乘·NP·VP"结构，意为"凭借某种情势或手段做某事"。如：

1）乘圣朝之威，得斩绍大将淳于琼等八人首。（《三国志·卷一》，页22）

NP为表示"性质"的名词；VP具有[＋主观][＋实施]特征，如"攘、败、斩"等。

2. 以

用于"以·NP·VP"结构，意为"利用某种条件做某事""按照某种规律做某事""凭借某种情势或条件做某事"。如：

2）a 匠之以六艺，轨之以忠信，莅之以慈和，齐之以礼刑。（《抱朴子外篇·君道》，页174）

b 量给禀秩，礼同诸侯，奉圣之爵，以时绍继。（《南齐书·卷一》，页56）

3）a 以此法入山，亦不畏虎。（《抱朴子内篇·登涉》，页313）

b 如故有违，绳之以法。（《南齐书·卷一》，页57）

4）a 徒以斯术存乎大明，非夫当人自许。（《抱朴子外篇·清鉴》，页523）

b 太祖以神武创业，草昧区夏，武皇以英明提极，经纬天人。（《南齐书·卷二》，页72）

c 刘秉少以宗室清谨见知。（《南齐书·卷一》，页12）

3. 因

用于"因·NP·VP"结构，意为"根据某种情势做某事""借助某人、某物或某种情势做某事"。如：

5）a 阎立乃至百王，因事制宜，盖无常数也。（《三国志·卷四八》，页1166）

b 或假财色以交权豪，或因时运以佻荣位，或以婚姻而连贵戚，或弄毁誉以合威柄。（《抱朴子外篇·疾谬》，页613）

c 因时修制，苟、乐之风。（《世说新语·言语第二》，页85）

6）a 其次有玉女隐微一卷，……因风高飞，出入无闲。（《抱朴子外篇·遐览》，页337）

b 我因其隙，陷其边陲，觊增其疾而毙之也。（《三国志·卷三五》，页1029）

介词"因"引介"依据凭借"，用于"因·NP·VP结构"，表示①根据某种情势做某事，如例（5）。例（5）a中，"事（的变化）"是"制宜"的依据；b中"时（的变化）"是"佻荣位"的依据；c中"时"是"修制"的依据。②假借某种情势做某事，如例（6）。例（6）a中，"风"是"高飞"得以实现的"凭据"，即"凭借风高飞"；b中"其

隙"是"陷其边陲"等得以实现的有利条件，即"凭借'其隙'实现'陷其边陲'"。

介词"因"引介"依据凭借"用于"因·NP·VP"结构，其中N为表示时间或时间变化等情势、形式类名词；VP具有[＋主观][＋处置]等特点的动词或动词性成分。

4. 缘

用于"缘·N·V"结构，意为"根据某标准进行某种处理"。如：

7）a 因微而入，缘形而出，意所狎信，不复猜觉。（《三国志·卷十四》，页452）

b 凡有变革随时之宜者，政缘恩情有轻重，德义有厚薄。（《南齐书·卷二二》，页415）

c 朕感诗人常棣之作，嘉采菽之义，亦缘诏文曰"若有诏得诣京都"。（《南齐书·卷二十》，页586）

5. 从

用于"V·从·N""V·从·N"结构，意为"依据某种标准做某事""凭借某种优势做某事"。如：

8）a 此则言其从时出入移动也。（《世说新语·文学第四》，页118）

b 簿籍不存，寻校无所，可听州郡保押，从实除奏。（《南齐书·卷一》，页35）

9）（伊尹）进退废置，计从事立。（《三国志·卷一》，页4）

N为"时、实、事"；VP具有[＋施动性]特征。如："奏、移、养"等。

6. 寻

用于"寻·N·V"结构，意为"根据某标准进行判断"。如：

10）a 寻朱建平传，知彪大于二十岁。（《三国志·卷二十》，页586）

b 寻郑玄以亥为吉辰者，阳生于子，元起于亥。（《南齐书·卷三》，页142）

7. 随

用于"随·NP·VP"结构，意为"按照某一标准做某事"。如：

11）随米多少，皆平分为四分。（《齐民要术·笨曲并酒》，页

688）

12）今琨远至，其假世子印缓……随材录用。（《三国志·卷》，页589）

NP是带有标准性质的名词，如"长短""多少"等；VP具备［＋分配］特征。如：

A 转移义：摄、投、迁

B 执行义：作；待、拜

8. 据

用于"据·N·V"结构，意为"根据某一标准做某事"。如：

13）则据文求义，亦宰相之占也。（《南齐书·卷四》，页213）

9. 论

用于"论·N·V"结构，意为"按照某一标准做某事"。如：

14）a 军还入塞，论功行封，封畴亭侯，邑五百户。（《三国志·卷十一》，页342）

b 吴将诸葛瑾、张霸等寇襄阳，……论功行赏各有差。（《三国志·卷三》，页92）

10. 于（於）

用于"于·N·V"结构，意为"参照某一标准应该做某事"。如：

15）a 于义当绌，于法当诛。（《三国志·卷二十五》，页702）

b 夫百亩，于古为十二顷。（《齐民要术·种谷》，页75）

c 王、谢旧齐名，于此始判优劣。（《世说新语·雅量第六》，页206）

16）a 颂人举其强骏者言之，于义为得也。（《颜氏家训·书证》，页415）

b 大魏如我父母，我一坐读书，于理无失。（《洛阳伽蓝记·卷五》，页180）

c 舍长立少，既于理非伦，且明帝以聪亮英断，益宜为储副。（《世说新语·方正第五》，页172）

介词"于"表示"依据凭借"用于"于·NP·VP"结构，如例（15）～例（16）。意为①"按照某一标准做某事"，如例（15）。例（15）a中，"义""法"是"绌""诛"执行与否的标准或者依据；b中"古"是"判断为十二顷"的依据；c中，"此"是"判优劣"的标准或依据。②"按照某一标准应该具有某一性质和或特征"，如例（16）。例（16）a中"义"是判

断是否"得"得标准；b中"理"是判断是否"失"的标准；c中"理"是判断是否"伦"的标准。

介词"于"引介"凭借依据"既可以表示绝对标准，如例（15）；也可以是相对标准，如例（16）。

11. 顺

用于"顺·N·V"结构中，意为"遵循某种规律做某事"，如：

17）顺时种之，则收常倍。（《齐民要术·收种第二》，页57）

18）a 顺流放火，烧败浮桥。（《三国志·卷五十五》，页1298）

b 龙骧将军王浚顺流东下，所至辄克，终如抗虑。（《三国志·卷五十八》，1353）

c 颖即起，率十数人将导顺水上，果得一枯杨。（《搜神记·卷十六》，页193）

12. 用

用于"用·N·V"结构，意为"凭借某物／情势做某事"。如：

19）a 明府用乌集之众，驱散附之士。（《三国志·卷五七》，页1318）

b 夫能用德以同天下之欲。（《三国志·卷十一》，页337）

13. 由

用于"由·N·V"结构，意为"凭借某物或某种情势做某事"。如：

20）a 不由舟楫而济盟津者，我愚子也，实所不及。（《三国志·卷四二》，页1029）

b 且刑由刃也，巧人以自成，拙者以自伤。（《抱朴子外篇·用刑》，页372）

21）a 虽由匹夫之资，而兴霸王之功，不足为难。（《三国志·卷十一》，页337）

b 由是知名，仕至司徒。（《三国志·卷八》，页252）

22）a 由此推之，但冀州胜兵已如此，况兼幽、并及青州乎？（《三国志·卷六》，页194）

b 由此言之，见衣服象人，则形体亦象人。（《世说新语·方正第五》，页172）

介词"由"引介"依据凭借"用于"由·NP·VP"结构，表示①某人借助某种工具完成某动作，如例（20）。例（20）a中，"舟楫"是"济盟津"得以实现的工具；b例中，"刃"是动作"刑"得以实现的工具。

②某人凭借某种能力或机遇得到某种成就，如例（21）。例（21）a中，"匹夫之资"是"兴霸王之功"赖以实现的凭据；b例中，"是"是"知名"得以实现的依据。③按照某种标准进行判断，如例（22）。例（22）a中，"此"是"冀州胜兵已如此"的判断标准；b中，"此"是"见衣服象人，则形体亦象人"的判断标准。

介词"由"引介"依据凭借"用于"由·NP·VP"结构中，其中NP是具有［＋工具］［＋标准］［＋可凭借］类名词；VP是为事件类动词或动词结构。

14.仗（杖）

用于"仗（杖）·N·V"结构中，意为"凭借某手段做某事"。如：

23）a仗一时之权，专任智力以成功业，行事动静，多违圣检。（《三国志·卷四》，页134）

b吾其出命以报国，仗义以整乱，天道与顺，克之必矣。（《三国志·卷七》，页230）

c为人仗才使酒，多所陵忽。（《南齐书·卷三六》，页636）

15.凭

用于"凭·N·V"结构，意为"凭借某种手段或优势得到"或"借助第三方的力量达成某事"。如：

24）a绍凭世资，从容饰智，以收名誉。（《三国志·卷十》，页313）

b庶凭先祖先父有德之臣，左右小子。（《三国志·卷四》，页132）

c象才识疏浅，质干无闻，凭戚升荣，因慈荷任。（《南齐书·卷三六》，页638）

16.乎

用于"VP·乎·NP"结构，意为"某种情势依靠某种情况得以实现"。如：

25）a丞相冲粹表于天真，渊照殆乎机象。（《南齐书·卷二十二》，页418）

b故疾步累趋，未若托乘乎逸足；寻飞逐走，未若假伎乎鹰犬。（《抱朴子外篇·任能》，页319）

c情见乎辞，效著乎功。（《三国志·卷十三》，页407）

17.就

用于"就·NP·VP"结构，意为"依据某种标准做某事"。如：

魏晋南北朝汉语介词研究

26）即恩如彼，就例如此。（《南齐书·卷十》，页160）

27）肃之所云，盖就汉制而为言耳。（《三国志·卷十三》，页329）

例（26）中，介词"就"引介"依据凭借"，表示"依据某种标准做某事"，"例"是"如此（做）"的依据，即"依据惯例应该如此（做）"。例（27）中，介词"就"引介"依据凭借"意为"按照某种标准判断"，"汉制"是"言"的标准。

介词"就"引介"依据凭借"用于"就·NP·VP"结构中，其中NP为已经存在的事物或标准；VP为处置类或言谈类动词。

18.持

用于"持·NP·VP"结构，意为"凭借某物做某事"。如：

28）留一玉环曰："持此可以避难。"（《搜神记·卷十八》，页217）

魏晋南北朝时期，引介"依据凭借"类介词共有17个，用于"Pro·NP·VP""VP·Pro·NP"结构，其语义有四类：①表示凭借某种手段或工作做某事，该类结构中NP为VP得以实现的工具，为"可控制"类名词；VP为具有"结果"特点的主动行为类动词。②表示凭借某种能力或者既有情势做某事，该类结构中NP为能力或自然情势类名词，具有"非可控"的特点；VP为具有"结果"特点的主动行为类动词。③表示按照某种标准做某事，该类结构中NP为规定、标准类名词，具有"非可更改"的特点；VP为具有判断性特点的主动行为类动词。④表示遵循某种规律做某事，该类结构中，NP为具有"非可更改""非可控"特点的规律类名词；VP为表示主动行为的动词。

"依据凭借"义介词结构的分布特点为：

表3-8 魏晋南北朝"依据凭借"义介词结构类型

语义		介词	介词结构中NP	介词结构中VP
依据凭借	假借某种手段或工具做某事	乘、持、以	［＋工具］［＋可控制］	［＋主动］［＋行为］［＋结果］
	凭借某种能力或情势做某事	凭、仗（杖）、用、由、从、以	［＋能力］［＋优势］［－可更改］	［＋主动］［＋行为］［＋结果］
	按照某种标准进行判断	就、从、以	［＋标准］［＋客观］［－可更改］	［＋主动］［＋行为］［＋判断］
	遵循某种规律做某事	顺、随、乘、用、寻、缘、据、论、于（於）、寻、循、因、以	［＋规律］［＋客观］［－可更改］	［＋主动］［＋行为］

（二）范围程度

"范围程度"意为"在某范围内动作的波及力度"或"动作行为对某物的影响程度"。魏晋南北朝时期，表示"范围程度"的介词有"连""除""爰""于（於）""在""终""由""从""自""在""乎""到""至于""着"12个。

1. 连

用于"连·N·V"结构，意为"连带某人／物一起进行……"。如：

29）尝发所在竹篙，有一官长连根取之。（《世说新语·政事第三》，页100）

2. 除

用于"除N外，V"结构，意为"排除在外"。如：

30）一切但依此法，除虫灾外，小小旱，不至全损。（《齐民要术·杂说》，页5）

3. 爰

用于"V·爰·N"结构，意为"动作波及的范围"。如：

31）导扬弘烈，缓爰九域，莫不率俾。（《三国志·卷一》，页38）

4. 于（於）

用于"VP·于（於）·NP"或"于（於）·NP·VP"结构，意为"在某范围内做某事""动作在某范围内延续""在某范围内具有某种影响"或"动作的影响到达某种程度"。如：

32）a 贾充妻李氏作女训，行于世。（《世说新语·贤媛第十九》，页371）

b 是以成均焕于古典，虎门炳于前经。（《南齐书·卷九》，页144）

c 故敢自阙替废于一年。（《三国志·卷八》，页257）

33）a 董卓之罪，暴于四海。（《三国志·卷一》，页7）

b 承光寺亦多果木，柰味甚美，冠于京师。（《洛阳伽蓝记·卷三》，页121）

c 视之则肉，臭闻于平阳，长三十步，广二十七步。（《搜神后记·卷七》，页80）

34）a 水火之难，登时之验，易之清浊，延于万代。（《三国志·卷二十九》，页822）

b 故勋烈垂于万载，美名传于无穷。（《三国志·卷二》，页 62）

c 萧衍子豫章王综来降，闻此钟声，以为奇异，造听歌三首行传于世。（《洛阳伽蓝记·卷二》，页 72）

35）a 阉竖之官，古今宜有，但世主不当假之权宠，使至于此。（《三国志·卷一》，页 5）

b 敦喻之，重不复自治，至于笃甚。（《世说新语·品藻第九》，页 288）

c 昔上流谋逆，皆因淹缓，至于覆败。（《南齐书·卷一》，页 6）

36）a 褚公于章安令迁太尉记室参军。（《世说新语·雅量第六》，页 201）

b 捶挞至死而无威，忿怒日隆而增怨，逮于成长，终为败德。（《颜氏家训·卷一》，页 8）

c 若能爱之于微，成之于著，则几乎知道矣。（《抱朴子内篇·极言》，页 240）

37）a 从万春门由东宫以东至于郊外，数十百里，皆空家尽室。（《南齐书·卷七》，页 103）

b 浡然而生，至于日至之时，皆熟矣。（《齐民要术·大小麦第十》，页 127）

38）a 今皇天降祸于上，宋室猖乱于下。（《南齐书·卷五十九》，页 1024）

b 忠良见害于内，黎民暴骨于外，岂徒小小争夺之患邪？（《抱朴子外篇·诘鲍》，页 547）

39）高宗辅政，以为不可，封曲江县男，三百户，奉叔大怒，于众中攘刀厉目，高宗说喻之，乃受。（《南齐书·卷二十九》，页 546）

介词"于"引介"范围程度"用于"V·于·NP"结构中，如例（32）～例（38）、"于·NP·VP"结构，如例（39）。意为：①在某一范围内做某事，如例（32）、例（39）。例（32）a 中"世"是"行"的范围，即"在世（的范围内）行"；b 中"古典"是"成均""焕"的范围，"前经"是"虎门""炳"的范围；c 中"一年"是"替废"发生的时间范围；例（39）"众"是"攘刀厉目"的处所范围。②某动作在某一范围内产生某种影响，如例（33）中"四海""京师""平阳"分别是"董卓之罪""暴"的范围、"奈味""冠"的范围和"臭""闻"的范围。③动作或影响延续的范围，如例（34），例（34）中"万代""无穷""世"是"延"持续的时间范围、"（美名）传"分布的影响范围、"传"分布的地域范围。④某事件或动作影响达到的程度，如例（35），例（35）中"此""笃甚""覆败"是事件影响所达到的程度。⑤某一范围的端点，如例（36），例（36）a中"章安令"是"迁"的起点；b中"成长"是"逮"的终点；c中"微（时）"是"爱"发生的时间、"着"是"成"的时间，"爱"与"成"构成封闭的时间范围，"于"分别表示该时间范围的起点和终点。⑥封闭空间范围内的端点，如例（37）~例（38）。例（37）中，"万春门"的范围从"东宫"开始，到"郊外"，"于"表示"万春门""数百十里"范围的起点和终点，意为在两点圈定的范围内，都具有"空家尽室"的特征；b同。例（38）a中，"皇天降祸"是"上"的端点，"宋室猜乱"是"下"的端点，"于"字结构意为"上下两端都受到某种影响"；b中"内""外"是国家的两个端点，介词"于"分别表示"忠良见害"和"黎民暴骨"的空间范围。

介词"于"引介范围程度，用于"V·于·NP"和"于·NP·VP"结构中，NP是表示时间、处所或人事的名词；VP具有[＋执行]特征。如：

A转移义：学；施、慈、泽

B放置义：布

5.在

用于"VP/A·在·NP"结构，意为"在某范围有某性质或进行某动作（V）"。如：

40）a故烈士徇荣名，义夫高贞介，虽蔬食瓢饮，乐在其中。（《三国志·卷二》，页69）

b今除肉刑，则死罪之下无复中刑在其间。（《抱朴子外篇·用刑》，页376）

6.终

用于"终·N·VP"结构中，意为"在某个已经结束或过去的时间范围"。如：

41）终冬过春，无不肥充。（《齐民要术·养羊第五十七》，页555）

7.由

用于"由……至/及……""由·NP·VP"结构，意为"动作延及的范围""在某范围内做某事或呈现某种状态"。如：

42）由东宫以东至于郊外，数十百里，皆空家尽室。（《南齐书·卷七》，页103）

43）a 由命士以上，父子异宫，此不狎之道也。（《颜氏家训·教子第二》，页15）

b 由此西南出六里，又至一神，名曰胡越寺。（《水经注·卷四》，页108）

介词"由"引介"范围程度"，表示①某动作或状态波及的范围，如例（42）。例（42）中，"东宫以东"到"郊外"是"数十百里"的范围，在该范围内呈现"皆空家尽室"的状态。②从某人 / 处开始向某处延伸的范围内，执行某动作或呈现某种状态。如例（43）。例（43）a 中，"命士"是"父子异宫"的最低起点，"命士"以上的人皆应该"父子异宫"；b 中，"此"是"出六里"的出发点，"西南"是"出"的方向。

介词"由"引介"范围程度"用于"由……至 / 及……""由·NP·以·方位"结构中，该结构表示动作延及的范围，其中 NP 可以处所类、人物类、方位类名词；VP 具有［＋持续性］［＋扩展性］特征。

8. 从

用于"从·N·VP"结构中，意为"在某个有限的范围内进行某动作\具备某种状态"或"某动作涉及到某范围"。如：

44）a 潮水日夜长七八尺，从此以西，朔望并潮，一上七日，水长丈六七。（《水经注·卷三十六》，页840）

b 西北又为土门陂，从平路渠以北，木兰桥以南，西极土门山，东跨大道，水流周通。（《水经注·卷二十八》，页688）

45）a 乳母密于帐中以手潜摸之，得一蛇，如数围柱，缠其女，从止至头。（《搜神后记·卷九》，页116）

b 从本至末，全无秕减，乃胜刈者。（《齐民要术·小豆》，页125）

c 太康中得大苍鹅，从喙至足，四尺有九寸，体色丰丽，鸣声惊人。（《齐民要术·养鹅鸭》，页594）

例（44）中，"从"引介"范围"意为"在某个范围内施行某动作，或产生某种影响"。a 中，"此以西"是呈现"朔望并潮，一上七日，水长丈六七"的范围；b 中，"平路渠以北，木兰桥以南，西极土门山，东跨大道"是"水流周通"呈现的范围。例（45）中，"从"与"至"

连用，表示"封闭范围"，"从"引介"范围的起始端"，"至"引介"范围的终止端"，如 a 中"止（趾）"和"头"分别是"女"身体的两端，即在"包括'止''头'在内的所有范围均受到动词'缠'的影响"；b 中"本"是开始，"末"指"结束"，即"包括'开始'和'结束'在内的所有的东西都受到'全无秕减'的影响"；c 意为"包括'喙'和'足'在内的范围内都呈现出'体色丰丽'的状态"。

表示"在某个范围内施行某动作，或产生某种影响"时，"从"的介引对象可以是"开放范围"，即"只引介整个范围中的起始点"，如例（44）a；也可以是"封闭范围"，即"引介对象为某范围中的边界"，如例（44）b。表示"封闭的范围"时，可以是处所范围，如例（45）a；时间范围，如例（45）b；对象范围，如例（45）c。

9. 自

用于"自·NP·N 方位……"结构中，表示"在某范围内进行某动作或呈现某状态"。如：

46）a 自魏太子已下，并争与交好。（《三国志·卷十九》，页557）

b 自公卿以下，莫不云集其门，后转骄贵，不复得常见，宾客但拜其外门而退，其怪异如此。（《抱朴子内篇·道意》，页174）

c 自辇以下，二宫御车，皆绿油幢，绛系络。（《南齐书·卷十七》，页337）

47）a 自江夏已东，淮南诸郡，三后已来，其所亡几何，以近贼疆界易钞掠之故哉！（《三国志·卷四》，页121）

b 自高柳以东，濊貊以西，鲜卑数十部，比能、弥加、素利割地统御，各有分界。（《三国志·卷二十六》，页724）

c 自河以西，天竺诸国，自是以南，皆为中国，人民殷富。（《水经注·卷一》，页4）

48）a 自西陵以至江都，五千七百里。（《三国志·卷四十八》，页1164）

b 自贵人以下至尚保，及给掖庭洒扫，习伎歌者，各有千数。（《三国志·卷三》，页104）

c 自三皇五帝至齐，受命君凡十九人也。（《南齐书·卷十八》，页353）

49）a 自吾先人及至子孙，积信于秦三世矣。（《三国志·卷一》，

页 33）

　　b 琨自公卿下至士大夫，例为用两门生。（《南齐书·卷三十二》，页 577）

　　c 自孤祖父以至孤身，皆当亲重之任。（《三国志·卷一》，页 32）

　　介词"自"介引"范围程度"，表示①某范围内的人或事物具备某种性质或状态，如例（46）。例（46）a 中，"魏太子"是施行"并争与交好"的动作的一类人中的上限；b 中，"自公卿以下"意为"公卿以下"的所有人，"公卿"是该范围的起点；c 中"自辇以下"意为"从辇开始以及辇规格以下的所有二宫行车"。②在某个地域范围内或该范围具备某性质或特征。如例（47）。例（47）a 中"江夏已东"是以"江夏"为参照点，其东部所有的"淮南诸郡"；b 中"高柳"是东向延伸范围的起点，"濊貊"是西向延伸的起点，"自高柳以东，濊貊以西"意为在该范围内所有的鲜卑族；c 中"河"是西向延伸的范围起点，"是"是南向延伸的范围起点。③在某个封闭的范围内长线某种状态，或动作影响波及的范围，如例（48）。例（48）a 中，"西陵"是范围的起点，"江都"是范围的终点；b 中，"贵人"是范围的上限，"尚保、及给掖庭洒扫，习伎歌者"是范围的下限；c 中，"三皇五帝"是"受命君凡十九人也"的时间起点，"齐"是其时间终点。④对象范围的起点。如立（49）。例（49）a 中，"先人"是"积信于秦三世"的范围起点，终点是"子孙"；b 中，"公卿"是"例为用两门生"的范围起点，终点是"士大夫"；c 中，"祖父"是"皆当亲重之任"的范围起点，"孤"是终点。

　　介词"自"引介"范围程度"用于"自·NP·VP"结构。第一，NP 可以是表示时间的名词，该结构表示时间范围，"自"表示时间范围的起点。其中，NP 为表时间的名词时，可以是具体时间点的名词，可以是表以人物或事件所在或发生时间为代表的时间点的名词性成分。第二，NP 可以是表处所的名词，该结构表示处所范围。第三，NP 可以是表示对象人物类的名词，该结构表示对象范围。第四，NP 可以为时间方位短语，如"N 以前 / 以后"等，表示以某时间点为起点的前向延伸或后向延伸的时间范围；可以是处所方位短语，如"NP 以西 / 以东……"表示以某个处所为参照点向某个方向延伸的空间范围；可以是官职、身份类名词构成的方位短语，如"公卿以下 / 以上"等，表示以某类人或某身份为参照的人物范围。第五，介词引介"范围程度"

还可用于"自……至 / 至于 / 及至 / 以至 / 以及……"结构中，表示封闭范围的起点。

10. 乎

用于"VP·乎·NP"结构，意为"动作或状态所涉及的范围""动作在某范围内运行或延续"。如：

50）a 贵者无秽欲之累，贱者绝奸货之求，吏絜于上，俗移乎下，民到于今称之。（《三国志·卷十二》，页375）

b 李推至道，张工度主，韩见识异，黄能拔萃，各著根于石上，而垂阴乎千里，亦未为易也。（《三国志·卷二十三》，页673）

c 行乎学校，传乎将来，臣窃耻之。（《三国志·卷五十七》，页1322）

d 父梁州之资，家财千万，散与宗族，漆器题为日字，日字之器，流乎远近。（《南齐书·卷五十二》，页901）

51）a 故能固庙桃于罔极，繁本枝乎百世矣。（《抱朴子外篇·君道》，页223）

b 佛法者，理寂乎万古，迹兆乎中世，渊源浩博，无始无边。（《南齐书·卷五十四》，页946）

c 定倾之器，能行而沦乎四境之内。（《抱朴子外篇·贵贤》，页313）

d 孝睦着于乡间，忠谅彰乎邦邑。（《南齐书·卷二十二》，页416）

介词"乎"引介"范围程度"，表示①动作或状态所延及的范围，如例（50）。例（50）a中，"下"是"俗""移"的对象范围；b中，"千里"是"阴"的处所范围；c中"将来"是"传"的时间范围；d中"远近"是"流"的时间或处所范围。②在某一范围内呈现某种状态或者进行某动作，如例（51）。例（51）a中，"百世"是"繁本枝"所在的时间范围；b中，"万古""中世"是"理寂""迹兆"所在的时间范围；c中"四境之内"是"沦"的处所范围；d中"邦邑"是"忠谅""彰"的处所范围。

介词"乎"介引"范围程度"，用于"VP·乎·NP"结构，其中NP可以是实践类名词，对象类名词，处所类名词以及方位名词等；VP具有［+存在］［+附着］［+运行］［+延续］等特征，如：

A 运行类动词：行、流、传、移、被

B 存在类动词：存、在、留、阴、列

C 呈现类动词：彰、显、盈、着、盛

11. 到

用于"VP·到·VP/adj"结构，意为"动作进行到某种程度"。如：

52）昔有一乳母抱儿涉路，行到疲极，睡眠不觉。（《百喻经·小儿得欢喜丸喻》，页 270）

12. 至于

用于"至于·NP，VP"结构，意为"NP 是 VP 所谈论话题"。如：

53）至于河洛之书，著于洪范，则殷、周效而用之矣。（《三国志·卷二》，页 62）

13. 着（著）

用于"VP·着·NP"结构，意为"动作所波及的空间范围"。如：

54）少有令质，学综六经，行著乡邑。（《三国志·卷四》，页 141）

（三）方式工具

"方式工具"意为"以某种方式进行某动作""以某种工具作某事"。魏晋南北朝时期引介"方式工具"的介词由"取""持""以""用""与""捉""从""自""横""着（著）""就"11 个。

1. 取

用于"取·N·V"结构，意为"用某物做某事"。如：

55）a 看附骨尽，取冷水净洗。（《齐民要术·养牛、马、驴、骡第五十六》，页 519）

b 乃至傍人教使修行，不肯修行，而作是言："为利养故，取彼佛语化导众生，而无实事，云何修行。"（《百喻经·认人为兄喻》，页 23）

2. 持

用于"持·N·V"结构，意为"使用某物进行某事"。如：

56）a 寿即持刀刺胁下，一创立死。（《搜神记·卷十六》，页 194）

b 十日，块既散液，持木斫平之。（《齐民要术·水稻第十一》，页 160）

c 伯夷持被掩之。（《搜神记·卷十八》，页 224）

3. 以

用于"以·NP·VP"或"VP·以·NP"结构，意为"某物是某一动作得以实施的工具／方式"。如：

57）a（邪魅山精）以瓦石掷人，以火烧人屋舍。（《抱朴子外篇·至理》，页114）

b为龟具设盛馔皆以宝器。（《六度集经·卷第五》，页29）

58）以杀止杀，岂乐之哉！（《抱朴子外篇·用刑》，页331）

NP为器具类名词；VP具有［＋放置］［＋承受］类特征。如：

A放置义：置、盛、覆、盖、封

B执行义：投、掷，斩、调，持

4. 用

用于"用·N·V"结构，意为"某物是做某事所用的工具"。如：

59）a以段煨为罚戮，用党誉为爵赏。（《三国志·卷十四》，页442）

b用白肉生鱼，等分，细斫，熬，和如上。（《齐民要术·炙法第八十》，页899）

NP为［＋可控制］类名词；VP具有［＋操作］特征。如：

A执行义：引、治，调、封、燃

B放置义：布、置、覆、盖、着

5. 与

用于"与·NP·VP"结构，意为"用某物做某事"。如：

60）a床上先布麦秸，厚二寸，然后置曲；上亦与秸二寸覆之。（《齐民要术·法酒》，页721）

b以绳通体缠之，两头与楔楔之。（《齐民要术·作奥糟苞》，页915）

c以枣栗肉上下着之遍，与油涂竹箬裹之。（《齐民要术·粽法》，页935）

6. 捉

用于"捉·N·V"结构中，意为"用某物（协助）做某事"。如：

61）a不敢复近思旷傍，伊便能捉杖打人，不易。（《世说新语·方正第五》，页328）

b捉笔陈情，随以喜笑。（《三国志·卷三十八》，页968）

c捉镜自照。乃见身首。（《贤愚经·降六师品第十四》，页365-1）

上例a中，"杖"是"打人"的工具；b中"笔"是"陈情"的工具；c中"镜"是"照"的工具，以上各例中，"捉"为工具介词。

7. 从

用于"从·NP·VP"结构中，意为"通过某种方式进行某动作"。如：

62）a 仰视天门，如从穴中视天矣。（《水经注·卷二十四》，页580）

b 帝遂以舟师自谯循涡入淮，从陆道幸徐。（《三国志·卷二》，页84）

8. 自

用于"自·NP·VP"结构，意为"以某种方式进行某动作"。如：

63）a 萧诞遣长史王伯瑜及军主崔恭祖出攻虏栅，因风放火，梁王等众军自外击之，昶、肃弃围引退，追击破之。（《南齐书·卷五十七》，页994）

b 有置凿于梁上者，其末出，奴以为木也，自下钩之，凿从梁落，陷脑而死。（《搜神记·卷十九》，页236）

c 今所安营，地名观坂，自上观下，反上之象，其征不祥。（《水经注·卷三十三》，页767）

介词"自"介引"方式工具"用于"自·NP·VP"结构，意为"以某种方式进行某动作"，即"自·NP"是 VP 得以进行的方式。如例（63）a 中，"自外"是"击之"的方式；b 中"自下"是"钩之"的方式；c 中"自上"是"观下"的方式。在介词结构中，NP 为处所方位类名词，VP 具有［+使动性］［－运行］类语义特征，如"击""打""钩""退""观""望"等。

9. 横

用于"横·N·V"结构，意为"在山腰做某事"或"沿着山腰做某事"。如：

64）横山筑城十余里，攻之不能拔，乃引军还。（《三国志·卷一》，页45）

10. 着（著）

用于"着（著）·NP·VP"结构，意为"用某物做某事""某事物呈现的方式"。如：

65）a 伯著火炙之，腹背俱焦坼，出著庭中，夜皆亡去。（《搜神记·卷十六》，页198）

b 牛产日，即粉谷如糕屑，多著水煮，则作薄粥，待冷饮牛。（《齐民要术·养羊第五十七》，页557）

c 复著水痛疏洗；视汁黑如墨，抒却，更脂拭疏洗。（《齐民要术·醴酪第八十五》，页943）

66）角著蒂生，为行列，两两共对，若相抱形。（《齐民要术·五谷果蓏菜茹非中国物产者》，页1073）

介词"着"引介"方式工具"，用于"着·NP·VP"结构，表示①用某物做某事，如例（65）。例（65）a中，"火"是"炙之"的工具，即"用火炙"；b中，"水"是"着"的工具，即"用水煮"；c中，"水"是"痛疏洗"的工具，即"用水洗"。②"着·NP"是VP存在或发生的方式，如例（66）。例（66）中，"着蒂"是"角生"的方式。

介词"着"引介"方式工具"用于"着·NP·VP"结构中，其中名词为具有［＋工具］［＋持拿］［＋容纳］等语义特征的名词，VP为"执行处置"类动词，如"炙""烧""烤""煮""洗"等；或"状态持续"类动词，如"生"等。

11. 就

用于"就·NP·VP"结构，意为"以某种方式做某事"。如：

67）a 石有铁，文入山中，就石冶铁，锻作两刀。（《水经注·卷三十六》，页837）

b 如是数数往来磨刀，后转劳苦，惮不能数上，悬驼上楼，就石磨刀。（《百喻经·就楼磨刀喻》，页54）

（四）原因目的

介词引介"原因目的"意为"某事、某人或某物是某动作、某事件出现的原因""为了某种目的而做某事"。魏晋南北朝时期表"原因"的介词有12个："为、以、用、由、缘、于（於）、因、坐、在、由于、因缘"。

1. 为

用于"为·NP/VP₁·VP₂""VP·为·NP"结构，意为"某事是某一动作实施的原因""为了某物（事）而做某事"。如：

1）a 余义颇见宗录，唯有此涂白黑无一人得者，为之发病。（《南齐书·卷四一》，页731）

b 如彼愚夫为其二妇故二眼俱失。（《百喻经·为二妇故丧其两目喻》，页212）

c 为愚痴凡夫着生灭法故。（《大藏经·卷17·佛说法集经》，页627）

2）a 王心便悔索千两肉用为补脊。（《百喻经·人说王纵暴喻》，页

60）

b 甲子，为筑青溪旧宫，诏槊仗瞻履。（《南齐书·卷一》，页 47）

c 犹向愚人为得财故言是我兄。（《百喻经·认人为兄喻》，页 23）

VP₁、NP 是 VP₂、VP 实现的目的。VP₂、VP 具有〔＋成就〕〔＋趋向〕特征。如：

A 执行义：作、治，卖

B 运行义：行、往、征

C 言谈义：诏、说、道

2．以

用于"以·N·V"结构，意为"因为……做……"或"因为……对……采取某种态度"。用于"V·N₁·以·N₂"，意为"做某事是为实现另一事"。如：

3）a 今能为之者，非徒以其价贵而秘之矣。（《抱朴子内篇·黄白》，页 288）

b 或以供帐未具，动致推迁，年不再来，盛时忽往。（《南齐书·卷一》，页 56）

4）a 于是伟日夜说诱之，卖田宅以供美食衣服。（《抱朴子内篇·黄白》，页 285）

b 诚复礼以贫杀，抑亦情由俗淡。（《南齐书·卷一》，页 56）

c 自以年宿，不营当世，以疾终于家。（《世说新语·识鉴第十九》，页 217）

3．用

用于"用·NP/VP·VP"结构，意为"因某事使某人产生某种后果"。如：

5）a 朕用伤悼，肝心若裂。（《三国志·卷三五》，页 927）

b 敬儿脱冠貌投地曰："用此物误我。"（《南齐书·卷二五》，页 474）

4．由

用于"由·N·VP""VP·由·N"结构，意为"因为某种原因导致某种结果""某结果是因为某原因引起"。如：

6）a 皆由官不纠治，以臻斯患，原其所由，可为叹息。（《抱朴子内篇·道意》，页 173）

b 殆必由此亡国丧祀矣！（《三国志·卷五》，页 166）

7）a 古之仙人者，皆由学以得之，将特禀异气耶？（《抱朴子内篇·极言》，页 239）

b 琰称疾固辞，由是获罪，幽于囹圄，赖阴夔、陈琳营救得免。（《三国志·卷十一》，页 366）

c 道本虚无，非由学至，绝圣弃智，已成有为。（《南齐书·卷五十四》，页 947）

8）a 骆谷之役，议从胜出，由是司马宣王不悦於胜。（《三国志·卷九》，页 288）

b 何充与王蒙、刘惔好尚不同，由此见讥于当世。（《世说新语·政事第三》，页 100）

c 洪由此颇见讥责，以顾护太多，不能明辩臧否。（《抱朴子外篇·自敍》，页 678）

9）a 昔桀纣灭由妖妇，幽厉乱在嬖妾，先帝鉴之，以为身戒。（《三国志·卷六十一》，页 1405）

b 变兴辇毂，祸由阉宦。（《三国志·卷二》，页 62）

10）a 然今官室之所以充广者，实由官人猥多之故。（《三国志·卷二十五》，页 708）

b 我意色中殊不悦此人，当由其福德薄所致。（《南齐书·卷二一》，页 402）

介词"由"引介"原因目的"，表示因为作了某事／没做某事造成某结果，如例（6）、例（8）、例（9）、例（10）。某人因为作了某事而具备某种能力或出现某种结果，如例（7）。

介词"由"引介"原因目的"用于"由·NP·VP"结构、"VP·由·NP"结构以及"由·NP·VP·之故"结构。介词结构的语义可以表示"由外部原因引起的变化"，如例（6）、例（8）～例（10）；也可以表示"由内部原因引起的变化"，如例（7）。介词结构中，表示原因的 NP 可以是表示人、物等的具体名词，如例（9）；也可以是代指人物、事件的代词，如例（6）b、例（7）b、例（8）；可以是表示事件类的动词性成分，如例（6）、例（10）。即，"由"表"原因目的"的介词结构中，N 可是表人／事的名词，也可以是小句；VP 具有［＋操作］特征。如：

A 执行义：烧、作、觉、举、奉

B 遭遇义：得、失，致、乱，苦

5.缘

用于"缘·N·V"结构，意为"因为某事/物而发生某事"。如：

11）a 或缘寇难频起，军荫易多，民庶从利，投坊者寡。（《南齐书·卷三四》，页 608）

b 吾缘竺司马得活，尔等必报其子弟。（《南齐书·卷四一》，页 728）

c 僧虔表割益阳、罗、湘西三县缘江民立湘阴县。（《南齐书·卷三三》，页 593）

6.于（於）

用于"VP₁·于（於）·NP/VP₂"结构，意为"某事是出现某一状况的原因"。如：

12）a 先帝知权奸以求用，时以于禁败于水灾，等当讨羽，因以委权。（《三国志·吴书二》，页 1126）

b 子厌我于形容，我贱子乎意态。（《世说新语·排调第二十五》，页 420）

c 弟死于孝，兄殉于义。（《南齐书·卷五十五》，页 963）

介词"于"引介"原因目的"，用于"VP·于·NP"结构，意为"因为 NP 而出现 VP 所表示的动作或状态"，如例（12）a 中，"水灾"是"于禁""败"的原因；b 中，"形容"是"子厌我"的原因；c 中，"孝""义"分别是"弟死""兄殉"的原因，即"弟因孝而死，兄因义而殉"。

7.因

用于"因·VP₁/NP·VP₂"结构，意为"因为某人/事出现某种状况"。如：

13）a 近者人见阿之寿而气力强盛，怪之，遂责阿所服，因醉乱误道之。（《三国志·卷二十九》，页 805）

b 羊时为襄阳都督，因盘马落地，遂折臂。（《世说新语·术解第二十》，页 383）

8.坐

用于"坐·N·VP"结构，意为"某人因某事而遭遇某种后果"。如：

14）a（吉茂）坐其宗人吉本等起事被收。（《三国志·卷二十三》，页 659）

b 朗坐马谡免长史，则建兴六年中也。（《三国志·卷四十一》，页 1010）

c坐吕后逼蹴，从求安太子之计，良不得已。（《抱朴子内篇·至理》，页113）

15）a诩与射声校尉阴玄智坐畜妓免官，禁锢十年。（《南齐书·卷四十二》，页744）

b（混）累迁中书令、尚书左仆射。坐党刘毅伏诛。（《世说新语·言语第二》，页88）

c子坐取水溺死，妇恐姑知，称托游学冬夏衣服，实投江流。（《水经注·卷三十三》，页771）

例（14）中，介词"坐"引介"原因目的"表示"某人因为他人或他人的行为遭受某种影响"。如a例中，"吉茂"并没有参与"其宗人吉本等起事"，但因为"吉本等起事"而遭受影响"被收"；b例中，"朗"因为"马谡"被"免长史"；c例中，"吕后逼蹴"是"从求按太子之计"的原因。例（15）中，介词"坐"引介"原因目的"表示"某人因为做某事而遭受某种影响"。如a例中，"诩（与射声校尉阴玄智）畜妓"是导致其遭遇"免官"的原因；b例中，"混""党刘毅"是导致其"伏诛"的原因；c中"取水"是"子""溺死"的原因。

介词"坐"引介"原因目的"用于"坐·NP·VP"结构中，其中NP为表人名词，如例（14）b；表事件的名词性成分；VP为具有［+遭受］［+后果］特征的动词，如："薨、绝、诛、灭、伏法、责"等。

9. 在

用于"在·N·V"结构，意为"因为某事而出现某种状况"。如：

16）在时君所命，不得自专，然亦文人之巨患也，当务从容消息之。（颜氏家训·文章第九，页258）

10. 由于

用于"由于……VP"结构①，意为"因为……而有某种状态"。如：

17）a若皆知其不终，而情有彼此，是为厚薄由于爱憎，奚豫于成败哉？（《三国志·卷二十一》，页628）

b由于是遁耕于中岳颍水之阳，箕山之下，终身无经天下色。（《世说新语·言语第二》，页30）

魏晋南北朝时期，"原因"义介词共有10个。"以"为核心介词，其次"为""由""于（於）"；"因""缘""坐"表现出新生特征；

魏晋南北朝汉语介词研究

――――――

①"由于"引介"原因"时，其标引对象是事件性短语，可以是名词性成分也可是动词性成分。

"用""在"为非常见用法。

11. 因缘

18）今海内扰攘，州郡起兵，征夫劳瘁，寇难未弭，或将吏不良，因缘讨捕，侵侮黎民。"（《三国志·卷八》，页249）

"目的"介词有"为""以"，前置，意为N/VP₁是VP/VP₂进行的目的。

12. 乎

用于"VP·乎·NP"结构，意为"因为某人、某物或某种情势而呈现某种状态"。如：

19）a 乾坤陶育，而庶物不识其惠者，由乎其益无方也；大人神化，而群细不觉其施者，由乎治之于未有也。（《抱朴子外篇·博喻》，页294）

b 然则隶属役御，由乎争强弱而校愚智。（《抱朴子外篇·诘鲍》，页493）

c 越人之大战，由乎蚺蛇之不钩；吴楚之交兵，起乎一株之桑叶。（《抱朴子外篇·诘鲍》，页578）

d 华、霍所以能崇极天之峻者，由乎其下之厚也。（《抱朴子外篇·审举》，页381）

例（19）a "其益无方"是"庶物不识其惠"的原因，"治之于未有"是"群细不觉其施"的原因；b中，"争强弱而校愚智"是"隶属役御"的原因；c中，蚺蛇之不钩"是"越人之大战"发生的原因，"一株之桑叶"是"吴楚之交兵"发生的原因；d中，"其下之厚"是"华、霍所以能崇极天之峻"能够实现的原因。

魏晋南北朝文献中，"乎"引介"原因目的"只见于《抱朴子》中，用于"VP·乎·NP"结构中，其中NP为表事件的名词性短语或表性质的名词性成分，VP为"由""起""生"等原因、出现类动词。

五、魏晋南北朝介词语义系统的特点

本章以断代描写为基础，梳理了魏晋南北朝时期介词语义系统，在一定范围内统计了介词总数及分布频率；在总结归纳的基础上探寻了该时期介词系统的个性特征。

根据介词短语在句中的作用我们划分了四个语义类：空间类、时间类、对象类和概念说明类。

根据介词短语中 N 和 V 之间的关系，具体划分了"空间""时间""对象""行为""性质"五大语义域。

根据主要动词和介词引介对象的关系划分次语义类，如：

起始处所、经由处所、终到处所、所在处所——空间义 ⎫
起始时间、临近时间、终到时间、所在时间——时间义 ⎬ 空时类

与事对象、施事对象、受事对象————————对象义 —对象类

工具、方式、时机、标准、条件、手段——行为义 ⎫
原因、范围和目的————————性质义 ⎬ 概念说明类

每一个语义域我们都看作一个家族，所有家族成员都具有一定的相似性：功能相同，语义相近，分布互补。

四大语义类中，"关涉"类介词出现频次最高；其次为"语境"类介词；"依凭"类"行为"域处于偏核心地位；"说明"类"性质"域介词处于魏晋南北朝介词语义系统的边缘。五大语义域中，"对象"域用例最多，分布最广，涉及 17 个动词次类，标引对象可以跨越空间范畴、时间范畴和人物范畴，呈现出高度语法化的势态。空间域介词分布最为均匀：31 个介词标引空间范畴，介词结构中，VP 跨越 16 个动词次类。性质域的语义表达需要语义叠加，如表示范围需要"从……到……"等类介词短语进行框定。行为域的表达最为分散，且多新生介词，呈现出过渡阶段的特征。

同域子系统的语义分布呈交叉互补性，即在同一家族中，每个成员所标引的对象和涉及的动词次类都会有所重合，"于（於）""以""为""与"等老牌介词仍相当强势，不仅标引对象跨越几个范畴，而且关涉的动词也跨越多个次类。新生介词的语义类多从老牌介词中分化出来，这也是造成领域重合的原因。

（一）共时分布特点

魏晋南北朝介词系统共时分布呈现出一定的交叉性。多功能介词占介词总数的 80% 左右。部分新产生的介词也具有多义性特征。

1. 从语义功能角度看，"从""于（於）""缘""以""在""用""由"跨"空间""时间""对象""概念说明"四个语义域。其中，"从""于（於）""缘""以""在""由"为继承介词。"用"为魏晋时期新生介词。

2. 从使用频率角度看，"对象"类介词出现频率最高，其次为空间、时间类介词。概念说明类在魏晋南北朝出现频率不是很高。

3. 从语义发展角度看，"概念说明"类介词语义大多从空间、时间、对象类语义发展而来。介词语义系统呈现出层次性特征。

（二）历时分布特点

魏晋南北朝介词多由前代介词发展而来，纵观先秦到魏晋南北朝介词系统的变迁，介词系统表现出更新和创新特征。

1. 介词系统的更新

魏晋南北朝介词系统的更新表现在介词更迭。先秦产生的介词，如"眔（沓）""戉（越）""曰"等退出介词系统，"按""依""临"等两汉时期产生的介词，于魏晋时期成熟，并表现出跨域语义特征。介词空间语义多映射到时间语义，即空间介词、时间介词手段多由重叠。新生介词语义受限，沿用至后代，部分介词发展出多种语义功能，顺应前代介词，表现出跨域特征，如"顺、就"等；部分介词意指单向发展，即语义功能单一，如"沿"；部分介词后代陆续退出介词系统，如"持、取"等；部分介词在文献中未见，但存在方言口语中，如"夹"等。

2. 介词系统的创新

魏晋南北朝介词系统的创新主要表现在新的介词语义的出现。如"沿顺"义、"排除"义、"包含"义、"沿顺两侧"义等出现。

3. 介词系统稳定

纵观先秦至近代汉语介词系统的发展，魏晋南北朝时期介词系统基本稳定，主要表现在后代没有新的介词语义出现，基本沿用魏晋时期介词语义系统。"处置"类介词成员经过魏晋南北朝近三百年的筛选基本稳定，"以、将"沿用，至唐代"把"产生并沿用至今，元代"拿"成熟，沿用至今，明代"掌"发展出介词用法，存在今方言口语中。

4. 介词语义来源复杂

目前学界对介词语义来源多由探索，特别是对处置义介词的语义来源，吴福祥（2010）等认为来自于工具义、马贝加（2017）等认为来自于工具义、带领义、帮助义等。经过对魏晋南北朝新生介词语法化的描述，我们发现处置义介词的语义来源除了以上来源之外，还有"连带"义、"控制"义等。

5. 语义认知发展多样化

Bybee（2002）、Lakoff（1997）等认为，人类认知语义的发展有两条途径，即空间/时间＞对象＞性质；对象＞空间/时间＞性质。通过对魏晋南北朝新生介词的语法化过程的描写，我们发现两条认知途径并不是截然对立，而是存在空间到对象、对象到空间的互相映射。

综上，魏晋南北朝介词系统的成员及分布可描述如下：

表3-9　魏晋南北朝介词成员及语义分布表

	空间					时间					对象			概念说明						
	所在处所	起始处所①	经由处所	终到处所	朝向处所	起始时间	所在时间	临近时间	终到时间	乘趁时间	与事对象	实施对象	受事对象	工具	方式	依据	凭借	原因	范围	目的
从	▲	▲	▲			▲					▲					▲				
当	▲						▲													
于/於	▲	▲	▲	▲		▲		▲			▲	▲				▲		▲	▲	
即	▲				▲															
爱	▲																	▲		
以	▲					▲				▲	▲	▲		▲	▲	▲				▲
缘	▲	▲	▲							▲								▲		
乎	▲	▲				▲					▲									
自	▲	▲				▲					▲									
在	▲			▲														▲	▲	
就	▲				▲						▲									
夹	▲																			
临	▲								▲											
比	▲																			
在于	▲										▲									
用	▲					▲				▲				▲		▲	▲			
诸	▲			▲																
依	▲	▲	▲																	
傍/旁	▲								▲											
由		▲	▲				▲				▲	▲	▲					▲	▲	
沿			▲																	
寻			▲													▲				
经			▲																	
循			▲																	

	空间					时间					对象			概念说明						
	所在处所	起始处所	经由处所	终到处所	朝向处所	起始时间	所在时间	临近时间	终到时间	乘趁时间	与事对象	实施对象	受事对象	工具	方式	依据	凭借	原因	范围	目的
遵			▲																	
随			▲													▲				
横			▲																	
抵			▲																	
涉			▲																	
顺			▲													▲				
至				▲					▲		▲									
到				▲					▲											
逮/迨				▲					▲	▲	▲									
抵				▲																
迄				▲																
投				▲					▲											
往			▲	▲																
向					▲			▲			▲									
望					▲															
起						▲														
因								▲	▲							▲	▲	▲		
及							▲		▲	▲										
迟									▲											
终									▲											
逮									▲											
与											▲		▲							
共											▲									
将											▲	▲	▲							
同											▲									

	空间					时间					对象			概念说明						
	所在处所	起始处所	经由处所	终到处所	朝向处所	起始时间	所在时间	临近时间	终到时间	乘趁时间	与事对象	实施对象	受事对象	工具	方式	依据	凭借	原因	范围	目的
对											▲									
至于											▲									
为											▲	▲						▲		
被												▲								
着/著				▲								▲								
取													▲	▲						
持													▲	▲						
乘										▲							▲			
随	▲		▲													▲				
据																▲				
论																▲				
仗/杖																	▲			
凭																	▲			
坐																		▲		
由于																		▲		
连																			▲	
除																			▲	
去				▲																
为																				▲
捉													▲	▲		▲				
因缘																		▲		
在于	▲										▲			▲						
共											▲									
将											▲			▲	▲					
同											▲									

魏晋南北朝汉语介词研究

第四章　魏晋南北朝新生介词的语法化

Bybee 等（1994：9–22）提出语法化的"源义决定"（Source determination）的假设，即进入语法化的结构成分的语义决定其语法化路径、走向及其语义结果。语法化的第一步是结构的凝固化（loss in syntactic freedom）和语义漂白（semantic bleaching）（Heine&Reh，1984：15）。汉语介词语法化的初始环境是"VP1·NP1·VP2·NP2"结构（Hagège，2010：112、刘坚等，1995：161–164）。当"VP1·NP1"失去句法自由性成为附属成分，VP1 失去语义复杂性只具备指向性时，"VP1"语法化为介词。

魏晋南北朝时期新生介词以源义为标准[1]可以分为：行顺类介词7个、持拿类介词6个、协同类介词5个、依凭类介词3个、其他介词4[2]个（放置类介词1个、看视类介词1个、出现类介词1个、连带类1个）。

本章梳理魏晋南北朝时期25个新生介词的语法化过程（傍、涉等散见介词未梳理）。

一、"行顺"类介词的语法化

魏晋南北朝时期"行顺"类介词有"顺""往""寻""沿""循""就"。"行顺"类介词有共同的源义特征［＋运行］［＋方向］［＋路径］。

（一）顺

"顺，理也"（《说文解字》），"理者，治玉也，玉得其治之方谓之理，凡物得其治之方皆谓之理，理之而后天理见焉，条理形焉，非谓空中有理，非谓性即理也。"（《说文解字》注）。即"道理"的意思。

---

[1] 本书以源义为标准考察语法化路径，一方面考察同源介词的语法化走向，另一方面是考察源义在语法化过程中的约束性。

[2] 在所统计文献中，杨伯峻、何乐士（1985）、马贝加（2002）等认为"傍"字也为介词，如：
(1) 傍墙阴地作区，圆二尺，深五寸。（《齐民要术·种瓜第十四》，页 188）
(2) 二月下旬，三月上旬，傍雨种之。（《齐民要术·种麻子第九》，页 139）

由此引申出"合乎道理"的意思。如：

1）a 坤道其顺乎。承天而时行。（《周易·坤》，页2）

b 丧之朝也，顺死者之孝心也。（《礼记·檀弓下》，页264）

顺，循也，循其理，（《释名·释言语》）即"合乎事理之意。由"合乎道理"引申出"顺应""依顺"的意思。如：

2）a 汤武革命。顺乎天而应乎人。（《周易·革》，页16）

b 不识不知，顺帝之则。（《诗经·大雅·文王之什》，页214）

同时，由"合乎事理"引申出"沿着某一方向做某事"的意思。如：

3）顺彼长道，屈此群丑。（《诗经·鲁颂·泮水》，页282）

1. 介词"顺"的产生

先秦，"顺"作为"合乎道理"的意义，出现在"顺·N_1·V·N_2"结构中。如：

4）a 顺先王诗书礼乐以造士。（《礼·王制》，页89）

b 强者，强此者也；乐自顺此生，刑自反此作。（《大戴礼记·曾子大孝》，页3）

作为"沿着某一方向做某事"的意思出现在"顺·N_1·V·N_2"结构中。如：

5）a 顺风而呼，声不加疾也；登高而望，目不加明也。（《吕氏春秋·顺说》，页5）

b 巫山之上，顺风纵火，膏夏紫芝与萧艾俱死。（《淮南子·淑真训》，页76）

先秦到汉代，与时间顺序有关的事件结构由用"而"连接到不用"而"连接发展。（何乐士等1984）例（5）a中，"V_1·N_1"结构（顺风）由"而"和"V_2·N_2"相连，为并列成分，"V_1·N_1"成分修饰性成分，但是还没有失去其独立性；b中"顺·N_1"结构凝固性较a强，且语义弱化——突出"纵火"的方向。上例中，"顺"宜分析为动词，其义素特征为：［运动］［方向］［路径］［延长］。

Heine&Reh（1984：15）认为，语法化的过程就是某语言单位失去语义复杂性、结构自由性等的过程。在"顺·N_1·V·N_2"结构中，结构凝固和语义漂白同时进行。如：

6）a 光武乘胜战顺水上，虏危急，殊死战。（《后汉书·卷十九》，页705）

魏晋南北朝汉语介词研究

b须陀素弥。今日应来。坐于山顶。遥候望之。见其顺道径来越已。（《贤愚经·无恼指鬘品第四十五》，页426）

例（6）中，"上""来"具备［+位移性］［+持续性］特征，其论元需要具备［+路径］特征。中，"水"还具备［+方向性］特征，可以理解为"沿着水流的方向上"，偏动词；b中，"道"失去［+方向性］特征，"顺"失去［+持续性］［+运动性］［+方向性］特征，只能理解为"来"的［+路径］，介词。再如：

7）从彼河岸。顺流下行。（《佛本行集经·第三十六卷》，页822）

8）无赖当即抽军，汉将德（得）胜，遂被狂寇顺风放火，红解连天。（《敦煌变文集·第五卷》，页908）

2.介词"顺"的语义发展

魏晋南北朝时期，"顺"作介词用法成熟，表示处所"经由"。Lehmann（2002：79）认为，频率是判断语法化项成熟与否的标志之一。魏晋南北朝至宋朝，"顺"当介词讲用例并不常见，"遵循""顺从"用例占绝对优势。元明之后，"顺"动词（例9）、介词（例10~12）功能并行。介词功能中，表处所为典型介词功能（例10）。此外，介词"顺"有进一步语法化的趋势——有表所在处所功能（例11）；出现介词"顺着"（例12）。如：

9）子消得顺天风驾一片白云。（《新刊底本泰华山陈抟高卧·新校元刊杂剧三十种》，页196）

10）a那亡八把头口打了两鞭，顺小巷流水出城去了。（《警世通言·第二十四回》，页250）

b那马溜了缰，如飞似箭，顺平路往前去了。（《西游记·第五十六回》，页702）

c顺山脚刚转过去，已闻得一股寒香拂鼻。（《红楼梦·第四十九回》，页753）

d来到东京，不由顺路入城，转过万寿门来。（《水浒传·第八十一回》，页1334）

11）a等我使角尖儿拱进来，你可变化了，顺松处脱身。（《西游记·第六十五回》，页816）

b地下顺西墙一张撬头大案，案上座钟瓶洗之外，磊落些书籍法帖。（《儿女英雄传·第二十九回》，页498）

12）a顺着屠岸贾东见东流，搬的晋灵公百随百从。（《赵氏孤儿·新校元刊杂剧三十种》，页314）

b成吉思自答阑捏木儿格思地面顺着合泐合河动时，点视军马有二千六百。［《近代汉语语法资料汇编（元明卷）》，页216］

c那陈经济见无人，从洞儿钻出来，顺着松墙儿，抹转过卷棚，一直行前边角门往外去了。（《金瓶梅·第五十二回》，页280）

例（9）中，"天风"是"驾一片白云"所借助的手段。"顺天风""驾一片白云"可拆分，拆分后语义影响不大。该句中"顺"还是动词。

例（10）中，"顺"为典型介词用法，a例中，"顺小巷流水"是"出城去了"进行的方式，可以理解为"顺着小巷流水（的方向）出城去了"也可以理解为"伴随着小巷流水出城去了"，两种理解中"顺"都为介词，前者表伴随，后者表沿顺。b例中，"平路"是"往前去"的运行处所，同时"路"有其固定的延伸方向，"顺"表示"沿顺处所"。c例中"转"既可以表示持续的运行，也可以表示瞬间的转移；"山脚"既可以看作"运行"的处所，也可以看作"转移"时所在的处所；该句中"顺"可以理解为沿顺义介词，即"沿着山脚转了过来"，也可以看作表处所所在的介词，即"在山脚（处）转了过来"。d例中，"路"可理解为"进程"的路径，即"顺"为沿顺介词；"顺路"也可以理解为"顺便"，即"顺路"词汇化了。

例（11）中，"顺"之介词结构中，VP为非运行、非持续类动词，且NP不具备附着性和延伸性的特征。"顺"表示所在处所，即"在某处做某事"。

例（12）中，"顺着"可看出其介词化趋势。a例中，"顺着屠岸贾东见东流"可以理解为"跟随着屠岸贾东见东流"（A）、"任凭屠岸贾东见东流"（B）。A义中"顺着"为介词，B义中"顺着"为连词。

明代，"顺"又发展出表示起始处所的用法。如：

13）行者引着师父，沙僧拿担，顺灯影后径到柜边。（《西游记·第八十四回》，页1056）

14）a那尿屎只要顺了头从上而下，流到口内。（《醒世姻缘传·第九十七回》，页1086）

b一面想，一面顺花障走了来。（《红楼梦·第四十一回》，页638）

明代，"顺"发展出"乘趁时机"的用法。如：

15）这里西门庆又顺星夜捎书花子虚知道。（《金瓶梅词话·第十四回》，页210）

（二）往

往，之也（《说文解字诂林》，1228）。本义为"前往、到……去"。先秦时期出现在单谓结构中，其宾语为处所名词。如：

1）a 舜往于田，则吾既得闻命矣；号泣于旻天，于父母，则吾不知也。（《孟子·万章上》，页302）

b 与太子期，将往，不至者三，齐王固已怒矣。（《论衡·道虚篇》，页327）

有时可以出现在"往·V·N"结构中，V具有［＋位移性］；"V·N"是"往"的目的。如：

2）a 昔叔向适郑，鬷蔑恶，欲观叔向，从使之收器者，而往立于堂下，一言而善。（《左传·昭公二十八年》，页1496）

b 乃使赵胜往受地。（战国策·赵策一，页619）

例（1、2）中，"往"为动词，"到……去"的意思。其义素特征可以概括为：［＋离开（运行/方向）］［目的地］，即"离开某地沿着一定的方向运行，并到达某一目的地"。如上例b中，可理解为"让赵胜离开此地"，到"受地"去，该过程需要经历一定的过程（路径），且沿着（受地）的方向运行，最终到达目的地（受地）。

有时出现在"往·V·N"结构中，意为"到……去VP"，"往"为动词。如：

3）时或待士卑恭，不骄白屋，人则言其往候白屋；或时起白屋之士，以璧迎礼之，人则言其执贽以候其家也。（《论衡·语增篇》，页352）

东汉时期，"往"出现在方位动词前，意为"去之前"或"去之时"。如：

4）往前孔子出此言，欲令弟子法而行之，子路引之以谏。（《论衡·问孔篇》，页426）

东汉时期，"往"出现在"自/从……往至……"结构中，"往至"表示时间范围的终点；同时，也出现在"往 N$_{时间}$"结构中，表示过去的时间。如：

5）从六月往至十一月，月减一分：此则日行，月从一分道也，岁，

日行天十六道也，岂徒九道？（《论衡·说日篇》，页 488）

6）往古来今谓之宙，四方上下谓之宇，道在其闲，而莫知其所。（《淮南子·齐俗训》，页 798）

东汉时期，"往"发展出"来"义。如：

7）张仪贫贱往归，苏秦座之堂下，食以仆妾之食，数让激怒，欲令相秦。（《论衡·答佞篇》，页 527）

1.介词"往"的产生

介词"往"开始语法化的典型句法环境是"往·N₁·V·N₂"结构。东汉时期，"往"出现在该类结构中，N₁为表示处所的名词，具有［+方向性］特征，V 具有［－位移性］特征，"往"为动词。如：

8）a 有里人如成先病，请药甚急，成悯而与之，乃故往谯更从佗求，适值见收，意不忍言。（《后汉书·卷八十二》，页 2734）

b 孙安国往殷中军许共论，往反精苦，客主无闲。（《世说新语·文学第四》，页 119）

例 8a 中，"往·N₁"与"V（·N₂）"语义上为顺承关系，结构上为并列关系，"往"为动词，该句的意思为"到谯（这个地方）去，向佗求药"，"往"与"求"为连动关系。b 中，"殷中军"为"许共论"发生的地点，"往"可理解为"到……去"，动词；也可以理解为"到"，介词。b 表明，"往"处于动词向介词语法化的过渡阶段。

魏晋南北朝时期，在"V·往·N"结构中，V 具备［+位移性］［+目的地］，"往"可分析为动词/介词。如：

9）余与众贤共送往涧中，昼夜游宴，屡迁其坐。（《世说新语·品藻第九》，页 291）

例 9 中，"送"为运行动词，"涧中"是"送"所到达的目的地，"往"为介词。唐朝时期，"往"在"往·N1·V·N2"结构中仍持续这一状态。如：

10）a 大帝盛夏须雪及枇杷、龙眼，俨坐顷间，往阴山取雪，岭南取果子并到，食之无别。（《朝野金载·卷三》，页 65）

b 帝释变作一黄龙，引舜通穴往东家井出。［《近代汉语语法资料汇编（五代卷）》，页 237］

例 10a 中，"往"可分析为动词："到阴山去，去取雪"；也可分析为介词"往［+处所］阴山取雪"。b 中，"出"为［－位移］动词，"东

魏晋南北朝汉语介词研究

238

家井"只能看作是"出"的处所，故"往"为介词。同时，"往"的搭配范围，在唐朝时期继续泛化，具有［−位移］［＋目的地］特征，"往"为介词，表示动作发生的处所所在。如：

11）合子，已龙仙膏往顶门便涂。［《近代汉语语法资料汇编（唐五代卷）》，页 287］

综上，"往"于东汉时期语义、功能开始泛化，表现在："到……去"义发展出"来"义；"到……去"义发展出时间终点义；动词谓语降级为状语。于东汉至魏晋之间，"往"的语境扩展，表现在："往·N"发展出"往·V·N"结构；"往·N"发展出"往·N·V"结构。魏晋时期，"往"完成部分语义漂白，如：［＋方向性］［＋位移性］特征消失。至此，"往"初步具备介词特征。

2.介词"往"的语义发展

唐代，"往"语法化为纯介词表"处所所在"。如：

12）a 便遇五台山金闻寺僧义深等往深州求油归山。［《近代汉语语法资料（唐五代卷）》，页 117］

b 大使家人高山就便船往楚州共大使商议，作书付送楚州译语刘慎言及薛大使，请先所寄经论、文书、功德帧及衣服等。［《近代汉语语法资料（唐五代卷）》，页 167］

五代，介词"往"语义泛化，"往"的宾语扩大至方位名词。如：

13）a 目连闻以，更往前行。［《近代汉语语法资料汇编（唐五代卷）》，页 388］

b 皇闻此说，未息疑情，遂震锡南行，直往曹溪礼见六祖。（《祖堂集·卷第三》，页 178）

宋代，"往·N·V""V·往·N"结构中，N 扩大为 V 到达的处所，且 V 具有［＋位移性］特征。"往"为介词，表示动作到达的处所。如：

14）a 昨日有人从天台来，却往径山去（《五灯会元·卷第十三》，页 811）］

b 是那靠午时分，押往市曹。［《近代汉语语法资料汇编（元明卷）》，页 83］

元代，"往·N·V"结构中，N 具有［＋方向性］、V 具有［＋位移性］特征。"往"表示 V 进行的方向，只能分析为介词。如：

15）a 后起营往西行，到于地名牛头山，后又那营到地名闸上。［《近

代汉语语法资料汇编（元明卷）》，页380〕

b 你往塔底下寻去。〔《近代汉语语法资料汇编（元明卷）》，页377〕

c 敌人的尘土高起着，看着往卯温都儿山前忽剌安不儿合惕地面去了。〔《近代汉语语法资料汇编（元明卷）》，页216〕

d 小僧从今日准备箬笠、瓦钵，往深山里忏悔去。（《朴通事》，页233）

元明，"往"趋于单纯，只表示处所所到，这种用法一直沿用。如：

16）a 你不必往下讲了，去罢，去罢！（《儿女英雄传·第二回》，页17）

b 公子往外一看，只见自己的两个骡夫回来了。（《儿女英雄传·第五回》，页54）

"往"之介词义发展成熟之后，动词用法逐渐退出，明清时期除部分熟语或仿古用法中，基本不见"往"之动词用法。

（三）寻

寻，绎理也。（说文解字诂林，3596）本义为长度单位，名词。如：

1）坛十有二寻，深四尺，加方明于其上。（《仪礼·观礼第十》，页465）

由"长度"引申出"探求、考究"的意思。如：

2）余究而观之，殊多不备，诸急病甚尚未尽，又浑漫杂错，无其条贯，有所寻按，不即可得。（《抱朴子内篇·杂应》，页248）

由"考究"引申出"寻找"义。据汪维辉（2000：130-133）考察，"寻"表示"寻找"最早可追溯到东汉时期，且汉魏时期，"寻找"的对象都是具体的人、物。在整个魏晋南北朝时期，"寻"的"探究、探求"义较"寻找"义占优势，其中前者关涉对象多为抽象的事物或道理。如：

3）a 是以君子推微达著，寻端见绪，履霜知冰，践露知暑。（《后汉书·卷七十三》，页1986）

b 勤惊觉，闻失充，乃出寻索。（《搜神记·第九卷》，页72）

同时，"探究"需要遵循一定的规律，由此引申出"遵循"的意思。如：

4）一朝决之者，缘有解书图画，可得寻案摘校也。（《三国志·卷二四》，页692）

魏晋南北朝汉语介词研究

1. 介词"寻"的产生

"寻"由"遵循"义引申出"沿着某地走"的意思。魏晋南北朝时期，出现在"寻·N₁·V·N₂"结构中。"寻"的义素特征为：[＋运行][＋路径][＋延展性][＋方向]。如：

5）a 恪遣马骑寻围迹索，得像还。（《三国志·卷四》，页127）

b 刘表将吕公将兵缘山向坚，坚轻骑寻山讨公。（《三国志·卷四十六》，页1100）

（5）a 中，N₁ 具有[＋延展性]，V 具有[＋求索]特征，"寻"还可以分析出[＋运行]特征，偏动词；b 中，V 不具备[＋运行]特征，N₁ 具有[＋延展性]，"寻"不能分析出[＋运行]特征，偏介词。

V 范围扩大，失去[＋运行]特征，N1 失去[＋方向]特征，"寻"可分析为介词。如：

6）a 寻所示路到厥亲所。（《六度集经·卷第五》，页24-3）

b 绍遂寻山北行，进击诸贼左髭丈八等。（《后汉书·卷五十二》，页2381）

c 少有狂疾，寻山采药，远来至此。（《南齐书·卷五四》，页941）

例（6）中，"路""山"是"到""行""采药"进行的处所，"寻·N₁"作为背景信息出现标引动作发生的处所。在"寻·N₁·V·N₂"结构中，N₁ 具有[＋延展性]，不具备[＋方向]；V 具有[＋运行]特征，故"寻"标引"沿顺处所"。

2. 介词"寻"的语义发展

魏晋南北朝时期，"寻"介词用法成熟，一直沿用至元朝。如：

7）于是落采辞亲，寻山入道。（《祖堂集·卷第十七》，页377）

8）我恰猛可地向这厅堂中见，唬得我又待寻幔幕中藏。（《古杭新刊底本诸宫调风月紫云亭·新校元刊杂剧三十种》，页353）

"寻"也表"时间起始"。如：

9）a 寻冬至南极，日晷最长。（《晋书·卷三》，页312）

b 臣窃寻元嘉以来，伧荒远人，多干国议。（《宋书·卷四六》，页2195）

"寻"由"遵循"义发展出"沿着某处行走"义，以此语法化为介词，表示"沿顺处所"，同时发展出表示"时间起始"义。由"沿顺处所"义发展出"处所所在／所向"。即：

寻：遵循→沿顺（V）>沿顺处所（介词）>时间起始

↓

处所所在／所向

（四）沿

沿，本义为"顺水而下"。（《古代汉语虚词词典》，1988：677）如：

1）沿汉泝江，将入郢。（《左传·文公十年》，页 576）

当动词讲时，"沿"的语素特征为：［+运行］［+路径］［+方向］［+附着］，其中［+路径］限于［+水流］。先秦时期出现在"沿·N_1 而 V·N_2"中。如：

2）子沿汉而与之上下，我悉方城外以毁其舟，还塞大隧、直辕、冥阨。（《左传·定公四年》，页 1543）

例（2）中，"沿汉"意为"顺着汉水运行"，由"而"连接表承接。"沿"具有［+运行］［+水流］［+下方］［+附着］特征，为动词。

1.介词"沿"的产生

汉魏时期，"沿"出现在"沿·N_1·V·N_2"结构中。如：

3）a 往视之，槎乃移去，沿流下数里，驻湾中。（《搜神记·卷十一》，页 80）

b 巴汉舟师，沿江东下。（《三国志·卷四十八》，页 1182）

c 诏安民出征，加鼓吹一部。虏退，安民沿淮进寿春。（《南齐书·卷二七》，页 507）

例（3）中，"沿"具备［+附着］［+水流］［+下方］特征，偏向动词；c 中，"沿"失去［+运行］［+附着］［+方向］特征，"沿·N"意为"在 N 边上（运行）"，"沿"偏向介词。

"沿"作为介词成熟另一标志是标引范围的扩大。如：

4）a 沿路觅些些宜利，遣我子勾当家事。（《舜子变·敦煌变文集新书》，页 951）

b 弓刀器械沿身带，腰间宝剑白如霜。（《孔子项托相问书·敦煌变文集新书》，页 1123）

2.介词"沿"的语义发展

元明清时期，介词"沿"得以沿用并充分发展。如：

5）a 过涧沿坡寻路慌。（《尉迟恭三夺槊·新校元刊杂剧三十种》，页 1-164）

魏晋南北朝汉语介词研究

b 俺沿路慢慢的来。（《老乞大》，页 21-1）

6）a 背后大船，一齐喊起，都是长鎗挠沿江岸杀来。（《水浒传·第一零七回》，页 1745）

b 闲时沿墙抛瓦，闷来壁上扳钉。（《西游记·第三十六回》，页 448）

c 愁云拖上九重天，一派败兵沿地滚。（《金瓶梅词话·第七十八回》，页 167）

7）a 其余老嬷嬷散众丫鬟俱沿河随行。（《红楼梦·第四十回》，页 620）

b 水势建瓴而下，沿河陡涨七八九尺丈余。（《儿女英雄传·第二回》，页 20）

元明时，"沿·N（·A）·V"结构常见，意为"沿着某地做某事"，有周遍性。如：

8）a 我沿路想着两个，怎生不来见我？（《承明殿霍光鬼谏·新校元刊杂剧三十种》，页 571）

b 整整的三昼夜水浆不到口，沿路上几时曾半霎儿迟留。（《死生交范张鸡黍·新校元刊杂剧三十种》，页 602）

9）a 讨逆招安，沿路上安民挂榜。（《金瓶梅词话·第七十一回》，页 9）

b 切不可沿途耽搁，有误事情。（《水浒传·第三十九回》，页 625）

10）庄北沿地埂子上有一个小祠堂里供的，不是神佛。（《红楼梦·第三十九回》，页 606）

"沿"在唐宋之前动词用法占优势。魏晋南北朝至唐宋检得"沿"用例 872 个，其中动词"顺着某地走""靠着某地"的用法 436 例，介词用法 102 例；元明之后，介词用法占优势。通过对元明清文献抽样调查，检得"沿"用例 187 个，其中介词用法 82，名词用例 47，构词成分（沿路等）33，动词用法 19 例，其他 7 例。

（五）循

循，行顺也。（说文解字，1988，页 16378）本义为"沿着某地行走"。（汉语大词典，三卷，1040 页）如：

11）a 若出于东方，观兵于东夷，循海而归，其可也。（《左传·僖公四年》，页 293）

b欲自武城还，循山而南。（《左传·昭公二十二年》，页1441）

c主者，循轶之途也，击摩车而相过。（《战国策·齐策一》，页320）

d孔子循道弥久，温温无所试，莫能己用。（《史记·卷四十七》，页1914）

同时，由"沿循"义引申出"遵守、遵从、遵循"（汉语大词典，三卷，1040页）义。如：

12）a故凡举事必循法以动，变法者因时而化。（《吕氏春秋·慎大览》，页936）

b君失其道，则大臣比权重，以相举于国，小臣必循利以相就也。（《管子·法禁》，页262）

c及无好者，诛而无怨，施而不德，放准循绳，身无与事，若天若地，何不覆载。（《淮南子·诠言训》，页480）

先秦时期，"循"出现在"循·N₁·而（以）·V·N₂"结构中。其义素特征为［＋运行］［＋路径］［＋延展］［＋边缘］［＋方向］。如：

13）a命而偻，再命而伛，三命而俯，循墙而走，亦莫余敢侮。（《左传·昭公七年》，页1294）

b秦西有巴蜀，方船积粟，起于汶山，循江而下，至郢三千余里。（《战国策·楚策一》，页506）

c滍水暴益，荆人弗知，循表而夜涉，溺死者千有余人。（《吕氏春秋·慎大览》，页935）

例13中，"循·N₁"由"而"连接做"V·N₂"的修饰成分，"循·N₁"表示"遵循"某地进行，［＋运行］特征明显。同时，V具有［＋运行］［＋方向］特征，N1具有［＋路径］［＋延展］特征，在上例中"循"为动词。

两汉以降，"循"用于"循·N₁·V·N₂"结构。"循·N"结构凝固性增强，N1不再限于道路河流，即［＋延展性］特征扩展，［＋方向性］特征模糊。如：

14）a（庄蹻）将兵循江上，略巴、（蜀）黔中以西。（《史记·卷一百一十六》，页2993）

b子以吾言为不诚，试入诊太子，当闻其耳鸣而鼻张，循其两股以至于阴，当尚温也。（《史记·卷一百零五》，页2788）

上例中，N₁仍限于［＋长条形］［＋延展性］特征，"循"偏向动词。

魏晋南北朝，"循·N₁·V·N₂"结构中，"循"［＋方向性］特征消失，V₂为［＋运行类］动词，"循"［＋运行］义消失，偏向介词。如：

15）a 尚从大道来，当避之；若循西山来者，此成禽耳。（《三国志·卷一》，页25）

b 司马懿必谓吾怯，将有强伏，循山走矣。（《三国志·卷三十五》，页921）

例15中，"循·N"和V的结合紧密，不能单用。N是V得以进行的处所，"循"失去［＋运行］［＋方向］［＋方向］等义素特征；其中，V需要［＋路径］特征，故"循"的作用在于把［＋路径］引介给V。即，"循"标引处所"沿顺"（经由）。

宋代偶见用例。如：

16）而今都打寨未破，只循寨外走。（《朱子语类·卷第一百二十一》，页2924）

自战国时期，"遵循""遵照"义用法在"循"之用例中一直占优势。表示"沿着某地行走"；介词用法从战国后期开始语法化直至汉末魏晋南北朝成熟，但只是出现在书面语中，魏晋南北朝之后未见得介词用例；占主导的是其"遵照"义动词用例。如：

17）皆因看得你们是三四代的老妈妈，最是循规遵矩的，原该大家齐心，顾些体统。（《红楼梦·第五十六回》，页874）

（六）就

"就，就高也。"（《说文解字诂林》，1988：5533）本义为"到高处去"，由此引申出"到……去"的用法。如：

1）a 同声相应，同气相求，水流湿，火就燥。（周易·干，页1）

b 今吾子辱，请吾子之就官，某将走见。（《仪礼·士昏礼第二》，页83）

2）a 唱和有应，善恶相象，故君子慎其所去就也。（《荀子·乐论》，页461）

b 富贵弗就而贫贱弗朅。（《吕氏春秋·士容论第六》，页1689）

1.介词"就"的产生

"就"介词化的语法化环境是"就·NP·VP"结构。两汉时期，动词"就"已用于"就·NP·（而）·VP"结构中，意为"到……去"。如：

3）a 越海避难者，皆来就之而居，旬月而成邑。（《三国志·卷十一》，页 354）

b 平赵孔曜，明敏有思识，与辂有管、鲍之分，故从发干来，就郡黉上与辂相见。（《三国志·卷二十九》，页 818）

c 逵著械适讫，而太祖果遣家中人就狱视逵。（《三国志·卷十五》，页 480）

上例中，"就"为动词，有趋向义，意为"到……去"。其中，"就·NP·VP"结构中"就·NP"与 VP 为连动关系，二者可以分开，意义不受影响，如 a 中"就之而居"由连词"而"连接"就之"与"居"两个前后相随的动作；b 中"就郡黉上"与"与辂相见"也是前后发生的动作；c 中"就狱视逵"出现在兼语句中，"就"运行义明显。

4）a 娥亲寻复就地斫之，探中树兰，折所持刀。（《三国志·卷十八》，页 548）

b 休使兵将就船攻盛，盛以少御多，敌不能克，各引军退。（《三国志·卷五十五》，页 1299）

c 遂就床缚之，将出到界，自解其绶以系督邮颈，缚之著树，鞭杖百余下，欲杀之。（《三国志·卷三十二》，页 872）

例（4）中，"就"可作介词理解。首先，"就·NP·VP"结构中，NP 是 VP 发生的处所，如 a 中"斫之"发生的处所是"地"；b 中"陵寝"是"祭之"发生的处所；c 中"床"是"缚之"发生的处所；其次，受 VP 影响的对象"之"在动作发生之地，如 a 中，"斫"动作发生时，受事对象"之"就在现场——地；b、c 情况相同。既然动作的支配对象在现场，逻辑上讲不需要"运行至某地"。第三，"就·NP·VP"结构中，"就·NP"和 VP 可以拆分，但拆分后逻辑不通或与原结构中语义不等同，如 a 中"就地"逻辑不通，不能理解为"到地去"；b 中，"就陵寝"意为"到陵寝去"，但 b 例中并没有"到陵寝去，然后祭祀"的意思，而是"在陵寝（附近）祭祀她"，"就·NP·VP"拆分后，语义不等同；c 中很难理解为"到床上去，绑缚他"，而是"在床上把他绑缚起来"，拆分后，语义不等同。例（4）中，"就·NP·VP"结构中，NP 与 VP 有介词语义关系；"就"没有实际"运行"语义；就·NP 与 VP 不能做拆分理解。该例中"就"为介词，表示动作进行所在处所。

魏晋南北朝时期，"就"可引介抽象处所，其标引对象可以是表人名词。如：

魏晋南北朝汉语介词研究

5）a 遂千里来就石人治病……，如此数年。（《抱朴子内篇·道意》，页160）

b 我见枕，不能往。汝可来就我饮。（《搜神记·卷十八》，页135）

c 司空郑冲驰遣信就阮籍求文。（《世说新语·文学第四》，页245）

例（5）中，"就"标引"表人名词"，a 既可以理解为"向石人"也可以理解为"到石人处"。b 既可以理解为"到我处饮"，也可以理解为"和我饮"。c 既可以理解为"向阮籍求"也可以理解为"到阮籍处求"。这为"就"由表"处所"向表"对象"的过渡。

"就"表示"趋向"时，发展出表"处所所在"用法。如：

6）a 和帝诏昭就东观藏书阁踵而成之。（《后汉书·卷八十四》，页2783）

b 人遂惊惧，堕马。魅便就地捉之。（《搜神记·卷十七》，页132）

c 既来，帝就太妃间相见。（《世说新语·方正第五》，页290）

"就"表"处所所在"时，强调动作的即时性。如 b 中，"就地捉之"强调了"捉"的即时性；c 中，"就太妃间相见"带有随意性，同时也突出与另一动作之间间隔的短暂性。

2. 介词"就"的语义发展

"就"最初的介词意义表示处所终到。Bybee（2002：112–128）认为，在语法化的过程中，源义决定语法化项意义的发展。由"趋向"义失掉［＋运行］［＋方向］［＋离开］义素后，只剩下［＋目标］义素，表示动作终到的处所。汉魏时期，处所终到的用法还没有成熟，由于"就"附带［＋短暂性］［＋即时性］因素的影响，发展出"处所所在"的用法，并很快成熟。在隐喻机制的影响下，"就"由表示处所所在 / 处所终到映射到对象域，表示求索对象、师从对象、交与对象和关涉对象等。

1）"就"引介空间

"就"表"终到处所"，汉魏萌芽，隋唐成熟（例7）；表"处所所在"魏晋南北朝成熟（例8），明代在官话中消失，方言中可见；表示"处所起始"宋代始见，明代之后鲜见（例9）。由标引空间域发展出表示范围的用法，五代时期始见用例，明后的官话中不见用例（例10）。

7）a 又遣使者授齐王印绶，当出就西宫。（《三国志·卷四》，页130）

b 那般呵，明日就店里寻你去。（《老乞大》，页22）

8）a 娥亲寻复就地斫之，探中树兰，折所持刀。（《三国志·

十九》，页 549）

b 又像明杖儿拉着个瞎子，两只脚就地儿靸拉。（《儿女英雄传·第六回》，页 66）

9）你真个不放也，我舍了老性命，就肩舆上跳下来！（《辅成王周公摄政·新校元刊杂剧三十种》，页 669）

10）a 就此文中分之为六。（《金刚般若波罗蜜经讲经文·敦煌变文集新书》，页 430）

b 切己思量体察，就日用常行中，着衣、吃饭、事亲、从兄，尽是学问。（《朱子语类·总训门人》，页 327）

2）"就"标引时间域的发展

"就"由标引"空间域"映射到"时间域"，表示时间起始。元朝始见用例。如：

11）a 咱每休磨拖，趁清凉，就马每吃的饱时，赶动者。（《老乞大》，页 17）

b 因为你上，就那日回到状元桥下，正迎着郑屠那厮，被洒家三拳打死了。（《水浒传·第四回》，页 59）

c 若是他有心收留我们，只就早上便议定了坐位。（《水浒传·第十九回》，页 279）

由表"时间起始"发展出表"时机"的用法。如：

12）就月朗回头把剑看，忽然伤感。（《萧何月夜追韩信·新校元刊杂剧三十种》，页 687）

3）"就"标引对象域的发展

魏晋南北朝之后，"就"表对象用法成熟。如：

13）a 高柔闻之，云，页"我就伊无所求。"（《世说新语·轻抵第二十六》，页 837）

b 先就东郡张恭祖受周礼、礼记、春秋传。（《世说新语·文学第四》，页 189）

c 语曰："少年，何以轻就人宿？"（《世说新语·仇隙第三十六》，页 926）

（12）中，"就"表示"对象"。"就"在 a 中表示"求索对象"；b 中表示"师从对象"；c 表示"交与对象"。

魏晋南北朝至元代"就"标引"对象"用法沿用。如：

14）a 至年二十九，乃结公孙方等就郑玄受学。（《三国志·卷

魏晋南北朝汉语介词研究

十二》，页 367）

b 因此来就帝学。（《死生交范张鸡黍·新校元刊杂剧三十种》，页 586）

15）a 来就狄饮千日之酒。（《搜神记·敦煌变文集新书》，页 1226）

b 吾当不用弟语，远来就父同诛，奈何！奈何！（《伍子胥变文·敦煌变文集新书》，页 3）

16）a（洪）就温募兵，得庐江上甲二千人。（《三国志·卷九》，页 277）

b 若教他自就那人乞，恩便归那人了！（《朱子语类·论语十一》，页 746）

（14）表"师从对象"，元代之后未见；（15）表"伴随对象"，唐五代之后鲜见；（16）表"求索对象"，宋之后鲜见。

宋代，"就"发展出表示"对象范围"的用法。如：

17）就四德言之，仁是动，智是静。（朱子语类·性理三，页 108）

综上，"就"由"到高处去"义发展出"运行"义，由此开始语法化，魏晋南北朝时期"就"语法化为介词，表示"处所所在"，即"在某处做某事"；魏晋时期，"就"表"处所终到"萌芽，隋唐时期成熟；同时，魏晋南北朝时期"就"有表示"求索对象"义。宋代，"就"发展出"范围"义；元明时期发展出"时间"义，即：

（六）行顺义介词产生的结构及语义特征

杨树达（1956）、何乐士（1985）等认为，沿顺义介词始于先秦，如"遵、循、顺、随"：

1）a 遵彼汝坟，伐其条枚。（《诗·周南·汝坟》）

b 若出于东方，观兵于东夷，循海而归，其可也。（《左传·僖公四年》，页 293）

c 昔者楚人与越人舟战于江，楚人顺流而进，迎流而退。（《墨子·鲁问》）

d 予乘四载，随山刊木。（《尚书·益稷》）

将词性与语义功能画等号常导致把介词产生时间提前。介词表示某功能义，但表示某功能义的不一定是介词。就本书所论，介词表示"沿顺"义，但表示"沿顺"义的不一定是介词，还可以是动词。

Heine and Kuteva 分析了语法化的四个相关机制：去语义化（desemanticlizationor semantic bleaching）、扩展／语境泛化（extension／context generalization）、去范畴化（Decategorization）和语音销蚀（erosion, phonetic reduction or loss in phonetic substance）。介词语法化的机制主要是"去语义化"和"语境扩展"。去语义化的主要标准是看语法化项出现的句法结构，及句法结构中各成员之间的语义关系；介词语法化的句法环境为"（N）·V_1·N·V_2·（N）"。

据此标准，例（1）a~c中"遵、循、顺"出现在非连动结构中，故为动词；d"山"仍未脱离"随"的支配范围，"刊"："砍斫"义，"随"和"刊"为先后发生的动作，故"随"仍为动词，但有介词意味。

真正的沿顺义介词大约产生于魏晋时期，主要有两种情况：

1. V_2 表示运行义，V_1 漂白为介词义

（1）V_1 与 V_2 语义重合（例2），N 是 V_2 的行为处所，或 V_1 与 V_2 分不出时间顺序（例3）：

2）a 所牧牛犊散走入山。儿寻$_1$其迹追逐$_2$求索。（《六度集经·卷第六》，页35）

b 州遣别驾阎温循$_1$水潜出$_2$求救，为超所杀。（《三国志·卷十》，页313）

3）a 告幽州刺史，其令缘$_1$边郡增置$_2$步兵，列屯塞下。（《后汉书·卷第六》，页253）

b（汝南兵民）奔$_2$随$_1$道路，不可禁止。（《三国志·魏书二十六》，页722）

例（2）"寻其迹"可理解为"寻找其迹"，有动词性，或理解为"顺着其迹"，有介词性；其次，V_1 语义与 V_2 部分融合，均有［＋运行］特征；其三，N 仍然受 V_1 语义支配，故"寻""循"可分析为准介词（quasi-preposition）。例（3）"缘、随"分别是介词前置和后置，表示"沿着某处"。

（2）V_1 运行义完全由 V_2 表达，V_1 和 V_2 没有明显的时间顺序，且 N 超出了 V1 运行义的"语义溢出"范围，V_1 发展为介词。如：

4）a 将军庄蹻将兵循$_1$江上$_2$，略巴、蜀黔中以西。（《史记·卷

魏晋南北朝汉语介词研究

250

一一六》，页 2993）

b 乃回军沿$_1$济南历城步上$_2$，焚舟弃甲，还至彭城。（《宋书·卷四六》，页 1393）

例4中，V$_2$表运行义，其语义事件框架。可以描述为：［＋人］［＋运行］［＋路径］［＋处所］［＋延伸］。V$_1$［＋运行］义由V$_2$表达，N成为V$_2$的背景，V$_1$和V$_2$之间没有明显事件顺序；"循、沿"的"溢出"语义为表示"水岸"的处所，N"江、济南历城"都超出了"水岸"的特征，且为V$_2$"行、步上"的背景，受源义制约，［＋沿着］特征保留；故V$_1$"循、沿"应分析为表示"沿着"义的介词。又如"缘、寻"（例5），"顺"（例6）：

5）a（麻奴等）缘$_1$山西走$_2$。（《后汉书·卷八七》，页 2892）

b 绍遂寻$_1$山北行$_2$。（《后汉书·卷七四上》，页 2381）

6）龙骧将军王浚顺$_1$流东下$_2$，所至辄克。（《三国志·卷五十八》，页 1357）

例（6）"顺：循也。"（《释名》）"沿着同一个方向"。"下"为运行动词，路径为"流"的方向，"顺"的运行义被漂白；同时运行处所被共享，分不出时间顺序，故"顺"为介词。

2. V$_2$表示非运行义，V$_1$语法化为介词

N是处所，V$_2$为非运行义，V$_1$·N表示V$_2$的方式，没有动作顺序关系。例如：

7）a（高句丽）随$_1$山谷以为$_2$居，食涧水。（《三国志·卷三十》，页 843）

b 李冰沿$_1$水造$_2$桥，上应七宿。（《水经注·卷三十三》，页 768）

例（7）V$_2$"以为、造"是非运行义；N（"山谷、绳墨"）表示处所，"随山谷、沿水"是"以为、造桥"的方式，V$_1$（"随、沿"）宜分析为介词。

综上所述，当"V$_1$·N·V$_2$·（N）"结构中 V1 为沿顺义，V$_1$与 V$_2$语义重合，均表运行义，V$_1$的运行义由 V$_2$承担，或 V$_2$是非运行义，"V$_1$·N"表示 V$_2$的方式，V$_1$和 V$_2$没有时间顺序关系时，V$_1$可分析为介词。

3. 沿顺义介词成员发展及其历史层次

（1）沿顺义介词的发展

沿顺义介词的发展，主要表现在，介词结构中 N 语义范围扩大，V$_2$为运行动词，少数为非运行动词，导致沿顺义 V1 介词性加强；还出现了"～

着/了"式介词。

1）沿。N 的语义：唐之前，为藤蔓、河流、湖泊（例 8）；唐宋以降，扩大至山川、堤岸、道路、房屋、墙垣等带边缘特征的处所（例 9）。V_2 为运行义（例 8）或非运行义（例 9）。如：

8）a 瓜引蔓，皆沿茇上。（《齐民要术·种瓜第十四》，页 185）

b 槎乃移去，沿流下数里。（《搜神记·卷十一》，页 133）

9）a（强寇）沿山打劫。（《西游记·第八十回》，页 1026）

b 闲时沿墙抛瓦，闷来壁上扳钉。（《西游记·第三十六回》，页 463）

明代，"沿着"出现介词用法。如：

10）a 沿着江岸寻渡。（《三国演义·第五十五回》，页 311）

b 老残道过谢，沿着原路回去。（《老残游记·第二十回》，页 127）

2）顺。N 的语义：元明之前，为河流或方向（如例 6）；元明之后，出现道路、城墙、身体等。如：

11）a 送皇帝顺大路往庸关上回去。[《近代汉语语法资料汇编（元明卷）》，页 379]

b（众贼）顺城脚作了软梯。（《西游记·第九十七回》，页 1215）

c（把二捣鬼拿到提刑院）打的顺腿流血。（《金瓶梅词话·第三十八回》，页 472）

唐代起，V_2 可以是 [－运行] 义：

12）a 遂被狂寇顺风放火，红解连天。（《苏武李陵执别词·敦煌变文集新书》，页 849）

b（八戒与沙僧）顺涧边找寻。（《西游记·第四十一回》，页 532）

c（小厮们）都顺墙垂手立住。（《红楼梦·第五十二回》，页 712）

元代，介词"顺着"出现：

13）顺着额涵古涅河易换貂鼠青鼠。[《近代汉语语法资料汇编（元明卷）》，页 219]

清代，介词"顺了"出现：

14）（她）顺了大道一路寻来。（《儿女英雄传·第五回》，页 56）

3）随。魏晋之后少见。N 为山岭、道路，V_2 为 [±运行] 义。如：

15）a 催随道收兵，比至长安，已十余万。（《后汉书·卷七二》，页 2332）

魏晋南北朝汉语介词研究

b 先生前日言水随山行，何以验之？（《朱子语类·卷二》，页28）

c 随路找寻杨大郎。（《金瓶梅词话·第九十二回》，页1376）

4）缘。魏晋之后少见。N 为湖泊、山岭、道路、墙垣等，V₂ 为［±运行］义。

16）a 缘塘行，半路，忽见一贵人。（《搜神记·卷五》，页60）

b 弃却甜桃树，缘山摘醋梨。（《朱子语类·卷一百二十一》，页2938）

宋代之后，"缘"未见典型沿顺义介词用法。

5）寻。魏晋萌芽，唐代成熟，五代之后少见。N 的语义：魏晋时期，多为地垄、山岭、道路；隋唐时期，多为江河、水流。V2 多为［+运行］义。如：

17）a 先重楼構，寻垅下姜，一尺一科。（《齐民要术·种姜第二十七》，页71）

b 斋后，向西北，入山寻谷行。（《入唐求法巡礼行记·卷二》，页264）

6）循。先秦萌芽，魏晋成熟，宋代后少见。N 的语义：秦汉魏晋时，多为山岭、水流等；魏晋至宋，出现抽象名、注疏等。V2 为［±运行］义。

18）a 臣循燕观赵，则足下击溃而决天下矣。（《战国策·卷二十一》，页736）

b 尚果循西山来，临滏水为营。（《三国志·卷一》，页25）

c 叔良明循水求棺，果于水侧得棺。（《水经注·卷五》，页137）

d 也且循注疏看去。（《朱子语类·卷八十六》，页2204）

（2）沿顺义介词成员的历史层次性

沿顺义介词系统成员经历了更新和替代的过程，呈现出一定的历史层次性。

"循、顺、缘"先秦萌芽，魏晋成熟。"循、缘"宋代后消失；"顺"沿用至今，并发展出多种语义与功能。

"随"两汉萌芽，魏晋成熟并衰落，唐代后较少见；"沿、寻"两汉时萌芽，魏晋成熟。"寻"五代后消失。"沿"虽得以沿用，但其标引义域受限。

沿顺义介词存活的历史层次，由古及今大致是：

随＜寻＜循＜缘＜沿＜顺

消失成员的语义由沿用介词继承，如"循、寻、缘、随"的义域由"顺、沿"继承。"循、随"表示"沿着水路运行"和"沿着物体边缘运动"的意义由"沿"承担；表示"在某地边缘做某事"的语义由"顺"承担。即 V_2 表运行语义时，由"沿"介引 N；V_2 表非运行语义时，由"顺"介引 N。

（3）沿顺义介词的内部语义层次

介词内部语义层次是指，介词化过程中动词的虚化程度层次，大致可以描述为：

动词 > 半介词 > 准介词 > 介词（表沿顺 > 表依循 > 表方式）

V_1 是在"$V_1 \cdot N \cdot V_2 \cdot$（N）"式连动结构中实现介词化的：受 V_2、N 的语义性质制约而虚化。在沿顺义连动结构成分语义倚变关系中，"常量"是 V_1 表沿顺义；"变量"是：V_2［＋运行］/［－运行］义；N1 运行的［＋空间］/［－空间］义。"变量"与"常量"的相融关系及其程度，决定 V_1 语义漂白程度，即是否介词化及其程度。

1）V_2、N 的语义性质及对 V_1 介词性的制约

a. V_2、N 的语义分布。统计 15 部文献，连动结构中 V_2、N 语义如下表：

V_2：［＋运行］/［－运行］

表 4-1　沿顺义介词结构中 V_2 的性质

	运行类（Vm）	非运行类（V-m）
顺	走、赶、游、流、出等	找、觅、做、站、换等
沿	来、下、出、走、流等	看、要、劫、抛、叫、喊等
随	行	找、收、牧、死、居
寻	往、追	索、布、戏等
循	来、下、出、进止	求、责、做、看等
缘	往、入、游、至等	救、乞、摘、得

N：［＋空间］/［－空间］

表 4-2　沿顺义介词结构中 N1 的性质

	空间类（Ns）	非空间类（N-s）
顺	走、赶、游、流、出等	找、觅、做、站、换等
沿	来、下、出、走、流等	看、要、劫、抛、叫、喊等
随	行	找、收、牧、死、居
寻	往、追	索、布、戏等
循	来、下、出、进止	求、责、做、看等
缘	往、入、游、至等	救、乞、摘、得

b. V$_2$ 与 N 的语义特征对 V1 介词性的制约。在（N）·V$_1$·N·V$_2$·（N）结构中，V$_2$、N 语义决定着 V$_1$ 是否虚化及其虚化程度。

V$_2$ 制约性表现在其［±运行］特征。V$_2$ 运行特征越弱，与 V$_1$ 语义融合度越低，［V$_1$·N］实现句法降级的可能性越大，V$_1$ 动词义漂白越深，介词性越强。试比较：

19）a 这边顺风，那边顺水已离（Vm）了半里多路。（《型世言·第二十回》，页 862）

b 有一丛百姓顺水行（Vm）将来。（《元朝秘史·卷一》，页 6）

c 到这里唤作顺水放（V-m）船，且道逆风举棹。（《五灯会元·卷第十二》，页 732）

例（19）a/b/c 的 V$_2$ 语义特征不同："离"是运行且产生距离义，"行"是运行义，"放"是非运行义；受此制约，V$_1$"顺"，在 a 中表示实在运行义，与"离"构成连动结构，是动词；在 b 中有些许运行义，与 V$_2$"行"既有连动意味，也有引介处所的意味，可分析为准介词；在 c 中与 V$_2$ 没有连动义，运行义被"漂白"为引介处所的介词义。

N 的制约性表现在其［±空间］特征。N 的空间性越弱，V$_1$ 的介词性越强。N 为空间义时，与 V1 的语义融合度较高。"V·N"可单独成句。如：

20）王沿夏［杜预注：夏，汉别名。顺流为沿］，将欲入鄢。（《左传·昭公十三年》，页 1347）

N 的语义可以扩展：空间→一般实体→抽象事理；空间→时间。空间性越弱，［V$_1$·N］的句法结合性越强，V$_1$ 语义漂白程度越深，介词性越强。例如：

21）a 欲顺流（Ns）放火，烧败浮桥。（《三国志·卷五十五》，页 1300？）

b 多种、久居供食者，宜作䴬麦：倒刈，薄布；顺风放火。火既着，即以扫帚扑灭，仍打之。（《齐民要术·大小麦第十》，页 144）

例（21）a/b 的 N 语义特征不同："流"，空间义，"风"，非空间义；受此制约，V$_1$"顺"，在 a 中引介空间处所，可分析为处所介词；在 b 中表示"随、依"义，引介凭借物，宜分析为表示依凭的方式介词。

沿顺义结构中 N 的［±空间］语义层级可以描述为：

表 4-3　"沿顺"义介词结构中 N 的［±空间］语义层级

	边缘→						轨迹		
	水流	道路	墙体	人体	城郭	山岭	风向	痕迹	
								具体	抽象
顺	+	+	+	+	+	+	+	+	+
沿	+	+	+	+		+		+	
缘	+	+	+	+	+	+			
寻		+				+		+	+
循	+	+						+	
随	+	+							

V_2、N 语义性质对 V_1 制约的对应关系。V_2、N 语义性质对 V_1 制约不是单一对应关系,而是互相倚变的。以 V_1 为常量,N、V_2 为变量,通过其语义组合结构,可以考察其互变关系。

V_2［+运行/−运行］（［m/−m］）、N［+空间/−空间］（［s/−s］）两对特征,在 $V_1 \cdot N \cdot V_2$ 结构中有 4 种组合可能性:

Ⅰ　V1·Ns·Vm → V1:半/准介词
Ⅱ　V1·Ns·V−m → V1:介词(表沿顺)
Ⅲ　V1·N−s·Vm → V1:介词(表依循)
Ⅳ　V1·N−s·V−m → V1:介词(表方式)

当然,由于 V 的［+运行/−运行］、N 的［+空间/−空间］只是语义范畴的划分,其内部语义有着很多差别,仅就 V_2、N 语义特征两个参数来看,不易简明周全地刻画出 V1 的是否介词化及其程度,但仍然可以大致刻画其语义虚化层次。

c. V_1 的语义漂白程度及其虚化层次。动词介词化的基本机制是去语义化(desemanticalization),也叫"语义漂白"(semantic bleaching),即"漂白"连动结构 V_1 的动词实义,逐渐获得介词的虚化功能义。单独的或静态的动词是无所谓"漂白"不"漂白"的,语义漂白是从句法结构中观察到的。连动结构中的 V_1 的语义漂白程度主要取决于 N 的语义性质,及其与 V_2 的语义关系。这种漂白程度的层次构成了同一介词的语义虚化层次。

d. V_1 漂白为半介词或准介词。在结构 Ⅰ: $V_1 \cdot Ns \cdot Vm$ 中,V_2 表示运行义,N 表示空间义。依据 N 与 V_2 的语义关系,可分为两类:

1）V_1 轻度漂白，成为半介词。这种结构语义特征是：N 只是 V_1 的运行处所，不是 V_2 的运行处所，V_2 另有运行处所。V_1 有动词的意味，也有介引处所的意味，V_1 的运行义被轻度漂白，可分析为半介词，例如：

22）a 帝遂以舟师自谯循$_1$涡入$_2$淮。（《三国志·卷二》，页 85）

b（司马宣王）欲顺$_1$沔入$_2$江伐吴。（《三国志·卷一十七》，页 526）

c 维乃缘$_1$山突至$_2$，泰与交战。（《三国志·卷二十二》，页 640）

d 婿寻$_1$水行$_2$睹商人焉。（《六度集经·卷第四》，页 18）

e 六亲今日来相送，随$_1$东直至$_2$墓边傍。（《董永变文·敦煌变文集新书》，页 109）

f（宋四公）沿$_1$西手走过$_2$陷马坑。[《近代汉语语法资料汇编（宋代卷）》，页 482]

2）V_1 基本漂白，成为准介词。这种结构语义特征是：N 既是 V_1 的运行处所，又是 V_2 的运行处所，V_1 与 V_2 共同运行于 N；这样，V_2 运行义得以凸显，V_1 运行义基本被漂白，表示介引 V_2 的运行处所，可以分析为准介词，例如：

23）a 缘$_1$山险行$_2$，垂二千里。（《三国志·卷六十》，页 1394）

b（田畴）直趣朔方，循$_1$闲径去$_2$。（《三国志·卷一一》，页 341）

c 沿$_1$流下$_2$数里，驻湾中。（《搜神记·卷十一》，页 133）

d 薄地，寻$_1$垄蹑$_2$之。不耕故。（《齐民要术·种谷第三》，页 48）

e 息棹停竿，随$_1$流水上$_2$。（《伍子胥变文·敦煌变文集新书》，页 13）

e. V_1 完全漂白为介词。V_1·N·V_2 结构中，V_1 语义受 N、V_2 制约，可完全漂白，成为纯介词。介词内部也有着虚化层次，如：表沿顺 > 表依循 > 表方式，沿顺义介引具体处所，依循义介引某种路径，方式义介引某种凭借物，其语法化程度逐渐加深；又如表空间 > 表时间。

1）V_1 漂白为表沿顺义介词。在结构 Ⅱ：V_1·Ns·V-m 中，N 是空间义，V_2 是非运行义。V_1 与 V_2 不能构成运行连动的语义结构，即不能构成 $V_1 \rightarrow V_2$ 的运行行为链，结构语义重心在 V_2，V_1 动词义被漂白，虚化为介引沿顺处所的介词，例如：

24）a（帝使怀珍）沿$_1$海救援$_2$，至东海。（《南齐书·卷二七》，页 501）

b（第三物）吐丝成罗，寻₁网求食₂。（《三国志·卷二十九》，页 817）

c（曹）洪循₁水得船₂，与太祖俱济。（《三国志·卷九》，页 277）

d 以渍米汁，随₁瓮边稍稍沃之₂。（《齐民要术·作酢法第七十一》，页 775）

e 有蔓芋，缘₁枝生₂。（《齐民要术·种芋第十六》，页 205）

f（有个无角犍牛）顺₁帖木真行的车路吼着来₂说道。（《元朝秘史·卷四》，页 62）

2）V₁漂白为表依循义介词。在结构Ⅲ：V₁·N–s·Vm 中，N 是非空间义，V₂是运行义。N 不是 V₁的运行处所，也不是 V₂的运行处所，V₁与 V₂没有连续运行关系。这样，V₁的运行义被漂白，虚化为介引某种依循路径的介词。例如：

25）a 堂空歌韵响。清切缘₁云上₂。（《全宋词·管鉴：菩萨蛮》，页 3957）

b 须达忽见光明，谓言天晓。寻₁光直至₂城门。（《降魔变文·敦煌变文集新书》，页 364）

c 且循着₁左手廊下人去₂。[《近代汉语语法资料汇编（宋代卷）》，页 441]

这种语义结构比较少见，因为 V₁[＋运行]·N[−空间]·V₂[＋运行]这种结构的内部成分的语义关系是不太相融的。

3）V₁漂白为表方式义介词。在结构Ⅳ：V₁·N–s·V–m 中，N 是非空间义，V₂是非运行义。N 不是 V₁/V₂的运行处所，V₁没有运行义，V₂是结构语义重心。V₁语义完全被漂白，虚化为方式介词：[V₁·N]结构表示 V₂的方式。如果细分的话，V₁又随 N 的语义特征变化而有不同的虚化程度：N[＋物质]、N[−物质]，N[＋时间]，V₁语义分别虚化为：具体方式（例 26）、抽象方式（例 27），时间方式（例 28）。例如：

26）a 随₁水草放牧₂，居无常处。（《三国志·卷三〇》，页 832）

b 空中闻娘子打纱之声，触处寻₁声访觅₂。（《伍子胥变文·敦煌变文集新书》，页 5）

c 两人有术能致风雨。欲顺₁风雨击₂成吉思军。（《元朝秘史·卷五》，页 79）

d 俺是那沿₁门儿讨₂冷饭吃的。（《元曲选·合汗衫·四折》，页

魏晋南北朝汉语介词研究

137）

　　e（一个猪蹄扣儿）他便寻着$_1$绳头解开$_2$。（《儿女英雄传·第六回》，页 193）

　　27）a 物理其本，循$_1$名责$_2$实，虚伪不齿。（《三国志·卷三十五》，页 934）

　　b 自是本心心垢重，随$_1$其心垢见$_2$丘陵。（《维摩诘经讲经文·敦煌变文集新书》，页 589）

　　c 只是坚立着志，顺$_1$义理做去$_2$，他无蹊蹊也。（《朱子语类·卷第八》，页 134）

　　d 首席便是薛姨妈，下边两溜皆顺着$_1$房头辈数下去$_2$。（《红楼梦·第七十一回》，页 985）

　　28）a 顺$_1$时种$_2$之，则收常倍。（《齐民要术·种谷第三》，页 35）

　　b 这里西门庆又顺$_1$星夜稍$_2$书花子虚知道。（《金瓶梅·第十四回》，页 210）

　　6. 介词化成员虚化能力层次及语义层次

　　沿顺义是一个语义范畴，内部成员的源义及语义特征不同，其虚化能力亦不同，有的成员虚化能力较强，可呈现出完整的语义虚化链，虚化出多种介词功能义，如"顺、沿"；有的成员虚化能力较弱，只能虚化出有限的介词功能，终止介词化，成为"流星"介词，退出介词系统，如"寻、循、缘"。例如"顺"的介词化能力较强：

　　29）a 步兵从水道顺流浮渭入河。（《三国志·卷二十八》，页 792）

　　b 严驾顺路行至城南，到天祠边。（《祇园因由记·敦煌变文集新书》，页 406）

　　c 所以顺着斡难河寻锁儿罕失剌去了。（《元朝秘史·卷二》，页 37）

　　d 你顺着我的手瞧，西沿子那个大村儿叫金家村。（《儿女英雄传·第十四回》，页 518）

　　e 你就念念，别顺着嘴儿胡诌。（《红楼梦·第一一八回》，1566）

　　例（29）的"顺"依次是：a 半介词，b 准介词，c 处所介词，d 依循介词，e 方式介词。

　　依介词化能力来看，沿顺义动词的介词化能力层级大致如下：

　　顺 > 沿 > 随 > 寻 > 循 > 缘

　　由以上分析可见，沿顺义动词介词化的内部语义层次性如下：

　　动词 > 半介词 > 准介词 > 介词（表处所 > 表依循 > 表方式）

7. 沿顺义介词语法化层次性的产生原因

介词语法化层次的形成有多种原因，主要有源词语义性质的制约，其次是结构语义融合度和语法化专门化。

（1）词汇语义制约

1）源义制约程度。何洪峰（2014）认为，只有可以支配与介词相同或相近语义范域的动词才有可能语法化为介词。试比较：

"顺"：介词化源义是"顺着、沿着"（某方向运行），如河流、道路、城墙等；"纵向"（运行）可以激活扩散至"横向"（"风、树、风雨"等）运行；再扩散至"顺着"抽象事理（"义理、房头辈数"等），时间（"时、星夜"等）运行；语义扩散性较强，故介词性较强。

"沿"：本义是"缘水而下也"（说文·水部）。在"沿"的源义事件中，激活"流动"（处所）节点可以扩散至静态"处所"节点，不具备"方向"性，故不能激活纵向延展节点，语义扩散性弱于"顺"，故介词性弱于"顺"。

2）源义出自本义的，介词化程度较高；出自引申义的，介词化程度较低。如"沿"语法化源自本义，虚化程度较高。"随：从也。"（说文·辵部）其语义义虚化源自引申义，路径是：跟随/跟从（动）→沿着/顺着（动）→介词，其隐喻路径扩散力较弱，故语法化程度较低。

3）同源多义介词语法化有所侧重。如"缘：衣纯也。"（说文·纟部）。其语义引申路径是：衣边→物之边沿→绕着/沿着→循/顺→介词。"缘"的处所宾语多为范围有限的处所，故在"沿顺"类语义范畴中不具优势；而"缘"表达行为类"原因、依据"义介词用法较为灵活。

4）多源多义介词的语法化程度较低，如"随"，由"跟随"义发展出对象介词用法；由"依从"义发展处依凭介词的用法：

30）a 随诸葛亮驻汉中。（《三国志·卷三十六》，页 949）

b 公卿已下各举所知，随才授职。（《南齐书·卷三》，页 58）

而"随"表示沿顺处所的介词化程度则较低。

（2）结构语义的融合度

所谓结构语义的融合度是指 [（P·N）·V_2] 结构中，V_2、N 之间语义的可支配度。如"循"字结构中，V_2 多为"考察、探究"义，要求 N 为"规律、真理、证据"义，"循"由"顺着"引申出"遵循"义，与抽象义 N 的融合度较高；若 N 为处所义，则与 V_2 之间的融合度较低，彼此不易互相激活，即使能够强行激活也是表达抽象概念，故"循"相对于"寻、顺"等来说，可以被 V_2 激活的节点较少，语义融合度较低，故动词性较强。

（3）语法化专门化的要求

语法化专门化是指，在语法化过程中，语言系统会选择最适合发展的源词，虚化为功能词。"沿顺"类介词中，"顺"可以激活的节点最多，相对语义也最复杂，为了表意清晰，语义系统会分化其功能，如"顺"可以表示沿着处所延伸的方向（做某事），具有较强的随意性；"沿"只表示在处所范围之内（做某事）。由词义系统中分化出来的功能词，相对源功能词，其语法化程度要低。同样，源语义范畴中，处于边缘地位的功能词很容易被新的功能词代替，如"寻、循、缘"表达"沿顺"的语义由"沿"承担。

"沿顺"义介词系统的语法化程度，核心成员高于边缘成员；源义单纯的介词高于源义复杂的介词，源义宽泛的介词高于源义限制性强的介词。

（八）"行顺类"介词语法化的特点

魏晋南北朝时期，"顺"等六个[①]"行顺"义介词萌芽或成熟。其中，"沿"之介词用法一直沿用至今，属单纯介词；"顺"得以沿用，但动词和介词并行；"循""寻"魏晋南北朝之后消失；"就"在语法化斜坡上进行的最为彻底发展为构词标记，介词用法明朝之后未见。"往"与其他五个介词不同的地方在于，"往"标引动作［＋方向］，不具备［＋路径］的用法。

1. 语法化的终止与回归

Hopper（1991：22）认为，当某个词汇形式经历语法化变为附着词缀或者构词语素时，原来的词汇形式作为自然元素会得以保留，同时还和其他词一样会经历相同或相似的变化过程。因为，在相当长的一段时间内，源义的痕迹会附着在语法词的功能意义上（只要符合语法规则），同时词汇历时的某些细节会在其功能分配的语法形式上有所反应。

第四章　魏晋南北朝新生介词的语法化

---

① 除以上 6 个介词，魏晋南北朝时期可归入"行顺"类的还有"经"，因"经"由"路过"义开始语法化，故不归入"行顺义"介词一类，详见 4.5.3。

何洪峰（2011）认为，汉语动词语法化并非全部沿着语法化"斜坡"[①]走下去，而可能在语法词阶段终止。介词语法化终止并不是在斜坡上上行，只是停止语法化（cease grammaticalized）回归的动词义并不源于介词，动词在介词化的同时保持着动词用法，只是在其语义网络中消失了介词语义。

魏晋南北朝时期，"顺""往""循""寻""沿""就"等六个动词发生语法化。"循"介词用法于魏晋南北朝成熟，唐之后消失；"寻"生于魏晋南北朝，长于魏晋南北朝，消失于魏晋南北朝；"就"秦汉时期开始语法化，魏晋南北朝时期成熟，明清时期官话中鲜见用例。

1）循。"循"以"行顺"义开始其语法化，在动、介共存阶段，动词用法占优势。魏晋南北朝得"循"127例，其中动词121例，介词6例，单谓语结构中"循"97例，连动结构中12例，介词结构6例。"循"介词用法消失后，并没有回归到"行顺"义动词用法。可见，动词语法化可能会在语法词阶段终止并消失。即：

遵循……[②]

循——行顺——表处所：经由、方向！

2）寻。"寻"以"寻找"义引申出"遵循"义，又由"遵循"义引申出"行顺"义。由"行顺"义开始其语法化，发展出处所经由、时间所在和表示依据的用法。魏晋南北朝之后，"寻"所有介词用法消失，回归到"寻找"义动词用法、"遵循"义、"行顺"义消失。由"寻"的发展可见，动词向介词语法化的回归有可能回归到最原始的动词意义。即：

寻——寻找→遵循→行顺——处所：经由→时间所在＜寻找……

　　　　　　　　　　　　　　　　＼依据！

3）就。"就"由"到……去"开始语法化，发展出表示处所（所到、所在）、时间、对象（师从、交与、求索、关涉）和依据用法。现代汉语中"就"连词用法占优势。其语法化过程可以描述为：

就：登高→到……去——表处所：终到、所在——时间：所在！

　　　　　　　　　　　　　　｜

……转折←对象：师从、求索、交与、关涉＜伴随

　　　　　　　　｜

　　　　　　依据！

---

① 语法化进程有不同的描述。Lehmann（2002［1985］：12）描述"语法化的阶段"是：话语＞句法＞词法＞形态音位＞零形式；Hopper & Traugott（1993：7）描述语法化进程呈现出"斜坡"（cline of grammaticalization）：实义词＞语法词＞附着词＞屈折词缀。

② ……表延用；！表消失。＜表回归。

"就"清代之后鲜见介词用法，连词用法占优势。

通过魏晋南北朝"行顺"义动词的语法化，可以看出语法化的终止与回归的多样性。当实词和功能词并行发展时，功能词回归源实词，如"去"[1]；有些回归动词初始义，如"寻、循"；有些受结构影响重新沾染动词义，如"就、葛"。

2. 同源介词语义发展的不平衡性

"顺""往""寻""沿""循""就"或于魏晋南北朝时期开始语法化进程，或于魏晋南北朝时期介词用法成熟。源义皆可以概括为"行顺"，具有［+人］［+运行］［+路径］［+延展］［+方向］［+目的地］特征，根据上文中，我们考察发现这六个介词的发展程度并不相同，且"循""寻"只发展为限域性介词，发展至隋唐时期便消失了。即使在共存的两晋隋唐时期，"循""寻"的标引对象也只是限于"山""水"类名词，表现出较强的义域限制性。相对"循""寻"，"顺""往""就"要自由很多，成功地实现了语法化的规约化，并得以沿用至今，其中，"就"还发展出连词用法。"行顺"类介词的义域分布如下表所示：

表4-3 魏晋南北朝新生"行顺"义介词语义分布表

	沿某地运行					介词									
	运行	路径	目标	方向	延展	所在	所到	起始	经由	方向	时间	师从	交与	求索	关涉	依据
顺	+	+	+	+	+			+	+		+					
往	+							+		+						
循	+	+	+	+	+											
寻	+	+	+	+	+						+					+
沿	+	+	+	+	+											
就	+							+				+	+	+	+	
经	+	+		+	+	+			+		+				+①	

通过上表可以看出，以魏晋南北朝时期"行顺"义为代表，具有同源意义的词汇不一定会沿着同样的路线发展，而是表现出一定的不平衡性。

---

① 详见何洪峰（2011）《动词"去"向介词语法化的终止与回归》，载《语言研究》。

本节讨论了如下问题：

1. 沿顺义介词的内部层次性。沿顺义介词成熟于魏晋时期，语法化具有层次性。

一是各介词成员的产生、发展的层次性。介词化有的先完成，有的后完成；有的沿用至今，有的逐渐退出介词系统；其存活的历史层次，由古及今大致是：

随＜寻＜循＜缘＜沿＜顺

这一层次与其介词化程度层次大体一致：介词化程度高的沿用至今，介词化程度低的逐渐消失。这一层次由高到低可以描述为：

顺＞沿＞随＞缘＞寻＞循

二是各成员介词化程度的层次性。介词化是一种渐进过程，呈现出语法化斜坡（cline）：

动词＞半介词＞准介词＞介词

2. 介词化程度的内部制约因素。沿顺义动词介词化程度，取决于（N）·V_1·N·V_2·（N）结构中N、V2的语义特征及其与V1的语义关系。V_2［±运行］（［±m］）、N［±空间］（［±s］）两对特征，可组合成4种V_1·N·V_2语义结构，这4种结构制约着V1是否介词化及其程度，呈现出基本对应关系。

3. 内部层次性的形成原因。沿顺义介词内部语法化层次性的形成，源于源词语义制约、句法结构语义融合度差异及语法化专门化的内在机制。源义出自本义的介词，源义制约较弱，介词性较强，如"顺"；源义出自引申义的，源义制约较强，介词性较弱，如"寻"。源义制约程度越弱，句法结构的融合度越高，介词性越强，语义扩散越广，介词语义越丰富。语法化专门化要求介词语义性质单纯，源义制约弱、结构融合度高的介词，语义性质单纯，容易存活并发展，如"沿着、顺着"。

4. 介词内部语义可进一步虚化。源义单纯的介词可能进一步语法化介词，构成虚化斜坡：

介词：表处所＞表依循＞表方式；表处所＞表时间

更进一步，源义痕迹会延伸到语法化的最后阶段，虚化为构词语素，实现词汇化，如："顺水、顺路、顺手、顺风"，"沿江、沿海、沿岸、沿街"等；而源自引申义，介词化程度较低的则没能进一步词汇化，如

---

① "经"介词语法化的过程详见4.5.3。表对象时，"经"多为施事对象，或表被动。

行顺义的"寻、缘"等。

二、"持拿"类介词的语法化

"持拿"类介词是为源义都具有"持拿"特征的介词。本节意在梳理该类介词的产生及发展过程。魏晋南北朝时期,"持拿"类介词主要有"将""取""持""夹""仗(杖)""捉"。

(一)将

魏晋南北朝时期,介词"将"表示工具、对象。表示"工具"的用法由其动词"持拿"义发展而来。对于表对象,学界有两种观点:源于工具介词(吴福祥,2005);源于其动词"带领"义(马贝加,2004)等。

将,本义"率领"①。如:

1)a 周公黑肩将左军,陈人属焉。(《左传·桓公五年》,页105)

b 武王将素甲三千领,战一日,破纣之国。(《战国策·秦策一》,页175)

c 今又将兵出塞攻梁,梁破则周危矣。(《史记·卷四》,页164)

(1)中,"将"涉及到两个主体[+施事者][+带领者]、[+受事者][+被带领者],二者之间具有[+主被动]关系,[+受事者]具有[+军队]义域限制,其义素特征可以分析为:[+生命][+双方][-平等][+军队][±运行][+同时]。

1.秦汉时期,表示"带领"义的"将"(将1)出现在"S·将·N₁·V·N₂"结构中,意为"S带领N₁运行(到N₂处)"。如:

2)a 郑伯将王自圉门入。(《左传·庄公二十一年》,页216)

b 即将女出帷中,来至前。(《史记·卷一百一十六》,页3212)

语法化的过程不是单个词或者语素的孤立变化,而是在一定环境或者结构中的变化。(Marianne Mithun,2002:237)"将1"当离开语境后会产生歧解。如:

---

① 除了"带领""持拿"义,先秦时期,"将"还有"行军"等义,因均未有语法化的句法环境,故不深入考察,其用例列举如下:

(1)驾驶。无将大车,祇自尘兮。(诗经·小雅·无将大车,页418)

(2)行,出征。何草不黄?何日不行?何人不将?经营四方。(诗经·小雅·何草不黄,页485)

(3)举行。殷士肤敏,祼将于京。(诗经·大雅·文王之什,页505)

(4)辅助,辅佐。将予就之,继犹判涣。(诗经·周颂·访落,页642)

3）a 将兵围魏安邑，降之。（《史记·卷六十八》，页 2232）

b 使二卿将卒塞决河，徙二渠，复禹之故迹焉。（《史记·卷二十八》，页 1399）

c 于是缪公许之，使百里傒将兵送夷吾。（《史记·卷五》，页 187）

Bernad Heine（2002：83–85）认为语法化过程要经历 6 个阶段，其中起始阶段就是语境的限制。"S·将$_1$·N$_1$·V·N$_2$"结构中，当 V 具有［+运行］特征时，如果没有具体语境的规约很难判断 S 和 N1 是否同时［+运行］，这便出现两可的理解，即桥接语境（bridging context）。若 S 和 N$_1$ 同时发生位移，则"将 1"为"带领"义动词，若只有 N1 发生位移，则"将 1"为处置介词，表示处置到。若后一种理解具备一定的使用频率，则很容易规约化（conventionalization），使介词的用法从两可语境中分离出来，"将 1"只能作介词理解，"将$_1$"出现在转换语境中时，作介词理解，表示"S 促使 N$_1$ 发生转移"。如：

4）悉将降人分配诸将。（后汉书·卷一，页 15）

Lehmann（2002：17–20）认为，语法化经过规约化之后会进一步发展更新（renovation），"将$_1$"介词化之后，语境扩展，N1 为［–生命］名词。如：

5）a 三年春，或将荚叶卖之。（《齐民要术·种榆白杨第四十六》，页 426）

b 汉道士从外国来，将子于山西脚下种，极高大。（《齐民要术·五谷果蓏菜茹非中国物产者》，页 1146）

c 敬则时在家，玉夫将首投敬则，敬则驰诣太祖。（《南齐书·卷二十六》，页 480）

"将$_1$·N$_1$·V·N$_2$"结构中，当 N$_2$ 扩大到处所名词时，"将$_1$"继续分化。如：

6）a 帝令给使将一鹞子于市卖之，索钱二十千。（《朝野金载·卷六》，页 149）

b 占见外甥来趁，用水头上攘之，将竹插于腰下。（《伍子胥变文·敦煌变文集新书》，页 193）

随着语法化的发展，功能单一的语法项有可能分化（divergence）出其他的语法意义或功能。（Hopper，2003：116、Diweld，2002：

102–104）介词的语法意义受到引介对象和主要动词的影响（何洪峰，崔云忠，2014）。在"将·N_1·V·N_2"结构中，当 V 为"给予"义，N_1 为［+可转移物］，"将$_1$"表示处置给，如（7）a、b；如果 V 为［+运行］动词，N_2 为处所名词，则"将$_1$"表示处置到，如 c。再如：

7）a 遂将其笔望空便掷。［庐山远公话·《近代汉语语法资料汇编（唐五代卷）》，页254］

b 吾将金缕僧伽梨衣传付于汝。（《五灯会元·卷第一》，页4）

c 今特将古北口与贵朝，其松亭关本朝屯戍，更不可说着。（《近代汉语语法资料汇编（宋代卷）》，页89）

d 君家闺阁不曾观，好将歌舞借人看。（《朝野佥载·卷二》，页31）

2.表示"持拿"义[①]的"将"（将$_2$）出现在"将·N_1·V"结构中。如：

8）a 苏秦始将连横说秦惠王。（《战国策·秦策一》，页141）

b 赵襄子最怨知伯，而将其头以为饮器。（《战国策·赵策一》，页597）

"将$_2$"的宾语具有［+可持拿］特征，如（8）b，其施动者使具有［+生命］特征的人，V 具有［+传递信息］特征，如 a 中"曰"；或［+施加影响］特征，如 b 中"为"。将$_2$ 的义素特征可以分析为：［+人］［+主动］［+掌握］［+可持拿物］［+传递信息］/［+施加影响］［+转移］［+工具］

如果 N_1 范围扩大，则［+可持拿物］特征，消失如（8）a。东汉时期，［+工具］特征得到扩大。如：

9）楚熊渠子出，见寝石，以为伏虎，将弓射之，矢没其卫。（论衡·儒增第二十六，页362）

上例中，"将$_2$"出现在桥接语境（bridge context）中，"将"既可理解为"拿（过来）"，也可理解为"用"。"弓"在语境中可以分解出［+转移］特征，则"将"为动词，若 N_1"弓"没有位移，则为［+工具］，"将"为介词。再如：

10）a 钥匙尚在我衣带上，彼将何物开之。（《朝野佥载·卷二》，页46）

b 韦庶人之全盛日，好厌祷，并将昏镜以照人，令其速乱。（《朝

---

①《广雅·释言》："将，扶也。"《诗·周南·樛木》："乐只君子，福履将之。"郑玄笺："将，犹扶助也。"《荀子·戚相》："吏谨将之。"杨倞注："将，持也。"

野金载·卷三》，页62）

当语法化项处于语法化的孤立语境（isolated context）中时，新的语法意义会从源义中剥离出来。（Diewald，2002，页103–104）"将·N·V"结构中，V失去［+转移］特征，且N具有［+可掌握］特征时，"将$_2$"可分析为工具介词，如（10）。

"将$_2$"两汉时期出现在桥接语境中，直到隋唐时期才得以分离。如：

11）若打杀一蛇，则百蛇相集，将蜈蚣自防乃免。（《朝野金载·卷五》，页122）

12）下官乃将衣袖与娘子拭泪。［《近代汉语语法资料汇编（唐五代卷）》，页7］

（11）中，"将"仍可隐约有"带着"的意思，但是（12）中"将"已经是成熟的工具介词。再如：

13）a 拟将尖刀剜眼，自恨生盲，不识上人。［《近代汉语语法资料汇编（唐五代卷）》，页279］

b 吾将世珠示之，便各强说有青、黄、赤、白色。（《五灯会元·卷第一》，页6）

"将$_2$"表工具宋朝得以沿用。如：

14）a 因众僧炙茄次，将茄串向一僧背上打一下。（《五灯会元·卷第二》，页121）

b 只将此二人来折当。（《近代汉语语法资料汇编（宋代卷）》，页94）

当语法化项成熟后，其语义功能范围会在一定范围内泛化（generalization）Hopper，2002：96），"将$_2$"表工具时其标引对象具有［+可掌握］的［+物］，如例（14）a；当孤立环境中的语义规约化之后，N的范围有所扩大，可以是抽象工具"人"如例（14）b。"人"具有非典型［+工具］特征，当工具讲时，具有［+被动性］［+施动性］，即"人在外力或他人影响下施行某种行为对他物/人造成一定影响"，"将$_2$·N$_人$·V"结构具有致使性特征。若N$_2$的［+被动性］特征被［+应允性］代替，则"将$_2$·N$_人$·V"可看作致使义处置式。如：

15）皇帝曰："可将侍从同行。"（《近代汉语语法资料汇编（唐五代卷）》，页312）

"将$_2$·N$_1$·V·N$_2$"结构中，N$_1$和N$_2$性质相同，"将$_2$"表示处置作。如：

16）将名作姓李千里，将姓作名吴栖梧。（《朝野佥载·卷四》，页86）

3.秦汉时期，"将"用于"S·将·N·是·V"结构。"将"（将$_3$）表致使。如：

17）a 高子相大子以会诸侯，将$_3$社稷是卫，而皆不敬，弃社稷也，其将不免乎！（《左传·襄公十年》，页974）

b 将$_3$虢是灭，何爱于虞？（《史记·卷三十九》，页1647）

"将$_3$"受结构义影响具有［＋致使性］特征，在"将$_3$·N·是·V"结构中，N和"是"同指。吴福祥（2005、2002）认为，"将$_3$·N·V·之"结构中，由于N和之同指故省略"之"形成狭义处置式。同样"将$_3$·N·是·V"结构中，"是"与N同指，依马、吴之说，省略"是"也可发展成为狭义处置式，如（17）a中，V的对象是"社稷"，将$_3$的作用在于"提宾"（王力，1993［1958］：125）。如：

18）天壤闲可谓孤立，其将谁告耶？（《近代汉语语法资料汇编（宋代卷）》，页28）

19）a 若将两块玉来相磨，必磨不成。（《近代汉语语法资料汇编（宋代卷）》，页38）

b 有时将一茎草，作丈六金身用，有时将丈六金身作一茎草用。（《近代汉语语法资料汇编（宋代卷）》，页57）

20）如将鱼目比况明珠，似则似，是则不是。（《近代汉语语法资料汇编（宋代卷）》，页73）

语法化并不一定只沿着一条斜坡进行，有可能同时会有两条甚至更多的路径。（Hopper，2003：112）"将"由"带领"义发展出"将$_1$"（狭义处置式、处置到、处置给）、由"持拿"义发展出"将$_2$"（工具、处置作、致使义），受到结构语义的影响发展出"将$_3$"（致使义处置式）[①]。

（二）取

"V取"和"取V"中"取"字的性质存疑，曹广顺（1995：66–

---

① 此外，在《乙卯入国奏请》（宋代）中发现"将"表处所所在的用例。如：人只为自私，将自家躯壳上头起意，故看得道理小了佗底。（乙卯入国奏请·《近代汉语语法资料汇编（宋代卷）》，页37）

71）、吴福祥（2002：26-27）、洪波、谷峰（2005：91-98）、刘敬林（2006：56-58）、林新年（2006：49-54）等对"V取"格式中"取"的性质进行了较为细致的研究描写。曹广顺，遇笑容（2000）对中古译经中的"取"字处置式用法作了较为详细的描写；曹广顺，龙国富（2005）初次对介词"取"表处置的时间作了推测；吴福祥（2010）等对"取"作介词的用法也作了较为细致的考察。但是对"取"语法化的过程学界还缺乏考察。

1. 介词"取"的产生

取，本义"捕取"。如：

1）大兽公之，小禽私之，获者取左耳。（《周礼》）

先秦时期，"取"还有"捕获""拿取""采取""得到""攻取""娶""拿、用""迎娶"等意思，用于单谓结构中。如：

2）一之日于貉，取彼狐狸，为公子裘。（《诗经·豳风·七月》，页109）

3）不稼不穑，胡取禾三百廛兮！（《诗经·魏风·伐檀》，页72）

4）蚕月条桑，取彼斧斨，以伐远扬，猗彼女桑。（《诗经·豳风·七月》，页109）

5）夏，秦人伐晋，取武城，以报令狐之役。（《左传·文公八年》，页566）

6）鸱鸮鸱鸮！既取我子，无毁我室！（《诗经·豳风·鸱鸮》，页112）

7）仲虺有言曰："取乱侮亡"，兼弱也。（《左传·宣公十二年》，页725）

秦汉时期用于"取·N_1·V·N_2"结构，"取"偏向动词。如：

8）a 九月，齐人取子纠杀之。（《左传·庄公九年》，页178）

b 必取吾眼置吴东门，以观越兵入也！（《史记·卷四十一》，页1743）

两汉时期，"取·N_1·V·N_2"结构中，N1范围扩大，出现指人名词，处于向处置介词语法化的过渡的阶段。如：

9）a 太后取其弟纪氏女为厉王后。（《史记·卷五十二》，页2007）

b 项羽取陵母置军中。（《史记·卷五十六》，页2059）

魏晋南北朝汉语介词研究

c赵王闻之，卒取其头予秦。（《史记·卷七十九》，页2416）

例（9）中，"其弟纪氏女""陵母""头"不具有［＋可持拿］特征，但是具备［＋被处置性］／［＋遭受性］特征。a中"取"可以理解为"致使"动词，也可以理解为处置介词；b中，"取"可理解为动词，也可理解为处置介词。c同。再如：

10）a汉王之败彭城西，楚取太上皇、吕后为质。（《史记·卷五十六》，页2060）

b（司马穰苴）悉取将军之资粮享士卒，身与士卒平分粮食。（《史记·卷五十》，页2157）

c（吴王）取子胥尸盛以鸱夷革，浮之江中。（《史记·卷六十六》，页2180）

例（10）a~c中，"太上皇、吕后""将军之资粮""子胥尸"相对于动作具有遭受性，a中，"太上皇、吕后"属于"汉王"，动作发出者为"楚"，有动作的转移，a中"取"宜分析为动词；b中，"将军之资粮"不在"司马穰苴"掌控范围之内，故不能随意支配，需先"取"再分，故b中"取"也应该分析为动词；c同。结构上，"取·N₁"和"V·C"结构结合紧密，分开之后原意有所改变；语义上两解，且V对N₁具有处置性，C也是N₁发生的变化或呈现的状态，"取"在该结构中已经初步具备介词的性质。

2.介词"取"的语义发展

曹广顺，龙国富（2005）认为，介词"取"最先见于两晋时期的佛经译文中。如：设取十方地，举着于爪上。（正法华经）

魏晋南北朝时期，介词"取"成熟，N₁扩大至非指人名词，V具有［＋凭借］或［＋处置］特征，"取"表示工具或处置。

1）"取"表工具

"取"发展出"工具"介词用法，N₁具有［＋工具］特征，V具有［＋使用］特征。如：

11）a取华表照之。（《搜神记·卷十八》，页138）

b出馈瓮中，取釜下沸汤浇之，仅没饭便止。（《齐民要术·造神曲并酒》，页641）

魏晋南北朝之后，该用法鲜见。

2）"取"表受事对象

魏晋南北朝，"取"表受事（处置）成熟，可表示处置到、处置给、处置作，N₁ 具有［＋可处理性］、V 具有［＋致使性］或［＋位移性］等特征，施事者和 N₁（受事对象）具有［＋控制］和［＋异质］性。如：

12）a 但取两三蚁着掌中，语之。（《搜神记·卷二十》，页 153）

b（灵鹫鸟）取骨烧灰投海中水葬。（《南齐书·卷五十八》，页 1014）

13）取阳之元以为生物。（《南齐书·卷九》，页 142）

14）a（先主）取蜀城中金银分赐将士，还其谷帛。（《三国志·卷三十二》，页 882）

b 天夜往杀质家儿矣。死家取儿付狱。母子俱系。（《六度集经·卷第一》，页 3-2）

例（12）中，"蚂蚁""骨"具有［＋可处理性］特征，是被处理对象，"着""烧"具有［＋可致使性］特征。"取·N₁·V·N₂"意为"N₁ 在 V 的作用下产生 N₂ 的结果"。（13）中，"阳之元"具有［＋可处理性］特征、V 具有［＋使成性］特征，该结构意为"N1 受 V 影响成为 N₂"。（14）中，"金银""儿"具有［＋可处理性］特征，V 具有［＋给予/转移］特征，意为"N₁ 在 V 的作用下转移到 N₂"。

"取"表"处置对象"用于"取·N₁·V"结构，意为"N₁ 受到 V 影响"。如：

15）取落葵子熟蒸，生布绞汁，和粉，日曝令干。（《齐民要术·种红蓝花及栀子第五十二》，页 467）

（三）持

持，握也，本义为"拿着"。如：

1）a 故心平体正，持弓矢审固，持弓矢审固则射中矣。（《礼记·射义》，页 1444）

b 一人蛇先成，引酒且饮之，乃左手持卮，右手画蛇。（《战国策·齐策二》，页 355）

其义素特征：［＋持拿］［－转移］［－致使］［＋可握持］［＋支配性］，即"持"只表示静态动作。

先秦，"持"由"拿着"意义引申出"掌握、治理"（例2）"凭借"（例3）：

2）继绝世，举废国，治乱持危，朝聘以时，厚往而薄来。（《礼记·中庸》，页 1296）

3）a 水潦盛昌，神农将持功，举大事则有天殃。（《礼记·月令》，页 459）

b 王若能持功守威，省攻伐之心而肥仁义之诚，使无复后患，三王不足四，五伯不足六也。（《战国策·秦策四》，页 256）

1. 介词"持"的产生

先秦时期，"持"出现在"持·N_1·V·N_2"结构中[①]。如：

4）a 于是襄子义之，乃使使者持衣与豫让。（《战国策·赵策一》，页 618）

b 因左手把秦王之袖，而右手持匕首揕[+抗]之。（《战国策·燕策三》，页 1194）

5）赵人李园，持其女弟，欲进之楚王。（《战国策·楚策四》，页 575）

例（4）中，"持"[-转移]特征消失，a 中"衣"是转移的对象，也可以看作受事对象，故 a 中"持"也可分析为介词，但是其[+转移]较[+受事]明显，故"持"偏向动词；b 中，"匕首"可以看作是"揕"的工具也可以看作是连续的两个动作，即[+转移]，例（5）中，"持"为"携"（何建章，1990：595）、"带领"的意思。

两汉时期，N_1、V 范围扩大增强。如：

6）a 右手持草自蔽，左手着前，禹步而行。（《抱朴子内篇·登涉》，页 302）

b 迦叶弟子持瓶取水，睹变心动，怪而顾望。（《中本起经·卷上》，页 150-1）

c 持财物置其中，便乘欲有所至。（《大藏经·摩诃般若波罗蜜道行经譬吟品》，页 451）

先秦时期，"持"必须是手部动作（握持也），两汉时期不再限于手部动作。例（6）a 中，"蔽"的作用者不直接是手，而是"草"，但是[+握持]动作明显，故"持"偏向动词；b 中，V（取）实现与否不受限制，N_1（瓶）可以是 V（取）得以实现的工具，"持"[+握持]义减弱，[+支配性]消失，倾向于分析为工具介词；c 中，N_1（财物）受到外力影响转移到别处，V（置）为他动词，"持"[-致使性]消失，

---

①《战国策》中还检得 1 例"持"出现在该结构中的用法。如：书上，秦王说之，因谢王稽说，使（人）持车召之。（秦策三：166）。该例中，"持车"意为"专车"，与介词义无关。

倾向于对象介词。

汉魏时期，"持"［＋可握持］特征消失，"持"为成熟介词。如：

7）a 祭非其鬼，又信非其讳，持二非往求一福，不能得也。（《论衡·讥日》，页993）

b 老贼欲持此何作？（《世说新语·排调第二十五》，页800）

例（7）中，N1"二非""中正法""此"为［－可握持］名词；同时"持·N₁"和V结合紧密，"持·N₁"是V的方式，N₁是V进行的凭借或工具。当"持"失去［－移动］［＋可握持］特征时应分析为介词。再如：

8）a 持手著阿难肩上。（《道行般若经·摩诃般若波罗蜜道行经嘱累品》，页478）

b 持一死虫著佛迹处。（《贤愚经·卷第十》，页433）

c 褚渊能迟行缓步，便持此得宰相矣。（《南齐书·卷二十三》，页429）

2.介词"持"的语义发展

"持"表示处置对象，根据V和N1之间的关系可以表示处置给、处置到、处置作；V扩大到非及物动词，表狭义处置；表示工具。

1）处置给：V为给予类、传达义。"处置给"意为"对某物进行处置，使其转移到其他地方"。如：

9）a 遍告诸国言。月光王却后七日。当持其头施婆罗门。（《贤愚经·卷五》，页389）

b 我持此法用付于汝，汝善护持，勿令断绝。（《祖堂集·卷第二》，页106）

上例中，V"施""付"表示"给予、转移"，即N1"其头""此法用"转移到N₂"婆罗门""汝"处，"持"字短语表示对N1处置并进行转移。

2）处置到

10）a 我率持女着水火中、霄冥之虚，终不舆彼。（《僧抵，22/274a》）①

b 持种种香涂其身体。即着种种无价宝衣。（《佛本行集经·卷第五十一》，页888）

魏晋南北朝汉语介词研究

————————

① 该例转引自朱冠明（2002），中古译经的"持"字处置式，《汉语史学报》：83-88.

3）处置作

11）a 或复有持麻作衣者。或黑羊毛而作衣者。或草作衣。或以野蚕绵作于衣。（《佛本行集经·卷第二十》，页 746-1）

b 汝不癫狂。何故持彼死尸白骨。以为金也。（《佛本行集经·卷第六十》，页 928）

4）狭义处置

12）阴持女言。转密相语。同心合谋。欲共图王。（《贤愚经·卷十一》，页 427）

5）表工具

13）a 十日，块既散液，持木斫平之。（《齐民要术·水稻第十一》，页 160）

b 发是语讫持泪洗眼。眼遂复明。（《大唐西域记·卷第三》）

隋唐之后，未检得"持"作介词例。"持"终止语法化，动词继续流行。如：

14）持盂聚落求斋饭，济给身躯摧我慢。（《双恩记·敦煌变文集新书》，页 67）

（四）夹

"夹，持也"，（《说文解字诂林》，1988：10090）"持者，握也；握者，搤也；搤者，捉也。捉物必以两手故凡持曰夹"（说文解字注）。"夹"的本义是"从左右相持"。（古代汉语虚词词典，页 284）

1）a 如我死，则必大为我棺，使吾二婢子夹我。（《礼记·檀弓下》，页 280）

b 是岁也，有云如众赤鸟，夹日以飞三日。（《左传·哀公六年》，页 1635）

c 还反涉江，至于中流，有两蛟夹绕其船。（《吕氏春秋·恃君览第八》，页 1346）

由此引申出"在……两侧"，动词。如：

2）a 舍舟于淮汭，自豫章与楚夹汉。（《左传·定公四年》，页 1543）

b 栾、范以其族夹公行。陷于淖。（《左传·成公十六年》，页 886）

又有副词用法，表示动作是从相对方向进行。可译为"从两旁夹……"、"从前后夹……"、"从左右夹……"、"从两侧……"等。（古代汉语虚词词典，页284）如：

3）a 狐毛、狐偃以上军夹攻子西，楚左师溃。（《左传·僖公二十八年》，页462）

b 园死士夹刺春申君，斩其头，投之棘门外。（《战国策·楚策四》，页580）

1.介词"夹"的产生

秦汉时期，"夹"用于"夹·N·V""夹·N而V"结构中。"夹"为动词表示"在……两边/侧"。如：

4）a 己亥，与楚师夹颍而军。（《左传·襄公十年》，页982）

b 与荆人夹泚水而军。（《吕氏春秋·似顺论第五》，页1670）

c 二十四年，晋厉公初立，与秦桓公夹河而盟。（《史记·卷三》，页196）

例（4）中，"夹"具有［＋停留］［＋路径］［＋河流］［＋两侧］［＋延展］特征。N₁为表示［＋河流］类的名词；V具有［＋停留］（驻扎）特征，"夹"字结构表示"在河流两侧停留驻扎"，"夹"为动词。

汉魏时期，"夹"义域扩大，N1突破［＋河流］，［＋路径］特征消失。如：

5）a 儒者又言，页古者蓂荚夹阶而生，月朔日一荚生，至十五日而十五荚。（《论衡·是应》，页754）

b 胡人夹毂焚烧香者常有数十。（《三国志·卷四十九》，页1192）

例5中，"夹·N₁"和V为修饰关系，a中，"夹阶"既可以看作是"生"的方式，即"在阶两侧生"；也可以把N₁看作是"生"的处所，"夹"的作用在于标引之。"阶"具有［＋延展］特征，故"夹"可分析为动/介。b中，"焚烧香"只能在"毂"两侧，N₂和N₁没有附着关系，故"夹"仍为动词。

魏晋南北朝之后，"夹·N₁"与V结合紧密，且"夹·N₁"单用时不成立。"夹"偏向介词，［＋延展性］［＋路径］消失，"夹·N₁·V"表示"在某地（两侧）做某事"，"夹"标引处所所在。如：

6）a 熊罴对我蹲，虎豹夹路啼。（《苦寒行》·《曹操集》，页11）

b 难当又遣息和领步骑万余人，夹汉水两岸，援赵温，攻逼皇考。（《南

魏晋南北朝汉语介词研究

齐书·卷一》，页 3)

c 在世祖丧，哭泣竟，入后宫，尝列胡妓二部夹阁迎奏。(《南齐书·卷四》，页 73)

2. 介词"夹"的语义发展

"夹"作介词表示"处所所在（两侧）"，唐宋诗词中可见零星用例。如：

7）a 和花烟树九九重城，夹路［岸］春阴十万营①。(薛能：《杨柳枝·全唐五代词》，页 140)

b 夹路行歌尽落梅。篆烟香细袅寒灰。(叶梦得：《鹧鸪天·全宋词》，页 1891)

宋元之后未检得"夹"字介词用例。

（五）仗（杖）

仗，从手持十。丨即杖之讹变，"丈"即"杖"②之初文。(《汉语大字典》，页 401)"仗"本义应该是"持、握"③。如：

8）a（聂政）仗剑至韩。(《战国策·韩策二》，页 1576)

b 越王乃被唐夷之甲，带步光之剑，杖屈卢之矛，出死士，以三百人为阵关下。(《吴越春秋·勾践伐吴外传第十》，页 169)

c 王者兴师动众，建立旗鼓，仗旄把钺，以诛残贼。(《南齐书·卷十九》，页 380)

1. 介词"仗（杖）"的产生

"仗"由"持、握"引申出"凭借"的意思④。(古代汉语字典，页 401)本义是"倚"、"靠着"。由"靠着某物"引申为"凭借某物"。《现代汉语词典》（第六版）："凭借"，依靠；"依靠"，指望（某种人或事物来达到一定的目的）。"仗"也可解释为"指望某人/物/条件做某事"。如：

9）a 明［朋］之反也，常仗⑤赵而畔楚，仗齐而畔秦。(《战国策·

———————

① 《薛许昌诗集》中，"路"作岸。

② 说文：杖，持也。执、持之义。

③ 当"持、握""凭借"讲时，"仗"与"杖"同。

④ 《集韵·养韵》：仗，凭也。《说文》："凭，依几也。从任几。"《周书》曰凭玉几。"段注："《顾命》文，今《尚书》作凭，卫包所改俗字也。古假借只作冯。"《小尔雅·广言》："凭，依也。"

⑤ 鲍彪改"仗"作"杖"。吴师道："仗，倚也。字与'杖'通。"

韩策一》，页966）

b王若负人徒之众，仗兵车之强，乘毁魏之威，而欲以力臣天下之主，臣恐其有后患（《史记·卷七十八》，页2389）

c完守以老楚，杖信以待晋，不亦可乎？（《左传·襄公八年》，页958）

d泰山其颓则吾将安仰？梁木其坏吾将安杖？（《孔子家语·终记解》，页427）

9）中，N具有[＋可依靠][＋执行]特征，即V的执行者可以是N。以上各例中"仗"宜分析为动词。

魏晋南北朝时期，N范围扩大，不限于具体人/物，[＋执行]特征消失，"仗"为介词，表示"V实现的条件"。如：

10）a刘表治水军，蒙冲仗父兄之烈，割据江东。（《三国志·卷四六》，页1261）

b仗民望以从众怀，尽冲退以奉主上。（《世说新语·规箴第十》，页308）

c嗣祖配天，非咸阳之譬，杖正讨逆，何推让之有？（《三国志·卷四一》，页1017）

例（3）中，N"父兄之烈""民望""正"不具有[＋执行]性，V"割据江东""从众怀""讨逆"等的执行者是施事对象而非N。上例中"仗"宜分析为介词。

2.介词"仗"的语义发展

"杖"表"凭借"魏晋南北朝之后未见用例。"仗"字表"凭借"的意思沿用至今。如：

11）a衔佛命而多恐不任，仗圣力而必应去得。（《维摩诘经讲经文·敦煌变文集新书》，页639）

b凭着我这一条妙计，三卷天书，显神机单注着东吴，仗仁风独霸西蜀。（《诸葛亮博望烧屯·新校元刊杂剧三十种》，页736）

c全仗天罡搬运功，也凭斗柄迁移步。（《西游记·第七十回》，页873）

d那时要仗我这把刀，这张弹弓子，不是取不了那贼子的首级，要不了那贼子的性命，但是使不得，甚么缘故呢？（《儿女英雄传·第八回》，页94）

宋代之前，"仗（杖）"表凭借，N₁多为抽象名词，表示V实现的

条件。宋代，N₁扩展到具体名词或表人名词。如：

12）a 学人仗镆铘剑拟取师头时如何？（《五灯会元·卷第七》，页 373）

b 又因搅乱蟠桃会，仗神擒我到金阶。（《西游记·第七十一回》，页 891）

c 就仗我一人奉养老母。（《儿女英雄传·第八回》，页 94）

元代，介词"仗着"出现，沿用至今：

13）a（关羽）后来入庙升堂，仗着青龙刀安社稷，凭着赤兔马定家邦。（《诸葛亮博望烧屯·新校元刊杂剧三十种》，页 743）

b 我们的小金兴要想长得虎虎实实，聪明伶俐，将来学有所成，挑家兴业，还得仰仗您多在三清四御面前清福啊！（赵大年：《皇城根》）

元代，"倚仗着"表"凭借"出现。如：

14）a 倚仗着强爷壮娘，全不顾白玉阶头纳表章。（《李太白贬夜郎·新校元刊杂剧三十种》，页 441）

b 我倚仗着脓血债觅衣食。（《岳孔目借铁拐李还魂·新校元刊杂剧三十种》，页 485）

明代，"仗了"出现，表"凭借"，如：

15）自此仗了顾先生那本书，一征西藏，一平桌子山，两定青海，建了大功，一直的封到一等公爵。（《儿女英雄传·第十八回》，页 274）

明代，"仗"和其他介词同现。如：

16）皆因仗天神把老孙斧剁锤敲，刀砍剑刺，火烧雷打，也不曾损动分毫。（《西游记·第十九回》，页 231）

"倚仗着"元代开始动词用法占优势；"仗了"明代之后未见得用例。

（六）捉

介词"捉"学界已有研究，如蒋礼鸿（1985）讨论了《敦煌变文》的介词"捉"；冯春田（2000）、蒋骁骋（2003）、徐宇红（2008）分别考察了近代汉语、明代方言以及今南通方言的介词"捉"；何洪峰（2012、2013）讨论了介词"捉"的"限域性"及"流星"特征。

介词"捉"有三个问题值得关注：一是产生时代，冯春田（2000）、吴福祥（1996，页 239、2003）、徐宇红（2008）、郭浩瑜等（2017）皆认为始见于初唐；二是介词化路径，吴福祥（2005）、徐宇红（2007）、郭浩瑜等（2017）认为源于其动词"持拿"义，介词化路径为：V 持拿（握持）>Pre.工具>Pre.处置；三是其介词用法的消失，何洪峰（2013）有所论及。

1. "捉"介词化时期

唐代，"捉"字在已实现介词化，表示处置，这是一般共识（如冯春田 2000，吴福祥 1996，页 239、2003，徐宇红 2008，郭浩瑜等 2017）。略看两例：

1）a 昔本吾王殿，燕子作巢窟。官人夜游戏，因便捉窠烧。（《燕子赋·敦煌变文集新书》）

b 燕子语雀儿："好得合头痴。向吾宅里坐，却捉主人欺。"（《燕子赋·敦煌变文集新书》）

c 漫将愁自缚，浪捉寸心悬。（王梵志《凡夫真可念》）

但考察汉译佛经，就可以发现，南北朝时期"捉"字已经实现介词化。

动词介词化的前提是：句法上，处在连动结构中，即"$V_1 \cdot N \cdot V_2$"的 V_1；语义上，V_1 实现"去语义化"（desemanticization）。

"捉"字连动结构，始自先秦，至汉魏六朝一直存在。例如：

2）a（叔孙）捉发走出。（《左传·僖公二十年》，页 470）

b 乃伺承起，往要之，捉手请交，承拒而不纳。（《世说新语·方正第五》，页 154）

c 便捉忠头顿筑，拔刀欲斩之。（《三国志·卷二十六》，页 729）

上例"捉"都用作连动结构的 V_1，有着实现介词化的句法结构基础。但语义上，仍是"捉"的动词义："握持"，N（"发、手、头"）都是"捉"的受事。因此都是连动结构，"捉"是动词。

连动结构中 N 的语义变化，使得"捉"有介词化的可能。如下例的 N（"杖、斧、刀"）都是工具，这就使得"捉"有语法化为工具介词的可能。

3）a 着比丘钵中。姑见镇之。便捉杖打遇着腰脉。（《杂宝藏经·卷第五》，页 474）

b 有人欲得捉刀自杀针炙苦药入贼。（《坐禅三昧经·卷下》，页 284）

c 皆捉铁斧斩截其身。（《佛说观佛三昧海经·卷第五》，页 669）

连动结构中 V_1 与 N 的语义关系是 V_1 是否虚化的标志。V_1 有语义溢出（semantic overflowing），N 语义关涉相关域 [1] 时，V_1 有虚化为介词的可能。

4）a 狱卒罗刹手捉铁叉逆刺其眼。（《佛说观佛三昧海经·卷第十三》，页 669）

b 沙门释子度盲人出家。不能自行。捉手牵之。（《摩诃僧祇律·卷第二十三》，419）

c 竟捉叶裹不净灒出污诸衣物展转相谓言。（《摩诃僧祇律·卷第二十二》，411）

上例中，"捉"支配的为［＋可握持］对象，NP 有［＋可握持］特征。"捉"［＋可握持］特征在该语义环境中可预测，且溢出至 N。N（铁叉、手、叶）有工具特征，其语义关涉"捉"（发、衣）相关域。"捉"有介词化倾向。

连动结构中 $V_1 \cdot N$ 与 V_2 的语义关系决定 V1 是否虚化。结构上，"$V_1 \cdot N \cdot V_2$"可以分析为连动结构（例 5）或偏正结构（例 6）[2]；语义上，N 的语义与 V1 的论元语义域相关（例 6）。此时，V_1 有虚化的可能性。

5）a 明把炬火捉杖行。（《善见律毗婆沙·卷第八》，页 725）

b 捉利刀疾走向佛。（《圣善住意天子所问经·卷第二》，页 132）

6）a 皆捉铁斧斩截其身。（《佛说观佛三昧海经》，页 669）

b 捉户钩开他房户。（《摩诃僧祇律·卷第三十八》，534）

例 5）为连动结构，"捉"为动词。例 6）中，"捉铁斧""捉户钩"可理解为行为或引介工具；"捉铁斧斩截其身""捉户钩开他房户"可分析为连动结构或偏正结构，"捉"为动词或介词。

2."捉"字介词化的实现

去语义化（desemanticization）和语境扩展（context context generalization）是语法化的重要机制（heine&Kuteva，2002：2）。"捉·N·V"语境中，"捉"完成去语义化后，语法化为纯介词。

何洪峰（2013a）认为，汉语动词实现介词化的连动结构一般关涉到三个成分 V_1、NP、V_2（有时会关涉到 V1 前的主语语义），这三个成分

---

① N 语义关涉相关域，即语义特征与溢出的特征不一致但其结构中蕴含的语义特征与要求的语义特征一致。

② 分析为偏正时，不能拆分成两个独立的陈述结构。

之间共有三层句法语义关系 V_1 与 N、N 与 V_2、"$V_1 \cdot N$" 与 V_2。每个成分的语义和每层关系的性质都可能制约"$V_1 \cdot N \cdot V_2$"结构的句法关系和性质，从而制约 V1 是否介词化及其介词化的程度。

"捉·N·V"语境中，"捉"去语义化的程度可从"捉"与 N、N 与 V_2、"捉·N"与 V_2 之间的关系进行判断。

（1）"捉"与 N 的关系。N 的语义特征与"捉"溢出特征不匹配时，"捉"可谓介词。如：

7）a 若捉火烧烂皮肉筋骨消尽。（《四分律·卷第六十》，页 1010）

b 怜彼鸟兽。捉翅到水。以洒火上。（《杂宝藏经·卷第二》，页 455）

c 若使有人捉彼火扪摸鸣之。（《四分律·卷第六十》，页 1010）

8）a 在华树下众人戏处。有贼捉淫犯。（《四分律·卷第五十五》，页 974）

b 捉心过急。则心发逸所不应思。（《善见律毗婆沙·序品第一》，页 677）

捉，"搤也。"（说文解字注）为"握持"义、"抓住"义，（汉语大字典）带 [＋可握持] 类宾语（例 1a）；"捉"又引申为"擒拿"义（汉语大字典），带。例 7）中，N 为非可握持类，不能受"捉"支配，a、b 中"火"、"翅"是分别"烧""到水"的工具。例 8）中，N 为非 [＋可握持] 类，a 中"淫"是"犯"的对象；b 中，"心"是"急"的实施者。上例中，N 语义为 [－可握持] 义，且不受"捉"支配，"捉"为介词。

（2）N 与 V_2 的关系。N 的语义与 V_2 建立起介词范域的语义关系时，"捉"虚化为介词。如：

9）a 捉㲚扇害众生命。（《四分律·卷第五十二》，页 956）

b 捉钵取水。用布施饿鬼。（《佛说除恐灾患经》，页 554）

c 捉瓦器乞食。（《善见律毗婆沙·卷第六》，页 711）

10）a 捉眠男子及死者身未坏者少坏者男根入三处。（《四分律·卷第二十二》，页 714）

b 捉此皮衣掷弃。（《四分律·卷第三十一》，页 785）

c 捉恒河沙等莲华。（《十住经·卷第一》，页 530）

魏晋南北朝汉语介词研究

例9）中 N 与 V₂ 建立起"工具"义介词范域关系。a 中，"觔扇"是"害众生命"的工具；b 中"钵"是"取水"的工具；c 中"瓦器"是"乞食"的工具。例10）中 N 与 V₂ 建立起"对象"义介词范域关系，a 中"男根"是"入"的对象；b 中"皮衣"是"掷弃"的对象；c 中"恒河沙"是"等莲花"的对象。以上用例中，"捉"为介词。

（3）"捉·N"与 V₂ 之间的关系。结构上，"捉·N·V₂"不能拆分成两个独立的陈述结构，或拆分后与原意不符，"捉·N"是状语，修饰 V₂；语义上，N 与"捉"不能发生实际的"动作·受事"关系。此时，"捉"为介词。如：

11）a 捉金银补出。浣故衣以卖买补。（《摩诃僧祇律·卷第三十七》，527）

b 捉白伞覆舍利上。（《善见律毗婆沙·卷第三》，页 690）

12）a 捉甘蔗乱取就外啖食。（《摩诃僧祇律·卷第四》，页 287）

b 捉他车系着他车。（《摩诃僧祇律·卷第三》，页 250）

例（11）中"捉·N"与 V₂ 拆分为陈述结构后与原意不符；N 与"捉"不能发生实际的"动作·受事"关系。a 中，"金银"是"补出"的工具；b 中"白伞"是"覆舍利"的工具。虽"捉金银"与"补出""捉白伞"与"覆舍利"都可拆分为陈述结构，但与原意不符，"捉金银""捉白伞"只能作状语修饰"补出""覆舍利"。例12）中 N 为 V₂ 作用的对象，拆分为陈述结构后，与原意不符，或不能拆分。a 中，"捉"与"取"同现，"捉甘蔗"与"乱取"可为陈述结构，但与原意不符；b 中"捉他车"不成立。N（甘蔗、他车）与"捉"不具备"动作·受事"关系。"捉"为介词。

综上，"捉"介词用法于魏晋南北朝时已成熟，可表"工具""对象"。

3."捉"的介词化路径

动词"捉"的介词化路径为：（1）握持义 > 工具义 > 处置义；（2）擒拿义 > 处置义。

（1）握持义 > 工具义 > 处置义

《说文》：捉，搤也。一曰握也，（说文解字诂林，11788），其"握持义 > 工具义 > 处置义"的语法化路径吴福祥（2003）、徐宇红（2007）、郭浩瑜、杨荣祥（2017）等已有论述。如：

13）a 时诸捕鱼人捉网捕鱼。（《摩诃僧祇律·卷14》）①

b 世尊复更捉一骷髅授与梵志。（《增壹阿含经·卷20》）

c 目揵连有大神力，知我不可，或能捉我掷他方世界。（《摩诃僧祇律·卷14》）

d 作是念已，便捉牸牛母子各系异处。（《百喻经·愚人集牛乳喻》，页7）

14）a 遂捉使女苦加打缚。时彼使女遂即高声作大啼哭。（《佛本行集经·卷48》）

b 于后捉石掷着水中，遂立誓言。（《佛本行集经·卷51》）

c 汝等相共，或有捉我置髆上者，或有取我而背负者。（《佛本行集经·卷59》）

15）a 爱捉狂夫问闲事，不知歌舞用黄金。（卢纶：《古艳诗》）

b 自拶五色裘，迸入他人宅。却捉苍头奴，玉鞭打一百。（贯休：《少年行》）

c 良由画匠，捉妾陵持。（《敦煌变文选注·王昭君变文》）

d 凤凰嗔雀儿："何为捉他欺？"（《敦煌变文选注·燕子赋》）

e 脊是捉我支配。（《敦煌变文选注·燕子赋》）

目前，"捉""握持义>工具义>处置义"的语法化路径似已成共识，但通过佛经语料可以发现，"捉"还有"擒拿义>处置义"的语法化路径。

（2）擒拿义>处置义

何洪峰（2013a）、崔云忠（2017）认为，介词义或由动词源义或由其引申义语法化而来。学界考察了"捉"由"握持"义到"擒拿"义引申过程（蒋骥骋，2003、徐宇红，2007），但由"擒拿"到"处置"义的语法化过程却未见关注。

1）擒拿义

《广韵·觉韵》："捉，捉搦也。"《字集·手部》："捉，捕也。"（汉语大字典，1882）当"擒拿"义时，"捉"出现在"捉·N""捉·V""捉·N·V"结构中。

I. "捉·N"结构。

16）a 超负其多力，阴欲突前捉曹公。（《三国志·卷三十六》，页945）

_____

① 该部分用例引自郭浩瑜、杨荣祥（2017）

b 王言捉淫女婆须达多。（《阿育王传·卷第五》，页 118）

c 时有豹捉鹿。（《四分律卷·第五十五》，页 978）

17）a 不善捉毒蛇。（《中论·卷一》，页 33）

b 如屠儿捉羊。或以物买将诣屠所。（《弥勒菩萨所问经论》，页 254）

c 犹如力士捉蝇。（《中阿含经·卷十七》，页 537）

II．"捉·V/V·捉（·NP）"结构。

18）a 尔时有人捉得此贼缚送与王。（《摩诃僧祇律·卷第三》，页 242）

b 捉桮彼山贼。（《抱朴子内篇·至理》，页 104）

c 因捉取龙还上树食。（《佛说立世阿毗昙论·卷第二》，页 182）

19）彼愚疑人又见王人收捉罪人。（《中阿含经·卷五十三》，页 759）

III．"捉·NP而VP"结构。

20）a 伯夷怀小刀，因捉一人而刺之。（《抱朴子内篇·登涉》，页 274）

b 捉彼物主而截其头。（《中阿含经·卷十五》，页 522）

IV．"捉·NP·VP"结构。连动结构是"捉"语法化的基础。（Hagege，2010、何洪峰，2013a）。该结构中，NP、VP与"捉·N"语义关系的变化使得"捉"有虚化的可能。

21）a 捉山下人速疾将上。（《中阿含经·卷五十二》，页 757）

b 空中飞来于婇女中捉王将去。（《经律异相·卷第二十五》，页 139）

c 如是鸟王捉龙还树。（《佛说立世阿毗昙论·卷第二》，页 182）

22）a 合捉比丘送与断事官所。（《摩诃僧祇律·卷第二十四》，页 419）

b 是时梵志捉犬反缚，以杖捶打。（《出曜经·卷第十》，页 660）

c 佛听比丘水火难处捉妇女出。（《阿育王传·卷第六》，页 125）

23）a 强捉彼人临火坑炙。（《中阿含经·卷十五》，页 672）

b 彼地狱卒便捉众生着热铁床。（《中阿含经·卷十二》，页 505）

c 狱卒捉人掷置镬中。（《佛说立世阿毗昙论·卷第八》，页 214）

上例中，N 为表人名词，可受"捉"支配，即"擒拿"对象。例21）中，"捉·N"与 V 有先后顺序，为连动结构，"捉"为动词。例22）中，"捉·N"与 VP 的先后关系不明显，可理解为"捉·N"，然后VP；也可理解为"把 N" VP，"捉"有介词化倾向。例23）中，N 受"捉"

支配较弱，"捉N"与VP之间的先后关系进一步模糊，"捉"可分析为介词。

2）V擒拿义 >pre. 处置义

"捉·N·V"结构中，N、N与V之间、"捉N"与V之间的语义变化是"捉"语法化程度的重要参数。当N不受"捉"支配、N与V之间建立起介词范畴关系、"捉N"与V不能拆分为陈述结构或拆分后与原意不符的情况下，"捉"语法化为介词。

I. "捉·N·V"结构中N的语义变化。连动结构中N的语义变化是"捉"语法化的前提。当N不受"捉"支配，而与V形成"受事·动作"关系时，"捉"为介词，表对象。如：

24）a 夜半后捉尼师坛还屋。（《四分律·卷第五十四》，页969）

b 或有边地夷人捉人欲杀。（《正法念处经·卷三十五》，页204）

c 复捉歌女问之言。（《无明罗刹集·卷上》，页852）

25）a 合捉比丘送与断事官所。（《摩诃僧祇律·卷第二十四》，419）

b 欲乐时即捉女人将至树下。（《弥勒菩萨所问经论·卷第五》，页255）

c 使者即捉淫女割去女形。（《摩诃僧祇律·卷第一》，页234）

26）a 若捉彼刹利等女扪摸呜之。（《四分律·卷第六十》，页1010）

b 捉他男系着他男。捉他女系着他女。捉他小儿系着他小儿。欲令各各相牵而去。（《摩诃僧祇律·卷第三》，页250）

c （长者妇）共捉迦罗扑着火中。举身燋烂便现神足。（《法句譬喻经·卷第二》，页587）

d 捉诸妇女抱呜捻捱身体。诸妇女或欲从者。或不从者。（《鼻奈耶·卷第三》，页861）

连动结构中，N语义不受"捉"支配时，"捉"可分析为介词。例24）中，N表义具体，受"捉"控制，并有具体支配关系，即a. 捉［位移］尼师坛，并还屋；b. 捉［住］人；c.［位移去］捉［位移来］歌女。该例中，"捉"为动词。例25）中，N表义宽泛，既可以受"捉"支配，也可受V支配。"捉"动、介两可。a中，"比丘"既可以看作"捉［位移去］"的对象，也可以看作"送与"的对象；b中，"女人"既可以看作"［位移去］捉［位移来］"的对象，也可以看作"将"的对象；c中，"淫女"既可以看作"捉［住］"的对象，也可以看作"割"的对象。例26）中，

魏晋南北朝汉语介词研究

N 即在现场，且在控制范围内，无需"擒拿"，故不受"捉"支配，而与 V 形成"受事·动作"的关系。"捉"为介词，表对象。

II. N 与 V 之间建立起介词范域关系。"捉·N·V"结构中，N 与 V 建立介词范域关系时，"捉"为介词。如：

27）a 有夜叉捉比丘强伏令眠亦得罪。（《善见律毗婆沙·卷第八》，页 726）

b 捉比丘令行淫。（《善见律毗婆沙·卷第八》，页 726）

c 犹两力士捉一羸人在火上炙。（《中阿含经·卷第六》，页 458）

28）a 复捉流离太子扑之着地。（《增壹阿含经·卷第二十六》，页 690）

b 捉比丘推眠。（《善见律毗婆沙·卷第七》，页 722）

c 或能捉我掷他方世界。（《摩诃僧祇律·卷第十四》，页 340）

29）a 捉我上下扪摸我。（《摩诃僧祇律·卷第三十六》，页 515）

b 使女人捉男子破无罪。（《摩诃僧祇律·卷第三十六》，页 515）

c 时比丘即捉贼压治。（《四分律·卷第五十六》，页 981）

例 27）中，N 受"捉"支配，与 V 没有直接语义关系；"捉 N"与 V 为连述关系，"捉"为动词。例 28）中，N 既可以看作"捉"的支配对象，也可以看作 V 的支配对象，与 V 有"受事·动作"的介词语义关系，"捉"动、介两可；例 29）中，N 或被拷贝（copy）例 29a）或为施事（例 29）b）或与 V 形成"受事·动作"关系（例 29）c），与 V 建立起介词范域关系，"捉"为介词。

III. "捉 N"与 V 不能拆分为陈述结构或拆分后与原意不符。如例 24）、例 27）中，"捉·N"与 V 为连动结构，连述关系，拆分后，语义不受影响，"捉"为动词；例 25）、例 28）中，当"捉"做"擒拿"义讲时，"捉·N"与 V 为连动结构，连述关系，拆分后，语义不受影响；当"捉"做"对象"义讲时，二者不可拆分，"捉"动、介两可；例 26）、例 29）中，二者不可拆分，或拆分后语义与愿意不符，"捉"为介词。

"捉"由"擒拿"义虚化出介词"对象"功能，介词化路径为：V 擒拿 >pre. 对象。

语法化源义滞留（Source determination）原则认为，词汇词（word lexical）在语法化过程中，源义（source meaning）会或多或少地保留在语法词（grammar lexical）的语义中。（Heine & Kuteva，2002：3、

Traugott. 2011：19）"捉"语法化为对象介词后，其宾语多为具有自主行为能力的表人名词，"pre.捉·N·V"结构中，仍滞留"控制"特征，与工具义介词有明显区别。工具义介词宾语多具备［＋可握持］/［＋可利用］特征，如"扇、水、火、翅、骷髅"等，继续发展出"对象"义后，其宾语仍具备［＋可握持］［＋可控制］特征，如"石、孔雀、男根"等。对比"把""将""取""持"等"工具－处置"义介词有明显不同的语法化路径。

（七）"持拿"类介词语法化的特点

1. "持拿"类介词语法化路径的多样化

吴福祥（2005）、whitman&Paul（2005：82-94）认为，"将""把"等处置介词经历了：连动式＞工具式＞处置式的语法化链（grammaticaization chain）。

马贝加（2004）认为，"将"语法化是沿着两条路径进行的：带领义＞处置义；持拿义＞工具义。

黄宣范（1986）则认为，处置式中，"将"＞"把"的发展只是词汇替换。

以上三种观点反映了两个问题：处置介词的来源和发展路径。

对于处置介词的来源目前学界有两种看法：

1）单线发展，由"持拿义"动词在连动式结构中语法化而来，如王力（1958）、贝罗贝（1987）、蒋骥骋（2002）吴福祥（2005）、朱冠明（2010）等。

2）多模式语法化，由"带领"义发展出处置义、由"持拿"义发展出"凭借"用法。如马贝加（2004）。

通过考察"持拿"义介词的语法化过程，我们发现：

1）"将"语法化路径为：

带领→处置到→处置给

持拿→工具→狭义处置式→致使义处置式

处置作

2）"持"的发展路径为：

持拿→工具→处置给

处置作

3）"取"的发展路径为：

4）"仗（杖）"由"持拿"义发展出"凭借"用法。表"工具"的用法可以看作是抽象"凭借"。如此"持拿"义动词的语法化过程可以描述为：

持拿→凭借→对象

5）"夹"由"持拿"义转喻为"两边"没有发展出"凭借""对象"用法[①]。

6）"捉"有"持拿"义分别发展出"工具"和"处置"的介词功能。其中，"工具"义由"持拿"义发展而来，"处置"义由"控制"特征凸显，语法化而来。即：

持拿→工具
   ↓
捉→控制→处置

综上，"将""持""取""捉""杖""夹"等发展为处置介词用法的共同点是［＋控制］［＋影响］特征，当［＋影响］对象为 N1 时表示"对 N1 进行某种影响产生某种结果（处置）或不产生结果（狭义处置）"。

2. "持拿"类介词的层次性

语法化项意义和源义在一定的历史时期会同时存在。（Hopper，2002）魏晋南北朝时期，"持拿"义介词有"将""持""取""仗（杖）""夹"，其中"将""持""取"有共同的义域范围。共时阶段，"将""持""取"介词功能呈现出一定的层次性。如：

1）"持拿"类介词的历史层次性。

"持拿"类介词，由先秦已见，如"以"。两汉时期，"以"沿用，"捉""取""将"开始语法化，魏晋时期"捉""取""持""将"介词用法先后成熟，"取""持"魏晋之后少见用例，"捉"元代之后未见用例。

唐代，"把"成熟，"将"沿用；宋代"拿"开始语法化，元代成熟。

第四章
魏晋南北朝新生介词的语法化

---

① 山东方言中，有"夹"（音同）表示处置的用法，如："夹桌子掀翻了""夹钱包丢了"。但是该介词是否为"夹"，有待于进一步考察，限于文献搜索，本书暂不作处置介词讲。

其历史层次性可描述为：

表4-4　"持拿"类介词的历时分布

	先秦	两汉	魏晋	隋唐	宋	元	明	清	现代
以	+	+	!①	!!					
取	−	?	+						
持		?	+						
捉	−	?	+	+	!				
将	−	−?	+	+	+	+	+	+	+
把	−	−	?	+	+	+	+	+	+
拿					?	+	+	+	+
连			?+	+*	+*	+*	+*	+*	+*

2）"持拿"类介词的语义内部层次性

"持拿"类介词由于语法化程度不同，内部表现形式也不尽相同，主要表现在其语义漂白程度和语境扩展程度不同。魏晋南北朝"持拿"类介词中，"将"语义范围最广，其次为"取"、"捉""持"、"杖"，其内部语义层次可描述为：

表4-5　魏晋南北朝新生"持拿"类介词的语义分布

	凭借		受事对象				
	工具	依据	处置到	处置给	处置作	狭义	致使义
将	+		+	+	+	+	+
持	+			+	+	+	
取	+		+	+	+	+	
仗（杖）		+					
夹							
捉	+		+	+		+	

---

①表格中，"！"表示少见、"！！"除引用外，极少见；"？"非典型介词（动介词）、"*"今方言中存在。

三、"协同"类介词的语法化

魏晋南北朝时期协同类介词有"与""及""共""同""和""连"标引动作关涉的另一对象或伴随。"与""及"是继承先秦的成熟介词（详见 3.1）。介词"共"产于魏晋南北朝，盛于唐宋。（洪诚，1964、柳士镇，1992、于江，1996 等）"同"介词用法萌芽于魏晋南北朝，盛行于唐宋。（马贝加，1993）"和"由"拌合、混合"义语法化为介词，始见于唐五代（王力，1956、刘坚，1989）。"连"由"连接"发展出"连同"义，魏晋南北朝时期始见介词用例。（殷正林，钟兆华，2002）

（一）共

"共"，表示多人从事一项活动①。（于江，2002）如：

1）a 愿车马衣轻裘，与朋友共，敝之而无憾。（《论语·公冶长》）

b 司正实觯，降自西阶，阶间北面坐奠觯，退，共少立。（《仪礼·乡饮酒礼第四》，页 124）

"共"由"共同、协同"义发展出介词用法，始见于六朝。（洪诚，1956）。如：

2）后经月余，主簿李音共斐侍婢私通。（《搜神记后记·卷九》，页 110）②

近代汉语中，"共"可用作连词，始见于唐宋。如：

3）莫辨荆吴地，唯余水共天。（《洞庭湖寄阎九》·《全唐诗》，页 1634）

1．"共"的介词化

"共"语法化的语境是"共·N·V"③，意为"与……一起做……"。如：

4）a 然君臣有定义，成败同之，大事当共平议。（《三国志·卷十六》，页 495）

b 榆生，共草俱长，未须料理。（《齐民要术·种榆白杨》，页 426）

---

① "共"先秦时期还有"共享/用"的意思。如：某不敏，恐不能共事，以病吾子，敢辞。（仪礼·士冠礼第一：31）魏晋南北朝时期沿用，如：姊妹出适而反，兄弟不共席而坐。（《抱朴子外篇·疾谬》，页 614）"共"的"共同"义可作副词。先秦已有用例，后一直浩用至今。如：古我先后既劳乃祖乃父，汝共作我畜民。（《尚书·盘庚中》：页 116）魏晋南北朝时期沿用，如：在山中三年精思，有仙人来迎我，共乘龙而升天。（《抱朴子内篇·祛惑》，页 350）

② 转引自于江：《近代汉语和类虚词的历史考察》，载《中国语文》，2002（6）。

③ 魏晋南北朝时期，"共·N·V"结构中，"共"和 V 义同时，不参与"共"字语法化，本书不予深究。

c 与太守任光、都尉李忠共城守，迎世祖。（《后汉书·卷二十一》，页 418）

语法化过程中，源义会在语法词意义中有所滞留（persistence）。（Bybee&Pagliuca，1987：117）"共"典型介词意义为表"协同对象"，其典型功能特征为：$S_{[主动]} \cdot 共 \cdot N \cdot V_{[协同性]}$。Heine（2002）认为，桥接语境中，语法化项具备实词/语法词特征。Hagége（2010）认为，当语法化过程越高其结构凝固性越强。当"共"进入初始语境中，其动作发出者是[＋人]，如例（4）a，V 具有[＋交互性]；S 距"共·N·V"结构较远。Hopper&Traugott（1993: 87-92）认为，语法化过程中，语法词会经历语义漂白（semantic bleaching），"共"进入桥接语境后，S 的性质泛化(generalizing)，扩展到表物的名词，如例(4)b。但是桥接语境中的"共"，其附加成分和施事成分仍具有一定的距离，而且"共·N"和 V 之间也往往会有间隔，如例（4）b。此时，我们倾向于把"共"分析成为偏介词，因为他已经失去了动词的关键因素：不能单用（在句中与动词连用），失去动词语义中的典型成分（[＋人][＋一起]），如例（4）c。一种形式在文本中重现得越频繁，它所承担的语法性就越多，越容易惯例化（conventionalization）。（Hopper&Traugott，1993：103）"共·N"和 S、V 频繁在同一语境中出现便会引起重新分析（reanalysis），即使 S、N 是指人名词，V 为交互义时，"共"也不可再分析成动词。如：

5）a 盗者当治，而知情反佐与之，是则共盗无异也。（《汉书·卷二》，页 139）

b（袁）术共孙坚合从袭表。（《后汉书·卷七十四下》，页 2420）

c 我欲共汝一处坐食。（《贤愚经·善事太子入海品第三十七》，页 413）

d 昔吾尝共人谈书。（《颜氏家训·勉学第八》，页 207）

例（5）中，"共"用于"S·共·NP·VP"结构中，其中 NP 为表人或表事件的名词，是 S 所关涉的对象，如 a 中"盗"是"是"所关涉的对象；b 中"孙坚"是"袁术"所关涉的对象；c 中"汝"是与"我"产生某种关联的对象；d 中"人"是与"吾"有某种关系的对象。其次，"共"字结构中，NP 与 VP 之间具有明显的介词语义关系。如 a 中，"盗"和"无异"之间有"比较"关系；b-d 中"孙坚""汝""人"与"合从袭表""一处坐食""读书"之间有"协同"义，即"共"的语义溢出至"一起做某事的对象"，其中VP为[＋交互][＋协同]特点的动词，"共"支配的对象与VP之间有介词语义关系。第三，"共"字结构不可拆分，或拆分后意义有所改变。如a中，"共盗"意为"共同偷盗"或"一起偷盗"，与"共盗无异"不同；b-d同。上例中"共"为介词，引介"比较对象"（a）"协同对象"（b-c）。再如：

6）今大王欲令共鸡食。（《大藏经·卷24·鼻奈耶》，页871）

2.介词"共"的发展及其连词化

1）介词"共"的发展

魏晋南北朝时，介词"共"表"协同对象"，即"S、N：共（一起）V"。如：

7）a（人）共多人众坐于屋中。（《百喻经·说人喜嗔喻》，页41）

b既知不能瑜己，稍共诸生叙其短长。（《世说新语·文学第四》，页105）

上例a中，S（人）N（多人众）：共V（坐于屋中）。其中，S是V的主动发出者，"共"标引S进行V所协同的对象N。b同。

Heine&Kuteva（2004：2）认为，语法化过程中会产生"扩展"（extension），语法词适用范围扩大。魏晋南北朝，"共·N·V"结构中，V扩展为[－交互]动词。如：

8）a云何共汝作夫妇耶。（《贤愚经·降六师品第十四》，页365）

b共沙门弟子捔其伎术。（《贤愚经·须达起精舍品第四十一》，页420）

c（余）共太原王邵读柏人城西门内碑。（《颜氏家训·书证第十七》，页498）

例（8）中，主语S较N主动，其结构特征可分析为：S[主动]·V·N[承受]V·S、N：共。句中，即使动词不具有[＋交互]特征，"共"仍然表示"交与对象"。沈家煊（1994）认为，话语有"糅合"和"截搭"两种情况，交互类介词的语法化是受到"截搭"的影响，即V融合，S、N叠加，叠加的标引是"共"，同时"共"等标明语义联系。

唐五代，介词"共"介引范围扩大。"共·N·V"结构中，V为[＋求索]义动词。如：

9）a与子娶妇，自纳为妃，共子争妻！（《伍子胥变文·敦煌变文

集新书》，页2）

b 外道共我斗神通。（《降魔变文·敦煌变文集新书》，页379）

V 为判断动词。表示 S 和 N 具有同种性质。如：

10）共伊彼此是丈夫儿，更莫推辞问疾去。（《维摩诘经讲经文·敦煌变文集新书》，页602）

N 为形容词代表的人，V 为判断动词。如：

11）疏野免交城市闹，清虚不共俗为邻。（《近代汉语语法资料汇编（唐五代卷）》，页253）

V 为言谈动词。"共"引介"言谈对象"。如：

12）a 大使家人高山就便船往楚州共大使商议。（《入唐求法巡礼行记·卷二》，页167）

b〔船〕头判官共众议：合船洁斋。（《入唐求法巡礼行记·卷二》，页172）

c 若有人求问答，谁能共他讲论？（《祖堂集·卷第三》，页154）

N 为〔－人〕名词，V 为交互义。如：

13）共树共枝争判割，同胞同乳忍分张。（《故圆鉴大师二十四孝押座文·敦煌变文集新书》，页837）

N 为指人名词，V 为离别义。如：

14）汝等好住，今共汝别。（《近代汉语语法资料汇编（唐五代卷）》，页106）

N 为指人名词，V 为运行义。如：

15）赴州节度同十将胡家请，共供主僧义圆到彼宅斋。（《入唐求法巡礼行记·卷二》，页139）

唐五代时期，"共"用于"共·N·Aj"结构中，表示比较对象。如：

16）a 宫花不共外花同，正月长生一半红。（王建：《宫词》·（全唐诗），页3444）

b 众生虽在娑婆界，心共如来恰一般。（《妙法莲华经讲经文·敦煌变文集新书》，页502）

c 阿耶若取得计阿娘来，也共亲阿娘无二。（《近代汉语语法资料汇编（唐五代卷）》，页234）

介词用法宋代得以沿用，元代之后未见典型用例。如：

17）不共你摇嘴掉舌，不共你斗争斗合。（《西厢记诸宫调》）

魏晋南北朝汉语介词研究

2）介词"共"向连词的语法化

魏晋南北朝时期，"共"出现在动词和连词的过渡语境中。如：

18）三犁共一牛，一人将之，下种，挽楼，皆取备焉。（《齐民要术·耕田》，页18）

"共"为介词时，"N_1·共·N_2·V"结构中，N1是动作的主动发出者。如果 N_1 和 N_2 之间没有主动和被动的区别，在"N_1·共·N_2·V"结构中，"共"就是连接 N_1 和 N_2 的连词，如例（18）。上例中，"三犁""一牛"都是"将"的对象，其动作发出者为同一对象，"共"分析为连词。刘坚、吴福祥（2002）等认为，动词也有可能直接语法化为连词，具有一条"动词 > 连词"的语法化链。如果能够在"N_1·共·N_2·V"结构中找到一个桥接环境，可以肯定"共"可以由动词语法化而来。如例（18）也可以分析为：三犁共由一牛牵引，一人将牛。如此，则"共"为动词"共享/分享"的意思。①

于江（1996）认为，典型连词"共"为魏晋南北朝时期已经产生。如：

19）a 丽句与深采并流，偶意共逸韵俱发。（《文心雕龙·丽辞》）

b 落花与芝盖同飞，杨柳共春旗一色。（庾信：《三语三日华林园马射赋》）

于江认为以上两例中，"共"连接的是两个并列成分，变换位置后句子的基本语义不会改变。张谊生（1996）用分解法区分"跟1"和"跟2"，认为在"N_1 跟 N_2V"结构中，如果将 N_1 和 N_2 分解开来，在分别同后面的述谓成分组合，凡重新组合而基本语义变的，其中的"跟"就是跟1（连词）；否则其中的跟就是跟2（介词）。例（18）中，"共"也可以用该标准判断"共"的性质，如：

a′丽句并流＋深采并流，偶意俱发＋逸韵俱发。

b′？落花同飞＋芝盖同飞，？杨柳一色＋春旗一色。

a 中，"N_1""N_2"能形成述谓结构叠加，意义不变，按照这一标准，我们定义 a 中"共"为连词，记为共 a。b 中则明显不能成立，故 b 中的"共"仍为介词，记为共 b。

张谊生（1996）还提出了用题化法来区分介词和连词。所谓题化法就是在 N1 之后略作停顿，并附加上语气词，使其成为话题。凡是可以

---

① 石声汉注《齐民要术》（18页），"三犁共一牛"意为"一匹牛带三个犁"。但是若脱离上下文语境，"共"也可理解为"连词"。

题化的是介词，不能题化的是连词。再看（18a）：

a″ 丽句（啊），与深采并流，偶意（啊），共逸韵俱发。（《文心雕龙·丽辞》）

通过以上分析，我们认为（18）中"共"仍为介词，于江定义为连词时间尚早，另外隋唐相关文献中，未检得"共"连词用例。刘坚等认为，连词"共"出现在宋朝当为可信。

元代以后"共"的介词、连词用法趋于消亡。（刘坚1989：206）只保留在唱词或仿古诗词中。（于江，1996）。

（二）同

"同，合会也"，（《说文解字诂林》，1988：7696）"皆也。"（《广雅·释诂三》）本义是"会聚在一起"，（《古代汉语虚词词典》，页578）引申为"统一""使……一致"（例1）"协同""和……一起"（例2）"会同""会和""合到一起"（例3）之意[①]。如：

1）肆觐东后，协时月正日，同律度量衡。[王注：同，齐也]。（《今文尚书·尧典》，页18）

2）a 同我妇子，馌彼南亩，田畯至喜。[笺：犹俱也。]（《诗经·豳风·七月》，页109）

b 自庐以往，振廪同食。[杜预注：上下无异馔也。]（《左传·文公十六年》，页618）

3）九河既道、雷夏既泽，灉沮会同。（《尚书·禹贡》，页58）

1. "同"的介词化

语境变化与语义漂白是语法化的重要条件。（Bybee & Pagliuca，1985、Sweester，1988：389–405、Heine，1992）魏晋南北朝时期，"同"的所在的句法环境发生变化，可用于"NP₁·同·NP₂·VP"结构：

4）a 陈郡谢俨同丞相义宣反。（《南齐书·列传第十五》，页612）

b 惠休弟惠朗，善骑马，同桂阳贼叛，太祖赦之，复加序用。（《南齐书·卷四十六》，页812）

c 慰祖曰："是即同君欺人，岂是我心乎？"（《南齐书·卷三十三》，页901）

5）a 太学博士崔惉同陶韶议，b 太常沈偡同李捴议，c 国子博士刘

魏晋南北朝汉语介词研究

---

① 黎锦熙（1924）、王力（1953）、刘坚（1994）等认为，汉语介词由动词发展而来，其语法化环境为"V₁·N·V₂"结构，故作副词的"同"，本书不予深入考察。

警等同谢昙济议。（《南齐书·卷十》，页 164）

d 候伯与回同卫将军袁粲谋石头事。（《南齐书·卷二十九》，页538）

何洪峰（2014）认为，"X·NP·VP"结构中，当 NP 与 VP 之间有介词语义；X 与 VP 之间有介引关系时，X 有分析为介词的可能。当 X·NP 于 VP 不能拆分，或拆分后语义发生变化时，X 为介词。"NP_1·同·NP_2·VP"结构中，"NP_2"与 VP 之间有介词语义——"协同"；"同"与 VP 之间有介引关系，"同"有分析为介词的可能。例（4）a 中"丞相义宣"是动作"反"的主动实施者，"谢俨"若是主动跟随者，则"同"可理解为"跟随""与……一起"义，"同丞相义宣"＋"反"可成立，意义不变，则"同"为动词；若"谢俨"为主动协同者，则"和丞相义宣"＋"反"意义发生变化，则"同"可分析为介词；b–c 与 a 同。例（5）中，VP 皆为"商议"类动词，其语义结构要求必须出现"共事（共谋者）"，"同"语义结构中也具有相同的成分。何洪峰（2014、2015、2018）认为，"X·NP·VP"结构中，当 X 的语义溢出到 VP，即 X 与 VP 共享同一语义成分时，X 有分析为介词的可能。结构上，例（5）"同·NP"与 VP 已不可切分，"同"为介词。语法化语义滞留原则，经历语法化的成分，语法化结果会受到源义的影响。"同"由"跟随""与……一起"语法化为介词，保留其源"协同"义，如例（5）中，"同"为"协同"义介词，引介动作协同的对象。

隋唐时期，"同"于连动结构中用法得以成熟。Mary L. Hare & Michael Ford etc.（2001：182）认为，当某一成分在某一结构中的使用频率较高时较容易发生语法化；在该结构中的接受程度越高，其语法化程度越高。Heine（1994）、何洪峰（2011）等认为，介词语法化的重要一步是"V·N1"发生语义降级；同时，Hopper（1993）等认为，语义泛化也是语法化初始阶段的一个重要表现。隋唐时期，"同"用在"N_1·同·N_2·V"结构中，N_2 扩展为 [－人] 名词；同时，N_2 的 [＋主动性]特征消失；"同·N_2"降级为附属成分，修饰 V。此时，"同"为介词。如：

6）a 每候山樱发，时同海燕归。（《王维：《送钱少府还蓝田》）

b 四顾晴空里，白云同鹤飞。（《寒山诗》，页 25）

c 乡国何迢递，同鱼寄水流。（《寒山诗》，页 9）

例（6）中，"同"只保留 [＋同时] [＋对象] 的性质，马贝加（2002）、何洪峰（2011）等认为，在"V_1·N_1·V_2·N_2"当 V1 失去

其主要动词性特征时，已经发展成为典型介词。上例中 N_2 是 N_1 进行动作 V 时就已经存在的事物，并且也具有 V 所表达的状态，"同"在于标引"$N_2 \cdot V$"和"$N_1 \cdot V$"的共时性，即"同"表示协同（伴随）对象，N_1、N_2 地位平等。

Bybee & Pekins（1994）等认为，当语法化项发展成熟，随着使用频率的增加很容易产生泛化（generalization），即一个实词的语义成素部分消失，从而造成自身适用的范围扩大。"同"发展为成熟的伴随介词之后，N_1 和 N_2 之间的关系不在限于共时平等，而是呈现［＋主动］［＋被动］之分，V 也不限于协同义，可以是 N_1 单方面的活动，N_2 做为承受者，为协同对象。如：

7）a 白石同谁坐，清吟过我狂。（《齐己：寄武陵微上人·全唐诗》，页 9540）

b 録事一人、知乘船事二人、学问僧圆载等已下廿七人同迁乘之，指陆发去。（《入唐求法巡礼行记·卷一》，页 8）

c 十九日 随头陀赴女弟子真如性请，到宅断中。因同巡台来，今为主人。（《入唐求法巡礼行记·卷三》，页 321）

2.介词"同"的语义发展

表示协同对象时，N_1、N_2 共同实施某一动作 V。五代时期[①]，介词"同"适用范围扩大，N1 是动作的施事者，N_2 是动作关涉的对象，V 为言谈动词，"同"表示言谈对象。如：

8）恐众生生于退心，故同众生称"我"。（《维摩诘经讲经文·敦煌变文集新书》，页 523）

宋代，"同"表"协同对象""言谈对象"得以沿用。如：

9）a 适来三相公谓粘罕再奏，已差下撒卢母、杨天寿同龙图去，不须尚书宣赞行。（《近代汉语语法资料汇编（宋代卷）》，页 95）

b 我已遣使副同你家大使南去。（《近代汉语语法资料汇编（宋代卷）》，页 115）

c 即不曾有人来同小娘子吃酒。（《近代汉语语法资料汇编(宋代卷)》，页 404）

10）a 今既同山后许还，亦足见其归意。（《近代汉语语法资料汇

魏晋南北朝汉语介词研究

---

① 五代时期，"同"在"同·N·相似"结构中，作用如比况动词，如：佛身唐唐长丈六，外道还同萤火幼。（敦煌变文·降魔变文，页 376）有些学者把该用法也定义为介词，本书认为该例中的"同"为比况动词。

编（宋代卷）》，页 121）

b 十九日上命叶枢密督视江淮军马，同命虞侯参谋军事。（《近代汉语语法资料汇编（宋代卷）》，页 207）

11）a（生）看取同人劝您。（末）休要出言恁偏。（《近代汉语语法资料汇编（宋代卷）》，页 567）

b 差撒卢母同赵良嗣往雄州宣抚司取人。（《近代汉语语法资料汇编（宋代卷）》，页 122）

c 上堂，举玄沙同镜清云……（《近代汉语语法资料汇编（宋代卷）》，页 395）

宋代，"同·N"结构与其他介词结构同现。"同"表示协同对象。如：

12）杨温同妻子与陈千人马一向奔走。（《近代汉语语法资料汇编（宋代卷）》，页 432）

宋代，"同着"出现在"同着·N·V"结构中，表示伴随对象。如：

13）教授却把一把锁锁了门，同着两个婆子上街，免不得买些酒相待他们。（《近代汉语语法资料汇编（宋代卷）》，页 454）

元代，表示伴随对象（例 13）、交与对象（例 14）沿用：

14）a 徽宗闻言甚喜，实时同高俅、杨戬望李氏宅来。（《近代汉语语法资料汇编（元明卷）》，页 74）

b 孙二同母亲一路里去到草桥店。（《近代汉语语法资料汇编（元明卷）》，页 169）

c 此时王罕同札木合来。（《近代汉语语法资料汇编（元明卷）》，页 214 ）

15）a 曾子同孔子道，圣人行的事莫不更有强如孝道的勾当么？（《直说大学要略·圣治章第九》，页 54）

b 于猪儿年春间，同阿勒坛等商议起了……（《近代汉语语法资料汇编（元明卷）》，页 213）

c（外末同二净上，云）昨日上坟处吃了几钟酒，不自在。（《近代汉语语法资料汇编（元明卷）》，页 186）

元代，"同着"沿用：

16）去时同着母亲去，归时只有独自。（《近代汉语语法资料汇编（元明卷）》，页 168）

元代，"与同"表"交与对象"。如：

17）应天卫指挥庞权，与同千户旗首等指以异姓军为由，刁蹬军人

严亚保。（《皇明诏令》，页252）

据钟兆华（2002）统计，明清之后，"同"介词用法有增加的趋势，连词用法逐渐消失。"同"表示交与对象、言谈对象、比较对象的用法一直沿用到现代汉语中。如：

18）a 他生活在法国大革命时期，他为亚当·斯密辩护，是同他反对封建主义的基本倾向不可分的。（厉以宁：《比经济学角度来谈谈》）

b 我们就有必要起来同封建专制主义的思想（如个人迷信、忠君思想）进行斗争。（严佳琪：《我们需要有无产阶级的伏尔泰、孟德斯鸠和卢梭》）

19）如果我李敖代表台湾到大陆谈判，我会同他们谈历史。（《李敖演讲集》）

20）同资产阶级启蒙思想不同，社会主义思想从它产生的一天起，它的主要矛头就不是指向封建专制主义的。（严佳琪：《我们需要有无产阶级的伏尔泰、孟德斯鸠和卢梭》）

介词"同"于魏晋时期出现，表示对象，引介"协同对象""比较对象"其介词结构中，NP为表人或事物的名词，VP为［＋交互］［＋协同］类动词。该类用法后代一直沿用，隋唐时期，发展出"言谈对象"的用法；VP认为为［＋交互］［＋协同］类动词。介词结构中，可以表示说话人（施事者）一方的动作，也可表示双方的交互性动作。宋朝沿用前代语义及功能，表示"协同对象""比较对象""言谈对象"；同时，宋代时期介词"同"可以其他介词结构组合。宋代时期，介词"同着"出现；"同"有表义"专门化"趋势。元代时期，"同"类次生介词增多，如"同着"被沿用；同时新产生了"与同"等次生介词。明清到现代，"同"引介"协同对象""比较对象""言谈对象"等功能被沿用，但"同着""与同"等次生介词逐渐退出介词系统。

就语法功能而言，魏晋南北朝时期，介词"同"产生，经过语义扩展和语境的扩大，唐朝时期"连词"同出现，沿用至今。

（三）连

"连"表示"连带、包括在内"，与表示"连带"义的"和"字相同（刘坚等，1989:207）。张万起（1993）、钟兆华（2002）、汪维辉（2007）认为，介词"连"首见于六朝时期，表示牵涉对象。如：

1）尝发所在竹篙，有一官长连根取之。（《世说新语·政事第三》，页99）

现代汉语中，"连"沿用，出现在"连·N/V/Aj·（都）V/Aj"结构中。如：

2）我连这本书也读完了。

黎锦熙（1997［1924］）认为，上例中的"连"是其提宾作用的介词。宋玉柱（1980）认为，该类用例中的"连"不能看作介词，因为：1）"连"的位置过于灵活，可以出现在名词前、动词前、副词前、形容词前甚至介词前。2）"连"在句中是可以省略的。宋玉柱认为，该例中的"连"应为语助词。也有些学者把该类环境中的"还"定义为"强调副词"（邢志群 2008）。根据"连"在句法环境中的功能及其语义可以确定该语境中的"连"为表示"对象"的介词，现代部分方言中，"连"表对象的介词功能仍然存在。（王芳，冯广义，2015）如：

3）a 他连桌子掀翻了。（他把桌子掀翻了）

b 连沟给堵上了。（把沟给堵上了）

1. "连"的介词化

"连，负车也"，（说文解字诂林，1988：16364）人挽车而行，车在后如负也。……人与车相属不绝，故引申为连属字（段玉裁注）。"连属"义分化为"连续""连接"等多项含义，都可用为谓词。如：

4）太王亶父居邠，狄人攻之……因杖筴而去之，民相连而从之，遂成国于岐山之下。（《庄子·让王》，页 967）

先秦时期，"连"还有动词"联合""联络"（例5）"连接"（例6）"牵连""连累"（例7）的意思，出现在单谓语结构中。如：

5）故善战者服上刑，连诸侯者次之。（《孟子·离娄上》，页 174）

6）夙沙卫连大车以塞隧而殿。（《左传·襄公十八年》，页 1038）

7）禁尚有连于己者，理不得相窥，惟恐不得免。（《韩非子·制分》，页 246）

由"连接"义发展出"属于"（例8）"连获""兼得"（例9）的意思（《汉语大词典》·卷10，848 页）。如：

8）a 又有薮曰云，连徒洲，金木竹箭之所生也。韦昭注："楚有云梦薮，泽名也。连，属也。水中可居者曰洲，徒，其名也。（《国语·王孙围论国之宝》，页 313）

b 均，天下之至理也，连于形物亦然。（《列子·汤问》）张湛："连，属也。属于器物者，亦须平焉。

9）a 故蒲且子之连鸟于百仞之上，而詹何之鹜鱼于大渊之中，此皆得清净之道，太浩之和也。（《淮南子·览冥训》，页449）

b 弋白鹄，连驾鹅。（《史记·卷一一七》，页3012）张守节正义："驾鹅连，谓兼获也。"

汉魏时期，"连"用于"连·N$_1$·V·N$_2$"结构[1]中，意为"连……在内""包括在内"（《汉语大字典》·卷10，848页）。如：

10）a 忽有观音金像，连光五尺，见高座上。（《宣验记·辩正论八注云出宣验冥祥等记》）[2]

b 尝发所在竹篙，有一官长连根取之。（《世说新语·政事第三》，页100）

例（10）a 中，"连光五尺"是指"观音金相"包括"光"在内的"高度"；b 中"取"的对象除了"竹篙"还有"根"，从语义上"连·NP·VP"结构中，NP和VP之间具有"包括"类介词语义，如英语中"inside""include of"；其次，"连光""五尺"；"连根""取之"等若分开后，二者之间的语义与"连"字结构的语义不同，如a例中，"忽有观音像，连光，五尺，见高座上"，根据信信息焦点在后的原则，该句中表达语义为"观音像连光；观音像五尺"与"包括'光'在内五尺"不同；b中"有一官长，连根，取之"表义不明，不能成立。

Trugotte（2003）、邢志群（2008）等认为"一个词在进入语法化后，最主要的演变就是从一个表示客观的字面意思演变为表示和周边词有关系的词汇意思或句子意思，然后发展到受上下文影响的话语意思"。例（4）~例（9）中，"连"表示客观意义，例（10）的"连"字结构中，"连"的语义从其客观字面意思中已难做决断，只能借助其周围的有关系的词来逆行判断，即"连"已失去其独立性（结构独立性和语义独立性）。同时，"连"的语义需要接合语境来进行判断时，它的语义被进一步虚化了。如：

11）a 憨人连脑痴，买锦妻装束。（《告知贤贵等·王梵志诗》，页

---

[1]《史记》有"连"出现在"连·N$_1$·成·N$_2$"结构中。"连"为"连接"义，根据Bybee（1994：121）源义决定论，该结构中的"连"不参与动词"连"向介词的语法化，故本书不予讨论。如：临淄甚富而实，其民无不吹竽鼓瑟，弹琴击筑，连衽成帷，举袂成幕，挥汗成雨，家殷人足，志高气扬。（《史记·卷六十九》，页2257）。

[2] 转引自刘坚等（1994：208）。

18）

b 横遭狂风吹，总即连根倒。（《虚沾一百年·王梵志诗》，页69）

c 叶叶连枝秀，花开处处荣。（《祖堂集·卷第十二》，页566）

例（11）中"连"的意义需要结合语境来进行判断，a 中"连脑痴"是"憨人"的特点；b 中"连根倒"是"狂风吹"造成的后果；"连枝秀"是"叶叶（花）"的特点。根据汉语表达信息焦点在后的原则，"连"字结构是所在句子表达的信息焦点；根据动词重心理论（王晓娜等，2013），"连脑""连根""连枝"等强调了"痴""倒""秀"的表现形式；"连"有强调对象的意思。该类用法现在汉语中仍有承袭，如"连脑子都坏掉了"。

发展至宋代，"连"已经完成了语义漂白（semantic bleaching）和结构降级。如：

12）a 暗想当时，探春连云寻篁竹。（黄庭：《看花回》）

b 茂苑想依然。花楼连苑起，压漪涟。（贺铸：《小重山》）

c 豆蔻连梢煎熟水，莫分茶。（李清照：《摊破浣溪沙》）

d 殊苦瓠连根苦，甜瓜彻蒂甜。（《五灯会元·卷第九》，页545）

钟兆华（2002）认为，例（12）中"连"为关涉介词，刘坚（1994：208）认为上例中"连"表"连带对象"。"N₁·连·N₂·V"结构中，N₁ 是 V 作用的主要对象，N₂ 是伴随 N₁ 受到 V 影响，根据 V 和 N₁、N₂ 之间的关系，N₂ 为 N₁ 的伴随对象。

2. 介词"连"的语义发展

介词"连"在魏晋南北朝开始语法化，经历隋唐五代的发展至宋成熟，表示伴随对象。

介词"连"发展至宋代，N₁ 的范围扩大为代词。如：

13）某本不欲理会西京事，公必欲为言，必连山前事坏了。（《近代汉语语法资料汇编（元明卷）》，页120）

宋代，"连"作介词出现在"连·N₁·也·V"结构中，表示连带范围。如：

14）若能读书，就中却有商量，只他连这个也无，所以无进处。（《朱子语类·训门人》，页166）

宋代，N₁ 具有处所性质，"连"表示对象范围。如：

15）白发连头戴，顶上一枝花。（《五灯会元·卷第十三》，页791）

宋代，N₁ 和 N₂ 之间非领属关系，N₁ 为施事者，N₂ 是 V 作用的对象，

V 为自动词。"连"表示处置对象。如：

16）a 时募兵击南诏，人莫肯应募，国忠遣御史分道捕人，连枷送诣军所，行者愁怨，所在哭声振野。（《李宓伐南诏·容斋随笔》）

b 看来"如好好色，如恶恶臭"一段，便是连那"毋自欺"也说。（《朱子语类·大学三》，页339）

宋代，N_2 扩展为动词结构（16）b。再如：

17）今人连写也自厌烦了，所以读书苟简。（《朱子语类·学四》，页171）

例（16）b 中，"毋自欺"既可以看作是"说"的对象，也可以看作是语用上的强调；例（17）中，"写"不宜再看作"厌烦"的作用对象，而是"厌烦"做（某事），"连"起强调作用，为连词。

元朝可见"连"介词[①]、连词用例，分别表示连带对象、并列和强调。如：

18）a 这个富户吝啬狠毒，买了人家孩子，连恩养钱都赖了，陈德甫反而替他赔钱。（《看钱奴买冤家债主·新校元刊杂剧三十种》，页161）

b 不争将去时，连其余的马都染的坏了。（《老乞大谚解》，页84）

19）a 青连红晚霞照楚山，红连青春云射渭水。（《全元散曲》·曾瑞，页514）

b 倚东风连理争开，迎晚日并蒂相偕。（《全元散曲》·沈禧，页1004）

20）连这没人情的被窝儿也奚落我！（《全元散曲》·陈子厚，页1143）

明代，介词"连"得以沿用，表示连带对象（例21a、b）处置对象（例21c）。如：

21）a 大王若再年载不来，我等连山洞尽属他人矣！（《西游记·第二回》，页25）

b 一行三人，连马四口，……行有数十里远近。（《西游记·第十三回》，

---

① 程湘清（1992）认为《元刊杂剧三十种》中，"连"有表示"工具"的用法。如：补阙连车载，拾遗平斗量，把推侍御史，腕脱校书郎。（新刊关目好酒赵元遇上皇·第三折，页136）该例中的"连"意为"整""全"。首先，元代之后，"连"之类似用法未见用例，Lehmann 认为，使用频率是判断语法化程度的标准之一。其次，Bybee 认为，源义是决定语法化走向的重要因素，"连"由"连带"范围义无法语法化出"凭借"义。第三，Heine 等认为，在语法化过程中会经历"人＞物体＞空间＞时间＞行为"的隐喻链条，在我们梳理"连"的语法化过程中没有发现"物体＞空间＞时间"的链条。基于此，我们认为上例中的"连"非介词。

c 只怕他暗地里搉将出来，却不又连我都害了？（《西游记·第十五回》，页 188）

明清后，"连"只出现在"连 N₁ 都/也 V"结构中，表强调，沿用至今。如：

22）a 他连我也骗了。

b 他连他妈都敢打。

综上，"连"由"连带"义，发展出"协同对象、处置对象、强调对象"介词义。由"强调对象""处置对象"义发展为表示强调的助词。"连"的语法化表现了"动词 > 介词 > 助词"的语法化路径。

（四）和

《说文》："和，相应也。从口。禾声。"本为"唱和"义，虚词与本义无关，而是"龢"的假借字。（《汉语大字典》，1992：602）

先秦时期，"和"有"胡我切"（和₁）、"户戈切"（和₂）两读。和₁本义为"声音相应"，引申出"附和""响应"的意思。和₂经传多假和为"龢"。（说文段注）本义为"和谐、协调"。如：

1）保合大和乃利贞。（《易·干》，王弼注不和而刚暴。《礼·中庸》：发而皆中节，谓之和。）

由"和谐、协调"引申出"适中、恰到好处"[①]（汉语大字典，1992：602）"与……一致"的意思。如：

2）有子曰，页礼之用，和为贵。（《论语·学而》，页 51）

王力（1988：393）认为，发展为介词的"和"本义为"拌合"，后发展出"连带"义，由"连带"义语法化为介词。王力（1988：393）认为介词"和"产生于唐五代时期，潘允中（1983：140）认为在宋元时代的小说中才始见"和"之介词用例。钟兆华（2002）认为表示连带义的介词"和"产生于六朝时期，汪维辉（2007）通过《齐民要术》中的用例进一步印证了钟先生的观点。

1. "和"的介词化

魏晋南北朝时期，"和"发展出"拌合"义如：

3）又羡门子丹法，以酒和丹一斤，用酒三升和，曝之四十日，服之一日，则三虫百病立下。（《抱朴子内篇·金丹》，页 79）

---

①《礼·春官·大司乐》有云：以乐德教国子，中、和、祗、庸、孝、友。郑玄注：和，刚柔适也。又《广韵·戈部》"和，不坚不柔也"，由此可见，"和"有"适中"之意。

上例中，"和"读为 huò，意为"和……一起"，其义素特征可以分析为：［物体］［夹杂］［融合］。

魏晋南北朝时期，"和"出现在"和·N₁·V·N₂"中，意为"拌合""和……一起"。如：

4）a 深掘，以熟粪对半和土覆其上，食厚一寸。（《齐民要术·种葵第十七》，页 213）

b 细锉，和茎饲牛羊。（《齐民要术·蔓菁第十八》，页 228）

例（4）中，N₁、N₂ 具有［+可拌合］特点，N₁、N₂ 同时受到施事者的影响，具有受动性特征，"和"为动词。钟兆华（2002）、汪维辉（2007）认为 b 中之"和"为介词。钟兆华（2002）认为 b 中"和"同"连"，表示牵涉对象。b 中"和"处于动/介过渡阶段。首先，"和茎"和"饲牛羊"可为并列成分。其次，若补充出具体语境"收根：依法，一顷收二百载。二十载得一婢。"可知，饲牛羊的材料是"根和茎"的混合物，"和"为"拌合"的意思。另一方面，"根"为"饲"的主要材料，"茎"可以理解为"连带"的材料，"和"为介词。

南北朝，"和"［+主次］消失，N₁ 和 N₂ 同时对他物造成影响，"和"为连词。如：

5）蒙我和上舍利弗恩。今得人身。（《贤愚经·卷第十三》，页 444）

上例中，N₂"上舍利佛"不能和 N₁"我"发生"拌合"，同时"我"并不是"蒙恩"的单方实施者，"和"为连词。

王力（1985）、刘坚（1989）、潘允中（1993）认为"和"同时发展出介词和连词用法是有道理的，但是王力、刘坚认为连词"和"始见于唐代、潘允中认为出现于宋代是晚于历史事实的。

唐代，"和"语义范围扩大，［+拌合］义消失，如：

6）紫芽嫩茗和枝采，朱橘香苞数瓣分。（元稹：《贬江陵途中寄乐天、杓直、杓直以员外郎判盐》）

（6）中，N₁"嫩茗"和 N₂"枝"不能拌合在一起，只是同时受到 V"采"影响，且 V"采"的主体为 N₁"嫩茗"，N₂"枝"只是连带受动者。结构义上，"和枝"是"采"的方式，"和·N"完成语义降级，故"和"为介词表示连带/协同对象。

2.介词"和"的语义发展

"和"于魏晋南北朝时期开始语法化，隋唐时期介词用法（例 7）、连词用法（例 8）成熟，宋代沿用。如：

7）言讫捻刀和泪剪，占顶遮眉长短匀。（《捉季布变文·敦煌变文集新书》，页 60）

8）雀儿和燕子，合作开元歌。（《燕子赋·敦煌变文集新书》，页 262）

唐代，"和"发展出表示"强调对象"的用法（例 9），宋代沿用（例 10）：

9）老去和头全换却，少年眼也拟挽将（《目连变文·敦煌变文集新书》，页 762）

10）a 若专守虚静，此乃释老之谬学，将来和怒也无了，此成甚道理？（《朱子语类·论语十二》，页 772）

b 虽是自家合下都有这个物，若有些子私欲夹杂在其中，便把好底和根都□去了。（《朱子语类·孟子》，页 1444）

宋代，介词"和"表伴随（例 11a）、连同（例 11b）、交与（例 11c）。如：

11）a 直欲和这些秉彝都消杀得尽，然后以为至道也。（《近代汉语语法资料汇编（宋代卷）》，页 28）

b 又如大片石，须是和根拔。（《朱子语类·学二》，页 137）

c 尚自待要两州。我若舆你，又是和西京人民存住不得。（《近代汉语语法资料汇编（宋代卷）》，页 129）

宋代，介词"和"发展出表示"受事对象"的用法。如：

12）a "克己复礼"，便和那要行之心都除却。（《朱子语类·论语二十六》，页 1117）

b 若只管如此存心，未必真有益，先和自家心术坏了！（《朱子语类·易九》，页 1848）

宋代，介词"和"发展出"求索对象"的用法。如：

13）大抵地土重于人民，地土已许了，更和人民要，更别无酬答，更无致谢，怎生了得！（《近代汉语语法资料汇编（宋代卷）》，页 90）

宋代，介词"和"发展出"比较对象"的用法。如：

14）周颂多不协韵，疑自有和底篇相协。（《朱子语类·诗一》，页 2079）

宋代，连词"和"亦得以继承。如：

15）a 圣人和人我都无。（《朱子语类·论语十七》，页922）

b 雪窦为他一个"关"字，和他三个穿作一串颂出。（《近代汉语语法资料汇编（宋代卷）》，页71）

宋代，"和"用于"和……也／都V"结构，"和"表"受事对象"。如：

16）a 若水清，则宝珠在那里也莹彻光明；若水浊，则和那宝珠也昏浊了。（《朱子语类·孟子九》，页1397）

b 如今伶利者虽理会得文义，又却不曾真见；质朴者又和文义都理会不得。（《朱子语类·中庸二》，页1539）

元代，"和"的介词表示伴随对象（例17a）、协同对象（b）、言谈对象（c）、连带对象（d）、交与对象（e）、比较对象（f）、受事对象（g）用法得以继承。如：

17）a 绿柳青青和风荡，桃李争先放。（《全元散曲》·商挺，页61）

b 宋太祖和两个近臣私行郊外，也在店中饮酒，和赵元相遇。（好酒赵元遇上皇·《新校元刊杂剧三十种》，页122）

c 佳期不得同欢庆，梦儿里和伊言甚？（《全元散曲》·高文秀，页221）

d 往常怕树叶儿遮着，到如今和根儿背倒。（《全元散曲》·邓玉宾，页310）

e 我和你哥哥厮认得了也！（《新校元刊杂剧三十种》，页53）

f 也和治世一般平，桔槔便当权衡。（《全元散曲》，页521）

g 等人轻视贫乏，不恤鳏寡，天生下，狡佞奸猾，和我这神鬼都谩吓。（《新校元刊杂剧三十种》，页163）

元代，"和"发展出"趁着"的意思。如：

18）和香折得花一朵，记当时他付托。（《全元散曲》，页568）

元代，"和"出现在"和……一般／一样V"结构中。如：

19）各自将着个打水的瓢儿，瓢儿上拴着一条细绳子，却和这里井绳、洒子一般取水。（《老乞大谚解》，页67）

元代，"和"连词用法继续沿用，如：

20）a 便做有铜铸就的天灵和那铁脊背，鞭着处粉零麻碎。（《新校元刊杂剧三十种》，页105）

b 临行时，瑞兰和她的母亲为父亲饯行。（《新校元刊杂剧三十种》，页28）

据于江（1996）考察，"和"表示强调受事对象的用法明代之后消失。

魏晋南北朝汉语介词研究

其他用法沿用至今。如:

21）a 十六岁的辣辣正和王贤木等一伙男青年在扭翻身秧歌。

b 老李却还象昨天和辣辣睡过觉一样用理所当然的口气对她说话。

c 五官生得和他父亲一样是个虎像。

d 为了艳春和母亲重新相认。

e 鸠山设宴和我交朋友。（池莉：《你是一条河》）

22）化去了三个月的委屈和痛苦。

（五）除

关于介词"除"产生的时间，学界尚有争议。向熹（1998：287）、马贝加（2002：329）认为介词"除"的产生大约在六朝，表示动作所及得对象中应该排除的人或物（向熹，1998：287）。如:

1）一切但依此法，除虫灾外，小小旱，不致全损。（《齐民要术·杂说》，页5）

《古代汉语虚词词典》（1999：61）认为，介词"除"始见于隋唐，表示在动作行为所旁及的对象中应该排除的人或事物等。如:

2）高人以饮为忙事，津世除诗尽强名。（《樊川文集》）

雷文治（2002：372）认为，介词"除"始见于宋朝，表示排除。如:

3）如他那里，争信人心切，除共天公说。（周邦彦：《满路花》）

陈昌来等（2009）认为，表示排除的介词"除"先秦时期就已经出现，只是使用频率不高，如:

4）人上寿百岁，中寿八十，下寿六十，除病瘦死丧忧患，其中开口而笑者，一月之中不过四五日而已矣。（《庄子·盗跖》，页1000）

陈文引《庄子》用例，已界定"除"为介词，但后文又说"除"字的虚化从两汉开始，隋唐时介词用法成熟，前后矛盾。若先秦已有介词用法，为何后来才开始虚化？（4）中，"除"仍为动词，"除掉""去除"的意思。陈昌来（2002：22、2009）认为，介词结构在句中作状语，不能独立承担句子成分。上例中，"除病瘦死丧忧患"和"其中开口而笑者，一月之中不过四五日而已矣。"在句法地位上是平等的。如:

*人上寿百岁，中寿八十，下寿六十，除病瘦死丧忧患（者）。

*人上寿百岁，中寿八十，下寿六十，其中开口而笑者，一月之中不过四五日而已矣。

由此可见，陈之介词"除"字自先秦说可商。

王鸿滨（2003）认为，介词"除"出现在西晋。如：

5）自臣昔客始至之时，珠崖除州县嫁娶，皆须八月引户，人民集会之时，男女自相可适，乃为夫妻，父母不能止。（《三国志·卷五十三》，页1251）

王文"除"字似有误解。从上下文来看"八月引户"在"珠崖"地区非常普遍，且必须在"八月"进行，但是唯一的例外是"州县嫁娶"，即"州县嫁娶"可以不在八月引户。下文中，其他地区的婚姻状况没有其他例外。可见，"州县嫁娶"是"八月引户"的唯一例外，"除"当作"除非"解。

1."除"的介词化

《说文》："除，殿陛也。"即宫殿的台阶。《广雅，释诂》："除，去也。"《说文通训定声》："除，假借为怯。"义为"除去"，是动词。"除"由动词义逐渐虚化为介词。（古代汉语虚词词典，1999：62）

先秦时期，"除"为动词，意为"去除"。如：

6）a 皇天眷佑。诞受厥命。抚民以宽。除其邪虐。（《尚书·微子之命》，页23）

b 俾尔单厚，何福不除？（《诗经·小雅·鹿鸣之什》，页124）

c 天子未除丧，曰"予小子"。（《礼记·曲礼下》，页129）

先秦时期，"除""去"同现。如：

7）民不求其所欲而得之谓之信，除去天地之害谓之义。（《礼记·经解》，页1256）

先秦时期，"除乎"出现，表示"去除""除掉"[①]。如：

8）男子除乎首，妇人除乎带。（《礼记·间传》，页1369）

先秦时期，"除"出现在"除·N_1·V·N_2"结构中，为动词，意为"去除"。如：

9）及除人伐郑，围其东门，五日而还。（《左传·隐公四年》，页36）

先秦时期，"除"出现于其他动词后，做补语，表示结果（例10a）；有时"V除"可以带宾语（例10b-c）。如：

10）a 将为葬除，及游氏之庙，将毁焉。（《左传·昭公十二年》，

① 先秦时期，偶见"除于"用例，表示被动，该结构中与"除"语法化为介词没有直接关系，故不予讨论。如：冬十月，孟氏将辟，藉除于臧氏。臧孙使正夫助之，除于东门，甲从己而视之。（左传·襄公二十三年，页1081）

b 七月，郑子产为火故，大为社，祓禳于四方，振除火灾，礼也。（《左传·昭公十八年》，页 1398）

c 君惠顾先君之好，施及亡人，将使归粪除宗祧以事君，则不能见夫人。（《左传·昭公三十一年》，页 1511）

汉魏之后沿用。如：

11）a 无神无凶，解除何补？驱逐何去？（《论衡·解除》，页 1043）

b 永元二年，下诏尽削除前班下延事。（《后汉书·卷四十二》，页 1445）

先秦时期，"除"语义泛化，宾语为抽象名词。如：

12）今郑为不道，弃君助臣，二三子顺天明，从君命，经德义，除诟耻，在此行也。（《左传·哀公二年》，页 1615）

两汉时期，"除"词义进一步发展，意为"废止""放弃"。如：

13）汉兴，除秦苛政，约法令，施德惠，人人自安，难动摇，三矣。（《史记·卷十》，页 413）

汉魏时期，"除"用于"VP_1，除 N，VP_2""除 NP_1VP_1，NP_2VP_2"结构中较为常见。"除"表"排除""除掉"。如：

14）a 及顺帝立，安世已卒，追赐钱帛，除曾孙公业，自有传。（《后汉书·卷三十六》，页 1226）

b 除兄子二人补四百石，都讲生八人补二百石，其余门徒多至公卿。（《后汉书·卷三十七》，页 1253）

据王鸿滨（2003）、陈昌来（2009）统计，"除"动词"除"的意义比较单纯，也较为具体，主要表示"清除、消除"，往往带有较强的感情色彩，带的宾语多是贬义的，局限于一些具体的事物，比如："贼、害、难"等。动词"除"的义素特征可以分析为：［对象］［被排除］［范围之外］［－如意］［条件性］。例（14）中，"除"的宾语已经不限于［－如意］。词汇的语法化首先是由其句法位置的改变而引起的。当一个动词不是句中唯一动词，并且不是句子的中心动词或者主要动词时，其动词性减弱，（陈昌来等，2009）产生语义降级。（Leech，1985；何洪峰，2012）例（4）a 中，"除曾孙公业"已经成为插入成分，表示"有传"的范围。但是，"除"仍有［＋范围之外］［＋被排除］［＋对象］特征，虽然具有介词语义，但还是动词功能。根据语法化的连续统（continuem），上例中"除"偏向动词。b 同。

5 世纪左右，"除"的语义范围进一步虚化，［＋排除］特征消失。如（例 1）。例（1）中，"除"具有［＋强制］［＋条件性］特征，故"除"理解为"除非"。王鸿滨（2003）认为，例（1）中"除"与例（5）同，我们认为例（1）中"除"偏向介词，而（5）中"除"为副词。首先，例（1）中，"除·N·外"已经失去核心动词义［＋排除］、［－如意］，只表示范围或意外情况，修饰核心成分"全损"；（1）中在 VP₁ 前，和 VP₁ 的关联性比核心动词强。其次，句法结构上，例（1）中，"除 N1 外"降级为修饰成分，（5）中，"除"为修饰成分。综上，例（1）中"除"应分析为介词。再如：

15）惟除地狱饿鬼下劣畜生，其余众生皆悉生于大利益心纯善之心无怨贼心无秽浊心慈稀有心。（《悲华经·卷第六》，页 240-1）

2. 介词"除"的语义发展

公元 6 世纪左右，介词"除"发展成熟，表示"范围之外"。如：

16）a 除灭火毒不危众贾。众贾恐怖谓潮卒涨。（《经律异相·卷第十一》，页 61）

b 除我和上无有能坐我床者也。（《经律异相·卷第十六》，页 84）

降至隋唐时期，介词"除"规约化。语义上表示"范围之外"，"除·NP"修饰句中主要动词。如：

17）a 外意之中除我慢，在其王子孝尊亲。（《维摩诘经讲经文·敦煌变文集新书》，页 590）

b 若要不生、不老、不病、不死，除佛世尊，自馀小圣，宁得免矣。（《不知名变文·敦煌变文集新书》，页 817）

c 准敕条流僧尼，除年已衰老及戒行精确外，爱惜资财自愿还俗僧尼共二千二百（五）十九人。（《入唐求法巡礼行记·卷三》，页 409）

唐朝时期，"除"发展出加合、补充义（王鸿滨，2003）、包含义。如：

18）和尚却归，与诸人为传消息，交令造福，以救亡人。除佛一人，无由救得。（《大目干连冥间救母变文·敦煌变文集新书》，页 723）

19）除画绢外，六千文是画工也。（《入唐求法巡礼行记·卷三》，页 389）

魏晋南北朝汉语介词研究

20)a右弟子僧惟晓房内，除缘身衣物外，更无钱物疋段斛斗等。(《入唐求法巡礼行记·卷四》，页429)

b昔两汉以郡国治人，除郡以外，分立诸子，割土封疆，杂用周制。(《贞观政要·卷第四》，页198)

唐代，介词"除却"成熟，表示"范围之外"。如：

21)a除却牟尼一个人，余残总被无常取。(《无常经讲经文·敦煌变文集新书》，页659)

b除却虚日，在路行正得卌四日也。(《入唐求法巡礼行记·卷二》，页268)

宋朝，介词"除"沿用前代功能，引介对象范围进一步扩大。如：

1）排除式：结构为"除·NP，VP"，意为"肯定VP对NP的影响"。宋朝时期，多出现在疑问句中。如：

22)a除此外别道个甚么？(《五灯会元·卷第四》，页247)

b除却今日，别更有时也无？(《五灯会元·卷第六》，页303)

c十二时中，除却着衣吃饭，无丝发异于人心。(《五灯会元·卷第十三》，页805)

23）除此心王，更无别佛。(《五灯会元·卷第二》，页118)

2）包含式：结构为"除NP₁，VP·NP₂"，意为"NP₂包含在NP₁中，同样具有VP的性质"，该类结构中NP₁为小句（例24）或短语（例25）。如：

24)a即除黄鬼大山一处已经定夺不可改移外，其余虽悉许以分水岭为界，亦无所妨。(《近代汉语语法资料汇编（宋代卷）》，页1)

b除朝廷别有处置，自听朝旨外，……分明札与雄州，令回报北界，亦恐无妨。(《近代汉语语法资料汇编（宋代卷）》，页7)

c不知除此外，南朝皇帝更有何意旨？(《近代汉语语法资料汇编（宋代卷）》，页15)

25）除却黄龙头角外，自余浑是赤斑蛇。(《五灯会元·卷第十六》，页1024)

3）条件式：结构为"除NP₁，VP"，该结构中NP1可以为名词，意为"只有NP₁才VP"（例26a）；NP₁也可以是小句，意为"只有不NP₁，才VP"（例26b）。如：

26)a不由地，不由天，除却褰衣无可传。(《五灯会元·卷第五》，

313

页 275）

b除将燕京与南朝，可以和也。(《近代汉语语法资料汇编（宋代卷）》，页 78）

4）选择式：结构形式为"除 NP_1，NP_2·VP·NP_3"，表示"NP_1 可以作用于 NP_3，NP_2 也可以作用于 NP_3"。如：

27）a除了身只是理，便说合天人。(《近代汉语语法资料汇编（宋代卷）》，页 36）

b陶铁僧当初只道是除了万员外不要得我，别处也有经纪处。(《近代汉语语法资料汇编（宋代卷）》，页 463）

5）追加式：结构为"NP_1 除 NP_2，VP·NP_3"，意为"范围 NP_1 中包括 NP_2，还要具有 NP_3 的条件或作用 VP"。如：

28）a课程除岁币外，要增添一百万贯，并以货物充折，令回宣抚司申闻候报。(《近代汉语语法资料汇编（宋代卷）》，页 87）

b皇帝已议定，更不须理会课程税赋多寡，但只要贵朝除与契丹岁币外，每岁添一百万贯。(《近代汉语语法资料汇编（宋代卷）》，页 118）

3."除"的词汇化及再语法化

1）介词"除"的词汇化：除却、除了、除非、除是。

介词"除却"唐五代时期成熟，元代之后未见用例。介词"除了"于宋朝成熟，（陈昌来，2002、2009）沿用至今。如：

29）只除了这道理是真实法外，见世间万事，颠倒迷妄，耽嗜恋着，无一不是戏剧，真不堪着眼也。(《朱子语类·学二》，页 147）

介词"除非"成熟于唐五代，消失于明中期。（席嘉，2010）如：

30）a诸王公主驸马外戚家，除非至亲以外，不得出入门庭。（李隆基：《诫宗属制》)[①]

b免斯因缘，有何方术，除非听受法花经，如此灾殃方得出。(《妙法莲华经讲经文·敦煌变文集新书》，页 490）

2）"除"类介词的再语法化。元明时期，介词"除"的发展到了鼎盛时期（时昌桂，2009），"除"类介词进一步发展成为连词，如"除非"，表"条件"（席嘉，2010）或构词语素，如"除外"，如（例32c）。

魏晋南北朝汉语介词研究

---

① 转引自席嘉《"除"类连词及其相关句式的历史考察》，载《语言研究》，2010 年第 1 期，80-84 页。

31）若要你外公不来，除非你服了降，赔了礼，送出我师父、师弟，我就饶你！（《西游记·第五十二回》，页675）

32）a 除二时粥饭是杂用心处，除外更无别用心处。（《五灯会元·卷第四》，页206）

b 哥哥请吃兄弟这一盏酒，除外别无甚孝顺。（《张千替杀妻·新刊元刊杂剧三十种》，页761）

c 海川用的一招叫胯打，人的手脚除外，肩、肘、胯、膝都能发招。（《雍正剑侠图·第十三回》，页324）

"除""外"连用，始见于宋代，元代之后逐渐凝固成词，清朝末期发展成为后置介词，表示"追加式""范围之外"。

4."除"类介词的语义强化

两晋时期开始，"除"表示"范围之外"需要"外"的标引，唐五代之后，"除……外/之外/以外/而外"结构逐渐成熟。受"除"类推影响，"除了""除却"等也都陆续进入到该框架中。据陈昌来，朱峰（2009）考察，"除了……/外/之外"出现于宋朝；"除……而外/以外"当代出现；"除却……外"出现于唐朝时期，"除却……之外/而外"现代出现。"除非"再语法化为介词，没有得到相应的强化。

（六）"协同"类介词的语法化特点

1. 同期介词语法化的走向不同

协同类介词有"共""同""和""连""除"，"共""同""和"由其动词"协同"义语法化而来；"连"由"连带"义语法化而来；"除"由"排除"义语法化而来。

"共"作介词于魏晋南北朝成熟，元代之后消失；介词"同"萌芽于魏晋南北朝，成熟于隋唐，沿用至今，多出现在政论语体中；"和"语法化萌芽于魏晋南北朝，成熟于唐五代，表伴随对象时诗歌中出现较多，五代时期口语中常见，宋代全面成熟，沿用至今；"连"于魏晋南北朝时期开始语法化，宋代发展成熟，沿用至今；介词"除"于魏晋南北朝萌芽，唐五代时期成熟，宋代语义泛化，"除却""除了""除去"等作介词先后出现。具体发展如：

	共	同	和	连	除
魏晋	！①	！-	！-	！	！-
南北朝	！！	！	！-	！	！
隋唐五代	！！	！！	！	！！	！！
宋代	！！	！！	！！	！！	！！ +
元代		！！	！！	！！	！！ +
明代		！！	！！	！！	！！ +
清代		！！	！！	！！	！！ +
现代		！！ *	！！	！！	！！ +

2. "协同"类介词的发展

Lehmann（2002［1985］：12）描述"语法化的阶段"是：话语 >
句法 > 词法 > 形态音位 > 零形式；Hopper & Traugott（1993：7）描述
语法化进程呈现出"斜坡"（cline of grammaticalization）：实义词 > 语
法词 > 附着词 > 屈折词缀。

"协同"类介词完成动词向介词的语法化之后，并没有停止停留在
介词阶段，而是继续发展为连词或附着词。吴福祥（2005）总结了"交互"
义的语法化链：动词 > 伴随介词 > 连词。"共""同""和""连""除"
都经历介词发展出连词用法。魏晋南北朝时期，"共""同""和""连""除"中，
"共"的语法化至于功能词介词，"同""和""连"一直处于语法词阶段，
"除"进一步语法化，发展为构词语素，如"除外"。

3. "协同"类介词语法化的层次性

Croft（2003）提出了语义地图是描述和解释词素多能模式的一种有
效方法，并把他运用到历时研究中。语法化理论认为，语言具有渐变性，
因此我们可以用某一语言形式在相邻位置上的功能来描述其在语法化斜
坡上的可能的变化。（曹晋，2012）

魏晋南北朝时期，"协同"义介词分别发展出伴随对象、交互对象、
言谈对象、比较对象、求索对象的用法。同时，"连"由"包括""连带"
义也发展出"伴随对象""连带对象"，并由"伴随对象"发展出"（强调）
处置对象"的用法。根据 Croft（2001）构建概念空间的模式，我们把"协
同"类介词的语义发展模式截取如下：

---

① ！- 表示出现在起始语境中，！表示开始语法化，！！表示介词用法成熟，！！ + 表示
介词语义强化，* 表示适用范围有限制。

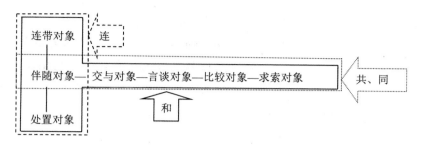

图 4-1 "协同"类介词的语义发展模式

根据语法化项在语法化斜坡上的意义表现，我们可以看出"协同"义语法化为介词阶段，"和"的介词性最强，语法化程度最高，其次是"共""同"，"连"的介词性最低。根据刘坚（1985）、王力（1958）、于江（2002）等的研究，协同义在向介词语法化的过程中，还同时向连词发展，根据宋玉柱（1985）等人的研究，"连"既可以连接词性成分，也可以连接句子成分，除了表示连接之外，还可以表示条件，"除"与"连"同；"共""和""同"等做连接以连接词性成分为主，只有"和"偶尔可以连接小句成分表示并列，"共"作连词并没有得到全面发展，元代消失，由"和"取代；"同"以书面语中居多，受用范围有限，还没有完全完成规约化。从连词化的角度来说，"连""除"的语法化程度最高。

"协同"义沿着两条不同的路线交叉发展，语法化程度互相补充。即"共""同""和"介词化程度高，连词化程度较弱；"连""除"介词化程度低，但连词化程度高。"协同"义的语法化说明了语法化过程中的不平衡性和互补性。[①]

4."协同"类介词语法化过程中语境的限制作用

Heine &Traugott（2003：624）认为，研究语法化过程仅仅以某个词汇项发展为功能项为研究对象是不够的，更重要的是要把他们放到一定的结构语境中进行考察。Joan Bybee（2003：602）认为，所有的变化都应该是在一定的结构语境中进行的。与其说某个词汇项发生了语法化，不如说该词汇项所在的结构发生了语法化。因此，Heine（2002：85-86）构拟了语法化过程中的四类语境都是以结构环境为基础的。Joan

---

①具有类似发展过程的还有"将"字，"取"字。南北朝至隋唐初期，"将"的介词化程度要低于"取"，但是做助词的用法比较发达；唐中期至宋代，"将"作介词用法成熟，并迅速占据主流位置，"取"及该此用法消亡，但是助词用法长足发展，甚至成为构词语素。"协同"类动词的语法化和"将""取"的语法化过程体现了语法化过程中成员竞争和系统发展的不平衡性。

Bybee, R. Perkins&W. Pagliuca（1994）提出的语法化的五个机制^①，其中"和谐"（Harmony）、"吸收"（Absorption of context）都是和语境有着直接的关系。在"协同"类介词语法化过程中，语境的作用间接影响其发展。

"共""同""和"在"$N_1 \cdot X \cdot N_2 \cdot V$"结构中开始语法化，X（共、同、和）关涉的只有 N_1、N_2，和 V 有直接关系的为 N_1、N_2，如果 N_2 和 N_1 在语义上不平等，那么"X"为了保证语境的和谐会自动降级，如果 N_1 语义降到和 N_2 平等的地位，再一次共同实施某动作 V，则"X"会再一次自动降级，因为"X"只能关涉 N_1、N_2 故只能和其中的一个（N_1 或 N_2）一起降级。第二次降级是"$X \cdot N_2$"适应 N_1 的降级而改变自身的性质发展为连词。

"连""除"等开始语法化的起始语境较为复杂。如"连"的语法化环境为"$N \cdot 连 \cdot N_1 \cdot V \cdot N_2$""$N \cdot N_1 \cdot V \cdot N_2$"，且语义上 N 与 N1 的地位并不平等，N 的语义范围要大于 N1，在语法化过程中"连"很容易虚化，但是找不到具体的标引对象，所以需要其他成分来加强或限制其标引成分。如："连……也 / 都 VP""连……在内，VP"结构中，"连"标引对象，"也 / 都""在内"限制范围。同样，"除"也有类似的机制，如"除……外 / 之外 / 以外 / 而外"等。

与"连""除"相比，"同""和""共"不用加强也能清楚的标引介引对象，在语法化时发展为连词词汇项的连词，"连""除"同样也进一步向前发展，但是更多的是连接两个小句。

四、"依凭"类介词的语法化

魏晋南北朝时期，新生依凭类介词有"凭""据"。本节重在追踪二者的语法化过程及其发展。

（一）凭

《说文》：凭，依几也。从任几。《周书》曰"凭玉几。"段注：《顾命》

---

① Joan Bybee，R. Perkins&W. Pagliuca 提出的五种虚化机制为：隐喻（metaphor），即是用一个具体概念来理解一个抽象概念的认知方式，现在常说成是从一个认知域到另一个认知域的投射（mapping）；推理（Inference），即听话人要根据具体语境推测说话人的意图；泛化（Generalization），泛化是一个实词的语义成素部分消失，从而造成自身适用的范围扩大；和谐（Harmony），即在语法化后期，功能词的意义已经十分微弱，但是为了保持和句中其他成分之间的关系而进一步使自己变成语义羡余成分从而保持全句的和谐；吸收（Absorption of context），即语法化过程中，一些意义很虚弱的功能词逐渐把上下文语境的意义吸收过来以增强自己的表达力，如语用的语义化，语义的复杂加强等都是吸收的表现。

文，今《尚书》作踵，卫包所改俗字也。古假借只作冯。《小尔雅·广言》：
"凭，依也。"本义是"倚""靠着"。"凭"又假借"冯""凭"。（古
代汉语虚词词典，1999：401）如：

1）a 君冯轼而观之，得臣与寓目焉。（《左传·僖公二十八年》，页
460）

b 中旗冯琴而对曰："王之料天下过矣。"（《史记·卷四十四》，
页 1855）

由"靠着"引申出"凭借""依恃"义（汉语大字典）2）和"依附""依
靠"[①]义（3）。如：

2）神所冯依，将在德矣。（《左传·僖公五年》，页 307）

3）匹夫匹妇强死，其魂魄犹能冯依于人，以为淫厉。（《左传·
昭公七年》，页 1292）

"凭"字，唐之前基本没有介词用法，如《论衡》仅见 3 例，均非介词；
《搜神记》除人名外，凡 4 例，其中 3 例皆为动词[②]，意为"凭借"。"凭"
由"凭借"义虚化成依凭介词。（何洪峰，2012）

1. "凭"的介词化

汉魏时期，"凭"代替"冯"，并出现在"凭·N_1·V·N_2"[③]结构中。
"凭"为动词，意为"凭恃""依赖""借助"[④]。如：

4）a 后袁尚败奔蹋顿，凭其势，复图冀州。（《三国志·卷三十》，页
835）

b 惠风横被，化感人神，遂凭天威，招合遗散。（《三国志·卷

[①] 先秦时期，"冯"做动词还有 1）"渡河"的意思，如：不敢暴虎，不敢冯河。（《诗·小雅·节南山》，页 160）2）欺凌、侮辱的意思，如：及其乱也，君子称其功以加小人，小人伐其技以冯君子，是以上下无礼，乱虐并生，由争善也，谓之昏德。（《左传·襄公十三年》，页 1000）根据语法化的源义决定原则，该义项不参与"冯（凭）"的语法化，故不赘究。

[②]《搜神记》中有 1 例可看作介词，表示工具、材料，如：凭灰筑城，城可立就。

[③] 东汉时期，"凭"已出现在"凭·N·而·V"结构中，表示"根据""依据"。如：
鼠寿三百岁，满百岁则色白，善凭人而卜，名曰仲，能知一年中吉凶及千里外事。（《抱朴子内篇·对俗》，页 41）

[④] 汉魏时期，表示"凭借"意义的还有"凭"类复音词"凭依""凭赖""凭恃""仰凭""凭仗"等，皆为动词。如：
（1）疋夫疋妇强死，其魂魄犹能凭依人以为淫厉。（《论衡·死伪第六十三》，页 895）
（2）将士凭赖威德，出身用命，一旦有非常之功，岂非宗庙神灵社稷之福邪！（《三国志·卷四》，页 124）
（3）袁绍逆乱天常，谋危社稷，凭恃其众，称兵内侮（《三国志·卷一》，页 37）
（4）我等诸臣。仰凭太子。犹如父母。（《贤愚经·梵天请法六事品第一》，页 350）
（5）凭杖威力故，跱立不堕落。（《经律异相·卷第四十一》，页 216）

六十一》，页1410）

c 庶凭先祖先父有德之臣，左右小子。（《三国志·卷四》，页131）

例（4）中，"凭·N₁"和V₁之间在句法结构上互相平行，属于并列关系，因此"凭·N₁"可以单独成为小句，N₁是具体可以借助的事物或条件。其义素特征为：［＋人］［＋借助］［＋他物］［＋他动性］［－结果］①；N₁具有［＋条件］［＋可控制］［＋优势］特征。

魏晋南北朝时期，N1扩展到［－可控制］类名词。如：

5）a 术凭将军威灵，得以破备，其功三也。（《三国志·卷七》，页223）

b 子胥虽云逃命，而见用强吴，凭阖庐之威，因轻悍之众，雪怨旧郢，曾不终朝……（《后汉书·卷三十一》，页1108）

c 太后临朝，窦氏凭盛戚之权，将有吕、霍之变。（《后汉书·卷四十三》，页1487）

例（5）中，N1不具有［＋可控制］性，且N₁不是施事者（术a、子胥b、窦氏c）属性中的一部分，施事者对N₁不具有直接影响力，N₁是施事者实施V所凭借的外力，且施事者对N₁具有依赖性，V对"凭·N₁"具有结构语义上的依赖性。N₁［＋可控制］［－结果］的义素特征消失。句法结构上，"凭·N₁"对V进行修饰限制，降级为附属成分。例（5）中，"凭"偏向介词。

当N₁和施事者之间没有任何直接关系，且"凭·N₁"和V之间不能分开使用的时候，"凭"虚化为介词。如：

6）a 第一鱼者尽力跳洲得度。次鱼复凭草获过。（《经律异相·卷第四十八》，页257-3）

b 当日仙人，离于山野，诣王城兮只蹑彩云，往龙楼兮岂凭鹤驾。（《妙法莲华经讲经文·敦煌变文集新书》，页184）

c 有君阙臣，社稷凭何安立？（《降魔变文·敦煌变文集新书》，页618）

---

① 所谓［＋他动性］特征，即为动作不是句中施事主语发出，或者不是由施事主语单方面执行，而是在由另一方执行而对施事主语具有帮助性或者代替性，从而施事主语是更大受力方。［－结果性］即，"凭·N"本身语义自足，不需要其他成分来进行填充，当"凭"丧失［＋他动性］特征后，"凭·N"语义上就不能自足，需要其他成分的补充，在句法结构上产生语义降级。

魏晋南北朝汉语介词研究

2. 介词"凭"的语义发展

介词"凭"于唐五代时期发展成熟，表示"依据""手段"[①]，后代沿用。如：

7）a 既不借三光势，凭何唤作乾坤眼？（《祖堂集·卷第九》，页438）

b 今世无人晓音律，只凭器论造器，又纷纷如此。（《朱子语类·乐》，页2344）

元代，"凭着"出现，表示"依据、手段"。如：

8）a 凭着八字从头断您一生，叮咛，不交差半星。（《泰华山陈抟高卧·新校元刊杂剧三十种》，页190）

b（只说）我海马周三同着截江獭李老、避水獭韩七三个人，凭着这张弹弓，巴结了些小事，不足挂齿。（《儿女英雄传·第十一回》，页138）

宋代，"任凭""任由"义介词"凭"出现，表示"施事对象"。如：

9）毗罗大圣，因地魔王。凭师指教，豁证真常。（《祖堂集·卷第一》，页54）

宋代，连词"凭"出现意为"无论""不管"。沿用至今。如：

10）a 如某向来张魏公行状，亦只凭钦夫写来事实做将去。（《朱子语类·本朝五》，页3149）

b 既是安太老爷遭了事，凭他怎样，我们这位山阳县也该看同寅的分上，张罗张罗他，谁家保的起常无事？（《儿女英雄传·第十二回》，页141）

c 凭你跑多快，我也能追得上。

（二）据

《说文》：据，杖持也。本义为"手靠着"。先秦出现在单谓语句中，其宾语为［＋可依凭］的具体事物。如：

11）a 冯几据杖，眄视指使，则斯役之人至。（《战国策·燕策一》，

[①] 唐五代时期，"凭"发展出类似表示"工具"的用法。如：

（1）a 如若凭脚足而行，虽劳一生，终不得。（前汉刘家太子传·敦煌变文集新书，页1063）

b 道且凭目击，知音复是谁？（祖堂集·卷十二，页274）

c 仗着青龙刀安社稷，凭着赤兔马定家邦。（诸葛亮博望烧屯·新校元刊杂剧三十种，页743）

此时，V 具有自主性，且 N_1 为［＋可控制］名词。我们把这类用法也归入"凭借"类"手段""依据"的用法。

页 1064）

b 文伯之丧，敬姜据其床而不哭。（《礼记·檀弓下》，页 711）

先秦时期，"据"的宾语范围扩大至指人名词，可理解为"依靠"。如：

12）a 亦有兄弟。不可以据。（《诗经·邶风·柏舟》，页 18）

b 群臣据故主，不与伐齐。（《战国策·东周策》，页 62）[①]

秦汉时期，"据"宾语范围继续扩大，可以是表示"标准""条件"的抽象名词，"据"可理解为"依据""按照"[②]。如：

13）a 仪据楚势，挟魏重，以与秦争。（《战国策·楚策三》，页 542）

b 据俗而动者，虑径而易见也。（《战国策·赵策二》，页 663）

c 渊据金城之固，仗和睦之民，国殷兵强，可以横行。（《三国志·卷七》，页 235）

1. "据"的介词化

秦汉时期，"据"出现在"据·N_1·V·N_2"结构[③]中。如：

14）a 据法直言、名刑相当、循绳墨、诛奸人所以为上治也而愈疏远，诎施顺意从欲以危世者近习。（《韩非子·第四十五篇》，页 940）

b 北据河为塞，并阴山至辽东。（《史记·卷六》，页 239）

c 及弘为御史大夫，是时方筑朔方以据河逐胡。（《史记·卷一一六》，页 2995）

上例中，"据·N_1（法、河）"和"V·N_2（言、为塞、逐胡）"之间为并列关系；"据"为"依据""凭借"义，其义素特征为：［＋人］［＋凭借物］［＋手段］［＋标准］［＋可控制］。

东汉，N_1 范围扩大至表示事件的短语，［＋凭借物］是［－可控制］的元素，是主观［＋凭借物］，"据"可分析为"根据""依据"。如：

15）a 据鱼鸟之见，以占武王，则知周之必得天下也。（《论衡·指瑞第五十一》，页 747）

b 伟、禄是太史，隆故据旧历更相劾奏，纷纭数岁。（《三国志·

魏晋南北朝汉语介词研究

---

① 鲍彪注：据，杖持也，犹言为之。《左·僖公五年》有："吾享祀丰洁，神必据我。"（页 309）。杜预注：据，犹"安"也。杨伯峻注《左传》："据，依也。"范祥雍认为，《战国策》中"据故主"，亦为"安故主"之意，窃以为误，当依杨注、鲍注。

② 先秦时期，"据"还有"占据"的意思。如：
据九鼎，桉［按］图籍，挟天子以令天下，天下莫敢不听。（战国策·秦策一，页 202）
因其不参与"据"的语法化发展，故不赘述。

③ 秦汉时期，"据"出现在"据·N_1·而·V"结构中，意为"以手附地"。如：
两手据地而吐之，不出，喀喀然遂伏地而死。（吕氏春秋·季冬纪，页 628）
此义项后代未能进一步虚化，兹不赘述。

卷二十五》，页 709）

　　c 据实答问，辞不倾移。（《三国志·卷六十二》，页 1412）

　　例（15）中，N1（鱼乌之见、旧历、实）不是具体［+可控制］的［+凭借物］，而是主观的"凭仗""依据"。Hopper（1993：3）认为，语法化的初始阶段是语义的重新调配，是在的意义减弱，得到加强的是抽象意义，在当前说话环境中比较显著的意义，跟说话人的主观态度有关的语义。同时，何洪峰（2013）认为，语法化首先要经历结构的凝固化，a 中"据·N₁"和 VP 之间为并列关系，但语义虚化，宜作偏动词分析；b 中，结构凝固，语义上 N1 具有现实［+可依靠］性，可以作为 VP 实施的标准。语法化渐变性特征认为，在语法化过程中新的形式出现后，旧的形式不一定马上消失，而是存在一个新旧形式并存的阶段。b 中，"据"可以看作是动词向介词的过渡阶段。c 中，结构凝固，语义虚化，N1 不具备现实［依靠性］，只能算作主观标准，"据"偏向于介词。

　　南北朝时期，"据·N₁"不能单用，［凭借性］［可控制］因素消失，"据·N₁·V·N₂"主观性增强，介词"据"成熟，表示"标准""条件"等。如：

　　16）a 周公藉已成之业，据既安之势，光宅曲阜，奄有龟蒙。（《世说新语·文学第四》，页 245）

　　b 据春秋传，仲子非鲁惠公之元嫡，尚得考彼别宫。（《宋书·卷八十》，页 2064）

　　2. 介词"据"的语义发展

　　介词"据"的语义发展可以从"语义强化"和"词汇化"来进行考察。

　　1）介词"据"表方式强化

　　明代，介词"据"表"凭借""手段""标准"和表示判断语气的"看""说""看来""说来"（崔云忠、何洪峰，2014）等连用，表示事物判断的标准。如：

　　17）a 据他说，他是一个天神下界，替你把家做活。（《西游记·第十九回》，页 241）

　　b 石兄……据我看来，第一件，无朝代年纪可考……（《红楼梦·第一回》，页 3）

　　c 到底宝兄弟素日不正，肯和那些人来往，老爷才生气。（《红

楼梦·第三十四回》，页518）

清代，"据……看来/说来"结构成熟，表示判断依据。如：

18）a据我看来，头一句好的是"圃冷斜阳忆旧游"，这句背面傅粉。（《红楼梦·第三十八回》，页588）

b人人都说你婶子好，据我看那里及你二姨一零儿呢。（《红楼梦·第六十四回》，页1011）

c据雪雁说来，必有原故。若是同那一位姊妹们闲坐，亦不必如此先设馔具。（《红楼梦·第六十四回》，页1004）

2）介词"据"的词汇化：据说①

宋代，"据·N_1"与V在结构上有凝固化（idiomization）趋向，意义整合。如：

19）a据靖所见，先将燕京六州一十四县为定，岁交契丹银绢之数。（《近代汉语语法资料汇编（宋代卷）》，页87）

b据代州奏探报，阿骨打已到奉圣州，仰赵良嗣、马扩送伴使人，取代州路过界前去奉使。（《近代汉语语法资料汇编（宋代卷）》，页112）

宋代，N_1为指人名词或具有传教性质的名词，V为言说义，"据·N_1"和V的融合更加紧密。如：

20）a据教中说，真谛以明非有，俗谛以明非无。（《近代汉语语法资料汇编（宋代卷）》，页49）

b据如此说，乃是欲求道于无形无象之中，近世学者，大抵皆然。（《朱子语类·训门人》，页263）

明代，"据N人说，VP"结构成熟，"N人说"表示VP实施的依据。如：

21）a哥啊，据你说，不是日落之处，为何这等酷热？（《西游记·第五十九回》，页754）

b据二爷说，原是不能再有的。（《红楼梦·第四十八回》，页735）

清代，"据N人说，VP"结构中，当N人不能指出具体的人时，

---

① 魏晋南北朝时期，名词"证据"出现。如：
又语人物氏族，中来皆有证据。（《世说新语·赏誉第八》，页495）
魏晋南北朝时期，动词"依据"出现，意为"凭证""可以作为信物的东西"。如：
慧明曰："足下相难，依据者何经？"（《世说新语·言语第二》，页62）
宋代，名词"照据"出现，义同"证据""凭证"。如：
东西一带尽分水岭为界，有何文字照据？（《近代汉语语法资料汇编（宋代卷）》，页11）
"证据""依据""照据"成词属于同义叠加，其成词机制是汉语双音化，与"据"介词语法化无关，不赘述。

魏晋南北朝汉语介词研究

趋向省略；如果介词标引对象省略，在使用频率较高的情况下，"据说"便可凝合成词。如：

22）冯紫英道："据说这就叫做'母珠'。"（《红楼梦·第九十二回》，页1440）

例（22）中，"据说"中间不能插入其他成分，但是根据语境可以判断"说"的主体是说话人和受话人之外的第三者。此时，"据说"还具有一定的介绍性质，"说"为判断的依据。"据说"出现在句首时，重新分析为动词，意为"根据别人说"。（现代汉语词典，2005：741）"据说"词汇化后可以出现在句中作状语。如：

23）a 据说是史钧甫史观察创的议，拿的就是贾让的《治河策》。（《老残游记》）

b 据说王观察那边昨天已经接着山东电报，机器照办，不够的银子由山东汇下来，连王观察出洋经费也一同汇来。（《官场现形记·第十回》，页88）

c 这据说是"征服中国的唯一方法"。（鲁迅：《伪自由书·出卖灵魂的秘诀》）

（三）"依凭"类介词的语法化特点

魏晋南北朝时期，典型的依凭类新生介词有"凭""据"，皆由"依凭""靠"义开始语法化，经历语义漂白、结构凝固和语义强化的过程。在以上几节中，我们从汉语事实出发论证了同源介词具有相同或相似的语法化路径。除此之外，"依凭"类介词还有其独特的性质，如"语义强化"和词汇化。

1. "依凭"类介词的语义强化

Lehmann（2002：20–21）认为，如果一个元素通过语法化弱化之后会有两种发展趋势，一是被同类元素代替（更新），一是有其他元素进行语义加强（reinforcement）。语法化强化（reinforcement）是指，语法化过程中语法成分不断虚化而功能衰退以至消失，为补偿这一虚化过程而在原有虚词成分上加上同义或近义的成分，使原来的虚词语义得到加强。（Lehmann，2002：20）强化有简单强化和复杂强化两种形式。简单强化是在去语义化的成分（bleaching element）上增加特指性成分（specifying element）；复杂强化是在某一结构的不同位置上引进特指性成分。（Lehmann，2002：21）语法化强化的后果是通过在既有表述语义

的基础上再添加同义或近义的内容，使某些特定的语义情态在表达效果上得到强化与突显。（刘丹青，2001、张谊生，2012）

语法化强化的一条路径是在语法化项所在结构中增加另外类似成分。如拉丁语中 non（not）被 passum（step）在 *non V passu 结构中强化，得到法语的 ne V pas。（Lehmann，2002：68）

"依凭"类介词中，"凭"经历双音化却没有强化；"据"经历语义强化却没有"双音化"。

明代，介词"任凭"出现，表示"施事对象"，后沿用。如：

24）a 任凭佛印谈经说法，只得悉心听受。（《喻世明言·明悟禅师赶五戒》，页 453）

b 任凭你主张，你待说休俺妹子，你写下休书。（《醒世姻缘传·第八回》，页 114）

清代，"据"表"标准"语义得到"看来"等的加强。如：

25）a 若据良心上说，左不过你三个多嫌我一个。（《红楼梦·第八十回》，页 1272）

b 据我们看来，宝二爷的学问已是大进了。（《红楼梦·第八十回》，页 1334）

2. "依凭"类介词悬空及其词汇化

介词悬空[①]（preposition stranding）是指介词后面直接跟动词的现象。（何洪峰，2008）张谊生（2009）认为，介词悬空的后果有三种：词性不变，独立转类和参与重构。悬空动因既与汉语类型特征、介词演化来源有关，也受到词语韵律节奏的制约和语用表达需求的驱动。

何洪峰（2008）以介词"以"为例探讨了其悬空及其后果—词汇化，即参与重构。张谊生（2009）认为"据"等是缩略介宾由介动复合而成的介词悬空形式，可以缩略介宾而与动词紧邻，进而凝固为一个双音节词。其缩略的介宾，主要就是"理、道理"等。

介词"据"表示"依凭""手段""条件""标准""依据"。唐朝，N1 位置上出现在表示事件的动词短语作为"据"的标引对象，表示 VP 实施的依据。如：

---

①任何一个介词或曾经的介词后面没有宾语的现象.（张谊生，2009）如果把介词限定为前置词，介词悬空就是介词后没有宾语把介词限定为后置词，介词悬空就是介词前没有宾语。介词宾语可以不与介词相连，而出现在语境其他位置上，介词后留下个空位宾语（empty object）。（何洪峰，2008）

26）据夫人作此圣梦，合生贵子。（《悉达太子修道因缘·敦煌变文集新书》，页539）

宋朝，"据·N_1·V_1，VP_2"中，V1为言说义。如：

27）据代州奏探报，阿骨打已到奉圣州。（《近代汉语语法资料汇编（宋代卷）》，页112）

在"据·N_1·V_1，VP_2"中，VP_2往往是N_1言说的内容，N_1是言说主体。再如：

28）据我说，这也罢了，偏要坐船起来。（《红楼梦·第七十六回》，页1194）

明代开始，"据N人说"结构成熟，该结构的意义在于转述别人的观点、看法作为自己的言说的依据。N为具体的人，当说话人不愿或不能明确指出N所指时，趋于省略，如例（15）a中，可以补充出标引对象，即"别人"；b中亦可根据上文补充出说话主体，此时"据"为介词。当根据上下文不能补充出介引对象或无需补充时，"据说"便凝固成词，其意义继承的是"据N说"的框架语义，此时"据说"成词。

词汇化（lecxiconlization），传统定义为虚词变为实词的过程（Lehmann，2002：4）；又有人把它定义为是一个构词过程；（Brinton & Traugott，2005：18，董秀芳，2002、2007、2010）也有人把它定义为具体意义的发展。（Talmy，1985：58）语法化项由功能项（虚词）变为词汇项（实词）的过程应定义为语法词的回归（崔云忠，2013）；意义的发展应该看做传统的引申。汉语词汇化的过程应该是结构逐渐凝固、意义逐渐实在的过程。"据N人说"结构经历了N人省略可根据语境补充到不能补充再到结构凝固意义整合的词汇化过程。

五、其他新生介词的语法化

魏晋南北朝时期，除"行顺"义、"持拿"义、"协同"义、"依凭"义介词外，还有一些零星介词，如"看视"义"望"、"运行"义"经"[①]等该时期没有类似同源词发生语法化，故单独追究其语法化路径。

（一）望

关于介词"望"和"往"学界颇多争议。有人认为"望"为"往"

---

① "经"由"运行"义开始其语法化，与"行顺"义源义有别，故单论。

的别字，二者本同。（吕叔湘，1999［1980］：549、北大语言班，1996：424、张赪，2002：131-132、刁晏斌，2007：85）也有些学者认为二者实为两个介词。（蒋骥骋，1991：164、孙锡信，1992：201-202、冯春田，2002：346、高育花，2007：190）认为二者不同的学者中，对于介词"望"产生的历史时期也有不同认识。蒋骥骋认为，介词"望"唐代就已经出现，相当于"向"①；孙锡信认为直到明清时期，"望"才产生介词用法②；冯春田认为介词"望"应实见于唐五代时期。

我们更倾向于接受"望"为一个独立介词，并有其独立的语法化过程。

1. "望"的介词化

"望"本是"朝远处看"③的意思。（蒋骥骋，1992：201）如：

1）楚子登巢车，以望晋军。（《左传·成公十六年》，页884）

又有"看到""看见"的意思。如：

2）谁谓宋远，跂予望之。④（《诗经·卫风·河广》，页47）

汉代，"看到""看见"义弱化，"望"只表示"看"的意思，"看到（的事物）"由"见"表示。如：

3）上在雒阳南宫，从复道望见诸将往往相与坐沙中语。（《史记·卷五十五》，页2042）

此外，"望"还有"期望""期盼"⑤的意思。如：

4）王如知此，则无望民之多于邻国也。（《孟子·梁惠王上》，页203）

---

① 蒋先生认为，唐代时期"望"应训为"向"。如："欲往城南望城北。""兵甲望长安。"（杜甫诗）中"望"都应解释为"向"，这无疑是正确的，但是蒋先生认为以上两例中的"望"为介词值得商榷。

② 孙锡信认为，"望"是明清时期开始使用的介词。"望"的使用带有区域性，一般通用与江淮方言。"望"和"往"虽然都表示方向，但是又不完全相同，"望"多表示视线的方向，而"往"多表示行走或动作的方向。（1990:201-202）对于"望"和"往"的区别，孙先生的看法无疑是正确的，但是对于时间的推测似乎过于保守。

③ 《汉语大词典》解释"望"为"远视""遥望"的意思，当与蒋义同。

④ 郑玄笺："跂足则可以望见之。"

⑤ 先秦时期，"望"还有"盼望""企图""责怪"等义。如：
女朝出而晚来，则吾倚门而望；女暮出而不还，则吾倚闾而望。（战国策·齐策六）
绝其能望，破其意，勿使人欲之。（韩非子·主道）
又使之望而不得食，乃可以致天地之殛。（国语·越语下）韦昭注："怨望于上而天又夺之食。"
因其不参与"望"向介词语法化的过程，故不多做讨论。

魏晋南北朝时期，"望"出现在"望·N₁·V·N₂"^①结构中，意为"看着""看到"。如：

5）a 王内官人登船上服。望火㸌衣。脱阳㸌珠着服上。（《六度集经·卷第五》，页31-2）

b 夫在天者垂象，在地者有形，故望山度水，则高深可推。（《抱朴子外篇·清鉴》，页513）

5）中，"望"处于语法化的初始语境中，"望·N₁"和"V·N₂"为并列结构，"望"为动词，意为"看到""看着"；其义素特征可以分析为：［＋人］［＋远眺］［＋视线（路径）］［＋目标］。当"望"字结构适用范围进一步扩展，进入桥接语境中时，"望"便具有了重新分析的可能，处于动/介转换共存状态。如：

6）a（谢安）望阶趋席，方作洛生咏。（《世说新语·雅量第六》，页207）

b 陈以如意拄颊，望鸡笼山叹。（《世说新语·豪爽第十三》，页331）

c 若其望碑尽礼，我州之旧俗。（《南齐书·卷二五》，页418）

例（6）中，"望·N₁"与"V·N₂"的结合较初始语境中紧密，在该语境中"望·N₁"不能单用，且"望·N₁"在该语境中是"V·N₂"实现的方式，语义降级；但是在词汇意义上，"望"如果分析为"看着""看到"仍然可以被语境接受。此时"望"处于动/介过渡阶段。"望"字结构中［＋看视］［＋眺望］的意义消失时，"望·N₁"与VP（V·N₂）便融合为一个结构，"望"宜分析为介词。如：

7）a 西南行十六里，入小路。望长白山去。（《入唐求法巡礼行记·卷二》，页250）

b 融每常望双峰山顶礼，恨未得亲往面谒。（《祖堂集·卷第三》，页136）

---

① 秦汉时期，"望·N₁"与另一动词同现，由"而"连接，表示先后出现的动作，是为动词，但是已有语义降级的趋向。如：

子会而赦有罪，又赏其贤，诸侯其谁不欣焉望楚而归之，视远如迩？（左传·昭公元年，页1206）

靖郭君衣威王之衣，冠舞其剑，宣王自迎靖郭君于郊，望之而泣。（战国策·齐策一，页312）

两汉时期，表示"责怪"的"望"也出现在"望·N1·V·N2"结构中。如：

已而绛侯望袁盎曰："吾与而兄善，今儿廷毁我！"（史记·卷一零一，页2737）［正义：望，怨也。］

后代未检得明显语法化路径。

c 陵闻汉使入胡庭，乃将侍从出来迎，下马望乡拜皇帝。（《李陵变文·敦煌变文集新书》，页95）

上例中，"望"不具备［＋看视］［＋眺望］的语义特征，N₁（长白山、双峰山、乡）在语义上不能分析为"望"的对象，而是VP施行的处所（a）或方向（b、c），"望"为介词表示处所朝向。"望"字结构中，V具有［＋运行］、［＋对象］特征，N₁为处所名词。

Bybee（2002）认为，当语法词用法成熟之后会得到进一步的扩展。唐五代时期，当N₁为表示人的名词时，"望"可表"处所朝向"。如：

8）今拟散兵马，各归营幕，望大王进止。（《汉将王陵变·敦煌变文集新书》，页38）

上例中"望"只能分析为介词，表示"处所朝向"，介词用法成熟。

2.介词"望"的发展

唐代后期，"望"介词用法成熟，宋代后N₁、V的语义范围进一步扩大。如：

9）a 七人上舡，望正西乘空上仙去也。（《近代汉语语法资料汇编（宋代卷）》，页256）

b 今既一列皆南向，到拜时亦却望西拜，都自相背。（《朱子语类·礼七》，页2293）

c 杨官人棒待落，却不打头，入一步，则半步，一棒望小腿上打着，李贵叫一声，辟然倒地。（《近代汉语语法资料汇编（宋代卷）》，页426）

d 师愤悱下山，望雪窦拜日……（《五灯会元·卷第十九》，页1236）

宋代，N1扩大到方向名词，如例（9）a、b、人体部位名词，如例（9）c或表人名词，如例（9）d；V不限于运行动词，一些行为动词也可进入"望"字介词结构中（b–d）。

宋代，介词"望着"出现，表"处所朝向"。如：

10）石崇扣上弓箭，望着后面大鱼，风地一箭，正中那大鱼腹上。（《近代汉语语法资料汇编（宋代卷）》，页477）

元代，"望"偶见"处所所到"（例11a）"处所经由"（b）"伴随对象"（c）的用法，后未见用例。如：

11）a 晚间掘开那墙，撒下些石灰，若那人家不惊觉便罢，若惊觉呵叫道"拿贼"，我望着这石灰道上飞跑。（《元曲选》·冤家债主，

魏晋南北朝汉语介词研究

b 俺只待提起来望这街直下，摔碎你做几片零星瓦查。（《元曲选·盆儿鬼》，页 1406）

c 扑腾腾征宛骤，看者看者咱争斗，都教望着风儿走。（《元曲选·气英布》，页 1294）

元代，"望（着）"表示"关涉对象"萌芽。如：

12）a 我与你出班部上瑶阶赴丹墀直望着君王拜。（《晋文公火烧介子推·新校元刊杂剧三十种》，页 497）

b 俺两口望着东岳爷参拜。（《小张屠焚儿救母·新校元刊杂剧三十种》，页 784）

c 你真个要我说，你望着你那祖宗顶礼了，我便说与你。（《全元曲》，页 874）

N_1 还可以看作是动作进行的方向，相当于"朝（着）""向（着）"。

明代，"望（着）"表关涉对象发展成熟，相当于"对着"。如：

13）a 王婆因望妇人说道："娘子，你认得这位官人么？"（《金瓶梅词话·第三回》，页 40）

b 前日俺两个在他家，望着俺每好不哭哩。（《金瓶梅词话·第十五回》，页 176）

c 休对我说，我不管你。望着管你的人去说。（《金瓶梅词话·第二十一回》，页 246）

例（13）中，N_1 是 V 的现实承受者，不仅仅是 V 进行的方向，"望"标引关涉对象。例（14）中，N_1 为表人名词，但 N_1 并不是 V 的现实承受者，只表示 N_1 所在的方向，处于向关涉介词过渡阶段；N_1 与 V 切实发生关系，"望"关涉介词用法成熟。

元代起，"望·N_1"与其他介词结构同现。如：

14）a 大嫂，你去装香来，和福童望衙门谢了者。（《元曲选·铁拐李》，页 497）

b 金莲拉玉楼两个打门缝儿望里张觑，只见房中掌着灯烛，里边说话都听不见。（《金瓶梅词话·第二十回》，页 229）

清代，"望"表"处所朝向"沿用（例 15），表"关涉对象"（例 16a）发展出表"交与对象"（b）、"求索对象"（c）用法。如：

15）a 凤姐儿猛然见了，将身子望后一退。（《红楼梦·第十一回》，页 55）

b脸望着黛玉说话，却拿眼睛瞟着宝钗。（《红楼梦·第二十八回》，页378）

16）a贾琏在凤姐身后，只望着平儿杀鸡抹脖使眼色儿。（《红楼梦·第二十一回》，页287）

b好容易我望你姑妈说了……你才得了这个念书的地方。（《红楼梦·第十回》，页141）

c倘或我这里没有，只管望你琏二嫂子那里要去。（《红楼梦·第十回》，页143）

明代之前表示"方向"为典型用法，元代偶见表"处所所到"和"处所经由"用法，明代后未见；明代开始，表示对象的用法逐渐占据上风，即使表"方向"，N1为抽象方所名词，清代发展出"交与对象"和"求索对象"用法。清后鲜见。

冯春田（2000：338-339）比较了"望""往"介词功能的异同，认为二者在引进"方向""处所"时功能重合，但是"望"可以引进"面对对象"，而"往"不行。"望"表示方向、处所时N1可以是表人的抽象名词，如：

17）我这里跪在大街，望着那发心的爷娘每拜。（《元曲选》·合汗衫，页131）

"往"若表"所在的位置"时，需要其他标志性词语提示。如：

18）往他那儿走。

由以上分析可见，把"往""望"归为一个词是有失偏颇的。

（二）着（著）

从句法位置来看，"着（着）"有前置、后置两种用法。刘坚等（1995：27）认为，介词"着（著）"直到唐代才出现。如：

1）夫人乘醉，令推着山下。（广异记·太平广记·卷460）

吴福祥（1996：183-195）分析了介词"着"在唐代的分布及功能，并探查了介词"着"不同语义的来源，认为处所介词"着"来源于表"附着"义的动词"着"。汉代以后开始出现"V着N"格式，六朝时期介词用法成熟。冯春田（2000：398）持相同观点。如：

2）株杌妇闻，忆之在心，豫掩一灯，藏着屏处。（《贤愚经·卷第二》，页364）

"著^①，明也。"（《小尔雅·广诂》）本义"明显""显著"。（古代汉语虚词词典，1999：276）先秦，"著"有"到达"（例 3）、"保留"（例 4）、"放置"（例 5）义。如：

3）荀偃瘅疽，生疡于头。济河，及着雍，病，目出。（《左传·襄公十九年》，页 1046）

4）a 君子之学也，入乎耳，着乎心，布乎四体，形乎动静。（《荀子·劝学》，页 14）

b 穷本极变，乐之情也；着诚去伪，礼之经也。（《荀子·乐论》，页 463）

5）a 着衣冠，令其友操剑奉笥而从，造于君庭。（《吕氏春秋·季冬纪》，页 866）

b 若受我而假我道，是犹取之内府而藏之外府也，犹取之内皂而着之外皂也。（《吕氏春秋·慎大览》，页 866）

秦汉时期，"著"有"附着在某处"的意思。如：

6）a 刺之，置其剑，剑着身。（《史记·卷五十八》，页 2092）

b 长公主赐邓通，吏辄随没入之，一簪不得着身。（《史记·卷一二五》，页 3193）

1. "着（著）"的介词化

秦汉时期，"着"用于"V·（N$_1$）·着（著）·N$_2$"结构：

7）a 若上座置衣着床上。（《大藏经·卷 24》，页 779）

b 举右手著阿难头上。（《道行般若经·摩诃般若波罗蜜道行经嘱累品第三十》，页 478）

c 人持食着钵中。（《大藏经·卷 24》，页 785）

例（7）中，"着"用于"V·着·NP"结构中，"着（著）"语义上有明显的［＋放置性］特征，如 a 中，"置衣着床上"意为"放衣服""到床上""着"为动词，为"置"的结果，在语义上"床上"是"衣"经过"置"影响所到达的处所；"置衣"与"着床上"是先后发生的动作，可拆分；b 中"举右手"与"著阿难肩上"为先后发生的动作；c 中"持食"与"着钵中"相同。根据 hágege（2010）、刘坚等（1994），"着"由此开始其语法化历程。

"着（著）"在语法化过程中，会经历重新分析，在该语境中存在

---

① "著"本是"着"的俗体字。《正字通》："着，俗作著。"今以"着"为正字。

实词和语法词共存的状态。（Bybee，2002：47）如：

8）a 又有书简上作千万数，着空仓中封之，令达算之。（《三国志·卷六三》，页1424）

b 可索西郭外独母家白雄狗，系着船前。（《搜神记·卷三》，页25）

c 公于是独往食，辄含饭着两颊边，还吐与二儿。（《世说新语·德行第一》，页25）

例（8）a 中，"封"为［－位移］动词，"着"［＋位移］［＋终点］特征部分消失，b、c 同。但是，上例中"着"仍保留［＋放置］的意味，且"着·N₁"仍具有单用的功能。如：

* 又有书简上作千万数，着空仓中。

* 可索西郭外独母家白雄狗，着船前。

* 公于是独往食，辄着两颊边，还吐与二儿。

此时，"着"处于动词向介词过渡的阶段。根据语法化语义漂白和结构凝固性原则，（何洪峰，2012、Hopper，1993）当"着"动词义素［＋放置］［＋位移］特征消失，"着·N1"和"V·N2"结构凝固时，"着"便发展为语法词。如：

9）a 公尝悬（书）着帐中，及以钉壁玩之，谓胜宜官。（《三国志·卷一》，页31）

b 遂就床缚之，将出到界，自解其绶以系督邮颈，缚之着树，鞭杖百余下，欲杀之。（《三国志·卷三二》，页872）

c 候实开便收之，挂著屋里壁上，令荫干。（《齐民要术·种茱萸第四十四》，页392）

例（9）中，V 为［－位移］动词，包含有［＋位置］义，"着"的作用在于标引该［＋位置］，标引处所所在。此时，介词"着"成熟，当 V 为运行动词时仍可分析为介词，表示 V 运行到的处所，即处所终到。如：

10）a（菩萨）夜无人时。默置四街。并钱一千送着其道。（《六度集经·卷五》，页25-3）

b 昔饥荒之世，当有利其数升米者，排着井中，喷喷有声。（《搜神记·卷三》，页22）

c 语贾人。牢治其船。令有七重。候风以至。推着海中。（《贤愚经·卷八》，页412-2）

魏晋南北朝汉语介词研究

同时，"着（著）"在"着（著）·N₁·V"结构中，也经历同样的语法化过程。在该结构中 N1 为处所名词。如：

11）a 又禁水着中庭露之，大寒不冰。（《抱朴子外篇·至理》，页 103）

b 小犯大痛，可以针挑取之，正赤如丹，着爪上行动也。（《抱朴子内篇·登涉》，页 280）

c 食举着釜中极煮色不变。（《大藏经·卷 28》，页 460）

例（11）中，"着"字结构中，NP（中庭、爪上、街衢）与 VP 有介词语义关联，如 a 中"中庭"是"露之"所在的处所；b 中"爪上"为"行动"发生的处所；c 中"街衢"是"见端正之人"所发生的处所。其次，就"着（著）"语境义而言，a 中"水"并没有经过"放置"或"运行"到达所在处所"中庭"；b–c 与 a 同。第三，结构上，"着·NP"与 VP 分开后，语义发生改变，如 a 中"着中庭"意为"放置到中庭"；b 中"着爪上"意为"放到爪上"；c 中"着釜中极煮"意为"在锅中一直煮"，这与原结构中的语义不同。"着"为典型介词，表示"所在处所"。又如：

12）a 时父王抱王膝上。取王痛指。含着口中。指得暖气。王得小睡。（《大藏经·卷 24》，页 871）

b 如苦瓠子婆檀鞬伽子摩楼多子尸婆梨子种着地中。（《大藏经·卷 28》，页 435）

魏晋南北朝时期，"着（著）"由"放置"义发展出典型介词用法，表示动作进行或状态呈现的处所。

魏晋南北朝时期，"着（著）"发展出介词"受事对象"义。如：

13）a 吴主怒，敕缚琰，着甲士引弩射之。（《搜神记·卷一》，页 7）

b 如彼愚人，弃於宝箧，著我见者，亦复如是。（《百喻经·宝箧镜喻》，页 104）

c 其弟子等来到慎言与排比一艘船，着人发送讫。（《入唐求法巡礼行记·卷四》，页 438）

例（13）中，N1 是 V 的具体实施者，但是是在他人（a）（c）或环境（b）的影响下实施。若 N1 不是实施者，而是受影响者，"着"可分析为处置介词，表示"受事对象"。如：

14）a 莫忧世事兼身事，且着人间比梦间。（韩愈：《遣兴》）

b 饱吃更索钱，低头着门出。（《道人头兀雷·王梵志诗校注》，

页 103）①

2. 介词"着（著）"的语义发展

唐代时期，介词"着（著）"引介空间的用法得以沿用，宋代之后鲜见。② 如：

15）a 弃着岸上，病人未死，乞饭水。（《入唐求法巡礼行记·卷二》，页 157）

b 大德龟毛拂子、兔角柱杖藏着何处？（《祖堂集·卷五》，页 269）

c 遁见绳系弟头，悬着屋梁，狼狈下之，因失魂。（《太平广记·卷三二二》，页 56）

16）是有相者，着街衢见端正之人，便言前境修来，来入寺中听法。（《庐山远公话·敦煌变文集新书》，页 183）

17）a 于此闻第四舶漂着北海。（《入唐求法巡礼行记·卷一》，页 10）

b 即捉剑斩昭王，作其百段，掷着江中。（《伍子胥变文·敦煌变文集新书》，页 21）

c 北风大作，舟皆吹著南岸，诸兵复击之。（《金史·卷五十一》，页 36）

d 妇人乘醉，令推着山下，婢亦醉，推令史出，令史不敢言，乃骑瓮而去。（《太平广记·卷四六〇》，页 3764）

例（15）中，"着"用于"V·着·NP"结构，其中 V 为非位移类动词。介词结构表示某物受某动作影响处于某个地方，"着"引介"所在处所"；例（16）中，"着"用于"着·NP·VP"结构中，V 为遇见义、非位移类动词，介词结构意为"在某处遇见某人"，介词"着"引介"所在处所"。例（17）"着"介词结构中，V 具有［＋转移］［＋位移］特征，"着"字介词结构表示某人（某物）受 V 影响达到某个处所，"着"引介"所到处所"。

---

① 该例中的"着"也可分析为处所介词，表示处所起始或者处所经由，但是在我们考察的唐代文献中，除此例之外，未检得其他表示处所起始或处所经由的用法，但是表示处置对象的用法却比较多见。故本书中倾向于处置介词的说法。另据项楚（1992:104），道人兀雷是在斋家吃饭拿钱之后走出斋家之门，在这里应理解为"把门出"，而不宜理解为"从门出"。

② 据王媛媛（2011）考察，在魏晋南北朝时期，"V 着 N"的用例大大多于"V 在 N"的用例；南北朝以后，"V 着 N"与"V 在 N"混用并竞争了一段时间；到唐五代时已是"V 在 N"大大多于"V 着 N"；唐五代以后，"V 着 N"就很少见了，"V 在 N"逐渐取代了"V 着 N"。

魏晋南北朝汉语介词研究

唐代，N₁范围扩大至表人名词，表示抽象处所，可分析为求索对象。如：

18）夫求法者，不着佛求，不着法求，不着众求。（《近代汉语语法资料汇编（唐五代卷）》，页39）

唐代，"着（著）"由空间域映射和到时间域，发展出表示时间的用法，该用法只在唐五代偶见零星用例。如：

19）着相见时心堕落。（《维摩诘经讲经文·敦煌变文集新书》，页623）

唐代，"着"表"处置对象"成熟，沿用至明清。如：

20）a 怜渠直道当时语，不着心源傍古人。（《元稹·酬孝甫见赠十首》）

b 你在房里，便着几句甜话儿说入去，却不可燥爆。（《金瓶梅词话·第三回》，页15）

唐代，"着（著）"有"凭借"的用法，意为"使用某物做某事"（例21）；宋代，"着（著）"表凭借的介词用法成熟。（例22）明清时期仍可见其用例。（例23）

21）a 自古纲宗难隐迹，如今着眼直须窥。（《全唐诗续拾·卷四十》）

b 阎王问你之时，着甚言词祗备。（《无常经讲经文·敦煌变文集新书》，页662）

22）a 这里粮尽数着船装载前去。（《近代汉语语法资料汇编（宋代卷）》，页228）

b 佳人赶着到房中，壁灯昏，着金钗再挑，光焰忒分明。（《近代汉语语法资料汇编（宋代卷）》，页346）

23）a 这张千户起去了，着刀子把那吴县令抹死了来。（《近代汉语语法资料汇编（元代明代卷）》，页65）

b 絵在阴凉处，着刨子刮的干净着。（《近代汉语语法资料汇编（元明卷）》，页300）

唐代，"着"表示"使令"，动词（例24），至宋代发展出"施事对象"的用法，表被动（例25），沿用至明清时期（例26）。如：

24）昔齐景公夜梦见病鬼作虫得病，着人遂向外国请医人秦瑗（缓）至齐国境内。（《搜神记·敦煌变文集新书》，页868）

25）a 好景凭诗断送，闲愁着酒消除。（《全宋词》，页5149）

b 师曰："你鼻孔因甚么着拄杖子穿却？"（《五灯会元·卷第十八》，页1171）

c 我着人马三面逼着，令汝家就取，却恁生受？（《近代汉语语法资料汇编（宋代卷）》，页115）

26）a 张生心迷，着色事破了八关戒。（《古本董解元西厢记·卷一》，页47）

b 则怕小生行雨又来，也是我曾经着蛇咬自惊怪。（《元曲选》，页592）

c 每日着这两个帮闲钻懒的哄着，结义为兄弟。（《近代汉语语法资料汇编（元代明代卷）》，页199）

蒋绍愚（2005：162）认为，"着（著）"所在的句法结构促进了"着（著）"的进一步语法化，者为其由介词向助词的发展提供了句法环境基础。介词"着"在"V·着·N"结构中进一步虚化，失去标引处所的意义，结构上与V融合，发展成为形态标记，即附着词（clitic）。沿用至今。如：

27）a 有一黑狗出来，捉汝袈裟，衔著作人语，即是汝阿娘也。（《近代汉语语法资料汇编（唐五代卷）》，页407）

b 师云："自住已来，未曾遇着一个本色禅师。"（《近代汉语语法资料汇编（唐五代卷）》，页175）

c 后母一女把着阿耶："煞却前家歌子，交与甚处出坎？"（《舜子变·敦煌变文集新书》，页133）

综上，介词"着（著）"的发展过程可以描述为：

表4-7 介词"着（著）"的语义演变

	处所所在	处所所到	时间所在	工具	受事对象	施事对象
魏晋南北朝	+	+				
唐五代	+	+	+		+	
宋代	+	+		+	+	+
元代				+	+	+
明代				+		+
清代					+	

（三）经

"经，织从丝也，"（《说文解字诂林》，1988：12569）本义是织物的纵线。又，经，常也（《广雅·释诂》）。"经"又假借为"径"（《说文通训定声》），即"经过""经由"的意思。"经"的假借义在句中常用作介词。（古代汉语虚词词典，1992：309）

魏晋南北朝汉语介词研究

马贝加(1999)考察了"经"介词化过程,认为介词"经"是从表示"经由"的运行动词发展而来的。"经"之运行义先秦已见。如:

1)a 不明于计数,而欲举大事,犹无舟檝而欲经于水险也。(《管子·七法》)

b 殷纣之国,左孟门,右太行,常山在其北,大河经其南,修政不德,武王杀之。(《史记·卷六十五》,页2167)

1. "经"的介词化

先秦,"经"用于"经·N₁·V·N₂"中,"经·N₁"和"V·N₂"具有先后关系,N₁为处所名词,有[+顺延]特征,"经"的义素特征为:[位移][穿过][处所][延展]。如:

2)经堂入奥, 朱尘筵些。(《楚辞·招魂》)

"经"的宾语除"处所"义名词外,也可以为"时间"义名词。如:

3)经三日,乃密起逃窜,为宜城山中酒家客,积十五年,酒家知其贤,常厚敬待。(《三国志·卷二十三》,页664)

4)求之其本,经旬必得;求之其末,劳而无功。(《吕氏春秋·孝行览第二》,页739)

宾语为"处所"义名词时,"经"为"穿过""走过"义,如例(2);宾语为"时间"义名词时,"经"为"经过""过了"义,表示时间的持续,如例(3)、例(4)。例(4)中,"经"用于"经·NP·VP"结构中,为连动结构。魏晋南北朝时期,"经·NP·VP"结构中,"经·NP"可理解为为VP的状语。如:

5)a 袁术欲经徐州北就袁绍。(《三国志·卷三十二》,页874)

b 郡有旧道,经旄牛中至成都,既平且近。(《三国志·卷四十三》,页1053)

例(5)中,"经徐州""经旄牛"为"北就袁绍""中至成都"的方式,语义重心在后者。在例(5)语境中,"经"虽有"经过""越过"义,但与独立运用时语义已有差异。如:

6)道经鄯善、于阗,鄯善为丁零所破,人民散尽。(《南齐书·卷五十九》)

例(6)中,"经"独立运用,意为"经过";例(5)中"徐州""旄牛"是"北就袁绍""中至成都"所通过的路径或者方式。相比例(6),例(5)中"经"已有介词化趋势。当"经·NP"与VP不能拆分时,"经"

为介词。如：

7）a 经庭前桃树边过。（《齐民要术·五谷果蓏菜茹非中国物产者》，页 1028）

b 广州刺史但经城门一过，便得三千万。（《南齐书·卷三十二》，页 578）

例（7）中，"经庭前桃树边""经城门一"很难与"过"分开理解；其次，N₁（桃树边、城门）只能看作是 V（过）经历的处所，"经·N₁·V·N₂"结构中［＋运行］［＋穿过］义完全由 V 承担，"经"的作用在于标引 V［运行］［穿过］的处所，即"处所经由"。"经·Nt·V·N₂"结构中，Nt 为 V 发生的最后时间或起始时间，无法再［穿过］，"经"只能分析为介词，表示"时间终到""时间起始"。如：

8）a 苦行以来经今几时。（《阿育王传·卷第二》，页 106-1）

b 复经少时，父知子意渐已通泰。（《妙法莲华经·卷第二》，页 17）

马贝加（1999）认为处所介词"经"产生于唐代似乎稍晚于现实；同时，马认为时间介词"经"见于《三国志》时期，似乎过早。如：

9）自在内职，与宦人黄皓比屋周旋，经三十年。（《三国志·卷四十二》，页 1034）

上例中，"经"仍有［＋穿越（经历）］特征，且"经·Nt"句法上独立性较强，不宜分析为介词，作动词"历经"讲较为合适，真正意义上的时间介词"经"应晚于《三国志》。又何乐士（1992：170）引敦煌变文用例。如：

10）经冬若不死，今岁重回还。（《燕子赋·敦煌变文集新书》，页 262）

上例中，"冬"与"今岁"并举。何乐士认为该例中"经"的作用在于引进与动作行为有关的时间。若"经"为介词，则动词有"不死""还"，"冬"不可能是"还"发生的时间，语义上"冬"不能是"（不）死"发生的时间，只能是"经历"的时间，且由"冬"到"今岁"有明显的［＋穿过］特征，故上例中"经"应解为动词。《古代汉语虚词词典》（1992：310）引《后汉书》用例。如：

11）是岁，长沙有人死，经月复活。（《后汉书·卷九》，页 372）

例中，"月"是"死"持续的时间，"经·N₁"和"V·N₂"具有

延续性关系，但是与主要动词之间却缺乏句法上的凝固性，所以该例中"经"应该为动词"过了/经过"的意思。

2.介词"经"的语义发展

介词"经"唐五代以后得以沿用，表"处所""时间""对象"。如：

12）a 大蛇长三百步，见齐地，经市入朝。（《贞观政要·灾祥第三十九》，页65）

b 经途死亡，复在言外。（《贞观政要·安边第三十六》，页449）

13）a 新妇夫婿游学，经今九载，消息不通，阴（音）信隔绝。（《秋胡变文·敦煌变文集新书》，页157）

b 行经数月，途程向尽，归家渧遥，迅昔不停。（《王昭君变文·敦煌变文集新书》，页99）

c（童子）经一日过街，亦乃不听打鼓。（《前汉刘家太子传·敦煌变文集新书》，页161）

14）然县司不自由，事须经使君通状。（《入唐求法巡礼行记·卷四》，页486）

唐代，"V·经·N"结构中，"经"有向情态助词语法化的趋势。如：

15）a 行经一千里已来，直至退浑国内。（《张义潮变文·敦煌变文集新书》，页114）

b 行经数步，即至奈河之上。（《大目干连冥间救母变文·敦煌变文集新书》，页721）

语法化的层次性理论认为，源项经历语法化之后并不会立即消失，而是和语法化项在一定的时期内共存，如（15）a 中"经"为介词表示"行"经过的处所，（古代汉语虚词词典，1992：601），b 中"数步"是"行"的结果（受事）不能再看作是经过的处所，"经"只是附着在动词后，表示动作完成。再如：

16）行经数日，大罗王化作一河水。（《近代汉语语法资料汇编（唐五代卷）》，页305）

17）向西行经五十馀里，整行之次，路逢一山。（《敦煌变文集新书》，页167）

唐代，"经"表时间的介词用法占优势；入宋以后"经"表处所、时间的用法仍得以沿用，但表"对象"的用法较为多见。如：

18）行经一国已来，偶于一日午时，见一白衣秀才从正东而来。（《近

代汉语语法资料汇编（宋代卷）》，页 236）

19）a 经十余日，良嗣、武仲同李靖，王永福、撒卢拇回。（《近代汉语语法资料汇编（宋代卷）》，页 116）

b 竺国取经回东土，经今十月到香林。（《近代汉语语法资料汇编（宋代卷）》，页 252）

20）a 顺义军牒即云州县错误文字，不经朝廷处分，待不使，今来圣旨，又言是错，何故错得许多！（《近代汉语语法资料汇编（宋代卷）》，页 12）

b 使当初若经他改，岂不错了！（《朱子语类·程子门人》，页 2563）

c 盖周礼是个全书，经圣人手作，必不会差。（《朱子语类·孟子八》，页 1370）

d 唐宗室最少，屡经大盗杀之。（《朱子语类·历代三》，页 3245）

元代，"经"表处所（例 21）、时间仍可见少数用例（例 22），表对象的用法仍占优势（例 23）；表时间"经今"呈现词汇化趋势（例 24）。如：

21）a 今欲上朝取应，路经济南府过。（《元曲选》·金线池，页 1251）

b 路经这梁山过，遇见晁盖哥哥。（《元曲选》·李逵负荆，页 1518）

22）a 这桩事经今二十年光景了也。（《元曲选》·赵氏孤儿，页 1494）

b 自到西兴朋友家住经半月。（《元曲选》·萧淑兰，页 1539）

23）a 经刘备求情得免。（诸葛亮博望烧屯·新校元刊杂剧三十种，页 727）

b 但经他算的，无不灵验。（《元曲选》·桃花女，页 1015）

24）a 母亲自二十上守寡，经今六十二岁。（《小张屠焚儿救母·新校元刊杂剧三十种》，页 780）

b 经今早过了十三载，（王兽医云）这人敢还有么·（《元曲选》·儿女团圆，页 465）

明代，"经"由"致使"义发展出表被动的用法。如：

25）古人呼剧本为"传奇"者，因其事甚奇特，未经人见而传之。(《闲情偶寄·脱窠白》）

26）a 从未经人道破。（《闲情偶寄·忌填塞》）

b 业经词人谬赏，不以点窜为非矣。（《闲情偶寄·变旧成新》）

c 肌肤……略经日照，则深者浅而浓者淡矣。（《闲情偶寄·肌肤》）

表被动的用法，现代汉语中仍可见其用例。如：

27）a 一经采用，即付稿费。

b 经他这么一说我明白了这个问题。

明代未见"经"表时间用法，偶见表抽象处所用法。如：

28）或吃酒吃饭，造甚汤水，俱经雪娥手中整理。（《金瓶梅词话·第十一回》，页117）

清代之后文献中除表被动外，"经"之介词用法鲜见用例。

"经"，唐宋时期其用例虽多但标引义域有限，N_1 皆为具体处所或时段名词，"经"保存了较多的动词性特征；当"对象介词"讲时也具有较强的致使性，直至明代在"经·V"结构中，"经"才具备分析为典型被动介词的特性。何乐士（1992）、马贝加（1999、2002）、田春来（2009）等认为"已经""一经""经于"等俱可分析为介词似乎过于宽泛。

在"经"的语法化过程中，值得注意的是唐代或受"着"影响[①]有向体标记发展的趋势，这也印证了具有相同或相似的愿意特征的词汇项会经历相似的语法化过程。

与"行顺"类介词相比，"经"只发展出"处所经由"典型用法，零星可见表示"处所所在"，唐代之后表对象的用法较为常见，明代后表被动的用法成熟。

（四）起

《汉语大词典》（1993：1085）：起，介词。犹言"从……"。放在时间或处所词的前边，表示起点。如：

1）a 百步一桄枢，起地高五丈。[②]（《墨子·备城门》）

---

① "着"在唐代表示持续体标记发展成熟。（蒋骥骋，1999、冯春田，2002）"着"有"持续一段时间"的源义特征，"经"亦如此。语法化源义决定论（source meaning determine）认为，具有共同的源义特征的词汇项具有共同的发展路径。（Bybee，1994:2）唐代，"经"也有向体标记发展的迹象，或许是"着""了"的全面成熟使得其没有继续发展的机会而终止。

② 岑仲勉注：高度自地面起计，故曰"起地"。

b 今各就高为堡，东起振武，转而西。（韩愈：《送水陆运使韩侍御归所治序》）

《汉语大字典》（1999：3476）：起，介词。放在时间或处所词的前面，表示始点，相当于"从""自""由"，引五代时期用例。如：

2）可起今月四日知军国事，权以书诏印施行。（五代·明宗曹皇后：《以皇长子潞王监国令》）

雷文治（2002：375）首先注意到"起"在宋代的介词用法：表时间起始。如：

3）起今后，本州岛所贡洞庭柑橘，候见敕者，即得借贡进，不得修为常贡。（宋·王禹偁：《拟罢苏州贡桔诏》）

邱峰（2007）认为"起"在《南齐书》中的介词用法，表示起始点，近于"从"[①]。如：

4）起汉从帝时，御史中垂冯敕讨九江贼。（《南齐书·卷三十六》，页328）

黎锦熙（1924：172）注意到"起"在现代汉语中的介词用法：介所从，表示动作的起点或距离，但没有给出具体用例。《现代汉语虚词例释》（1996：355）也注意到"起"在表达空间的起点。如：

5）起这头到那头一共四十五步。

陈昌来（2002：179）注意到现代汉语中，"起"具有介引"处所经由""时间起点"的用法，但表时间起点的用法没有给出具体用例。如：

6）那几个人起你门前走过。

从以上研究可见，"起"在汉语史中一直保留介词用法，但是就目前文献所及，没有对其进行系统的梳理，对于其语法化过程缺乏系统的研究。

1. "起"的介词化

根据语法化渐进性原则及隐喻原则，"起"应由表"处所起始"发展出表"时间起始"的用法；根据语法化源义决定原则，发生语法化的成分语义决定其语法化路径、走向及语法化项的功能。（Campell & Janda，2001：101）。"起"于先秦即表处所起始（汉语大词典）、两汉时期可见表时间起始的用法；《南齐书》中继承表时间的用法，唐代可见表处所、时间的用法，宋代仍见表处所用法。据黎锦熙（1924）、

魏晋南北朝汉语介词研究

---

①邱峰认为，"起"表起始点，近于"从"，未见学者论及，在其他7部文献中也未发现这种用法，所以，这可能是《南齐书》中的特殊用例。

陈昌来（2002）现代汉语中仍可见"起"之介词用法。如此，介词"起"发生语法化的义项当与"起始"义相关。

《说文》：起，能立也。段玉裁注：起本发步之偁，引申之训为立，又引申之为凡事始，凡事兴之偁。[①]即"起身""动身"之意。如：

7）a 蚤起，施从良人之所之。（《孟子·离娄下》，页203）

b 平原君乃置酒，酒酣，起前以千金为鲁连寿。（《战国策·赵策三》，页710）

由"起身"引申出"兴起""发起"之意。如：

8）a 将起师，子重曰："君弱，群臣不如先大夫，师众而后可。"（《左传·成公二年》，页807）

b 卒起兵伐蜀，十月取之，遂定蜀。（《战国策·秦策一》，页119）

由"兴起""发起"又引申出"出现""发生"之意。如：

9）a 今魏耻未灭，赵患又起，文信侯之忧大矣。（《战国策·赵策一》，页625）

b 若是，故奸邪不作，盗贼不起，而化善者劝勉矣。（《荀子·富国》，页216）

由"发生""出现"引申出"开始"。如：

10）a 高祖乃起舞，慷慨伤怀，泣数行下。（《史记·卷八》，页389）

b 秦缪公怒其逃归也，起奉公子重耳以攻怀公，杀之于高梁，而立重耳，是为文公。（《吕氏春秋·贵直论》，页1577）

Hagége（2010：152）指出，介词结构源于连动结构。"起"于先秦时期出现在连动结构中。如（10）b。在该结构中，"起"为"兴兵""发兵"之意，N1皆为"兵""师""卒"等表示军队或士兵的名词，语义难以泛化（generalization）。Bybee（1994：2）认为，语法化项的源义决定语法词的义域范围，当具有"起始"意义的"起"后跟处所名词作宾语时，我们认为其便初步具备语法化的可能性。汉代始见用例。如：

11）大船积粟，起于汶山，浮江已下，至楚三千余里。（《史记·卷七十》，页2290）

该例中的"起"意为"从……出发"，"汶山"是"起"的出发点。根据上文中的考察，动词最终语法化为介词的重要标准是其动词性元素的消失。（马贝加，1996、2002）当"出发"义消失时，"起"便可重

———————————

[①] 转引自郭锡良等主编《古汉语字典》（2000：1344）。

新分析为介词。

12）a 引渭穿渠起长安，并南山下，至河三百余里。（《史记·卷二十九》，页 1409）

b（秦）筑长城……起临洮，至辽东，延袤万余里。（《史记·卷八十八》，页 2566）

例（12）中，"起"与"至"并用。a 中"三百余里"是"长安"到"河"之间的距离，"至"为介词，表示处所终到（吴庆峰，2002），该例中"起"分析为介词也可接受。b 同。同时，根据语法化层次性假设，"起"也可以分析为动词"从……开始"，义同例（12）。可变换为：

*起于长安，并南山下，至河三百余里。

*起于临洮，至辽东，延袤万余里。

但是，在我们调查的语料中，当动词"从……开始/出发"讲时，"起"多与"于""自"联合使用。如：

13）起自耕农，终于酰醢，资生之业，靡不毕书。（《齐民要术·杂说》，页 19）

故上例中，我们倾向于分析为介词。上例中"起"若还带有少许的［＋运行］的特征，下例中"起"则只能标引处所起点。如：

14）陛下擢仆起闾巷，南面称孤，此仆之幸也。（《史记·卷九十三》，页 2635）

"闾巷"是"仆（韩信）"被"擢升"的处所。"起"为介词。

我们假设"起"的语法化是由省略介词开始。受到"自""从"类推的影响。

值得注意的是，"起"当介词讲时，于汉魏时期只出现在"起 N_1 至/迄 N_2"结构中，表示起点。如：

15）鲁起周公至顷公，凡三十四世。（《史记·卷三十三》，页 1548）

上例中，"三十四世"是"鲁"持续的时间，"周公"是鲁国开始的时间，"起"为介词，表示时间起始。至此，"起"已具备典型介词的性质。

2.介词"起"的语义发展

"起"的介词用法于两汉时期萌芽，魏晋南北朝成熟。如：

16）今所记三辰七曜之变，起建元讫于隆昌，以续宋史。（《南齐书·卷四》，页 205）

魏晋南北朝汉语介词研究

魏晋南北朝未得"起"表处所的用法。唐代政论文书中常见"起"介词用法。《全唐文》检得837例，皆为表示时间起始的用法。如：

17）a 每年选毕，起五月一日，所是文状，即预勘责关简。（《置判南曹官诏·全唐文》）

b 应收授之田，每年起十月一日，里正预校勘造簿，县令总集应退应受之人，对共给授。（《故唐律疏议·卷第十三》，页178）

汉魏之前，"起"表示过去某一时间段的起始，如例（16）、（17）。唐代除了继承这一用法之外，还产生表示将来时间起始的用法。如：

18）a 宜即宣布，永为昭范，可名曰《麟德历》，起来年行用之。（《颁行麟德历诏·全唐文》）

b 诸道贺正端午降诞贺冬进奉，起今权停三年。（《开成改元赦文·全唐文》）

唐代，"起"表"时间起始"由"以后""以来"等强化。如：

19）a 起今已后，太庙郊社斋郎，先事前一日，委监察御史子细点简。（《定辍朝例诏·全唐文》）

b 起今月十六日以后，权不听政。（《辍朝侍膳敕·全唐文》）

c 起二月五日以前，大辟罪无轻重，常赦所不免者，咸赦除之。（《册太上皇尊号赦文·全唐文》）

d 起今日后至来年正月上旬以来，并进蔬食，所司准式。（《进蔬食并断都城屠宰敕·全唐文》）

"起N以后"表示动作从N所表示的时间点开始；V所论述的内容侧重表现N所表示的时间之后所发生的事件，如a、b；"起N以（已）前/以来"表示动作从N所表示的时间开始，V所描述内容侧重N所表示的时间以前所发生的事件，如c、d。

唐代，"起"发展出"时间所在"的用法。如：

20）其所给料钱等，并以户部钱物充，起十月支给。（《宣宗（三）·全唐文》）

唐代，"起自"表时间起点，宋代未见用例。如：

21）起自今以后，先降嫁公主县主，如有儿女者，并不得再请从人。（《公主县主有子女者不得再降敕·全唐文》）

宋代，"起"从表"时间起始"。如：

22）佛法本根源，起从何处出？（《五灯会元·卷第二》，页103）

宋代，"起"表"处所"和"时间"的用法零星可见。如：

23）皇甫谊发河南丁夫百万开之，起荥泽入淮，千有余里，更名之曰通济渠者，隋大业之初也。（《曾巩集·卷49·汴水》）

24）a 起宝元元年，尽庆历八年。（《欧阳修集·卷53·居士外集卷三》）

b《春秋》起周平之年而治其事，《诗》自《黍离》之什而降于《风》。（《欧阳修集·卷61·王国风解》）

元代，表示"起始"意义的"起初"成词，明代"起头"成词。如：

25）你起初时要他，便推轮捧毂；后来时怕他，慌封侯蹑足。（《元曲选·赚蒯通》，页72）

26）起头坐静，第二柜中猜物，第三滚油洗澡，第四割头再接。（《朴通事谚解》）

元代，"起"未见典型用例。方言中保留其介词用法。如：

27）地铁13号线起五道口过。（北京）

28）起小看大三岁到老，起小不成驹长大不成驴。（山东·临沂民谚）

唐代开始，"起"表示"起始"意义与"从""自"等构成"从/自……起"结构。（崔云忠、何洪峰，2014）其介词用法消失，语义合并到其助词用法中。

（五）坐

《说文》："坐，止也。"本义为"坐着""坐下"。"坐"作名词，是"座"的本字。"坐"作动词有"坚守""争讼""犯罪"等义。（古代汉语虚词词典，1996：886）

"坐"的虚词用法由其"犯罪"义语法化而来，表示触犯律令而获罪的缘由。（古代汉语虚词词典，1996：886、马贝加，2009a）如：

1）a 他物若买故贱，卖故贵，皆坐臧为盗。[①]（《汉书·景帝纪》）

b 青长子坐法失侯。（《汉书·卷五十五》，页2489）

马贝加（2009a）认为此时"坐"的义素有：（1）人、家族或集团；（2）有某种罪过或错误；（3）因犯罪错被判刑或受惩罚；（4）不幸或不如意的结果（入狱、处死或免职、降职等）。Bybee（1994：114f）、彭睿（2009）认为，词汇语法化必须要在特定的语言环境中才会发生。上例中，"坐"出现在连动结构中，根据其在语境中的功能，我们认为"坐"的义素特点可以分析为：［连带性］［遭受］［犯罪］［缘由］

---

① 王引之：汉法，入罪曰坐。言罪与律应，不得移动也。

［损失］；句法功能上，"坐·N"与"V·N₂"结构上平行。

两汉时期，"坐"用于"坐·N₁·而·V·N₂"结构，意为"因缘"，动词。如：

2）古者大臣有坐不廉而废者。[①]（汉书·贾谊传）

上例中，"坐"的义素特征可以分析为：［遭受］［缘由］［损失］，即"大臣有因为'不廉'的行为"，"不廉"本身包含"犯罪"特征，故"坐"［犯罪］特征消失，且V作用的对象只涉及到句中唯一指人信息（大臣），且"不廉"是"大臣"的主动行为、"废"是"大臣"被动承受的动作，故该例中［＋连带性］消失。再如：

3）a 恢坐习免官。（《三国志·卷三十二》，页1045）

　b 坐预诏之，得令老将生奸诈。[②]（《汉书·卷五十四》，页1270）

　c 诞麾下百余人，坐不降见斩。（《三国志·卷二十八》，页773）

杨伯峻、何乐士（1985）、马贝加（2009a）认为以上两例中"坐"为动词，《古代汉语虚词词典》（1996：886）认为该例中"坐"为介词。由此可见，失去［＋连带］［＋犯罪］特征后，"坐"处于动介过渡的状态。若［＋遭受］义消失，则"坐"完成其介词化过程。如：

4）玄信坐被刑在家。（《三国志·邓艾传》，裴注引《世语》，页775）

上例中，"刑"的"遭受性"特征由"被"承担，"坐"表示"在家"的原因，语法化为介词，于魏晋南北朝时期成熟，唐五代时仍可见其用例。如：

5）停车坐爱枫林晚，霜叶红于二月花。（杜牧：《山行》）

"坐"语法化为介词表示原因之后，其动词用法特征完全消失。唐五代过后，"坐"介词用法少见，宋代之后消失。至此，介词"坐"的语法化进程完全结束并消失，成为流星介词（何洪峰，2013c）。

六、魏晋南北朝介词语法化的特点

魏晋南北朝处于上古汉语向近代汉语的转折期，该时期介词的来源及发展是考察语法化的重要标本。前代介词中，有些臻于成熟，有些语义泛化，有些退出介词系统。因此该时期介词系统的发展最能代表介词系统发展的特点。

---

① 《助字辨略》云：此坐字与上义少别。犹今云缘某事落职也。

② 《助字辨略》：此坐犹云因也。

（一）语法化单向性

在语法化过程中，语法化项会经历一个斜坡（cline），这个斜坡是不可逆转的，只能是从斜坡的较高的一端走向较低的一端，不能从较低的一端走向较高的一端，即"话语＞句法＞形态＞形态语音形式＞零；自由语素＞附着语素＞词缀"或"实义词＞语法词＞附着词＞屈折词缀"。但Janda（2000）认为单向性并不能说是语法化的绝对趋势；何洪峰（2012）则认为，在语法化斜坡上并不是每个语法化项都会走到最后，而是有可能中间停止，回归动词用法。

那么回归动词，算不算违反单向性原则呢？如"寻""起""经""坐""取""持""夹"等，并没有发展为附着语素或者消失，而是经历语法化之后，介词功能消失，活跃的仍是其动词用法。那么该种现象是不是违反单向性？我们的回答是否定的，即使介词用法消失其动词用法仍会存在，或是源义动词和介词都消失，更谈不上违反单向性原则。这种现象，我们认为是语法化的终止，而不是去语法化（degarammaticalization）。

1. 终止语法化

何洪峰（2016）认为汉语动词虚化为介词后大致有三种结果：1）动介并行，即动词与介词并存，沿用至今，如：靠、借、凭、拿等；2）成为纯介词，沿用至今，如：把、趁、就、照、据等；3）终止介词用法，如：捉、缘、循、去等。

语法化成分终止后，有两个去向：a）语法词功能消失保留实词功能，如"捉、取、持、去、起"等；b）语法词和实词功能都消失[①]，如"就、寻、夹、坐"。其中a）现象，Capell、Janda（2001）等认为是词汇化，是一种逆语法化现象。何洪峰（2012）把该种现象定义为终止语法化。

本书赞同何洪峰等的观点：该现象为终止语法化。以介词"持、取"为例分析：

"持"作介词汉魏时期成熟，流行于两晋，唐代之后未见其用例。如：

1）a 实是其理。阴持女言，转密相语。（《贤愚经·无恼指鬘品》，页427）

[①] 这里的语法词和实词是指语法化项（grammatical item）和原项（item）。二者之间有源流关系。如"坐"由"犯罪"义发展出"原因介词"用法。现"犯罪"义和"原因介词"用法都已消失。

b 持手着阿难肩上。语阿难言。（《道行般若经·摩诃般若波罗蜜道行经嘱累品》，页 478）

检索选定魏晋南北朝文献，共得"持"字用例 976，介词用法仅 4 例，表示"持拿"的动词用法 336 例。如：

2）a 即便持钱往买其果。（《百喻经·尝庵婆罗果喻》，页 209）

b 道士欲求长生，持此书入山。（《抱朴子内篇·遐览》，页 336）

据朱冠明统计，"持"字句从东汉到隋没有太大的差别，分别为东汉 4 例，吴 4 例，西晋 4 例，东晋 10 例，元魏 4 例，隋 11 例。同样在朱冠明统计的 10 部佛经典籍中，仅"持拿"义动词"持"就有 672 例。如：

3）a 备闻此者罪我不小。卿促持去。（《六度集经·卷第二》，页 7）

b 执杖持钵。见彼人已。（《佛本行集经·卷第十五》，页 725）

唐以后，"持"介词用法消失。动词用法仍发展。如：

10）（俱）持璎珞，各挂天衣。（《双恩记·敦煌变文集新书》，页 66）

"持"作介词东汉出现，唐代消失，期间典型介词与源义动词出现的频率之比为 1:192。但"持"介词用法成熟后，并没有完全取代其动词功能，且动词用法和介词用法一直并行。

魏晋南北朝时期"取"动词用法占优势，且与介词用法同现。唐代之后，"取"介词用法消失，动词用法流行。

语法化的结果往往是不完整的子系统，这个子系统也没有明显地沿着特定的轨迹运行。在一个语法化环境中，看起来已经完全边缘化了的成分，其实并没有边缘化而是在许多情况下可以重新利用。"持、取"语法化过程表明：语法化并不是在一条轨迹上来回发展，而是双线并行。

综上，原项（item）在发生语法化后会产生四种途径：

（1）原项→语法化项→继续语法化[①]

（2）原项→语法化项→继续语法化

　　　　　　　↙

　　　　原项

[①] 第一种途径是语法化中最普遍的，也得最能得到公认的，兹不再赘述；第四种途径原项和语法化项都消失，属于词汇系统的更新。

（3）原项→语法化项→○

              ↘

            原项

（4）原项→语法化项→○

第一种途径，原项发生语法化后消失，语法化项继续发展；第二种原项发生语法化后，继续保留，语法化项继续发展；第三种原项语法化后，语法化项和原项并存，后语法化项消失，原项保留。第四种原项发生语法化后消失，语法化项保留一段时间也消失。

2.介词终止语法化后去向

魏晋南北朝，"取、持、夹、起、寻、坐"等先后退出介词系统，有些回归源义动词，有些回归引申义动词，有些回归本义，有一些和其源义动词一起消失，退出词汇系统。

（1）回归源义动词

回归源义动词，是指停止语法化后，介词用法消失，源义流行。如："取""持""夹"。"取"介词用法消失后，动词（"持拿"义）用法通行；"持"介词功能消失后，源义（"持拿"义）流行。"夹"介词用法消失后，动词"从两个相对的方面施加作用"的义项占优势，回归到源义动词。其语法化路径可描述为：

源义动词→介词→○[①]

             ↘

            源义动词→……

（2）回归本义动词

回归本义动词，介词语义源头并不是该词的本义，而是其引申义，介词功能消失后，该词没能回到介词源头的源义，而是和源义动词一起消失，本义动词占优势。如"坐"。"坐"由"坐卧"义引申为"连坐、犯罪"，由"连坐、犯罪"义开始向介词语法化，表示"原因"。唐以后，介词"坐"消失，而此时"连坐、犯罪"义已成为历史名词存在于"连坐"等指称名词中，"坐"之"坐卧"义在其语义家族中占优势，从而使消失的介词语义回归到动词本义中。其语法化路径可描述为：

本义动词→引申义（源义）→介词→○

———————

① ○表示该功能消失。……表示该用法后代沿用并占优势。

3）回归引申义

回归引申义是指，介词功能消失时，某词汇项的引申义占优势的现象。如"寻"。"寻"由长度名词引申为"遵循"，由"遵循"引申为"寻找"，由"寻找"开始语法化发展为介词。唐宋之后，介词"寻"消失，各义项中占优势的是"寻找"义，而"寻找"义是由"遵循"义引申而来。其语法化路径可描述为：

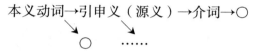

本义动词→引申义（源义）→介词→○

介词语法化过程中，第一、二种途径继续发展，介词语义泛化，之后会产生语义强化现象；第三、四种途径终止语法化，终止语法化的成分有些回归源义动词，有些回归引申义动词。正是介词成员的消失导致介词系统的更新，即成员的更替；同时在语义发展的约束下，更多的语义成分需要借助介词手段来表达，因此在以上四种途径作用下，促使介词系统完成其语义创新。

（二）语义强化

动词语法化为介词后，可能会沿着语法化斜坡继续发展，语义虚化。魏晋南北朝时期，介词系统逐渐成熟，继承介词中有些介词语义进一步虚化，如"从"可表处所、时间、对象、依凭等。该类介词若要精确表达引介功能，便需要其他手段进行辅助说明，从而产生介词语义强化。自魏晋起，"时间"类、"方式"类、"处所"类、"范围"类、"依凭"类介词具有语义强化现象发生。

1."时间"类介词的强化。魏晋南北朝，语义强化的时间类名词有"从""自"，强化的形式是在"P·N"结构中附加表示时间起始的"起""开始""始"等表示"起始"语义的成分。如"从"。"从·Nt"表示时间强化有两种结构：

1）"从·N·始/起"结构，这一结构使隐含的"起始"义凸现，比较：

4）a 我从今夜欲受八禁清净斋戒。（《佛本行集经·卷第七》，页682）

b 贤弟，你从今日难比往常，凡事自宜省戒，切不可托大。（《水浒传·第四回》，页58）

5）a 从六日始，东北风吹，累日不改。（《入唐求法巡礼行记·卷一》，页143）

b依国符，从十月一日起宛行。（《入唐求法巡礼行记·卷四》，页520）

（5）中，"从"表示时间从某一点延长，侧重延续性；（6）中，"从"表示动作从某时间点开始进行，由"始""起"加强"起始点"，"从……始/起"侧重起始性。

2）"从/起·N·以来/以后"结构。该结构使N时点前后的时段因素凸显，如：

6）a从去年来，两街讲说绝也。（《入唐求法巡礼行记·卷四》，页454）

b然从会昌元年已来，经功德使通状请归本国，计百有馀度。（《入唐求法巡礼行记·卷四》，页464）

c从今已后，第一不得行此事。（《祖堂集·卷四》，页197）

d自从一见桃华后，直至如今更不疑。（《五灯会元·卷十九》，页1305）

e起今日后至来年正月上旬以来，并进蔬食，所司准式。（《全唐文·卷三十四》，页1142）

2.方式"类介词的强化。表方式的强化主要是在"从·N"结构中。"从·N"表方式义是隐含的，构成"从·NP·看/说来、来看/说"结构，凸显了主观性方式。如：

7）a自十有二月不雨，至于秋七月。（《左传·文公二年》，页518）

b天下明德皆自虞帝始。（《史记·卷一》，页43）

3."处所"类介词的强化。"P₁·N₁·P₂·N₂"结构，N₁和N₂分别表示动作进行的处所的两个端点，介词结构表示动作在N₁和N₂表示的处所之间进行。如：

8）犹云起这头至那头也。（《朱子语类·中庸二》，页1525）

4."范围"类介词的强化。在"P·N"结构中附加表示范围的"内"、"外"、"之内"、"之外"等成分以突显范围取向。如：

9）住心看净，起心外照，摄心内证。（神会语录·《近代汉语语法资料汇编（唐五代卷）》，页54）

魏晋南北朝时期，"除"表排除由"外""之外"等表示范围之外的意义进行加强，形成"除……之外"结构，沿用至今。如：

魏晋南北朝汉语介词研究

10）一切但依此法，除虫灾外，小小旱不至全损。（《齐民要术·杂说》，页26）

5.“依凭”类介词的强化。依凭介词的强化是在“P·N”结构中添加表示测度义成分“看”“来看”“说”“来说”等以突显V执行的标准或依据。如：

11）a 且就这一身看，自会笑语。（《朱子语类·鬼神》，页40）

b 然就人之所禀而言，又有昏明清浊之异。（《朱子语类·性理一》，页66）

c 天则就其自然者言之，命则就其流行而赋于物者言之，性则就其全体而万物所得以为生者言之，理则就其事事物物各有其则者言之。（《朱子语类·性理二》，页82）

介词语义加强后，在加强语境中介词不能单独表示原有意义，只有跟加强成分联合才能表示原有意义。

（三）语法化更新和创新

语法化过程中，有些语法化项（介词）继续发展，产生语义创新，如“和”发展出连词用法，“于”语法化为构词成分；有些语法化项消失，使系统产生更新，如“取、持、捉”等表对象介词意义消失，该意义由“把”继承。介词系统的更新表现在流行介词消失，新成员出现；介词系统的创新表现在新范畴意义的出现。

1.介词系统成员更新

魏晋南北朝介词成员的更新主要体现在形式的更替，先秦介词成员大部分在魏晋南北朝时期得以继承，如：于、以、至、自、从等；部分退出介词成员系统，如：唬、安、已、罢、越（戉）等，消失的成员有的完全退出介词系统，如：唬、已、罢等，有的被其他形式代替，如：安→按等。消失成员的语义由原来成员分化承担，如：已→自、若→比等；有的由新生成员替代，如：卒→到；戠→到等。

1）流星介词消失

先秦文献中，共统计得有：比、邠、界、并／并／併／并、卑、才、乘、从、徂、达、罢、代、当（当）、到、道、方、都、后、乎、及、即、暨、历、牵、母、讫、迄、如、若、使、恃、率、沓、为、先、向（鄉、向、乡）、焉、沿、繇、以、因、由、于、于、与（与）、零、遹、爰、缘、越（戉）、庸、用、在、戠、至、诸、中、终、自、卒、作、比及、至于（於）、亦越。其中，两汉时期消失的介词有：邺、畀、卑、才、徂、达、罘、乎、历、牵、母、若、恃、率、沓、惟、焉、亦越、庸、雩、遹、戡、卒、作；魏晋南北朝时期消失的介词有：代、道、都、方、后、乎、即、历、旁、讫、越（戉）、繇、中。

2）成员继承和新成员替代

两汉时期，继承先秦的介词有：比、并、乘、从、代、当、到、道、都、方、乎、及、即、暨、历、讫、迄、如、为、先、向、繇、以、因、用、由、于、与、爰、缘、越、在、至、中、终、诸、自；新生介词有：被、抵、逮、迨、对、据、随、逐、遵。魏晋南北朝，继承先秦时期的介词有：比、乘、从、当、到、乎、及、即、为、向、以、用、由、于（於）、与、爰、缘、在、至、诸、自；继承两汉的介词有：被、逮、迨、抵、对、将、随、遵；新生介词有：顺、往、寻、沿、就、循、将、取、持、夹、仗（杖）、共、同、连、和、除、凭、据、望、着（著）、经、起、坐。可见，由先秦到魏晋南北朝，介词系统逐渐完善、定性，大量限域性介词退出介词系统，完成了介词成员系统的更新。

2.介词系统的语义创新

介词语义系统的创新，表现在新范畴意义的产生，如表"沿顺"义成熟，表"连带对象""排除对象""排除范围"语义域产生。

1）表"沿顺处所"义产生。先秦时期"沿""缘""顺"等还不具备真正意义上的介词功能，表示"沿着某处运行"的义域由动词承担。如：

12）a 沿汉溯江，将入郢，王在渚宫下见之。（《左传·文公十年》，页576）

b 汝颖以为险，江汉以为池，限之以邓林，缘之以方城。（《荀子·议兵》，页331）

c 既饮旨酒，永锡难老，顺彼长道，屈此群丑。（《诗经·鲁颂·泮水》，页282）

魏晋南北朝时期，"沿""顺"逐渐确定介词性质，"P（沿、顺）·N·VP"结构中 N 为表示河流、道路等的名词，VP 具有［＋运行］特征，介词结构意为"沿着某地运行"。至此，处所类介词语义系统中"沿顺处所"确定。如：

13）a 贼沿塘结阵，战者不过一队。（《宋书·卷一〇〇》，页

2453）

b 虏退，安民沿淮进寿春。（《南齐书·卷二十七》，页 502）

上例中，"沿"初步具有介词性质，a 中"塘（边 / 岸）"是"结阵"的处所，"沿塘"是"结阵"的方式，"沿"失去其"运行"概念意义，但是仍保留"在……边上"的义素特征，所以 a 中"沿"可理解为介词，b 同。

2）狭义处置义产生。"取"以前的处置式中没有狭义处置式的语义范畴，"以""持"做对象介词时均不能出现在狭义处置结构中。魏晋南北朝时期，介词"取"发展出表示狭义处置式的用法。如：

14）取落葵子熟蒸，生布绞汁，和粉，日曝令干。（《齐民要术·种红蓝花及栀子第五十二》，页 467）

3）表"连带范围"义产生。魏晋南北朝之前，介词语义范畴中没有表连带范围的义域，表示连带范围的介词"连"魏晋南北朝时期出现。如：

15）尝发所在竹篙，有一官连根取之，仍当足。（《世说新语·政事第三》，页 109）

表"连带范围"的"连"于宋代发展出表"处置对象"用法，有强调意味。如：

16）便是连那"毋自欺"也说。（《朱子语类·大学三》，页 339）

元代，"连"又发展出表示强调对象的用法。如：

17）买了人家孩子，连恩养钱都赖了。（《看钱奴买冤家债主·新校元刊杂剧三十种》，页 161）

4）表"排除范围"义产生。魏晋南北朝时期，介词"除"成熟，表示排除在范围之外。魏晋南北朝之前没有出现表示排除的介词义域。魏晋南北朝时期，"除"发展为介词，表示排除范围。现代汉语中得以沿用。如：

18）a 除兄子二人补四百石，都讲生八人补二百石，其余门徒多至公卿。（《后汉书·卷三十七》，页 1253）

b 商周两代讲究厚葬，为死人随葬除各种明器之外，并颇流行以活人与车马陪葬。（现代汉语平行语料库）

c 除了研究生之外，周先生也教高中生物科资优生。（现代汉语平

行语料库）

　　魏晋南北朝时期，介词语法化遵从单向性原则。有些成分继续发展，语义泛化，故产生语义强化现象；有些成分终止语法化回归动词，从而导致介词系统的更新和创新。以魏晋南北朝介词系统的发展为例，和其他虚词相比，介词语法化除"单向性"外，更具有"语义强化"和"更新和创新相结合"的特点。

　　"沿顺"类包括"经"在内由7个介词在该时期成熟或萌芽，是该时期成员更新最多的次类。

　　"持拿"类有7个介词于魏晋南北朝时期开始语法化，"将""取""持""夹""捉"在汉末魏初开始语法化，魏晋南北朝时期成熟，但"取""持""夹"基本上于该时期消失，成为流星介词（何洪峰，2013b），只有"将"得以沿用。"夹"本义为"持拿"次类，但由其引申义开始语法化，故路径与"将""取""持"不同，发展出表示处所的用法，没有沿着"持拿"类介词的语法化路径往下发展。

　　"协同"类介词是魏晋南北朝时开始语法化的成员中生命力最为顽强的一类，一直沿用至今；也是语法化最彻底的一类，发展为连词，动词用法消失。

　　"依凭"类介词处于动介并存状态，且其标引对象多为抽象结构。"凭""据"由其"依靠"次类语义开始语法化，在介词用法还没有完全成熟的时候就需要其他成分的配合才能表达相关的介词语义。由此可见，由抽象义开始语法化的成员多处于框架结构中，形似类似框式介词（张谊生，2001）的结构，且在功能上多保持动介并行的状态。

　　以上四组介词的发展过程表明汉语介词在语法化过程中会经历三种情势：

　　1）完全介词化。如"协同"类介词、"行顺"类介词。

　　2）动介并行。如"依凭"类介词、望。

　　3）回归动词。如部分"持拿"类介词。

　　魏晋南北朝新生介词如果按照其介词语义特征又可以分为：

　　1）"路线"类介词。如：顺、往、沿、循、寻、就、望、经、起。

　　该类介词的起始语义多为表示路线的起始、终到、经由或朝向，又可以通过隐喻向其他认知域映射。其语义特点可以描述为：

魏晋南北朝汉语介词研究

2）"工具手段"类介词。如：将、持、取、夹、仗（杖）、着（著）、凭、据、捉。

该类介词的初始语义多有表示工具或手段的用法。其语义特点可以描述为：

3）"关系"类介词。如：共、同、连、和、除、将、坐。

该类介词的初始语义表示二者之间的主、被动关系或抽象事理关系，这类介词较容易向连词发展。其语义特点可以描述为：

第五章 介词认知语义模型及语法化机制

隐喻（metaphor）是语法化发生的重要机制。（Haspalmath，2003）本章从层次网络模型角度构拟介词语义模型，探讨介词语法化发生的认知机制。

一、介词结构语义网络模型

介词根据其结构语义特征也可以构成不同的语义网络模型[①]，每一语义特征都会出现在语义网络层次模型中的固定位置，并且具有一定的上下级关系。如"空间"类介词的语义模型：处所［起始］［所在］［经过］［经由］［沿顺］［所到］［终结］［起始］。

介词只具有语法意义，不具备词汇意义，语义性质需要根据介词结构中构成成分之间的关系进行判定。当介词语义判定进行到最下一层节点时，还需要结合介词源义的滞留因素进行语义判定。介词系统内部也可呈现出一定的层次性特征。

（一）"空间"类介词的语义层次模型

空间类介词涉及处所和方向。魏晋南北朝时期，处所类介词有"从""于（於）""往""就"等，其中 N 的语义特征有［＋处所］［＋容纳性］［＋附着性］［＋边界］特点，如：

A 山河路桥建筑：山、淮，路，园
B 地名：丹阳、巴丘
C 器具：筐、篚、车
D 身体：股、臂、口

---

① 网络层次模型认为，语义记忆的基本单位是概念，每个概念具有一定的特征。有关概念按逻辑的上下级关系组织起来，构成一个有层次的网络系统。层次网络模型对概念的特征实行分级贮存。在每一级概念的水平上，只贮存该概念独有的特征，而每一级的各概念所具有的共同特征则贮存于上一级概念的水平上。在这个模型中，由于概念按上下级关系组成网络，因此每一个概念和特征都在网络中处于特定的位置，一个概念的意义或内涵要由该概念与其他概念特征的关系来决定。（王甦、汪安圣，1992［2010］:114-117）

E 方位：前、后、彼

V 有［＋附着性］［＋被容纳］［±运行］［±方向］特点，即在处所类介词结构中 V 为在一定的空间内存在或运行的动作。动词 V 的语义范围有：

A 执行义：戏、玩，窥，制

B 遭遇义：生，逢，现、没

C 持拿义：拿、取、采、持

D 放置义：站、坐；着、置

E 言谈义：谋、说、应、答

以上各类动作的实现，"处所"是必要条件，即只有在一定的处所中才能实现。

介词只具备语法意义，其意义是由介词所在结构中名词（介引对象）和主要动词之间的语义关系决定的。根据处所类介词结构中名词和动词的语义性质，处所类介词的语义性质为：

PL［处所］［容纳］［运行］［界点］［表面］［方向］或［－运行］［表面］

当变量介词出现在［＋可容纳］［＋界点］的处所名词，且 V 为［＋运行］动词时，介词表示处所，界点在前表示起始、界点在后表示终点或方向，若 V 主体或受体附着于 N，表终点，否则表方向，界点在中表示经由；如介词结构中，N 为［＋可容纳］［＋表面］名词，V 为非运行义，则介词表示处所所在。

魏晋南北朝时期，介词语义概念也形成一个层次网络模型。如介词表达空间语义概念可以表示处所和方向，其中处所又可以有起点、经由和终点；经由又可以离析出［＋表面］经过和［＋沿顺］经过。表示［＋表面］经过时，V 必须在 N 所表示的处所上运行，如：

1）a 经庭前桃树边过。（《齐民要术·五谷果蓏菜茹非中国物产者》，页 1028）

b 恶不复由耳目鼻口入。（《六度集经·卷第七》，页 39-2）

上例中，N "庭前桃树边" "耳目鼻口" 是 V "过" "入" 实现所必须经过的处所，带有［＋附着］特征。

表［＋沿顺］时，N 不必然是 V 实现所经过的处所，但是 N 是重要的参照标准。如：

2）a 从彼河岸，顺流下行。（《佛本行集经·卷三六》，页 822-2）

b 遂被狂寇顺风放火，红解连天。（《苏武李陵执别词·敦煌变文集新书》，页 908）

例 2）中，N（彼河岸、流、风）不必然是 V（行、放火）经过的处所，而是［＋沿顺］N 所延伸的方向进行，"河岸、流""风"是"行""放火"实现的重要参照物。

汉语表达空间的方式有存现句、方位词和介词短语。存现句突出空间的包容性，即立体空间。如：树上有两只杜鹃。远处走过来两个人。

方位词突出空间的附着性，即二位空间。如：桌子上两本书。厨子里满是衣服。

介词短语突出空间的概念性，即动作进行的具体处所或方向，具有［表面］［界线］［可容纳］［可运行］［方向性］特点。如：

在桌子上有两本书。从四方车站来。经西安去北京。向北京进发。到北京开会。

处所类介词按照上下级的关系组成网络模型，每个概念和特征处于节点中的固定位置，介词的语义也要根据该节点的特征进行判断。如下图①：

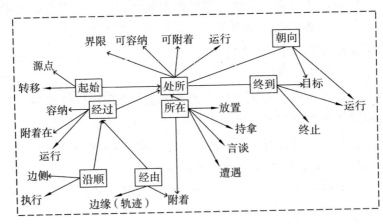

图 5-1 "处所"类介词结构语义层次模型

上图中，每一个子节点通过一定的共性指向母节点，如"经过"。"［P·N 容纳·V 运行/附着在］"结构中，［＋经过］必须

---

① 在下图中，母节点处向外的箭头表示母体词义的特点，向内的箭头表示下级语义分支，粗箭头代表介词结构中动词的主要特征，细箭头代表介词结构名词的语义特征，虚箭头代表动词或名词在该类结构中所特有的特征。

运行于某一处所，且该处所必须具备［＋容纳性］，故"经过"义是"处所"义的下层语义，处于"处所"义语义模型的第二层，当［＋经过］主体附着于［＋经过］［＋处所］时，表示"经由"处所，由［＋运行］、［＋表面］共性指向"经过"子节点；当［＋运行］主体和［＋处所］互为［＋参照］时，介词表示"沿顺"处所，通过［＋边缘］和［＋表面］区别于"经由"，通过［＋延伸］特征指向"经过"处所，故"沿顺"、"经由"处于处所类介词的第三子节点。目前学界普遍把"处所沿顺"和"处所经由""处所起始""处所所在""处所所到"平行并举，这实际上是忽视了介词的语义网络层次性，以及每一节点的固定性特征。

（二）"时间"类介词语义层次模型

何洪峰，贾君芳（2018）从介词结构语义出发，概括了时间介词的语义层次系统：

时间介词
- 客观时间介词
  - 移动时点：起始→近邻→经过→终至
  - 固定时点：所在、正当、所距
- 主观时间介词：等候、赶趁

时间类介词结构中，N 具有［＋持续］［＋容纳］［＋单向］特征，即可允许某一事物或动作存在或发生的一维时间；V 具有［＋变化］［＋作用］特征，即在某一时间内动作具备变化性或对其他事物产生影响。魏晋南北朝时间类介词有从、自、起、到等。

该类介词结构中，N 有 3 类，如：

A 表具体时间的词：九月一日，汉顺帝

B 表示事情发生的时间的动词或短语：刑、天子西迁、颜延之为祭酒

C 表示天色、时节的词：晓、暮、清明、霜降

V5 类，如：

A 遭遇义：死、生，冻、得、失

B 执行义：战、伐，衰、颓、熟

C 运行义：还、归、出、返、飞

D 言谈义：言、曰、道

E 转移义：卖

"时间"介词结构中，N 为表"时间点"名词，V 有［－运行］特征。

如：

3）a 当出户时，忽掩其衣裾户间，掣绝而去。（《搜神记·卷二》，页25）

b 在今宁得息谈邪？（《南齐书·卷五十四》，页927）

当 N 为表示时间段的名词时，V 有两种情况，一种为状态动词，一种为动作动词。当 V 表示状态，且具备［+持续性］特点时，介词结构表示时间起始。如：

4）从四月一日又阴雨，昼或见日，夜乍见月。（《南齐书·卷十一》，页370）

上例中，"四月一日"为具体时间，不具备延展性，"阴雨"有持续性，"从"字结构表"时间起始"。

当 V 表示动作时，介词语义有两种情况，一是 V 具有［+运行］特征，一是不具备［+运行］特征。具备［+运行］特征时，介词结构表示时间起始或者时间所到。如：

5）到榆英时，注雨止，候土白背，复锄。（《齐民要术·大小麦》，页148）

"时间"类介词的语义层次可描述为：

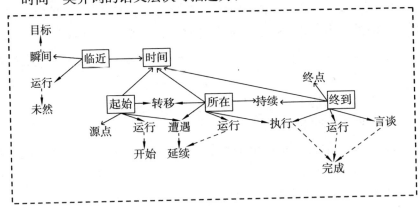

图5-2 "时间"类介词结构语义层次模型

（三）"对象"类介词语义层次模型

对象类介词的语义特征为：某一对象和另一对象之间具有互相作用的关系：主观作用：受事对象、比较对象、师从对象、伴随对象、言谈对象；客观作用：施事对象。介词结构中，N 有［+客观］［+受动］特征；V 有［+同现性］［+交互性］［+作用性］特征。如：

A 遭遇义：会、通、集、别

B 执行义：诛，谒，系，磨

C 言谈／情貌义：语、言，忧、友

D 放置义：居、据，有、得、始

E 运行义：行、进、往、至

F 形容词：苦、坏

根据 N 和 V 之间的关系，对象类介词的语义层次网络模型为：

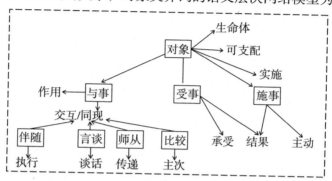

图 5-3 "对象"类介词结构语义层次模型

（四）"概念说明"类介词语义层次模型

1. "依凭"义介词的语义层次模型

"依凭"义介词介词，表示动作发生所依据的条件、工具、手段和方式等，（Nichols, Johanna, and Alan Timberlake，1991：121、何洪峰，2006、2013）其成员有："取、持、以、用、乘、逮、因、缘、寻、随、依、据、论、于（於）、仗（杖）、由、凭"。出现在该类介词结构中的 N 表示工具、时间、标准、条件。如：

A 实物类名词：斧、土，筐、车，神勇之兵

B 时间类名词：春，兵未到，书名、典籍

C 条件能力类名词：术、威名、神武，米多少

D 性质形容词：热、凉、明／实、宽

"依凭"类介词结构中，名词具有［可利用］［客观］［优势］的特征，VP 有［影响］［结果］和［行动］特征 [①]，其分布如下：

A 转移义：投、酬、赏，变、迁

B 执行义：作、为，治、照，拜

---

① 动词所施行的行为，并且会对外物或自己产生某种影响或造成某种结果。

C 放置义：布、置、覆、盖

D 持拿义：摄、取

"依据"类介词的语义特征为"N 是某人或某物施行某一动作的凭借或方式"，其语义网络层次模型可以概括为：

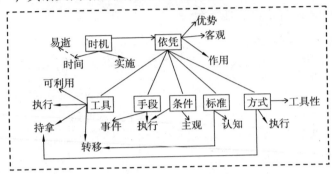

图 5-4 "依凭"类介词结构语义层次模型

"依凭"类介词结构中，当 NP 具有[+时间]特征时，VP 具有[+运行][+执行][+影响]特征。若 NP 为表示时间点的名词（短语），则 VP[+运行][+执行]的条件性要强，如（6）a，意为"某一时间点是做某一事件的最佳时机"；当 NP 为表示时间段的名词（短语）时，VP[+运行]、[+执行]可长时间实施，意为"在某一状态没有出现或完成之前做某事"，如（6）b：

6）a 用热食。若不即食，重蒸取气出。（《齐民要术·素食》，页958）

b（匈奴兵）乘其衰弊，遂进击乌丸，斩首六千余级。（《三国志·卷三十》，页833）

介词结构中，NP 为表示工具的名词时，VP 为[+行为]义，且具有[+结果][+影响]特征，意为"NP 是实施某一动作 VP 的工具"。如：

7）用蚕沙与土相和，令中半；若无蚕沙，生牛粪亦得。（《齐民要术·种瓠》，页200）

2. 说明类介词的语义层次模型

"说明"类介词包括动作施行的原因、目的和范围。介词结构中，N 多具有主观性、范围、致使性特征；V 具有[+致使][+结果][+判断性]特征。如：

A 执行义：烧、作，臻，治，为

B 遭遇义：受、遭、苦、得、失

C 运行义：行、往、征

D 言谈义：诏、说、道

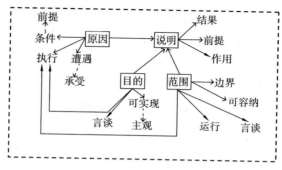

图 5-5　"说明"类介词结构语义层次模型

二、介词系统语义模型

（一）介词语义激活模型

Hagège（2010：260-264）列举了 51 种介词的语义功能，并划归为 3 大"语义域"（Semantic domains）：核心意义域、时－空域、关系概念域。

核心意义也叫做"角色意义"（acutance meaning），它们关涉了主语、宾语、间接宾语和修饰性成分，特别是施事格（agentive）、受事格（patientive）、归属格（attributive）和所有格（possessive）等所标记，（Hagège，2010：273、283）它们都是动作行为的核心参与角色（core participant）被认为是较高功能层级。

"时－空域"，即时空语义关系，可再分为"空间域"和"时间域"。"空间域"包括"静态空间"和"动态空间"："静态空间"表达空间定位关系，如"定位格"（inessive，location at a place）；"动态空间"表达空间位移路径，如"趋向格"（illative，motion to a place）和"离格"（ablative，motion from a place）。标记空间域的介词最丰富，所有语言至少一个。"时间域"通过空间隐喻来表达，如"先时/过去（preessive）、将来/后时（postessive）、持续（perlative）"等。

如"工具格（instrumentive）、凭借（mediative）、比较格（comparative）、协同格（comitative）"等所标记的语义关系均为"关系概念域"。

对于一个具体的语义域内的若干介词成员来说，具有竞争关系，其引介能力有差异，有的是主标介词，有的是次标介词，前者在一定时空内，在某个具体语义域内的复现频次要高很多，后者相对就很低。

对于一个系统内的具体介词来说，其"标记"能力也有差异，有的仅标记一个"语义域"，有的标记多个"语义域"。因此，前者在系统内竞争时就会成为"限域介词"，后者就成为"广域介词"。

Heine（2002）、吴福祥（2005、2014）、何洪峰（2011）等描述了语义之间的映射或激活。通过对介词子语义系统层次的描述可以看出：介词各子系统之间通过各种特征相互关联。如"空间"介词结构中，NL有［＋起点］［＋边界］［＋终点］［＋可容纳］等特点，VL有［＋运行］［＋穿过］［＋执行］等特点，"时间"介词结构中也具有相同特点。"对象"介词中，NO具有和NL相类似的特点，如指人名词也可以具有［＋起点］［＋可容纳］等特点。据我们观察，各语义域之间通过某种相同或相似的特点进行联接，激活其中一个义域便有可能使其他义域处于苏醒状态。如：

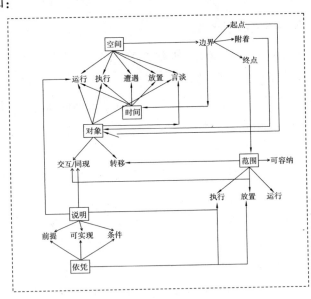

图 5-6 魏晋南北朝新生介词语义激活模型

（二）介词系统语义层次模型

Anderson（1971）和Lyons（1977）认为空间概念是最基本的概念，语言中表示空间的词是派生其他词语的基础。派生是通过隐喻（metaphor）或引申从空间域转移到其他认知域，如时间域、目的域等。如"就"。"就"由表示空间义引申到对象、时间。如：

就高丘以居也。　　　　　　动词——到……去：空间

主人就东阶，可就西阶。　　　动词——趋向：空间

既来，帝就太妃间相见。　　　动/介——趋向/处所：空间

先就东郡张恭祖受周礼。　　　动/介词——趋向/对象：空间/对象

（杜不愆）少就外祖郭璞学易卜。　介词——对象：对象

就马每吃的饱时，赶动者。　　介词—时间：时间

Heine（1991）等认为，作为语法化的"输入"成分，最基本参照点是人对自己身体的认识。他认为，人类的认知方式为：人 > 空间 >时间 > 行为 > 性质。

介词语义由外到内可分为"语境义"和"非语境义"；非语境义包括"对象"义和"非对象"义；非对象义又包括"依凭"义和"说明"义。魏晋南北朝介词语义层次分布如下：

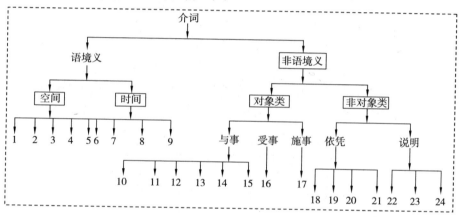

图 5-7　魏晋南北朝介词语义层次模型

1. 处所起始：从、自、于（於）、即、就；

2. 处所朝向：向、即、往、望

3. 处所所在：从、当、于（於）、即、爰、以、缘、乎、自

4. 处所经由/沿顺：由、从、经、随、于（於）、寻；沿、缘、循、依

5. 处所终到：于（於）、诸、至、到、在、着、逮、抵、迄

6. 时间起始：从、以、由、于、自；

7. 时间临近：向、临

8. 时间所在：当、以、由、于（於）、从、在、用、乎、及

9. 时间所到：到、于（於）、至、逮、迨、投、及

10. 伴随对象：与、及、从、乎、于、和、同、共

11. 言谈对象：乎、于（於）、以、向、自、由、与、对

12. 授受对象：从、于（於）、就、向；

13. 受益对象：与、为、于

14. 求索对象：从、向、于（於）、与、就；

15. 比较对象：与、比、乎、于（於）

16. 处置对象：取、持、以、于（於）、将；

17. 被动：于（於）、由、被、为、着（著）

18. 工具：取、持、以、用、与；

19. 时机：乘、以、用、逮、因

20. 标准：以、因、依、据、论、从、于（於）、寻、随

21. 条件/方式①：乘、取、以、缘、因、用、由、仗（杖）、凭

22. 原因：为、以、因、用、由、于（於）、缘、坐、在

23. 目的：为、以；

24. 范围：连、除、于（於）、爰、在

由上图语义分布层次可见，空间类介词成员在所有介词语中分布最广。结合图 5-7 可以看出，空间类介词结构中可以激活的节点最多，扩散范围最广，语义覆盖区域最多，基于此我们断定在介词语义扩散的过程中，空间域应该是向其他语义域扩散的主要节点。

三、介词语法化的机制

Heine and Kuteva（2002：2）定义语法化机制为（发生语法化的词汇的）源义对语法化的直接或间接的影响，而不是语法化得以实现的手段。Z Frajzyngier（2008：65）认为要想全面的描述词汇项或结构形式发展为语法形态的过程，必须要回答以下问题：a 是什么引起了语法化？ b 在什么情况下，是这一词汇形式而不是另外相近的词汇形式发生了语法化？ c 是什么决定了语法化备选项的选择？

a，b 两个问题的回答已有较多成果，如 Lehmann（1994、2002）、Hopper（1991、2003）、Haspalmath（1998）、Heine and Kuteva（2002）等；国内刘坚等（1994）、石毓智（2008）、吴福祥（2002、2005、2007、2012）、何洪峰（2011、2012、2013）、董秀芳（2009、

---

① 根据介词结构中 V 和 N 之间的性质，在介词成员层次分布中二者归为一类，但二者具有不同的语法意义故 §4 分别论述。

2012）、马清华（2006）、张旺熹（2005）等。c 还缺乏相关的研究。何洪峰（2014）从句法语义的选择角度阐述以及回答了 Heine&Kuteva（2008：28）的"为什么是这些形式而不是其他形式发生了语法化？"的问题，进一步阐释了语法化项选择的背后的机制：语义溢出和句法控制。Heine et al.（1991）从交际的角度探讨了语法化发生的机制。Hopper and Traugott（2003）认为语言的经济原则是语法化发生的主要动因。Z Frajzyngier（2008：70-99）认为扩展是语法意义和语法功能产生的重要过程。任何语言的语法都是这个过程的产物，是一个经历连续变化的产物。同时，一个来源于语法化的形式的意义包括：a 语音手段。b 词汇范畴或词范畴。c 语序（语言的线性排列）。d 词汇范畴的曲折变化。e 词汇项或短语的重复。

Harris and Campbell（1995）认为，语法化有三种机制：重新分析，扩展和借用。Heine and Kuteva（2002：2）分析了四个语法化[①]的相关机制：a 去语义化或曰语义漂白（desemanticlization or semantic bleaching）；b 扩展或曰语境泛化或在新语境中的适用（extension，context generalization or use in new contexts）；c 去范畴化或曰词汇形式或具有较少语法性质的成分的句法形态特征消失（Decategorization or loss in morphosyntactic properties of lexical or other less grammaticalized forms.）；d 销蚀，也指某个音节中语音实体的丢失或弱化（Erosion，phonetic reduction or loss in phonetic substance）。

"销蚀"是语音特征，指丢失了语音要素。如西班牙语中 des de 发展为介词 desde（since）、baxo de 语法化为介词 bajo（below）、a cabode 语法化为介词 cabe（besides）都经历了语音融合和形式边界消失的过程。（何洪峰，2014）汉语中也常伴有语音销蚀的情况，如介词词组：自从 + 打从→自从打从→介词：自打从等。实词语法化为虚词后常有语音减损，如汉语动词"着、了"虚化为形态标记后轻读。汉语介词语法化过程中很少伴有语音销蚀情况[②]。

"去范畴化"（Decategorialization）是形态特征，指在语法化进程中丧失词汇的形态性质特征或其他较少的语法化形式，同时在新的句法

---

①他们定义语法化为：从词汇形式到语法形式和从语法形式到更多语法形式的发展过程。

②江蓝生（2009）考察了汉语中介词"在"在方言中的语音销蚀情况，如今山东方言中介词"在"舌尖前清不送气音有弱化为舌尖中清不送气音的趋势，如：放在桌子上（fang^{51} dai^0 zhuo^{55} zi^0 hang）。何洪峰（2014）探讨了介词"乎"的语音弱化现象。

环境中获得新的性质特征。（Hein and Kuteva 2002：2）汉语动词虚化为介词也会丧失动词形态特征，如汉语介词除少数带"着、了"外，没有动词形态特征。Hagège（2010：155）指出现代汉语介词"因了、为了"即保留了过去时形态；石毓智（1995：1-10）所论述的从时间的一维性角度来看介词在连动结构中丧失了时间特征，即失去了"跟体标记'了、着、过'搭配"和"重叠表示动量小和时量短"特征，这就是一种"去范畴化"的表现。这一机制对判断动词是否已虚化为介词有意义，但"去范畴化"是语义虚化的结果，而不是动因。因此，这两种机制也不是汉语动词介词化的语义机制。

"扩展"（extension）也叫"语境泛化"（context generalization），是结构特征，指语法化词用于新的句法结构。（何洪峰，2014）这是汉语动词介词化的基本句法机制。

汉语介词的语法化是这两种机制互相作用的结果。结构扩展是语法化产生的前提条件，语义漂白是语法化产生的决定因素。一个实词成分只有出现在特定的语境（结构）中，词汇项才有可能产生语义漂白，只有产生语义漂白才能失去概念义，语法化为功能词。

（一）语义漂白

"语义漂白"（semantic bleaching）是指丧失实词意义。动词虚化为介词就是丧失了动词义，虚化为介引功能义。这是汉语动词介词化的语义机制。（何洪峰，2014a）语义漂白或泛化并不像是语法化的语音或者句法变化那样成为惯例化的结果，而是语法化发生的必要前提条件。一个词汇形式只有当他们被用作一个具有话题功能的成分时才能够变为语法形式，因为他可能会增加其使用频率（Haspalmath，1999：1062）。

语义漂白包含一套过滤装置（filter convert），这个装置漂白了所有的词汇意义同时仅仅保留了相关的语法内容。（Heine，1991：40）语义漂白发生在当一个语素丢失他的实体内容：从描写具体的领域发展为描写比较宽泛的领域，甚至最后可能会丢失其词汇意义的过程。（Haiman，1991：154）只有在语法化的后一阶段语义漂白才有可能发生，初级阶段的语法化包含意义的转换或引申而不是语义的漂白。（Hopper and Traugott, 1993: 68）语法化早期的意义变化是属于语用和组合关系的变化，只是在一定的上下文语境中发生的意义变化。他们认为语法化初级阶段发生的是语用加强或语义强化而不是去语义化。即，在语法化的初级阶段是语用加强而不是语义漂白。[①]

语义漂白是语法化发生的决定性因素。动词在向介词语法化的过程中不断失去概念指称意义，只保留句法结构赋予的指示意义[②]。

每一个动词都是一个事件结构（event constitute），在该结构中某些动词需要一些特定的成员来进行搭配。（Fillmore，1977）每个动词除了概念义外，都隐含一些背景信息，如时间、地点、运动、范围、生命、特点、方式等。如运行义动词"行""走"；"沿""往"。

行，本义"道路"，引申为"行走"。《汉语大字典》（3卷，884页）其概念意义可以描述为：［人］［运行］，其背景信息为［运行［道路］］。如：

8）独行踽踽。岂无他人？不如我同父。（《诗经·国风·唐风》，页85）

在其概念结构中，有施事［+人］，动作［+运行］及其处所［+道路］。这三者是"行"的语义结构中必备要素。由于运动事件的完整性"行"一般不能发展为降级结构。

走，本义"疾驰""奔跑"，（汉语大字典，9卷，1066页）其概念意义为：［有生］［奔跑］，背景信息为：［奔跑］［快速］（例9）；又，"前往""趋向"（汉语大字典，9卷，1066页），其概念结构为：［人］［运行］［处所］，背景信息：［处所］［方向］。如：

9）宋人有耕田者，田中有株，兔走，触株折颈而死。（《韩非子·五蠹》，页1040）

10）民之号呼而走之，若强弩之射于深溪也。（《吕氏春秋·孟秋纪第七》，页384）

当"疾走、奔跑"讲时，"走"自带背景信息［+快速］，非必需，若凸显背景需增加额外信息（如例9）；当"前往、趋向"讲时，若凸显其背景［+方向］必须出现，故容易降级，如：走水路。→走水路去

---

① Hopper and Traugott（1993：88）认为，随着时间的流逝，语法化过程中，意义变得越来越弱。然而，早期阶段的所有证据证明，在语法化的早期阶段经历的是语义的重新分配或者转换而不是消失。

② 马贝加（2002）用义素分析法研究了动词"沿"向介词的语法化过程较好的诠释了动词语义漂白的过程。本书主要在fillmore框架语义学的角度下探讨动词向介词语法化过程中各语义特征的变化。

梁州。→走银行转账。→走账上划过去。

"沿"。其概念义结构为：［＋运行］，背景：方式［顺着］［江河］［道路］。如：

11）王沿夏，将欲入鄀。（《左传·昭公十三年》，页1347）

"沿"的事件结构缺乏明确的动词性质，只有抽象的［＋方式］意义，语义表达的完整性原则要求"沿"需要寻找［＋施事］、［＋处所］论元，因为缺乏明确指示动作的特征，所以［施事者］［沿］［处所］结构还需要另外明确表示动作的概念："沿"出现的句子中都会出现其他动词，容易发生语义降级。如例11）中"沿夏"只能看作"入鄀"的方式。同时，"沿"概念结构中"江河""道路"等元素有其处所论元充当，"沿"语义漂白，剩下［运行］［方式］特征。同时，"沿·NL"结构中需要另外的动词V_2，若V_2的语义框架中的核心概念和"沿"的核心概念中有部分重合，则"沿"进一步漂白，失去与V_2重合的语义特征。如：

12）里面有一片大石，有一石门，入去沿溪到那石上。（《朱子语类·杂类》，页3295）

上例中，"沿"与"到"同现，"到"的语义框架为：［人］［运行］［到达］［处所］，是一个完整的事件结构。"沿"［江河］［道路］的概念特征由其处所论元承担，［运行］特征由另一事件动词承担，"沿"失去所有表示概念的特征，宜分析为介词。

由"行""走""沿"的发展过程可见，"语义漂白"是语法化发生的第一步也是关键要素，其中语义中概念和背景的结合程度是决定语义能否漂白的重要因素。背景信息由词义自带，如"行""走（疾行）"的［＋状态/方式］信息由词义自带，即语义自足（张旺熹，2004），很难发生语义漂白。如"走（趋向）""沿"等背景信息和概念分离，需要其他成分补充说明时容易发生语义漂白。当词义开始漂白之后，该成分自动进入扩展语境中，发生语境泛化。如"走（趋向）"。

（二）语境泛化

语法化语境泛化的第一步是结构扩展，即由动宾结构扩展为连动结构。其次是语境的扩展，即激活其他语境。

再语境化（retextulization）是语法化发生的重要机制，所谓再语境化即某个具有新功能的元素在新语境中被接受，并规约化。（Nichols, Johanna, and Alan Timberlake., 1991：129–131）同时再语境化也是语法创新的过程，这种规约化和创新同时进行的过程就是再语境化的过程。Nichols 等所提出的再语境化和 Heine（2002：2）提出的语境泛化实为一回事，即语法化词在新语境中被接受，并规约化。如俄语的指示名词（predicative noun）发展为工具格（instrument）助词。[①]

Hagège（2010：151–162）总结了介词语法化句法框架（Hagège 2010：152）：

I. N+V_1 ± N_1+V_2 ± N_2：V_1 或 V_2→前置介词（preposition）[②]

II. N ± N_1+V_1 ± N_2+V_2：V_1 或 V_2→后置介词（postposition）

汉语动源介词一般认为源于连动结构的前动词 V1。（祝敏彻 1957［2007］：1–19，王力 1989［2000］：149–155，Li and Thompson 1974：201–214，贝罗贝 1991［2005］：44–72，刘坚等 1994，Hagège 2010：151–162）[③]

"V·N"结构是汉语句法的基本结构，（Chomsky，1976［2010］、Bisang，2003）可以扩展成"V_1·NP·VP_2"式连动结构。"V·N"只有简单的动词与论元的关系，扩展成连动结构后，彼此的句法语义关系就复杂得多，成为汉语动词介词化的句法结构基础。（何洪峰，2014）

以"沿顺"义介词为例。沿顺义动词开始语法化的标志就是出现在"V 行·N·V_2"结构中。据王力（2005：255）考察，在原始汉语中就已经出现了连动结构，不过以"趋向动词·动词"的连动结构较为常见[④]。如：

13）往见四子藐姑射之山。（《庄子·逍遥游》）

管燮初（1994：228）考察，先秦时期，连动结构扩展为"V_1·N_1 而/以 V_2·N_2"或"V_1·N_1·V_2·N_2"结构。

---

① Nichols, Johanna, and Alan Timberlake（2001:131-134）构拟了俄语指示名词发展为工具格助词的三种语境：①孤立语境（individual context），在该语境中工具格的用法时十分罕见的。②持续语境（persistent context），在该语境中的成分最大限度的受到语境的制约。在该语境中，工具格的出现需要一定的条件：名词是功能性名词、动词为持续性动词。同时，迂回的表示过去完成时的表达方式需要一个持续的共存语境，在该语境中工具格是必须的成分。③规约化语境（conventionlization context）。在该语境中，工具格的选择不再是有条件的句法组合，而是规约化的，并且还可以出现在其他语境中。

② 据何洪峰翻译为该两种句法结构为：
　a N + V_1 ± N_1 +V_2 ± N_2（绝大多数 VO 语言）：V_1 或 V_2→前位介词（preposition）
　b N ± N_1 +V_1 ± N_2 + V_2（绝大多数 OV 语言）：V_1 或 V_2→后位介词（postposition）

③ 详细内容，请参见：何洪峰《动词介词化的语义机制》，《语文研究》2014 年第 1 期。

④ 大约是在晋代以后，一种新的连动式出现。连用的两个动词并不是先后的两件事，也不是平行的两件事，而是后面的动词补充前面的动词的意义。（王力 2005:257）这种结构与介词产生关系不大，本书不做重点讨论。

沿顺义动词先后与先秦至魏晋南北朝时期进入"V₁·N₁·V₂·N₂"结构，如：

14）a 顺彼长道_(A)，屈此群丑_(B)。（《诗经·鲁颂·泮水》，页282）

b 就其深矣_(A)，方之舟之_(B)；就其浅矣，泳之游之。（《诗经·国风·邶风》，页25）

c 时雨将降，下水上腾，循_(A)øᵢ行_(B)国邑ᵢ，周视原野，修利堤防，道达沟渎，开通道路，毋有障塞。（《礼记·月令》，页432）

上例中 aA 和 aB 是并列结构，表示顺序进行的动作；bA、bB 是前一动作完成接着进行后一动作；cA 和 cB 中表示两个同时进行的动作。语境 I 中，沿顺义动词的宾语与沿顺义动词相融，V$_A$ 和 V$_B$ 之间地位平等。语境 II 中，沿顺义动词的宾语和 V₂ 之间不相融，如：

15）a 顺风_(A)激靡草_(B)，富贵者称贤。（《后汉书·卷八十下》，页2631）

b 协日就郊_(A)而刑杀_(B)。（《周礼·秋官司寇》，页56）

c 一命而偻，再命而伛，三命而俯，循墙_(A)而走_(B)，亦莫余敢侮。（《左传·昭公七年》，页1275）

沿顺义动词宾语的语义范围扩到"V$_行$·V₂·N₂"结构，且"V₂·N₂"结构中 V₂ 分享沿顺义动词的直接论元 N₁，"V$_行$·N₁"发生语义降级，成为 V₂ 的修饰成分，但是 V₂ 和 V$_行$ 仍具有语义融合性，故 V$_行$ 仍为动词。当 V$_行$ 出现在 III 类语境中时，V$_行$ 的论元以及 V₂ 之间没有概念框架语义上的关联，V$_行$ 语法化为介词。如：

16）a 建安十三年，太祖破荆州，欲顺江东下。（《三国志·卷十》，页328）

b 就王身上剜作千疮。（《经律异相·卷第二十四》，页131-3）

c 尚从大道来，当避之；若循西山来者，此成禽耳。（《三国志·卷一》，页25）

上例 a 中，V₂"下"在其语义框架中需要有［＋运行处所］特征，b 中"剜"不具备［＋运行］特征，V₂ 和 V$_行$ 没有语义上的交叉，V$_行$ 为介词。c 中"来"需要［＋路径］特征，且"循"自始至终都具有［＋处所］特征，不能激活其他特征。

激活扩散理论认为，当一个概念被加工或受到刺激，在该概念节点就产生激活，然后激活沿该节点的各个连线，同时向四周扩散，先扩

魏晋南北朝汉语介词研究

散到与之直接相连的界点，再扩散到其他节点。上述第 III 类语境中，"顺""就"等已经发展为介词，在介词结构中，V₂ 是句子的核心成员，动词的事件框架语义模型和句子成分相对应。如：

17）a 将为天明，严驾顺路行至城南。（《祇园因由记·敦煌变文集新书》，页 406）

b 而今若顺这个行，便是。（《朱子语类·论语十四》，页 812）

c 顺情说好话，干直惹人嫌。（《金瓶梅词话·第二十回》，页 234）

上例中，V₂（行）要求有［施事］、［运行］等必要论元和［路径］、［目标］、［方式］等次论元。V₂ 不直接支配次论元（*行路/路行），需介词结构补偿其［路径］、［目标］论元，如 a（顺路行），该结构的事件框架为：［施事］［运行］［路径］［起点］［目标］［方向］［终点］［方式］。b 同 a，其中［目标］隐现，句意不受影响。c 中，V₂ 为"言说"义动词，N1（情）有［路径］特征，被激活，"顺"表"依据标准"①。

再如"就"。"就"受源义的制约，用于［运行］［处所］语境中（例 18a），随着语境的扩展，出现在［-运行］［处所］语境中（例 18b）。如：

18）a 当即返身辞上界，速就冥间救母来。（《目连变文·敦煌变文集新书》，页 759）

b 我有美酒一榼，鱼肉五斤，饼有十播，饭有一罐，请来就船而食。（《伍子胥变文·敦煌变文集新书》，页 22）

c 就分明处用力，则一日便有一日之效。（《朱子语类·论语十四》，页 817）

d 就此文中分之为六，即六种是也。（《金刚般若波罗蜜经讲经文·敦煌变文集新书》，页 430）

e 若是就他地位说时，理会得一件，便是一件。（《朱子语类·论语十四》，页 815）

b 中，"船"为处所名词，"食"不具备［+运行］特征，"就"语义进一步虚化，进入［+停滞］语境中，表示处所所在。c 中，"用力"不具备［+运行］特征，"分明处"为抽象处所，"就"所在语境较 b 已泛化。d 中，"分"已与"处所"没有直接关系，"文中"已不能表示"处所"，

---

① 语句中语义需补偿的词本身并不能表达其完整的语义关系，只有与其配价成分组合在一起才能表达出自足的语义关系。（郅友昌、刘万才，2000）

而是"分"的对象范围，故"就"在"范围"事件中，实现再语境化。e
同理。

"就"在处所语境中泛化时，N还可以是指人名词，V同样为[－运行]
动词。如：

19）a 时青州刘玄石善能饮酒，故来就狄饮千日之酒。（《搜神记·
敦煌变文集新书》，页878）

b 吾当不用弟语，远来就父同诛，奈何！奈何！（《伍子胥变文·
敦煌变文集新书》，页3）

上例中，"狄""父"为指人名词，"饮""诛"为[－运行]动词，
"就"表"伴随对象"。

运行类介词中，并不是所有成员都能实现再语境化，如"沿"始终
表"处所"：

20）兔儿沿山跑，还来归旧窝。（《金瓶梅词话·第八十七回》，
页1310）

再语境化的能力越强，介词性质就越强。"运行"类介词在处所语
境中都得到规约化，但是"就""往"还能在时间语境中实现再语境化；
"顺""循"能够在"依凭"语境中被接受。"运行类"介词的语义分
布涉及"处所""方向""时间""依凭""对象"①。

激活扩散理论认为，激活的数量是有限的，一个概念越是长时间地
受到加工，释放激活的时间也越长，但激活在网络中扩散将逐渐减弱，
它与连线的易进入性或强度成反比，连线的易进入性越高，则激活减弱
越少；反之则越多。（王甦，汪安圣，1992［2010］：119）图5-8中，
离介词初始语境（处所）越近，与语境义的融合度越高，介词性越低。
如"沿"。距离初始语境越远，介词语义脱离原范畴越多，语境约束力
越强，介词性越高。如"就"。

启动效应认为，先前的加工活动对随后的加工活动起到有力的促进
作用。"行顺"义介词保留"路径"因素。以"路径"为原点激活"出发""经
过""方向""终到"等元素。通过隐喻和转喻等的作用，"出发""终到"
和"时间"语境相连接，激活"时间"语境。"经过"作为第二层事件

---

① 顺：行走→路径（沿顺）→时间（起点）|→依据
就：趋近→处所（终点→所在→起点）→对象（伴随→求索→师从→言谈→关涉）→依据
往：前往→处所（终点）→时间（终点）/ 寻：寻找→处所（沿顺）→依据
循：遵循→处所（沿顺）→依据 / 沿：行走（沿顺）→处所（沿顺）
经：行走（经过）→处所（经由）→对象（施事）

框架，又暗含"位置""约束性""客观性""不可改变性""执行性"等特点，由"约束性""不可改变性""执行性"激活"依凭"类语境，如"就""顺""循""寻"。由"经过"事件的"穿过""中介"[①]激活"对象（人）"语境，如"经""就"。这种激活是特定源的激活，虽有扩散但可以追踪出产生激活的原点。

Walter Bisang（2003：20-23）认为，在各语法功能中不存在一个功能向另一个功能的过渡。依赖句法环境，指示词可以表达和等级有关的、包括两端在内的各种功能。即使独立的词汇项可以表达大量的认知域，但是他们还是会在一定的层次秩序上，他们中所有的成员都是平等的，依赖于语境同时也依赖于他们所在的结构存在的。（Walter Bisang 2003：27）

隐喻和转喻是来自于一个成分的不同构件，同样经历由具体到较为抽象的语法概念的转换过程。一方面这个过程由具有转喻关系的两个临近的实体构成；另一方面，他又包括一些小的凸显的、不连续的范畴，例如空间、时间或性质。范畴之间的关系是一种隐喻性关系，也可以描述为是大量转喻扩展的结果。另外，转喻是该过程中较为基本的组成构建，隐喻是以转喻为基础的。（Heine et al. 1991：73－74）

Lehmann（1995）关于语法化自主性的概念只能解释句法组合关系的变化。Heine et al（1991）过分的强调了隐喻的重要性，而忽视了结构之间的关系。Bybee et al.（1994）忽视了语法化过程的渐进性以及形式和意义的协同进化。Hopper and Traugott（2003）提供了解释语法化的所有材料，但是在解释语法化后期的表现方面缺乏说服力。

语义漂白是语法化发生的初级阶段。动词语法化为介词后，通过结构语境的泛化使介词地位得到进一步的巩固；同时通过语境的泛化使介词语义得以拓展。在语境泛化的过程，隐喻是激活其他认知知域的重要机制。

（三）源义的决定作用

Bybee 等（1994：9-22）提出了 8 个语法化理论假设[②]，第一个就是"源义决定"（Source determination），即进入语法化项目的源义独

---

① 所谓中介是指穿过的介质，如英语中"cross the road""road"为穿过的介质，即中介。

② 8 个假设是：①源义决定（Source determination）；②单向性（Unidirectionality）；③共性路径（Univeral path）；④前义保留（Rentention of earlier meaning）；⑤语义保留结果（Consequence of semantic retention）；⑥语义、语音减少（Semantic reduction and phonological reduction）；⑦层次性（Layering）；⑧关联性（Relevance）。

特地（uniquely）决定着其语法化路径、走向及其语义结果。但并非所有动词都能进入连动结构实现介词化，也并非所有进入连动结构的 V_1 都能介词化。

介词语义网络层次模型中，距离母节点越远，介词语义的判定对源义的依赖性越强。如"对象"类介词，母节点的语义判定根据结构中 N 或 V 的性质可判定；第二节点需要根据 N 和 V 之间的关系来判定；第三节点不仅要根据 N、V 性质及二者之间的关系判定，还要根据 P 源义的性质进行判定：

21）莫言鲁国书生懦，莫把杭州刺史欺。（白居易：《戏醉生》）

22）祢衡被魏武谪为鼓吏。（《世说新语·言语第二》，页 52）

23）a 宋氏诸帝尝在太庙，从我求食。（《南齐书·卷九》，页 133）

b（菩萨）常从五百猕猴游戏。（《六度集经·卷第六》，页 32-2）

c 孔稚圭从其受道法，为于馆侧立碑。（《南齐书·卷五十四》，页 927）

例（21）中，介词结构中 V "欺"为二价动词，其词义框架中要求出现施事论元和受事论元，其中受事论元要求是 [+生命] [+判断性] 特征的名词，根据介词"把"的标引对象 N（刺史）和动词 V（欺）之间的语义关系便可判断介词"把"的语义性质；例（22）中，主要动词"谪"需要施事论元和受事论元同现，施事论元要求是具有 [+施动性] 特征的人或物，受事论元要求是具有 [+承受性] 特征的人或物，句中"魏武"是具有施事特征，"祢衡"具有受事特征，根据主要动词"谪"和标引对象"魏武"之间的关系可判断"被"标引施事对象。例（23）中，"求""戏""受"具有 [+协同性] 特征，根据 V 和 N 之间的关系可以判断"从"表示对象，但是对比"求""戏""受"和"我""其""猕猴"之间的关系，我们不能判断"从"标引的具体对象，根据"从"之源义的制约，例（23）a 中，"从"处于动词向介词过渡的阶段，即可以理解为"宋氏诸帝""跟随""我""求食"，也可以理解为"宋氏诸帝""向""我""求食"；b 中，"从"偏向介词，首先"游"多为 [+人] 发出的动作，"猕猴"被动跟随，故"从"宜理解为伴随介词。c 中"受"具有传导性（抽象转移）特征，转移的目的地（接受方）既可以是个体也可以是群体，若接受方是个体则表示师从对象、若接受方是群体则表示伴随对象。所以，例（23）中对于介词"从"语义性质

魏晋南北朝汉语介词研究

的判断还要借助对"从"源义性质的判断。相对，其介词性质较"把""被"要弱，其对标引对象和动词的语义要求也就越具体。

以"持拿"义新生介词为例。由"持拿"义开始语法化的有"将、取、持、夹、仗（杖）"。其中"将、取、持"由"持拿"义语法化为介词，表示"凭借"；"夹"由其引申义"物体两边"开始语法化，发展为处所介词；"仗（杖）"由其引申义"凭借""依靠"开始语法化，发展为介词表示"凭借""依靠"。"取"唐代退出介词系统；"持"魏晋南北朝之后鲜见介词用法；"夹"唐五代之后回归动词，介词用法完全消失；"将"表处置对象保留至今；"仗"表凭借手段沿用至今。

Hagége（2010：261）总结了介词的核心语义和非核心语义[①]。非核心意义可以由核心意义发展而来，但是非核心意义不能向核心意义映射。汉语介词的语义发展与英语有所不同，除了语境扩展外，源义还有一定的制约作用。源义丰富的介词其介引能力强，如"就"。"就"，源义为"到……去"，包括[＋施事]、[＋目标]论元，若干次论元[＋路径]、[＋方式]、[＋起点]、[＋终点]等。受隐喻和转喻因素的影响，比较活跃的"就"还可以被激活其他认知域的元素。"沿"的源义为"沿着（江河、道路）等"，语义所指明确，源义的约束力较强，被激活的可能性较小，因为"沿"不具备被激活的次论元特征，不具备隐喻的相同特征。因此，隐喻（转喻）是介词语境扩展过程中的基本机制。

（四）语法化层次

语法化过程中，旧的形式和意义有时会稽留一段时间，在同一共时层面上存在同一语法功能的多种变异形式，他们分属于不同的历史层次。（Hopper，1991：22）是同一语法化项在同一时期不同的语义表现，有的保留较多动词性，有的具备较多介词性。就同一系统内部成员而言，不同的搭配形式显示其语义漂白程度。共时情况下，有的成员摆脱源义束缚较多，语法性强，语法化程度高，如"就"；有的受源义约束较强，具有介词性质，但是搭配对象受限，与源义的匹配性较强，语法化程度

① Hagge（2010:261-262）将英语介词划分了 51 个小类，分别属于"核心意义"（core meaning）和"非核心意义"（no-core meaning）。核心意义包括：施事（agentive）、受事（patientive）、归属（attributive）、所有者（possessive）；非核心意义又分出空间 - 时间语义场（spatio-temporal）、非空间 - 时间语义场（non-spatio-temporal），空间 - 时间义场又可以划分出"静点"（static）义类和"非静点"（non-static）义类。静点义类包括：（空间、时间）在内、在外、附近、远处、在……上面、在……下面、在……前、在……后、在……周围、在……中间等；非静点义场包括：进入、趋向、终点、起点、向上、向下、经过、沿着等。"关系概念场"（relational concepts），如伴随、工具、凭借、比较等。

较低，如"沿"。

魏晋南北朝时期，介词的层次性表现在 N1 和 V 的语义匹配程度（摆脱源义束缚的能力）上。距离源义越远的界点，源义的约束力越小，介词化程度越高。Heine（1994）从类型学的角度考察了隐喻的发展路径：人 > 物 > 空间 > 时间 > 性质[①]。Hagége（2010：261）总结的介词的核心语义和非核心语义中，核心意义为对象类介词，表示施事、受事、与事（归属者、所有者）；非核心意义包括空间、时间、关系等意义，这体现了由自身到外界的认知过程。但是在梳理魏晋南北朝新生介词的过程中，我们发现这一规律并不必然如此，汉语或许会有一些独特的认知方式。如"就"初始介词语义为空间（处所），第三者所在的位置也可以看作抽象的处所。当其标引对象为表示人所在的位置时，V 具有自主性，获得语境的认可之后，"就"便融入对象语境中。由此，"就"便实现了由"空间 > 人"的激活过程。

上文 §5.1 总结了魏晋南北朝介词系统的语义层次模型，在这一模型中，距离母节点越远的形式介词化程度越高。Bisang（2002）认为，语法化过程中形式和意义并不是完全同步的，意义的发展要快于形式结构的发展。这一结论是可靠的，同样适用于汉语介词语法化。

魏晋南北朝新生介词系统中各成员也存在语法化程度的差异。如"行顺"义介词成员中，"经""顺""循""沿""寻"产生于处所类语义层次的第二层节点处，根据 §5.2.3 的分析，语义网络层次模型中距离母节点越远的初始介词对源义的依赖性越强，介词性越差。"就""往"产生于第一层节点处，语义范围要宽，源义的约束性弱，相对来说介词性要强，同时被激活的可能性越大。

第一层筛选中，"就""往"的介词性大于其他五个。根据 §5.2.2 的分析，被激活的节点越多的成员，其介词性越强。第一层成员中，"就"被激活"时间""对象""依凭""范围"四个语义域；"往"只激活"时间"一个语义域，则"就"的介词化程度高于"往"。第二层次的介词成员中，"顺"被激活"依凭""时间"两个语义域；"循""寻"被激活"依凭"语义域；"经"被激活"对象"语义域。第二层次的语法化程度可以描述为：顺 > 经 / 循 / 寻 > 沿。

[①] Anderson（1971）和 lyons（1977）认为空间概念是最基本的概念，语言中表示空间的词是排成其他词的基础。Heine（1991）认为，作为语法化的"输入"成分，最基本的参照点是人对自身的认识。

根据 §5.2.1 介词和动词语义重合越多其介词性越差，反之越强。第二层成员中，"经""循""寻"被激活 1 个语义域；第二语义中，"经"的标引对象为表示施事（教授）对象的"人"，与源义的联系不甚密切；"循""寻"标引的对象为"道理、尺度/标准"名词。"循"与"道理""规律"融合性较差；"寻"本义即为"量度单位"。因此第三层次成员的介词化程度可以描述为：经 > 循 > 寻。

魏晋南北朝，"行顺"义介词的语法化程度为：就 > 往 > 顺 > 经 > 循 > 寻 > 沿。

激活扩散理论认为，一个概念被激活的时间越长，其释放的时间也就越长，但激活在网络中扩散将逐渐衰落。行顺义介词中，"就"被激活的节点最多，源义的控制能力最差，语义虚化程度最强，常需要其他手段的语义强化，而且强化的手段多是实词性质的成分，且需要加强的语义部分是距离母节点最远的语义环境。

本章根据介词结构中介引对象和谓语动词之间的关系，概括魏晋南北朝时期 5 类介词（新生介词）语义层次网络模型，总结介词语法化的机制。语义漂白是语法化发生的前提基础，语境扩展（泛化）是语法化再发生的基本方式。动词向介词语法化经历两个类型的语境泛化，一是述宾结构向连动结构的泛化，第二阶段是连动结构向介词结构的泛化。其中第二阶段的泛化比较复杂，我们以"行顺"义介词的语境泛化为例，在激活扩散理论的背景下分析了介词语境泛化的方式和结果。

正如 Bybee（2002：4）所言，介词源义决定介词的语义及其发展方向。介词结构中 V_2 的次要论元意义不能由 V_2 直接支配，但是 V_2 的事件框架中这些元素又是必须出现，因此需要介词结构来补偿次论元的语义结构。因此，介词源义的支配能力决定了介词的补偿能力。源义支配能力强的介词所补偿动词语义越多，介词性越强，再语境化能力越强，语义范围越广，如"就"。

在同一语义网络中，层次越靠近母节点的成分，源义的支配能力越强，被激活其他认知域的可能性就越大；距离母节点越远的地方，语义越具体，对支配对象的语义要求越高，被激活其他认知域的可能性就越小，其介词性程度越差。在同一层次中，激活节点相同的情况下，与 V_2 与源义的语义交集越多，介词性越差；相反，介词性程度越高。

值得注意的是，隐喻和转喻是一切节点激活的连线，是重要的连接纽带。

Lehmann（1994：75）等认为，使用频率也是判断介词程度的标准之一，如果 V$_2$ 和介词源义的距离相同，则需要通过使用频率来判断其语法化程度。对汉语介词来说，语义漂白、语境泛化和源义的影响足以判断介词的语法化程度。

结　语

本章主要对全文的观点进行归纳，总结本书的创新和不足。

在语法化理论视角下，本书对魏晋南北朝介词系统进行了详细系统的梳理。第一章介绍了介词的判定标准、分类标准。第二章描写魏晋南北朝介词系统概貌，主要对魏晋南北朝时期介词成员的来源及发展作了概括性描写，厘清该时期介词的历史来源：继承前代介词和魏晋南北朝新生介词，其中继承介词梳理出继承先秦和继承两汉的介词，目的在于解释介词发展的历时层次性；第三章为魏晋南北朝介词语义系统，分别对魏晋南北朝时期空间类、时间类、对象类和概念说明类介词进行的分类描写，总结魏晋南北朝介词的系统特点。第四章描写了魏晋南北朝新生介词语法化过程。第五章以魏晋南北朝新生介词的语法化为例总结了介词语法化过程中的系统性特点以及介词语义层次模型和语法化的机制。

总体来说，第二章重在考察魏晋南北朝介词系统的更新；第三章考察魏晋南北朝介词系统的创新和共时概貌；第四章以"源义"在语法化过程中的约束性为背景，考察同源介词的语法化路径及其特点；第五章系统考察语法化单向性、更新和创新以及强化形式及表现、总结介词语义网络层次模型，主要目的在于总结介词层次性表现，以及介词语义的扩散路径及程度。在扩散模型中，激活节点越多的介词语法化程度越高；在同一节点中，源义与 V_2 的重合越少介词性越强。构建语义网络层次模型和激活扩散模型的目的在于直观的描绘介词化程度。

第二章，魏晋南北朝介词成员系统。在选定文献范围内，检索得到魏晋南北朝时期的典型介词有：

从、当、及、向、至、自、逮、在、比、乎、爰、以、诸、与、至于、为、用、由、于（於）、因、道、自从；案（按）、旁（傍）、被、并、乘、到、抵、对、即、赖、临、临当、讫（迄）、涉、随、投、依、缘、逮至、迟、去、逐；夹、经、就、起、顺、往、望、循、着（著）、沿、寻、在于、由于、共、将、同、据、凭、持、取、仗（杖）、除、连、坐、因缘、横、论。

其中，继承先秦时期的介词有：

从、当、及、向、至、自、逮、在、比、乎、爰、以、诸、与、至于、为、用、由、于（於）、因、道、自从。

继承两汉时期的介词有：

案（按）、旁（傍）、被、并、乘、到、抵、对、即、赖、临、临当、讫（迄）、涉、随、投、依、缘、逮至、迟、去、逐。

继承介词中，广域性有：

比、并、乘、从、当、到、乎、及、为、向、以、用、由、于（於）、与、在、至、自、被、对、随。

本章从8个方面描述了先秦至魏晋南北朝时期介词成员的发展特点：

1. 数量呈上升趋势。

2. 系统净化。前代限域性介词、罕见介词，如"曰、沓、罘、黎、涉"退出介词系统，回归动词。

3. 分工细化。魏晋南北朝时期，表示"沿着处所"的"沿、顺"等成熟；表示"包括""排除"的"连、除"等成熟使介词系统内部分工细化。

4. 新生介词的限域性。魏晋南北朝新生介词中，"沿、顺、往（望）、仗（杖）、连、除、凭、据"等皆为限域性介词，沿用至今；"寻、循、夹、着（著）、坐"等为流星介词。

5. 成员分布方面，语境类介词成员在魏晋南北朝介词继承成员系统中占优势。先秦介词中，语境类介词占介词成员的50%强。

6. 语义分布方面，对象类介词在魏晋南北朝介词语义系统中占绝对优势，出现频率高达54%。其次为语境类介词。

7. 介词产生新的功能。魏晋南北朝时期，一些老牌介词产生一些新的功能。

8. 介词表意功能专门化。从先秦到魏晋南北朝时期，一些介词表现出专门化趋势，表意范围减少。

第三章，描述魏晋南北朝介词语义系统。以介词结构中 N 和 V 之间的关系为标准，以介词结构的语境意义以及介词的源义为依据，我们把魏晋南北朝介词语义系统分为："空间"类、"时间"类、"对象"类（施事对象、受事对象和与事对象）、"概念说明"（工具、方式、依据、条件、手段、标准、原因、目的、范围）四大类。总结了魏晋南北朝介词语义分布情况。详细梳理了介词出现的频率以及出现的语境特征。

魏晋南北朝汉语介词研究

四大语义类中，"关涉"类介词出现的频次最高；其次为"语境"类介词；"依凭"类处于偏核心地位；"说明"类介词处于魏晋南北朝介词语义系统的边缘。

　　四大类介词语义根据 V 的性质又分为四大语义域：空间类、时间类、对象类、概念说明类。四大语义域中，"对象"类用例多，分布广，涉及 17 个动词次类，引介对象可以跨越"空间"范畴、"时间"范畴和"人物"范畴，具有较强的隐喻特征。"空间"类介词分布均匀：介词表示空间范畴，跨越 16 个动词次类，呈现出高纯语法化的势态。"概念说明"类的语义表达需要语义叠加，如表示范围需要"从……到……"等类介词短语进行框定。"行为"域的表达分散，且多为新生介词，呈现出过渡阶段的特征。

　　通过对魏晋南北朝介词四大语义域的描写，我们发现同域子系统的语义分布呈交叉互补性，即在同一家族中，每个成员所介引的对象和涉及的动词次类都会有所重合，"于（於）""以""为""与"等老牌介词仍相当强势，不仅标引对象跨越几个范畴，而且关涉的动词也跨越多个次类。新生介词的语义类多从继承介词中分化出来。

　　第四章考察魏晋南北朝新生介词的语法化。以源义为基点，我们详细描写了魏晋南北朝时期 5 类（散见介词归为其他类）的语法化路径，并总结同源介词的语法化特征。

　　"行顺"类包括"经"在内有 7 个介词在该时期成熟或萌芽，是该时期成员更新最多的介词次类。

　　"持拿"类有 6 个介词于魏晋南北朝时期开始语法化，"将、取、持、夹"在汉末魏初开始语法化，魏晋南北朝时期成熟，但"取、持、夹"基本上于该时期消失，成为流星介词，只有"将"得以沿用。"夹"本义为"持拿"次类，但由其引申义开始语法化，故路径与"将、取、持"不同，发展出表示处所的用法，没有沿着"持拿类"介词的语法化路径往下发展。

　　"协同"类介词，是魏晋南北朝时开始语法化的成员中生命力最为顽强的一类，一直沿用至今；也是语法化最彻底的一类，再语法化为连词，动词用法较于虚词用法处于劣势。

　　"依凭"类介词处于动介并存状态，且其引介对象多为抽象结构。"凭、据"由其"依靠"次类语义开始语法化，在介词用法还没有完全成熟的时候就需要其他成分的配合才能表达相关的介词语义。由抽象义开始语法化的成员多处于框架结构中，形似类似框式介词（张谊生，

2001）的结构，且在功能上多保持动介并行的状态。

以"沿顺"义为代表的四组介词的发展过程表明汉语介词在语法化过程中会经历三种情势：完全介词化，如"协同"类介词、"行顺"类介词；动介并行，如"依凭"类介词、望；回归动词，如部分来源于"持拿"义的介词。

同时，根据介词标引特征，魏晋南北朝新生介词又可以分为：

1）"路线"类介词。如：顺、往、沿、循、寻、就、望、经、起。该类介词的起始语义多为表示路线的起始、终到、经由或朝向，又可以通过隐喻向其他认知域映射。

2）"工具手段"类介词。如：将、持、取、夹、仗（杖）、着、凭、据。该类介词的初始语义多有表示工具或手段的用法。

3）"关系"类介词。如：共、同、连、和、除、将、坐。该类介词的初始语义表示二者之间的主、被动关系或抽象事理关系，这类介词较容易向连词发展。

在梳理介词语法化过程的基础上，从语法化路径、系统特点和语义发展三个方面探讨了魏晋南北朝新生介词的语法化特点。

1）魏晋南北朝介词语法化遵循语法化的单向性原则。以魏晋南北朝新生介词为切入点，我们发现汉语中动词向介词语法化遵循语法化的单向性原则。

董秀芳（2009）探讨的语法成分受到构式义的渗透而获得实词意义，从而词汇化的现象实际上属于语法化的回归。Ziegier（2002）考察了多种语言中词汇项和语法项共存的情况。他认为，经历语法化的词汇项不会立即从词汇系统中消失，而是会潜伏很长时间，或者一直潜伏下去，只要环境需要，他便会立即呈现出来。

何洪峰（2011、2012、2013）把类似"去"由动词语法化为介词，中间介词用法消失，动词用法占优势的情况称作语法化的终止与回归。魏晋南北朝时期，"取""持""夹""起"等都终止了语法化回归动词。何洪峰（2013d）提出"流星介词"的概念，在介词发展过程中，有一部分源义已经消失，如"坐"。这一部分介词在终止语法化之后不能再回到其动词源义，而是伴随着动词的消失而隐匿。另有部分介词，来源于动词引申义，如"寻"。"寻"由"寻找"义引申出"遵循"义，这类介词消失后回归到源动词语义。

与语法化单向性相关的是词汇化，有人认为词汇化是语法化的逆过

程，针对这一观点，我们重点阐述了词汇化的性质：词汇化是句法结构凝合成词的过程，意义和源义不同，属于概念义和结构义的整合诸如"去、蓦"由介词"发展为"动词的情况，我们看作是语法化终止，终止的结果是 V 回归。

2）魏晋南北朝介词成员更新和语义创新都表现出多样性的特点

介词成员方面，魏晋南北朝介词系统由先秦介词系统发展完善而来。部分先秦介词成员在魏晋南北朝时期退出介词系统。同时魏晋南北朝时期也有多个元素初步或完全具备介词性质，从而实现了介词系统的更新。

介词语义方面，魏晋南北朝时期表"沿顺处所""连带范围""排除对象"以及狭义处置式等介词意义产生，促成了魏晋南北朝时期介词系统的创新。

3）魏晋南北朝介词语义走向多样化

魏晋南北朝继承前代的介词中，部分介词语义泛化，可以标引多个语义域，如要保持介词的地位，势必要进行分化。

魏晋南北朝新生的介词中，很多介词在后代的发展中也经历了语义的强化，如"就……而言／来看／来说""除……之外／外、连……在内"等。

此外，介词带"着、了"等的形式也起到一定的强化作用，这种强化作用只是为了突出介词结构和动词之间的状态共存。

第五章，介词认知语义模型及语法化机制。本章在认知心理学背景下构拟介词系统的语义网络层次模型。

根据在语义层次模型中的位置、激活扩散的程度和源义的作用，我们可以判断介词的语法化层次性：在同一语义网络中，层次越靠近母节点的成分，源义的支配能力越强，被激活其他认知域的可能性就越大；距离母节点越远的地方，语义越具体，对支配对象的语义要求越高，被激活其他认知域的可能性就越小，其介词性程度越差。在同一层次中，激活节点相同的情况下，与 V2 与源义的语义交集越多，介词性越差；相反，介词性程度越高。

在语义层次模型和激活扩散理论的框架中总结语法化的相关机制：语义漂白和语境泛化。

语义漂白是动词向介词语法化的基础，语境泛化是介词语义发展和存活的前提条件。在确定介词语义的过程中，语义漂白和语境泛化共同作用，但是始终受到介词源义的制约。

结
语

语义漂白是语法化发生的前提基础，语境扩展（泛化）是语法化再发生的基本方式。动词向介词语法化经历两个类型的语境泛化，一是述宾结构向连动结构的泛化，第二阶段是连动结构向介词结构的泛化。其中第二阶段的泛化比较复杂，我们以"行顺"义介词的语境泛化为例，在激活扩散理论的背景下分析了介词语境泛化的方式和结果。

正如 Bybee（1994/2002）所言，介词源义决定介词的语义及其发展方向。介词结构中 V_2 的次要论元意义不能由 V_2 直接支配，但是 V_2 的事件框架中这些元素又是必须出现，因此需要介词结构来补偿次论元的语义结构。因此，介词源义的支配能力决定了介词的补偿能力。源义支配能力强的介词所补偿动词语义越多，介词性越强，再语境化能力越强，语义范围越广，如"就"。

以介词语义网络层次模型为依托，借助语法化机制在具体介词发展中的表现，我们总结了动词介词化的层次性特征及其判定标准。

在同一语义网络中，层次越靠近母节点的成分，源义的支配能力越强，被激活其他认知域的可能性就越大；距离母节点越远的地方，语义越具体，对支配对象的语义要求越高，被激活其他认知域的可能性就越小，其介词性程度越差。在同一层次中，激活节点相同的情况下，与 V_2 与源义的语义交集越多，介词性越差；相反，介词性程度越高。

本研究虽然对魏晋南北朝汉语介词及介词系统作了一些思考，但仍存在一些有待深入思考和考察的地方：

1. 汉语史的材料博大精深，还可以从更大范围内进行考察。本书只根据魏晋南北朝 15 部文献断定其新生与否，难免有以偏概全之嫌。

2. 侧重对介词历时发展的描绘，忽略了共时概貌的描写，同时缺乏共时系统不同语体的对比。

3. 描写了单音介词系统及新生单音介词的语法化历程，对次生介词的来源、功能差异等缺乏相应的考察。

4. 语法化理论认为，"去范畴化"是语法化的重要机制。介词在经历语法化时如何实现去范畴化应该有更具体、更深入的探究。

参考文献

一、论文

［1］贝罗贝：《早期"把"字句的几个问题》，《语文研究》1989年第1期。

［2］蔡镜浩：《魏晋南北朝词语试释》，《镇江师专学报》（社会科学版）1987年第3期。

［3］蔡镜浩：《魏晋南北朝词语拾零》，《苏州大学学报》（哲学社会科学版）1988第3期。

［4］曹广顺，遇笑容：《中古译经中的处置式》，《中国语文》2000年第6期。

［5］曹晋：《语义地图理论及方法》，《语文研究》2012年第2期。

［6］崔云忠：《介词语义层次模型及语法化机制》，《东方论坛》2022年第4期。

［7］崔云忠：《汉语时间介词双音化的动因》，《新疆大学学报》（哲学·人文社会科学版）2022年第2期。

［8］崔云忠：《汉语时空类后置介词语法化的层次性》，《语言研究》2021年第4期。

［9］崔云忠：《动词"蓦"向介词语法化的终止及回归》，《河南科技大学学报》（人文社会科学版）2013年第3期。

［10］崔云忠，何洪峰：《"从"的介词化及其发展》，《殷都学刊》2014年第1期。

［11］崔云忠：《"就"的介词化及其再语法化》，［日本］《下关市立大学文集》，2019年第3期。

［12］吴娟，崔云忠：《"捉"的介词化时期、路径及其消失》，《语言研究》2020年第4期。

［13］崔云忠，崔娜英：《"持拿"义动词"持、捉、拿、掌"的

介词化程度及其动因》，《齐鲁师范学院学报》2020年第4期。

［14］崔云忠：《魏晋南北朝汉语介词语法化的特点及原因》，《东方论坛》2017年第3期。

［15］崔云忠，吴娟：《古汉语中副、介易混淆词研究——以"会""先""比""竟"为例》，《河南科技大学学报》（社会科学版）2015年第5期。

［16］崔云忠，何洪峰：《临沂话中的介词"掌"及其类型学考察》，《临沂大学学报》2012年第6期。

［17］陈年福：《释"以"—兼说"似"字和甲骨文声符形化造字》，《古汉语研究》2002年第4期。

［18］陈泽平：《福州方言处置介词"共"的语法化路径》，《中国语文》2006年第3期。

［19］陈卓：《介词"对于"来源新探》，《理论界》2010年第4期。

［20］程克江：《汉语介词研究综述》，《新疆大学学报》（哲学社会科学版）1989年第2期。

［21］程相伟：《汉语"连"字句的研究综述》，《洛阳师范学院学报》2008年第3期。

［22］储诚志：《连词与介词的区分——以"跟"为例》，《汉语学习》1991年第5期。

［23］储泽祥，谢晓明：《汉语语法化研究中应重视的若干问题》，《世界汉语教学》2002年第2期。

［24］戴昭铭：《弱化、促化、虚化和语法化——吴方言中一种重要的演变现象》，《汉语学报》2004年第2期。

［25］董秀芳：《"是"的进一步语法化：由虚词到词内成分》，《当代语言学》2004年第1期。

［26］董秀芳：《词汇化与话语标记的形成》，《世界汉语教学》2007年第1期。

［27］董秀芳：《汉语的句法演变与词汇化》，《中国语文》2009年第5期。

［28］董秀芳：《来源于完整小句的话语标记"我告诉你"》，《语言科学》2010年第3期。

［29］董秀芳：《论句法结构的词汇化》，《语言研究》2002年第3期。

［30］董正存：《词义演变中手部动作到口部动作的转移》，《中

国语文》2012 年第 2 期。

〔31〕范晓：《汉语语法研究的历史、现状和展望》，《汉语学习》2001 年第 1 期。

〔32〕范晓：《说语义成分》，《汉语学习》2003 年第 1 期。

〔33〕高秀雪：《语法化及其语用动因》，《广西社会科学》2004 年第 8 期。

〔34〕高玉蕾：《"却"副词用法的形成与发展》，《语言科学》2010 年第 2 期。

〔35〕高育花：《近代汉语"和"类虚词研究述评》，《古汉语研究》1998 年第 3 期。

〔36〕古川裕：《"跟"字的语义指向及其认知解释——起点指向和终点指向之间的认知转换》，《语言教学与研究》2000 年第 3 期。

〔37〕郭锡良：《介词"于"的起源和发展》，《中国语文》1997 年第 2 期。

〔38〕郭锡良：《介词"以"的起源和发展》，《古汉语研究》1998 年第 1 期。

〔39〕郭熙：《汉语介词研究述评》，《徐州师范学院学报》1986 第 1 期。

〔40〕韩万衡：《汉语配价研究状况分析》，《天津外国语学院学报》1996 年第 4 期。

〔41〕何洪峰：《动词介词化的句法语义机制》，《语文研究》2014 年第 1 期。

〔42〕何洪峰，程明安：《黄冈方言的"把"字句》，《语言研究》1996 年第 2 期。

〔43〕何洪峰，苏俊波：《"拿"字语法化的考察》，《语言研究》2005 年第 4 期。

〔44〕何洪峰：《近代汉语"流星"介词》，《语言研究》2013 年第 4 期。

〔45〕何洪峰：《"去"字可作时间介词辨》，《古汉语研究》2012 年第 1 期。

〔46〕何洪峰：《动词"去"向处所介词语法化的终止与回归》，《语言研究》2011 年第 4 期。

〔47〕何洪峰：《汉语限域性介词》，《语言研究》2012 年第 4 期。

［48］何洪峰，崔云忠：《汉语次生介词》，《语言研究》2014 年第 4 期。

［49］何洪峰，崔云忠：《"沿顺"义介词的内部层次性》，《江汉学术》2015 年第 6 期。

［50］何洪峰，张文颖：《汉语动介并行现象》，《语言研究》2016 年第 4 期。

［51］叶倩倩，王用源：《汉语同义单双音节介词的比较分析》，《吉林广播电视大学学报》2017 年第 2 期。

［52］顾洁：《介词"根据"、"依据"、"按照"、"依照"探源》，《楚雄师范学院学报》2016 年第 10 期。

［53］高再兰：《介、连的词长特征与联系项轻重原则——类型学视角与跨语言调查》，《外国语》（上海外国语大学学报）2016 年第 3 期。

［54］陆淼焱：《介词在汉语语法体系中的定位及语义衍生模式》，《语文建设》2016 年第 2 期。

［55］洪波，谷峰：《唐宋时期"取"的两种虚词用法的再探讨》，《汉语史学报》2005 年第 1 期。

［56］洪波：《"于""於"介词用法源流考》，载《语言研究论丛》（第 5 辑），天津：南开大学出版社，1988.

［57］洪波：《论平行虚化》，载《汉语历史语法研究》，北京，商务印书馆，2010.

［58］胡安顺：《"以"的"率领"、"执拿"意义及其动词性质》，《陕西师大学报》1991 年第 1 期。

［59］胡丽珍，雷冬平：《论"除非"的功能及其句式演变》，《中南大学学报》（社会科学版）2007 年第 2 期。

［60］胡明扬：《单项对比分析法——制订一种虚词语义分析法的尝试》，《中国语文》2000 年第 6 期。

［61］胡明扬：《汉语词类兼类研究》，《语言文字应用》2000 年第 1 期。

［62］胡明扬：《语法意义和语汇意义之间的相互影响》，《汉语学习》1992 年第 1 期。

［63］胡孝斌：《语法化和词汇化的共同作用—谈 VV 的句法性质》，《语言教学与研究》2008 年第 4 期。

［64］胡裕树：《汉语语法研究的回顾与展望》，《复旦学报》（社

魏晋南北朝汉语介词研究

会科学版）1994 年第 5 期。

［65］黄伟嘉：《甲金文中"在"、"于"、"自"、"从"四个介词的发展变化及其相互关系》，《陕西师范大学学报》1987 年第 1 期。

［66］黄晓雪：《"持拿"义动词的演变模式及认知解释》，《语文研究》2010 年第 3 期。

［67］黄瓒辉：《介词"给""为""替"用法补议》，《暨南大学华文学院学报》2001 年第 1 期。

［68］江蓝生：《概念叠加与构式整合—肯定否定不对称的解释》，《中国语文》2008 年第 6 期。

［69］江蓝生：《汉语连—介词的来源及其语法化的路径和类型》，《中国语文》2012 年第 4 期。

［70］江蓝生：《句法结构隐含义的显现与句法创新》，《语言科学》2013 年第 3 期。

［71］江蓝生：《跨层非短语结构"的话"的词汇化》，《中国语文》2004 年第 5 期。

［72］江蓝生：《同谓双小句的省缩与句法创新》，《中国语文》2007 年第 6 期。

［73］蒋冀骋：《论明代吴方言的介词"捉"》，《古汉语研究》2003 年第 3 期。

［74］金昌吉：《谈动词向介词的虚化》，《汉语学习》1996 年第 2 期。

［75］李崇兴，石毓智：《被动标记"叫"语法化的语义基础和句法环境》，《古汉语研究》2006 年第 3 期。

［76］李崇兴：《处所词发展历史的初步考察》，载《近代汉语研究》，北京：商务印书馆，1992.

［77］李思明：《宋元以来的"和／连…"句》，《语言研究》1996 年第 1 期。

［78］李思旭：《试论双音化在语法化中双重作用的句法位置》，《世界汉语教学》2011 年第 2 期。

［79］李宗江：《关于语法化的并存原则》，《语言研究》2002 年第 4 期。

［80］李宗江：《关于词汇化的概念及相关问题——从同义并列双音词的成词性质说起》，《汉语史学报》2012 年第 1 期。

［81］李宗江：《去词汇化："结婚"和"洗澡"由词返语》，《语

言研究》2006 年第 4 期。

　　［82］李宗江：《说"想来""看来""说来"的虚化和主观化》，《汉语史学报》2007 年第 2 期。

　　［83］李宗江：《语法化的逆过程：汉语量词的实义化》，《古汉语研究》2004 年第 4 期。

　　［84］林新年：《唐宋时期助词"取"与"得"的差异》，《古汉语研究》2006 年第 3 期。

　　［85］刘丹青：《语法化理论与汉语方言语法研究》，《方言》2009 年第 2 期。

　　［86］刘丹青：《语法化中的更新、强化与叠加》，《语言研究》2001 年第 2 期。

　　［87］刘红妮：《词汇化与语法化》，《当代语言学》2010 年第 1 期。

　　［88］刘红妮：《结构省缩与词汇化》，《语文研究》2013 年第 1 期。

　　［89］刘培玉：《关于"把"字句的语法意义》，《汉语学习》2009 年第 3 期。

　　［90］刘瑞明：《从泛义动词讨论"取"并非动态助词》，《湖北大学学报》（哲学社会科学版）1997 年第 1 期。

　　［91］鲁川：《介词是汉语句子语义成分重要标志》，《语言教学与研究》1987 年第 2 期。

　　［92］罗国强：《"于"的动词用法探讨》，《古汉语研究》2007 年第 2 期。

　　［93］马贝加，徐晓萍：《时处介词"从"的产生及其发展》，《温州师范学院学报》（哲学社会科学版）2002 年第 5 期。

　　［94］马贝加：《介词"就"的产生及其意义》，《语文研究》1997 年第 4 期。

　　［95］马贝加：《介词"就"萌生过程中的两个句法位置》，《温州师范学院学报》（哲学社会科学版）1998 年第 2 期。

　　［96］马贝加：《介词"缘"的产生及其意义》，《山西大学学报》（哲学社会科学版）1996 年第 2 期。

　　［97］马贝加：《语法化过程中名词的次类变换》，《语言研究》2004 年第 4 期。

　　［98］马贝加：《原因介词"坐"的产生》，《语言研究》2009 年第 2 期。

［99］马贝加：《方式介词"凭、据、随、论"的产生》，《温州师院学报》（哲学社会科学版）1992年第2期。

［100］马贝加：《介词"按、依、乘、趁"探源》，《温州师院学报》（哲学社会科学版）1990年第3期。

［101］马贝加：《介词"方"探源》，《温州师范学院学报》（哲学社会科学版）1996年第5期。

［102］马清华：《词汇语法化的动因》，《汉语学习》2003年第2期。

［103］马清华：《汉语语法化问题的研究》，《语言研究》2003年第2期。

［104］马云霞：《从身体行为到言说行为的词义演变》，《语言教学与研究》2012年第4期。

［105］梅祖麟：《介词"于"在甲骨文和汉藏语里的起源》，《中国语文》2004年第4期。

［106］潘玉坤：《试论西周铭文介词"于"、"以"的互补用法》《徐州师范大学学报》（哲学社会科学版）2005年第4期。

［107］彭睿：《构式语法化的机制和后果——以"从而"、"以及"和"极其"的演变为例》，《汉语学报》2007年第3期。

［108］饶长溶：《再说次动词》，载《语法研究与探索》（五），北京：语文出版社，1991.

［109］饶长溶：《"至于"、"关于"不像是介词》，《汉语学习》1987年第1期。

［110］邵宜：《介词"往"的语法化过程考察》，《华南师范大学学报》（社会科学版）2005年第6期。

［111］沈家煊：《"有界"与"无界"》，《中国语文》1995年第5期

［112］沈家煊：《"语法化"研究综观》，《外语教学与研究》1994年第4期。

［113］沈家煊：《"在"字句和"给"字句》，《中国语文》1999年第2期。

［114］沈家煊：《关于词法类型和句法类型》，《民族语文》2006年第6期。

［115］沈家煊：《句法的相似性问题》，《外语教学与研究》1993年第1期。

参考文献

［116］沈家煊：《实词虚化的机制——〈演化而来的语法〉评介》，《当代语言学》1998 年第 3 期。

［117］沈家煊：《语言的"主观性"和"主观化"》，《外语教学与研究》2001 年第 4 期。

［118］沈家煊：《转指和转喻》，《当代语言学》1999 年第 1 期。

［119］沈开木：《"除"字句的探索》，《汉语学习》1998 年第 2 期。

［120］石毓智：《处置式产生和发展的历史条件》，《语言研究》2006 年第 3 期。

［121］石毓智：《汉语发展史上的双音化趋势和动补结构的诞生—语音变化对语法发展的影响》，《语言研究》2002 年第 1 期。

［122］石毓智：《兼表被动和处置的"给"的语法化》，《世界汉语教学》2004 年第 3 期。

［123］石毓智：《结构与意义的匹配类型》，《解放军外国语学院学报》2007 年第 5 期。

［124］石毓智：《时间的一维性对介词衍生的影响》，《中国语文》1995 年第 1 期。

［125］时兵：《也论介词"于"的起源和发展》，《中国语文》2003 年第 4 期。

［126］时昌桂：《范围介词"除"的产生和发展》，《伊犁师范学院学报》（社会科学版）2009 年第 2 期。

［127］史冬青：《汉语介词研究评述》，《东岳论丛》2007 年第 6 期。

［128］史冬青：《论汉语动词的介词化因素》，《山东教育学院学报》2009 年第 4 期。

［129］史金生，胡晓萍：《"就是"的话语标记功能及其语法化》，《汉语学习》2013 年第 4 期。

［130］孙良明：《从汉代注释书论汉语介词的表义功能—兼谈否定介词结构的合理性》，《语言教学与研究》1990 年第 1 期。

［131］孙良明：《关于取消"介词省略"说以及"于"字的用法问题—答谢方平权先生》，《古汉语研究》2002 年第 3 期。

［132］孙良明：《汉语句法分析问题——兼述句结构成分分析法》，《语言教学与研究》1983 年第 3 期。

［133］孙良明：《论说介词跟动词、名词语义和句法功能的同异——再谈取消介词结构》，《古汉语研究》2010 年第 2 期。

魏晋南北朝汉语介词研究

［134］孙良明：《关于建立古汉语教学语法体系的意见》，《中国语文》1995 年第 2 期。

［135］覃远雄：《南宁平话的介词》，《广西民族学院学报》（哲社版）1999 年第 2 期。

［136］田春来：《表被动的"遭"的历时考察》，《古汉语研究》2010 年第 1 期。

［137］汪维辉：《"和盖"之"和"非介词》，《古汉语研究》2007 年第 1 期。

［138］汪维辉：《"所以"完全变成连词的时代》，《古汉语研究》2002 年第 2 期。

［139］王灿龙：《词汇化二例——兼谈词汇化和语法化的关系》，《当代语言学》2005 年第 3 期。

［140］王大新：《一次只能应用一个标准——也论连词、介词的划分》，《汉语学习》1998 年第 1 期。

［141］王鸿滨：《"除"字句溯源》，《语言研究》2003 年第 1 期。

［142］王鸿滨：《介词"自／从"历时考》，《上海师范大学学报》（哲学社会科学版）2007 年第 1 期。

［143］王健：《"给"字句表处置的来源》，《语文研究》2004 年第 4 期。

［144］王应凯：《介词源流考》，《唐都学刊》1994 年第 4 期。

［145］王玉红：《〈世说新语〉中"从"字的用法》，《齐齐哈尔师范高等专科学校学报》2012 年第 1 期。

［146］魏红：《〈聊斋俚曲集〉看明清山东方言里的介词"着"》，《青岛大学师范学院学报》2009 年第 2 期。

［147］魏金光，何洪峰：《介词"向"的语法化源义辨》，《汉语学报》2013 年第 3 期。

［148］魏金光：《"从"的介词化源义及其发展》，《语言研究》2021 年第 4 期。

［149］魏金光：《殷商介词系统的构成特征》，《遵义师范学院学报》2016 年第 5 期。

［150］魏金光：《先秦汉语时间介词系统的构成特征》，《重庆科技学院学报》（社会科学版），2016 年第 3 期。

［151］魏金光：《介词"于"语法化再谈》，《河北科技师范学

院学报》（社会科学版）2016 年第 1 期。

　　［152］魏金光：《先秦汉语介词判定概述》，《语文学刊》（外语教育教学）2016 年第 2 期。

　　［153］魏金光：《殷商介词的甄辨及确认》，《贵州工程应用技术学院学报》2016 年第 1 期。

　　［154］吴波：《中古汉语表示"沿着"的介词"寻"》，《黔南民族师范学院学报》2003 年第 5 期。

　　［155］吴波：《中古汉语新兴介词成因考察》，《贵州文史丛刊》2004 年第 3 期。

　　［156］吴福祥：《汉语伴随介词语法化的类型学研究——兼论 SVO 型语言中伴随介词的两种演化模式》，《中国语文》2003 年第 1 期。

　　［157］吴福祥：《汉语方言里与趋向动词相关的几种语法化模式》，《方言》2010 年第 2 期。

　　［158］吴福祥：《汉语能性述补结构"V 得 / 不 C"的语法化》，《中国语文》2002 年第 1 期。

　　［159］吴福祥：《汉语语法化演变的几个类型学特征》，《中国语文》2005 年第 6 期。

　　［160］吴福祥：《汉语伴随介词的语法化研究》，《中国语文》2003 年第 1 期。

　　［161］吴金花：《时间介词"去"的产生及演变》，《福建师范大学学报》（哲学社会科学版），2006 年第 5 期。

　　［162］吴晓临：《〈搜神记〉介词研究》，《西南民族学院学报》（哲学社会科学版）2000 年第 10 期。

　　［163］武振玉：《金文"以"字用法初探》，《北方论丛》2005 年第 3 期。

　　［164］席嘉：《"除"类连词及相关句式的历时考察》，《语言研究》2010 年第 1 期。

　　［165］谢雯瑾：《"X 于"中"于"进一步语法化对 X 配价增值的影响》，《南开语言学刊》2008 年第 1 期。

　　［166］邢志群：《从"连"的语法化试探汉语语义演变的机制》，《古汉语研究》2008 年第 1 期。

　　［167］徐丹：《"是以"、"以是"—语法化与词汇化》，载《语法化与语法研究》（三），北京，商务印书馆，2007.

［168］杨逢彬：《论殷墟甲骨刻辞中"罘"的词性》，《中国语文》2003 年第 3 期。

［169］杨丽姣，许嘉璐：《现代汉语介词功能研究》，《语言文字应用》2005 年第 4 期。

［170］杨荣祥：《论"名而动"结构的来源及其语法性质》，《中国语文》2008 年第 3 期。

［171］尹缉熙：《介词"连"小议》，《汉语学习》1982 年第 1 期。

［172］尹世超：《东北官话的介词》，《方言》2004 年第 2 期。

［173］于江：《近代汉语"和"类虚词的历史考察》，《中国语文》1996 年第 6 期。

［174］于智荣：《上古古籍中表"率领"诸义的"以"字不是介词》，《语文研究》2002 年第 2 期。

［175］玉柱：《关于连词和介词的区分问题》，《汉语学习》1988 年第 6 期。

［176］喻遂生：《甲骨文"在"字介词用法例证》，《古汉语研究》2002 年第 4 期。

［177］袁本良：《关于"介词省略"说和"取消介词结构"论》，《古汉语研究》2008 年第 2 期。

［178］袁本良：《关于介词"于"由先秦到汉发展变化的两种结论》，《古汉语研究》2000 年第 2 期。

［179］袁毓林：《一套汉语动词论元角色的语法指标》，《世界汉语教学》2003 年第 3 期。

［180］曾传禄：《介词"往"的功能及相关问题》，《语言科学》2008 年第 6 期。

［181］张乃忠：《"和跟同与"的词性辨别》，《滨州师专学报》1996 年第 3 期。

［182］张旺熹：《汉语介词衍生的语义机制》，《汉语学习》2004 年第 1 期。

［183］张谊生：《从错配到脱落：附缀"于"的零形化后果与形容词、动词的及物化》，《中国语文》2010 年第 2 期。

［184］张谊生：《介词叠加的方式与类别、作用与后果》，《语文研究》2013 年第 1 期。

［185］张谊生：《介词悬空的方式与后果，动因和作用》，《语

言科学》2009 年第 3 期。

［186］张谊生：《从错配到脱落：附缀"于"的零形化后果与形容词动词的及物化》，《中国语文》2010 年第 2 期。

［187］张玉金：《介词"于"的起源》，《汉语学报》2009 年第 4 期。

［188］张玉金：《卜辞中"暨"的用法》，《中国语文》1990 年第 1 期。

［189］张玉金：《出土战国文献中虚词"与"和"及"的区别》，《语文研究》2012 年第 1 期。

［190］张玉金：《也论殷墟甲骨刻辞中"暨"的词性》，《殷都学刊》2004 年第 2 期。

［191］赵诚：《甲骨文虚词探索》，载《古文字研究》第 15 辑，北京：中华书局，1986.

［192］赵诚：《甲骨文至战国金文"用"的演化》，《语言研究》1993 年第 2 期。

［193］赵大明：《〈左传〉中率领义"以"的语法化程度》，《中国语文》2005 年第 3 期。

［194］赵大明：《论汉语介词发展中的功能专一化趋势》，《陕西师大学报》（哲学社会科学版）1990 年第 3 期。

［195］赵大明：《也谈词义的同步引申》，《语文研究》1998 年第 1 期。

［195］赵仲邑：《论古汉语介词"于"、"於"、"乎"》，《中山大学学报》1996 年第 4 期。

［197］郑定欧：《现代汉语配价语法研究》，《中国语文》1995 年第 5 期。

［198］郑桦：《词义引申与实词语法化》，《宁夏大学学报》（人文社会科学版），2005 年第 1 期。

［199］郅友昌，刘万义：《配价语法与配价语义补偿》，《解放军外国语学院学报》2000 第 3 期。

［200］钟兆华：《汉语牵涉介词试论》，《中国语文》2002 年第 2 期。

［201］周国光，张国宪：《中国语文》，《语文建设》1994 年第 9 期。

［202］周国光：《汉语配价语法论略》，《南京师大学报》（社会科学版）1994 年第 4 期。

［203］周国光：《现代汉语动词的配价研究》，《汉语学习》1996 年第 1 期。

［204］周杰华：《几个介词和动词搭配的用法》，《外语教学》

1980 第 3 期。

［205］周芍，邵敬敏：《试探介词"对"的语法化过程》，《语文研究》2006 年第 1 期。

［206］周小兵：《介词的语法性质和介词研究的系统方法》，《中山大学学报》1997 第 3 期。

［207］朱德熙：《与动词"给"相关的句法问题》，《方言》1979 年第 2 期。

［208］詹绪左，崔达送：《禅宗文献中的同义介词"擗"、"蓦"、"拦"》，《古汉语研究》2011 第 3 期。

二、著作

［1］北京大学中文系 1955、1957 级语言班：《现代汉语虚词例释》，北京，商务印书馆，1982。

［2］曹广顺：《近代汉语助词》，北京，语文出版社，1995。

［3］陈昌来：《介词与介引功能》，合肥，安徽教育出版社，2002。

［4］陈承泽：《国文法草创》，北京，商务印书馆，1982。

［5］陈梦家：《殷墟卜辞综述》，北京，中华书局，1988。

［6］陈霞村：《古代汉语虚词类解》，太原，山西教育出版社，1992。

［7］程湘清：《两汉汉语研究》，济南，山东教育出版社，1985。

［8］程湘清：《魏晋南北朝汉语研究》，济南，山东教育出版社，1997。

［9］程湘清：《先秦汉语研究》，济南，山东教育出版社，1982。

［10］程湘清：《宋元明汉语研究》，济南，山东教育出版社，1992。

［11］崔立斌：《〈孟子〉词类研究》，开封，河南大学出版社，2004。

［12］崔永东：《两周金文虚词集释》，北京，中华书局出版，1994。

［13］刁晏斌：《〈三朝北盟汇编〉语法研究》，开封，河南大学出版社，2007。

［14］丁声树：《现代汉语语法讲话》，北京，商务印书馆，1979。

［15］高名凯：《汉语语法论》，北京，科学出版社，1986。

［16］高明：《中国古文字学通论》，北京，文物出版社，1987。

［17］高小方：《汉语史语料学》，北京，高等教育出版社，2005。

［18］高育花：《元刊〈全相平话五种〉语法研究》，开封，河南大学出版社，2007。

［19］管燮初：《西周金文语法研究》，北京，商务印书馆，1981。

［20］管燮初：《殷墟甲骨刻辞的语法研究》，北京，中国科学院，1956。

［21］管燮初：《〈左传〉句法研究》，合肥，安徽教育出版社，1994。

［22］何洪峰：《汉语方式状语》，北京，中国社会科学出版社，2013。

［23］何乐士：《古代汉语虚词通释》，北京，北京出版社，1985。

［24］何乐士：《〈左传〉虚词研究》，北京，商务印书馆，1989。

［25］胡明扬：《词类问题考察》，北京，北京语言文化大学出版社，1996。

［26］黄珊：《〈荀子〉虚词研究》，开封，河南大学出版社，2005。

［27］江蓝生：《魏晋南北朝小说词语汇释》，北京，语文出版社，1988。

［28］蒋绍愚：《近代汉语研究概况》，北京，北京大学出版社，1994。

［29］蒋绍愚，曹广顺：《近代汉语语法史研究综述》，北京，商务印书馆，2005。

［30］解惠全，崔永琳，郑天一：《古书虚词通释》，北京，中华书局，2008。

［31］金兆梓：《国文法之研究》，北京，中华书局，1983。

魏晋南北朝汉语介词研究

［32］黎锦熙：《新著国语文法》，北京，商务印书馆，1955。

［33］李崇兴，祖生利：《〈元典章·刑部〉语法研究》，开封，河南大学出版社，2011。

［34］史冬青：《先秦至魏晋南北朝时期方所介词研究》，济南，齐鲁书社，2009。

［35］马贝加：《近代汉语介词研究》，北京，中华书局，2002。

［36］刘丹青：《语序类型学与介词理论》，北京，商务印书馆，2003。

［37］刘坚：《近代汉语虚词研究》，北京，语文出版社，1992。

［38］刘纶鑫：《客赣方言比较研究》，北京，中国社会科学出版社，1999。

［39］刘淇：《助字辨略》，章锡琛校注，北京，中华书局，1983。

［40］刘兴隆：《甲骨文新编词典》，北京，北京国际文化出版公司，2005。

［41］卢以纬：《助语辞》，王克仲集注，北京，中华书局，1988。

［42］〔英〕苏蕾尔·J.布林顿、〔美〕伊丽莎白·克洛斯·特劳戈特：《词汇化与语言演变》，罗耀华、郑有阶等译，北京，商务印书馆，2013。

［43］吕叔湘：《现代汉语八百词》，北京，商务印书馆，1983。

［44］吕叔湘：《中国文法要略》，北京，商务印书馆，1982。

［45］马承源：《商周青铜器铭文选》，北京，文物出版社，1986。

［46］马建忠：《马氏文通》，北京，商务印书馆，1983。

［47］缪锦安：《汉语语义结构和补语形式》，上海，上海外语教育出版社，1990。

［48］倪志僩：《论孟虚字集释》，台北，台湾商务出版社，1981。

［49］潘玉坤：《西周金文语序研究》，上海，华东师范大学出版社，2005。

［50］潘允中：《汉语语法史概要》，郑州，中州书画社，1982。

［51］齐沪扬，张谊生，陈昌来：《现代汉语研究综述》，合肥，

安徽教育出版社，2002。

　　［52］钱宗武：《今文〈尚书〉语法研究》，北京，商务印书馆，2004。

　　［53］王甦，汪安圣：《认知心理学》，北京，北京大学出版社，2010

　　［54］王力：《汉语语法史》，北京，商务印书馆，1989。

　　［55］王叔岷：《古籍虚字广义》，北京，中华书局，2007。

　　［56］王德惠，程希岚：《古今词义对比词典》，长春，吉林文史出版社，1989。

　　［57］王引之：《经传释词》，长沙，岳麓书社，1984。

　　［58］吴昌莹：《经词衍释》，北京，中华书局，1956。

　　［59］吴福祥：《敦煌变文12种语法研究》，开封，河南大学出版社，2004。

　　［60］吴福祥：《敦煌变文语法研究》，长沙，岳麓书社，1996。

　　［61］吴福祥：《汉语语法化研究》，北京，商务印书馆，2005。

　　［62］吴福祥：《〈朱子语类辑略〉语法研究》，开封，河南大学出版社，2004。

　　［63］向熹：《简明汉语史》（上），北京，高等教育出版社，1993。

　　［64］向熹：《简明汉语史》（下），北京，高等教育出版社，1998。

　　［65］杨伯峻，徐提：《〈春秋左传〉词典》，北京，中华书局，1985。

　　［66］杨伯峻，何乐士：《古汉语语法及其发展》，北京，语文出版社，2001。

　　［67］杨伯峻：《〈孟子〉译注》，北京，中华书局，1960。

　　［68］杨伯峻：《〈春秋左传〉注》，北京，中华书局，1981。

　　［69］杨逢彬：《殷墟甲骨刻辞词类研究》，广州，花城出版社，2003。

　　［70］杨树达：《词诠》，北京，中华书局，1954。

　　［71］杨树达：《高等国文法》，北京，商务印书馆，2007。

　　［72］姚振武：《〈晏子春秋〉词类研究》，开封，河南大学出版社，2005。

魏晋南北朝汉语介词研究

［73］殷国光：《〈吕氏春秋〉词类研究》，开封，河南大学出版社，2008。

［74］于省吾：《甲骨文诂林》，北京，中华书局，1996。

［75］张斌：《现代汉语虚词词典》，北京，商务印书馆，2005。

［76］张赪：《汉语介词词组词序的历史演变》，北京，北京语言文化大学出版社，2002。

［77］张万起：《〈世说新语〉词典》，北京，商务印书馆，1983。

［78］张谊生：《现代汉语虚词》，上海，华东师范大学出版社，2000。

［79］张玉金：《西周汉语语法研究》，北京，商务印书馆，2004。

［80］张玉金：《甲骨文虚词词典》，北京，中华书局，1994。

［81］张玉金：《甲骨文语法学》，上海，学林出版社，2001。

［82］张志公：《汉语语法常识》，北京，中国青年出版社，1953。

［83］赵大明：《〈左传〉介词研究》，北京，首都师范大学出版社，2007。

［84］中国社会科学院语言研究所词典编辑室：《现代汉语词典》，北京，商务印书馆，2008，第5版。

［85］周迟明：《国文比较文法》，台北，正中书局，1975。

［86］周生亚：《〈搜神记〉语言研究》，北京，中国人民大学出版社，2007。

［87］朱德熙：《现代汉语语法研究》，北京，商务印书馆，2000。

［88］左松超：《〈左传〉虚字集释》，台北，台湾商务印书馆，1969。

［89］何金松：《虚词历时词典》，武汉，湖北教育出版社，1994。

［90］罗竹风等主编：《汉语大词典》，上海，汉语大词典出版社，1993。

［91］周一良：《魏晋南北朝史札记》，北京，中华书局，1985。

［92］中国社会科学院语言研究所古代汉语研究室：《古代汉语虚

词词典》，北京，商务印书馆，1999。

［93］蒋冀骋：《近代汉语词汇研究》，长沙，湖南教育出版社，1991。

［94］蒋绍愚，曹广顺：《近代汉语语法史研究综述》，北京，商务印书馆，2005。

［95］雷文治主编：《近代汉语虚词词典》，石家庄，河北教育出版社，2002。

［96］吕叔湘：《吕叔湘全集》（第九卷），《文言虚字／文言虚字例释》，沈阳，辽宁教育出版社，1992。

［97］〔日本〕太田辰夫：《中国语历史文法》，蒋绍愚等译，北京，北京大学出版社，2003。

［98］〔日本〕太田辰夫：《汉语史通考》，江蓝生等译，重庆，重庆出版社，1991。

［99］潘玉坤：《西周金文语序研究》，上海，华东师范大学出版社，2005。

［100］裴学海：《古书虚字集释》，上海，上海书店，1933。

［101］钱宗武：《〈今文尚书〉语法研究》，北京，商务印书馆，2004。

［102］王自强：《现代汉语虚词词典》，上海，上海辞书出版社，1998。

［103］俞光中，植田均：《近代汉语语法研究》，上海，学林出版社，1999。

［104］赵元任：《中国话的文法》，丁邦新译，香港，香港中文大学出版社，2002。

［105］张赪：《汉语介词词组词序的历史演变》，北京，北京语言文化大学出版社，2002。

［106］周生亚：《〈搜神记〉语言研究》，北京，中国人民大学出版社，2007。

三、学位论文

［1］周四贵：《元明汉语介词研究》，苏州，苏州大学博士论文，2010。

魏晋南北朝汉语介词研究

　　[2]武振玉:《西周金文词类研究(虚词篇)》,长春,吉林大学博士学位论文,2006。

　　[3]魏金光:《先秦汉语介词研究》,武汉,华中科技大学博士论文,2013。

　　[4]田春来:《〈祖堂集〉介词研究》,上海,上海师范大学博士论文,2007。

　　[5]邱峰:《〈南齐书〉介词研究》,济南,山东大学博士论文,2009。

　　[6]张文颖:《两汉介词研究》,武汉,华中科技大学博士论文,2017。

　　[7]李金凤:《晚清以来汉语介词研究》,武汉,华中科技大学博士论文,2018。

　　[8]郭家翔:《明清汉语介词研究》,武汉,华中科技大学博士论文,2014。

　　[9]李毓秀:《西和方言介词研究》,济南,山东大学硕士论文,2016。

　　[10]刘秀芬:《〈搜神记〉介词系统及其历史定位》,太原,山西大学硕士论文,2005。

　　[11]刘春凤:《东汉佛经与〈论衡〉介词比较研究》,长沙,湖南师范大学硕士论文,2005。

　　[12]许秋华:《〈世说新语〉介词及介词结构》,长春,东北师范大学博士论文,2004。

　　[13]王鸿宾:《〈春秋左传〉介词研究》,上海,复旦大学博士论文,2003.

　　[14]吴波:《中古语汉介词研究》,南京,南京大学博士论文,2003。

　　[15]吴金花:《中古汉语时间介词研究》,福州,福建师范大学博士学位论文,2006。

　　[16]闫克:《现代汉语介词配价初探》,开封,河南大学硕士论文,2007年。

四、外文论文及著作

［1］Enfield, N. J.,2009: "Serial verb constructions: a cross-linguistic typology", by alexandra y. aikhenvald; r. m. w. dixon. *Language,*(2),pp 445–451.

［2］Rosch, & Boyes-Braem, P.,2001: " Frequency and the emergence of linguistic structure", Ed. by JOAN BYBEE and PAUL HOPPER. *Typological studies in language 45*, Amsterdam: John Benjamins.

［3］Campbell L, Janda R.,2000: "Introduction: conceptions of grammaticalization and their problems", *Language sciences*, (2),pp93–112.

［4］Carmen G. A.,2005: " Prepositional semantics and metaphoric extensions" ,Annual Review of Cognitive Linguistics, (3),pp 300–324.

［5］Claude Hagège,1982: "*Le problèmedes prepositions et laolution chinoise linguistiques*" ,Paris:Socété de linguistique de Paris&Louvain Peeters.

［6］Couso, María José López, and Elena Seoane, eds,2008: "*Rethinking Grammaticalization*" , new perspectives. John Benjamins.

［7］David Kemmerer,2006: " The semantics of space: Integrating linguistic typology and cognitive neuroscience", *Neuropsychologia*, (44),pp1607‐1621.

［8］Eve E. Sweetser,1988/2011: "*Grammaticalization and Semantic Bleaching*" ,inProceedings of the Fourteenth Annual Meeting of the Berkeley Linguistics Society.

［9］Feigenbaum and Kurzon,2002: "*Prepositions in Their Syntatic, Semantic and Pragmatic context*" ,Amsterdam & Philadelphia: John Benjamins Publishing Company.

［10］Fischer, Olga etl, eds.2000: "*Pathways of change: Grammaticalization in English*" ,John Benjamins Publishing.

［11］Fischer, Olga etl, eds.2004: "*Up and down the cline: The nature of grammaticalization*" , John Benjamins.

［12］Givón, Talmy, 1975: "Serial Verbs and Syntactic Change: Niger-Congo" ,in Charles N. Li: "*Word Order and Word Order*

魏晋南北朝汉语介词研究

Change" ,Texas: University of Texas Press.

[13] Haspelmath M,1999: "Why is grammaticalization irreversible?" , *Linguistics*,(6),pp 1043–1068.

[14] Haspelmath M,2003: "The geometry of grammatical meaning: semantic maps and cross–linguistic comparison" ,in M.Tomasello(ed.) "*The New Psychology of Language*" ,New York: Lawrence Erlbaum Associates Publishers.

[15] Heine B, Kuteva T. ,2002: "*World lexicon of grammaticalization*" , Cambridge University Press.

[16] Heine B.etc,1991: "*Grammaticalization: A conceptual Framework*" ,Chicago: University of Chicago Press.

[17] Himmelmann, N. P.etl, 2004: "*Lexicalization and grammaticization* " , Opposite or orthogonal.

[18]Hopper, P. J. & Traugott. E. C.2003/1993: "*Grammaticalization*" , Cambridge: Cambridge University Press.

[19]Janda, R. D.,2000: "Beyond" "pathways" and "unidirectionality": on the discontinuity of language transmission and the counterability of grammaticalization" , *Language Sciences*, 23(2), pp265–340.

[20]Joseph, B.D.,2000: "Is there such a thing as 'grammaticalization?' " , *Language sciences*, 23(2),pp163–186.

[21] Joseph, B.D., Richard D. J, eds.,2003: "*The handbook of historical linguistics*" . Malden, MA: Blackwell.

[22] Ylikoski, J. ,2003: "Defining non–finites: action nominals, converbs and infinitives" , *Sky Journal of Linguistics*, 16, pp185–237.

[23] Lakoff G, Johnson M. ,2008: "*Metaphors we live by*" , University of Chicago press.

[24] Lakoff, G. ,1990: "The invariance principle: Is abstract reason based on image–schemas ? " , *Cognitive Linguistics*, (1), pp 39–47.

[25] Lehmann, Christian,2002: "*Thoughts on Grammaticalization*" (S econd,reversed edition), Erfurt: Seminar für Sprachwissnschaft der University.

[26] Lehmann,Christian,1982/1995: "*Thoughts on grammaticalization*" , in "Lincom Studies in Theoretical Linguistics" , Europa, Munich.

参考文献

［27］Leonard,1987:"Lexicalization patterns: semantic structure in lexical forms". In *"New reflections on grammaticalization"*, John Benjamins.

［28］Roca, & Iggy, M., 1992:" The lexical semantics of verbs of motion: The perspective from unaccusativity",in M. Roca, *"Thematic structure: Its role in grammar"*,Berlin,pp247‐269.

［29］Li, Charles N.,Sandra A. T.,1974:" Co-verbs in Mandarin Chinese: verbs orprepositions? ", *Journal of Chinese Linguistics*, (2),pp257-278.

［30］Lindqvist Christer,1994:"English short version of the Theory of Preposition", Zur Entstehung von Preposition im Deutschen und Schwedischen.

［31］Lyle C. and Richard J.,2001:"Introduction: conceptions of grammaticalization and their problems", *Language Science*, (23),pp93-112.

［32］Mark Durie.,1988:"Verb Serialization and 'Verbal-Prepositions' inOceanic Languages", *Oceanic Linguistics,* (27),pp1-23.

［33］NicholsJ., Alan Ti.,1991:"Grammaticalization as retextualization.", *Approaches to grammaticalization*, (1), pp129-146.

［34］Patricia J. H.,1993:" Serial Verbs in Loniu and an Evolving Preposition", *Oceanic Linguistics*, (32), pp111-132.

［35］Paul J. H.,1996:" Some Recent Trends in Grammaticalization", *Annual Review of Anthropology, Annual Reviews,* (25),pp1-6.

［36］Redouane D., Waltraud P.,2009:" Verb-to-preposition reanalysis in Chinese", In Djamouri, R. ,Paul, W. "Historical Syntax and Linguistic Theory", Oxford: OUP, 2009.

［37］Rubino C.,1994:"Against the notion of unidirectionality in lexeme genesis", *Linguistica atlantica*, (16),pp135-147.

［38］Saint-Dizier, Patrick,2006:"Syntax and semantics of preposition", *Springer*, (1), p6.

［39］Talmy L.,2000: *"Toward a cognitive semantics:Concept structuringsystems"*, The MIT Press.

［40］Joseph, B., Janda, R.,2011: *"The handbook of historical linguistics"*, Blackwell Pub.

魏晋南北朝汉语介词研究

[41] Traugott, E. C.,2008: *"Grammaticalization, constructions and the incremental development of language: suggestions from the development of degree modifiers in english"* , Variation Selection Development.

[42] Traugott E C.,2011: *"Pragmatic strengthening and grammaticalization"* ,Proceedings of the annual meeting of the Berkeley Linguistics Society..

[43] Traugott, Elizabeth Closs, and Bernd Heine, eds., 1991: *"Approaches to Grammaticalization"* , Types of grammatical markers. John Benjamins Publishing.

[44] Cuyckens H.,2012: *"Grammaticalization and Language Change: NewReflections"* , John Benjamins Pub. Co..

[45] Weber T.,1997: "The emergence of linguistic structure: Paul Hopper's Emergent Grammar Hypothesis revisited" , *Language Sciences*, (2). pp177– 196.

[46] Whitman J,Paul W.,2005: "Reanalysis and conservancy of structure in Chinese" ,in *"Grammaticalization and parametric change"* , Oxford: OUP,pp82–94.

本书部分引用文献版本信息

[1]《抱朴子内篇》葛洪【著】王明【校释】北京：中华书局，1980 年 1 月第 1 版.

[2]《抱朴子外篇》葛洪【著】杨明照【校释】北京：中华书局，1991 年 12 月第版.

[3]《曹操集》曹操【著】北京：中华书局，1974 年 12 月第 1 版.

[4]《朝野金载》张鷟【撰】恒鹤、阳羡生【校点】上海：上海古籍出版社，2012 年 11 月第 1 版.

[5]《春秋左传注（修订本）》杨伯峻【编著】北京：中华书局，1990 年 5 月第 2 版.

[6]《大元圣政国朝典章·刑部》校勘 祖生利、李崇兴【校注】太原：山西古籍出版社，2004 年 1 月第 1 版.

[7]《东周列国志》冯梦龙【著】蔡元放【改编】北京：中华书局，2009 年 1 月第 1 版.

[8]《敦煌变文集》杨家骆【著】北京：世界书局印行，中华民国六十九年五月 6 版.

[9]《儿女英雄传》文康【著】北京：中华书局，2013 年 7 月第 1 版.

[10]《二十年目睹之怪现状》吴研人【著】北京：中华书局，2013 年 7 月第 1 版.

[11]《法苑珠林校注》释道世【著】周叔迦、苏俊仁【点校】北京：中华书局，2003 年 12 月第 1 版.

[12]《古本董解元西厢记》董解元【撰】上海：上海古籍出版社 1984 年 2 月第 1 版.

[13]《管子校注》黎翔凤【撰】梁边华【整理】北京：中华书局，2004 年 6 月第 1 版.

[14]《红楼梦》曹雪芹、高鹗【著】北京：人民文学出版社，1982 年 3 月第 1 版.

魏晋南北朝汉语介词研究

［15］《淮南子》刘安【著】 陈广中【译注】 北京：中华书局，2012 年 1 月第 1 版．

［16］《剪灯余话》瞿佑【著】 上海：上海古籍出版社，1996 年 3 月第 1 版．

［17］《金瓶梅词话》兰陵笑笑生【著】 戴鸿森【校点】北京：人民文学出版社，1985 年 5 月北京第 1 版．

［18］《晋书》房玄龄等【撰】北京：中华书局，1976 年 11 月第 1 版．

［19］《警世通言》冯梦龙【编】严敦易【校】北京：人民文学出版社，1956 年 1 月第 1 版．

［20］《孔子家语》王国轩、王秀梅【译注】 北京：中华书局，2009 年 10 月第 1 版．

［21］《老乞大（朝鲜时代汉语教科书从刊）》汪维辉【编】北京：中华书局，2005 年 1 月第 1 版．

［22］《礼记》王文锦【点校】 北京：燕山出版社，1991 年 12 月第 1 版．

［23］《六度集经大正新修大正藏经》Vol. 3，No. 152 中华电子佛典协会，2009 年 4 月．

［24］《论衡》王允【著】 黄晖【校释】北京：中华书局，1990 年 2 月第 1 版．

［25］《论语译注》杨伯峻【译注】 北京：中华书局，1980 年 12 月第 2 版．

［26］《吕氏春秋》吕不韦【著】张双棣【译注】北京：中华书局，2007 年 12 月第 1 版．

［27］《孟子译注》杨伯峻【译注】 北京：中华书局， 2005 年 1 月第 2 版．

［28］《明皇杂录》郑处海【撰】北京：中华书局，1994 年 9 月第 1 版．

［29］《朴通事（朝鲜时代汉语教科书从刊）》汪维辉【编】北京：中华书局，2005 年 1 月第 1 版．

［30］《齐民要术》贾思勰【著】 石声汉【校释】北京：中华书局，2009 年 6 月第 1 版．

［31］《全宋词》唐圭璋【编纂】 王仲闻【参订】 孔凡礼【补辑】北京：中华书局，1999 年 1 月第 1 版．

［32］《全唐诗》中华书局编辑部【点校】北京：中华书局，2011年 3 月第 1 版．

［33］《入唐求法巡礼行记校注》释圆仁【著】小野胜年【校注】花山文艺出版社，1992 年 9 月第 1 版．

［34］《三宝太监西洋记》罗懋登【著】北京：华夏出版社，2013年 1 月第 1 版．

［35］《三国志》陈寿【著】［宋］裴松之【注】北京：中华书局，1959 年 12 月第 1 版．

［36］《尚书》刘起釪【点校】 北京：北京燕山出版社，1991年 12 第 1 版．

［37］《尚书》王世舜，王翠叶【译注】北京：中华书局，2012 年 1 月第 1 版．

［38］《诗经译注》程俊英【译注】上海：上海古籍出版社，1985年 2 月第 1 版．

［39］《史记》司马迁【著】北京：中华书局，1959 年 6 月第 1 版．

［40］《世说新语》刘义庆【著】 刘孝标【注】北京：中华书局，1984 年 4 月第 1 版．

［41］《水浒传》施耐庵、罗贯中【著】北京：人民文学出版社，1975 年第 1 版．

［42］《宋书校勘记长编》王仲荦【著】北京：中华书局，2009 年 3 月第 1 版．

［43］《搜神记》干宝【著】 汪招楹【校注】北京：中华书局，1979 年 9 月第 1 版．

［44］《隋唐嘉话》刘餗【撰】 程毅中【点校】北京：中华书局，1979 年 10 月第 1 版．

［45］《王梵志诗校注》项楚【校注】 上海：上海古籍出版社，1991 年 10 月第 1 版．

［46］《吴越春秋辑校会考》周生春【著】上海：上海古籍出版社，1997 年 2 月第 1 版．

［47］《五灯会元》普济【著】 苏渊雷【点校】北京：中华书局，1984 年 10 月第 1 版．

［48］《西游记》吴承恩【著】北京：人民文学出版社，1980 年 5 月第 1 版．

魏晋南北朝汉语介词研究

〔49〕《新校元刊杂剧三十种》徐沁君【校点】北京：中华书局，1980 年 12 月第 1 版．

〔50〕《醒世恒言》冯梦龙【著】顾学颉【校】北京：人民文学出版社，1956 年 7 月第 1 版．

〔51〕《醒世姻缘传》西周生【著】李国庆【校注】北京：中华书局，2005 年 9 月第 1 版．

〔52〕《荀子》荀子【著】安小兰【注释】北京：中华书局，2007 年 12 月第 1 版．

〔53〕《盐铁论校注》桑弘羊【撰】王利器【校注】北京：中华书局，1992 年 7 月第 1 版．

〔54〕《颜氏家训》颜之推【著】檀作文【译注】北京：中华书局，2011 年 10 月第 1 版．

〔55〕《仪礼》王文锦【点校】北京：燕山出版社，1991 年 12 月第 1 版．

〔56〕《英烈传》佚名【著】尚成【校点】北京：中华书局，2011 年 8 月第 1 版．

〔57〕《雍正剑侠图》常森杰【著】北京：中华书局，2007 年 9 月第 1 版．

〔58〕《喻世明言》冯梦龙【编】傅成【校】上海：上海古籍出版社，2012 年 1 月第 1 版．

〔59〕《战国策》刘向【集录】上海：上海古籍出版社，1985 年版．

〔60〕《贞观政要译注》吴兢【著】裴汝诚、王义耀、郭子建、顾宏义【校注】上海：上海古籍出版社，2006 年 7 月第 1 版．

〔61〕《朱子语类》黎靖德【编】王星贤【点校】北京：中华书局，1986 年 1 月第 1 版．

〔62〕《祖堂集》静、筠二禅师【编撰】孙昌武、〔日〕衣川贤次、〔日〕西口芳男【点校】北京：中华书局，2008 年 1 月第 1 版．

〔63〕《近代汉语语法资料汇编（唐五代卷）》刘坚、蒋绍愚等【编】北京：商务印书馆，1990 年 6 月．

〔64〕《近代汉语语法资料汇编（宋代卷）》刘坚、蒋绍愚等【编】北京：商务印书馆，1992 年 6 月．

〔65〕近代汉语语法资料汇编（元明卷）刘坚、蒋绍愚等【编】北京：商务印书馆，1995 年 6 月．

后 记

　　本书是在作者博士毕业论文基础上修改而成，谨以此书纪念恩师何洪峰先生。

　　写书，对语言研究者来说，大抵也是件不太容易的事情吧。但最高兴的莫过于写后记了，因为这预示着书稿已经完成了。《魏晋南北朝汉语介词研究》从确定选题到提交出版已经过了十年。原本以为，这个切口较小的选题可以很快完成，当真正走进介词研究后才发现，这片深林是别有洞天的。行文中多次增删修改，有过对自己的怀疑，也有过偶然所得的窃喜。但总体而言，喜悦是多于纠结的。

　　魏晋南北朝，是语言研究的一片富矿，仍有许多值得深入挖掘的课题。十年前，我的眼光还限于该时期介词产生的时间、路径、语义表现等方面，理论应用方面也仅限于语法化理论。随着介词研究的深入，介词研究有了新的视角，如介词语序、介词类型、介词功能的新思考等，理论方法也更加丰富。这些都为本书的写作打开了一定的学术视野。本书开始的想法也是在语法化理论视角下梳理魏晋南北朝汉语介词系统，重点原计划放在介词系统更新和语义描写上。在写作过程中发现，各个介词之间或是在语义表现或是在功能源头上是有着复杂的关联的，而这些关联又以某种层次分布，各层次之间也以某一方式连接，这也是本书"语义层次网络模型"一章的思想来源。介词的语义层次模型是一个复杂的网络系统，绝不会像本书所描写这样浅显，我们也期待着更深入的研究。本书面世，心中难免有些不安和羞愧，诚挚欢迎各位方家批评指正。

　　书稿付梓，感谢恩师何洪峰先生。从论文选题，到书稿修改都离不开先生的指导。在迷惑时，先生及时给予点拨；在颓废时，先生时常给予鼓励。每每看到这部书稿，与先生十年相处的点点滴滴就浮现于眼前：青年园、喻家山、东五楼、喻园……求学时与恩师交流的场景仍历历在目。可惜，天不假年，当书稿提交结题时，先生已云游西归，即有万千疑惑，再也无法聆听先生教诲，纵有满腹衷肠，再也无法与先生诉说。千言万

魏晋南北朝汉语介词研究

语化作一声感谢，祝愿先生天堂安息，再无病痛。

  本书能够顺利完成，得益于青岛大学的大力支持，得益于领导和同事们的关怀和帮助。写作过程中，曾向戚晓杰先生、窦秀艳先生、王晖先生等师友请教，受益颇深；课题能够顺利结项与青岛大学人文社科处副处长刘玉魏老师的大力支持是分不开的，在此一并表示感谢。同时，也感谢我的父母家人的支持，尤其是妻子吴娟女士。她对我的工作给予了极大的支持和鼓励，没有她的支持，这本书面世恐怕会更多一些曲折。感谢同门的师兄师姐们，与魏金光、韩启振、王小穹、郭家翔、张文颖、贾君芳等各位师兄、师姐在读博期间互相探讨学习，工作之后仍坚持讨论交流，师兄师姐们为本书的写作提供了丰富的知识给养。在此一并致谢。

  前路漫漫，介词研究仍待我辈继续深挖，愿此小著能在语言研究的海洋中，激起一朵小小的浪花！

崔云忠 于青岛寓所

2022 年 5 月

后记